テキストブック
応用一般均衡モデリング
プログラムからシミュレーションまで

［第2版］

細江宣裕／我澤賢之／橋本日出男――［著］
Nobuhiro Hosoe　Kenji Gasawa　Hideo Hashimoto

東京大学出版会

Textbook of Computable General Equilibrium Modeling
Second Edition
Nobuhiro HOSOE, Kenji GASAWA and Hideo HASHIMOTO
University of Tokyo Press, 2016
ISBN 978-4-13-040272-9

第 2 版 はしがき

　初版が出版されたのは，2004年6月である．すでに，10年以上の歳月が過ぎた．その間，リーマン・ショックが，金融界のみならず，世界経済に大きな影響を与えた．EU諸国の債務問題も大きかった．中国の急成長も大きいニュースであった．そして，日本は長い停滞の末，ようやく前途に曙光が見えてきた．ただし，日本だけでなく，構造改革は道半ばである．さらなる構造改革の努力が要請されている．こうした環境の中において，初版で指摘した，政策の策定・評価の重要性が，むしろ高まったといえる．

　こうした政策の策定・評価にあたっては，単に，定性的なものだけではなく，「どれだけ」という定量的な判断が求められる．このような中で広く使われるようになってきたのが応用一般均衡モデル，英語で Computable General Equilibrium（CGE）Models である．本書は，この「計算可能な」一般均衡モデルの解説のために書かれたものである．

　しかし，本書は，応用一般均衡モデルについての単なる解説書とは異なり，読者が実際に応用一般均衡モデルを作り，解いていけるようになるための手法に重点をおいてきた．そのためには，現実のデータを集めて処理し，さらに効用関数や生産関数などの関数形を特定し，係数を推定してモデルを作り，最終的に，それをコンピュータ上で解いていかなければならない．そうなってくるとモデルを概念的に理解するだけでは不十分である．そこで，本書では，GAMSというソフトウェアを使ってプログラムを書き，GAMSを使って解いていく方法を詳しく説明した．

　さいわい，こうした本書の意図するところが多くの読者に理解され，そこで今回，改訂版を出すことになった．この10年間に，多くの読者から寄せ

られたコメントや，著者たちが，教育現場で，本書を利用している際に気付いた誤りや，分かりにくい言い回しを修正したことはもちろんである．その上で，新たに第 11 章と第 12 章を加えた．

第 11 章は，分析のデザインと称するものである．第 6 章の「現実的な応用一般均衡モデル」においては，何を分析しようかということは考えなかった．ただ，どのようにしてモデルを作り，解けばいいのかということに集中した．しかし，政策を立案し，それを評価する立場に立てば，如何なる課題を解こうとするかが明確でなければならない．そこから始めて，それにふさわしい分析の方法・手順，いわば分析のデザインを考えなければならない．第 11 章は，こうした問題を取り扱う．

第 12 章では，動学モデルの構築方法について述べている．多くの応用一般均衡モデルは静学モデルである．投資と貯蓄といった，本来動学的要素を取り込む際に無理があるので，モデルの動学化が要請される．それに応えて，第 12 章では，動学モデルが提示されている．たしかに，初版で想定した，初めて応用一般均衡モデルを作って使ってみようという読者にとっては，経済学的にも，コンピュータのプログラミング技術的にも難易度が高い．しかし，そうした読者にとっても，その先を垣間見ることは意味があるであろう．なお，初版の第 11 章「応用一般均衡モデルの実際例」は，そこに取り上げた分析事例が古くなったので削除した．

初版出版以来の 10 年余に，さきに述べた世界経済の変化に加えて，本書自体には，2 つの歴史的発展があった．それは，初版が英文で，*Textbook of Computable General Equilibrium Modelling* というタイトルで，2010 年にイギリスの Palgrave Macmillan 社から出版されたことである．また，2014 年には，中国の東北財経大学出版社から中国語版『可計算一般均衡模型导论』が出版された．日本のみならず世界にそれなりの読者を得ていることは，著者たちの喜びである．この改訂版は，日本語で書かれているが，日本を超えて，広く受け入れられることを望むものである．

初版に続いて改訂版作成においても，ご教示いただいた八田達夫先生，伴金美先生をはじめ，多くの方々に感謝の意を表したい．大阪大学と政策研究大学院大学での講義における学生からのフィードバックも有益であった．ソ

フトウェアに関しては，GAMS Development Corporation の Alex Meeraus 氏のご厚意により，同社の協力を得られたことを書き添えたい．本書には，日本学術振興会科学研究費補助金（24330087，25380285）と政策研究大学院大学政策研究センターのリサーチ・プロジェクト研究費を得て行なわれた研究成果を含む．あわせて謝意を示したい．さらに，改訂版の出版にあたって，東京大学出版会の黒田拓也氏のご尽力に負うところが大きい．

　初版同様，多くの大学院生，研究者あるいは政策担当者が，本書によって応用一般均衡モデルを学び，作り，解いていくことにより，日本の政策レベルの向上に資することを期待する．

　2016年1月

細江宣裕
我澤賢之
橋本日出男

初版 はしがき

　日本経済あるいは世界経済がむつかしい局面に入るとともに，政策の策定・評価の重要性が指摘される．いまの日本でいえば，たとえば，構造改革政策はどうあるべきか，その効果をどのように評価するべきか，ということであろう．その答えとしては，単に，規制を緩和すれば経済がよくなるという定性的なことだけではすまない．「どれだけ」という定量的な判断が求められる．あるいは，ある事柄に関して正の力と負の力の両方が考えられて，定性的には決着がつきにくいこともあるであろう．このような中で広く使われるようになってきたのが応用一般均衡モデルである．英語名は Applied General Equilibrium Models あるいは Computable General Equilibrium Models である．とくに後者から分かるように，ここに紹介するモデルは「計算可能な」一般均衡モデルである．

　こうした定量的モデルとなると，現実のデータを集めて処理し，さらに効用関数や生産関数などの関数形を特定し，係数を推定してモデルを作り，最終的に，それをコンピュータ上で解くことになる．そうなってくるとモデルを概念的に理解するだけでは不十分である．本書は類書と異なり，読者が実際に応用一般均衡モデルを作り，解いていけるようになるための手法に重点をおいている．

　本書で説明するモデルは，GAMS という数値計算ソフトウェアを使ってコンピュータ上で解いていく．この GAMS も，本書で取りあげた例題のモデルも，インターネットからダウンロードできようになっている．したがって，本書をよく読み，例題のモデルをダウンロードし，自分の手でその係数を変えるなどして解いていけば，自然に応用一般均衡モデルに習熟できるであろう．そのような過程を経れば，読者のそれぞれが直面する現実の経済問

題を取りあつかう応用一般均衡モデルをみずから作り，政策策定・評価に役立てることができるであろう．

応用一般均衡モデルは，経済モデルとして出発したことは間違いない．しかし，経済問題を超えて，広く交通や環境といった工学的問題にまで適用できる．本書が予定している読者は（経済）学部上級や大学院初級レベルの学生，あるいは，経済問題や上記のような工学的問題の経済的側面に関する分析に取り組む実務家である．本書は，大阪大学経済学研究科において，さらにそれ以来の活動を加えれば，何百回と応用一般均衡モデルを作り，解いてきた筆者たちの経験の中から生まれたものである．したがって，実際にモデルを作る者，解く者の立場に立って書かれたものであると自負している．

本書を書き上げるまでにいろいろな場面でご教示いただいた国際基督教大学の八田達夫教授，大阪大学の伴金美教授をはじめ，多くの方々に感謝の意を表したい．大阪大学と政策研究大学院大学での講義における学生からのフィードバックも有益であった．ソフトウェアに関しては，GAMS Development Corporation の Alex Meeraus 氏のご好意により，同社の協力を得られたことを書き添えたい．細江の執筆分については，文部（科学）省科学研究費補助金（特別研究員奨励費（課題番号 97J05081）および若手研究B（同 14730025））を得て行なわれた研究が含まれている．あわせて謝意を示したい．さらに，本書がこのような形で出版されるに至ったのは，東京大学出版会の黒田拓也氏と池田知弘氏のご尽力に負うところが大きい．

多くの大学院生，研究者あるいは政策担当者が，本書によって応用一般均衡モデルを学び，作り，解いていくことにより，日本の政策レベルの向上に資することを期待する．

2004 年 6 月

細江宣裕
我澤賢之
橋本日出男

目 次

第2版 はしがき
初版 はしがき
著者紹介

第1章 はじめに ……………………………………………………… 1
  1.1 経済問題の所在と応用一般均衡モデル分析 ………………… 1
  1.2 応用一般均衡モデルの仕組み ………………………………… 4
  1.3 応用一般均衡モデルの長所と短所 …………………………… 6
  1.4 応用一般均衡モデルの適用事例 ……………………………… 7
  1.5 本書のめざすところ …………………………………………… 8
  1.6 ソフトウェアとコンピュータ上でのシミュレーション …… 11
  1.7 本書の構成 ……………………………………………………… 13

第2章 簡単な応用一般均衡モデル ……………………………… 17
  2.1 経済の設定 ……………………………………………………… 18
  2.2 家計行動 ………………………………………………………… 18
  2.3 企業行動 ………………………………………………………… 21
  2.4 市場均衡条件 …………………………………………………… 24
  2.5 モデルの全容 …………………………………………………… 26
  2.6 財市場と要素市場の需給均衡 ………………………………… 28

第3章 コンピュータ上の作業 …………………………………… 31
  3.1 例題:「家計の効用最大化モデル」 …………………………… 31
    3.1.1 モデルの定式化 32
    3.1.2 係数と外生変数の特定化 33
  3.2 数値計算の手順 ………………………………………………… 34
  3.3 入力ファイルの作成 …………………………………………… 36
    3.3.1 入力ファイルの構成と一般的注意点 36
    3.3.2 各命令の説明 39

3.4　出力ファイルとその解釈 …………………………………………… 47

第4章　社会会計表 ……………………………………………………… 51
4.1　社会会計表の構造 …………………………………………………… 52
　4.1.1　「簡単な応用一般均衡モデル」の社会会計表　52
　4.1.2　「現実的な応用一般均衡モデル」の社会会計表　55
4.2　社会会計表の作成 …………………………………………………… 59
4.3　日本の社会会計表 …………………………………………………… 63
4.4　データベースの整合性と行列調整 ………………………………… 69

第5章　係数の推定（キャリブレーション）とモデルの解法 ……… 73
5.1　キャリブレーションの基本的な考え方 …………………………… 74
5.2　金額と価格と数量 …………………………………………………… 76
5.3　キャリブレーションの方法——計算式 …………………………… 77
　5.3.1　間接税がない場合　77
　5.3.2　間接税がある場合　82
5.4　キャリブレーションの方法——コンピュータ上の作業 ………… 84
　5.4.1　プログラムの流れと入力ファイル　84
　5.4.2　集合の定義　88
　5.4.3　社会会計表の入力　89
　5.4.4　社会会計表からの基準均衡解の読みとり　90
　5.4.5　キャリブレーション　91
5.5　「簡単な応用一般均衡モデル」のプログラム——その他の問題 … 92
　5.5.1　数値計算上の初期値の設定　93
　5.5.2　基準財の設定　94
5.6　「簡単な応用一般均衡モデル」の解 ……………………………… 96

第6章　現実的な応用一般均衡モデル ………………………………… 105
6.1　「現実的な応用一般均衡モデル」の鳥瞰図 ……………………… 106
6.2　中間投入 ……………………………………………………………… 107
6.3　政　府 ………………………………………………………………… 111
6.4　投資と貯蓄 …………………………………………………………… 113
　6.4.1　投資と貯蓄の導入　113
　6.4.2　家計および政府行動の修正　115
6.5　国際貿易 ……………………………………………………………… 116

6.5.1　小国の仮定と国際収支制約　116
　　6.5.2　アーミントンの仮定　117
　　6.5.3　輸入財と国内財の間の代替　118
　　6.5.4　輸出財と国内財の間の変形　122
6.6　市場均衡条件 ……………………………………………………… 125
6.7　モデルの全容 ……………………………………………………… 125
6.8　数値モデル ………………………………………………………… 129
　　6.8.1　集合の定義，社会会計表の入力，変数の基準均衡における
　　　　　　値の読みとり　136
　　6.8.2　キャリブレーション　138
　　6.8.3　モデルを解く　142

第7章　モデルの閉じ方 ……………………………………………… 145
7.1　投資と貯蓄の関係——閉鎖経済モデルの閉じ方 ……………… 146
7.2　経常収支——開放経済モデルの閉じ方 ………………………… 149
7.3　モデルの閉じ方の違いとシミュレーション結果の違い ……… 151
7.4　その他の閉じ方 …………………………………………………… 153

第8章　シミュレーションの方法 …………………………………… 155
8.1　1つの入力ファイルでさまざまな均衡をシミュレートする方法 … 156
8.2　複数の均衡解を比較する方法 …………………………………… 159
　　8.2.1　指標の作成と表示　159
　　8.2.2　経済厚生の測り方　161
　　8.2.3　厚生指標としてのGDP　166
8.3　感応度分析 ………………………………………………………… 170
　　8.3.1　感応度分析の基本的な考え方　170
　　8.3.2　「現実的な応用一般均衡モデル」における感応度分析の例　171
　　8.3.3　3財モデル　173
　　8.3.4　感応度分析の結果をどのように分析に生かすか　176

第9章　シミュレーション結果の解釈 ……………………………… 181
9.1　1部門モデル ……………………………………………………… 182
　　9.1.1　小国開放経済の設定　182
　　9.1.2　輸入関税撤廃の効果　185
　　9.1.3　海外からの所得移転の効果　187
　　9.1.4　交易条件の改善の効果　188

9.2　2部門モデル･･･ 189
　9.3　簡単な応用一般均衡モデルを用いたシミュレーション･････････ 192
　　　9.3.1　シミュレーション・シナリオと結果　192
　　　9.3.2　シミュレーション結果の解釈　195
　9.4　図による解釈の限界･････････････････････････････････････ 197

第10章　モデルの拡張･･ 199
　10.1　複数家計モデル･･･････････････････････････････････････ 199
　10.2　大国モデル･･･ 203
　10.3　世界貿易モデル･･･････････････････････････････････････ 209
　　　10.3.1　2国モデル　209
　　　10.3.2　n国モデル　216
　10.4　不完全競争モデル･････････････････････････････････････ 218
　　　10.4.1　独占モデル　218
　　　10.4.2　寡占モデル　224
　10.5　数量規制モデル･･･････････････････････････････････････ 225
　10.6　規模の経済モデル･････････････････････････････････････ 231

第11章　分析のデザインとその実際･･･････････････････････････････ 235
　11.1　分析のデザインを考える必要性･･･････････････････････････ 237
　　　11.1.1　分析の目的と構築するモデルの検討　237
　　　11.1.2　産業連関表の集計　240
　　　11.1.3　社会会計表の作成　247
　　　11.1.4　モデルの構築とエラーの発生　248
　11.2　データとモデルの再検討････････････････････････････････ 252
　　　11.2.1　部門集計の工夫で負の消費をなくす　253
　　　11.2.2　負の消費のデータを消去する　255
　　　11.2.3　負の消費を外生変数に変更する　260
　11.3　シミュレーション・シナリオの再検討と感応度分析･･････････････ 262
　　　11.3.1　2つのシナリオ　262
　　　11.3.2　感応度分析　265
　11.4　モデルと分析の精緻化の方向性･･･････････････････････････ 267
　　　11.4.1　エネルギー分析モデルとしての精緻化　268
　　　11.4.2　生産要素市場の精緻化　271

第12章　逐次動学応用一般均衡モデル　277
12.1　モデル構造と動学化のための拡張　279
- 12.1.1　動学構造　279
- 12.1.2　貯蓄先決的な逐次動学と部門間の投資配分　281
- 12.1.3　時点内の資源配分（一時的均衡）　283

12.2　社会会計表と想定経済成長率　285
- 12.2.1　初期資本ストックの推定　285
- 12.2.2　基準年の投資量の調整　286
- 12.2.3　基準均衡成長経路　289

12.3　仮想均衡成長経路　290
- 12.3.1　輸入関税撤廃の影響　290
- 12.3.2　部門別投資の配分係数ξに対する成長経路の感応度　292

12.4　逐次動学モデルの構築　298
- 12.4.1　モデルの方程式体系　298
- 12.4.2　逐次動学モデルのプログラムの流れ　303
- 12.4.3　モデルの設定とデータの調整　304
- 12.4.4　キャリブレーション　306
- 12.4.5　モデルを解く　307

12.5　異なる動学モデル　316

第13章　おわりに　319

補論Ⅰ　家計の需要関数の導出　323

補論Ⅱ　完全競争の一般均衡解と社会的最適性　324

補論Ⅲ　家計の効用最大化問題とラグランジュ乗数　327

補論Ⅳ　連立方程式体系を最適化問題に変換することの正当化　329

補論Ⅴ　レオンティエフ型関数とその最適化　331

付録A　より高度なGAMSの使い方　333
A.1　集合に関して　333
- A.1.1　連番の集合　333

A.1.2　同じ要素を持つ集合の定義　333
 　A.1.3　部分集合　334
 A.2　定数に数式を用いて値を付与する　334
 A.3　出力ファイルについて　336
 　A.3.1　変数や定数の表示　336
 　A.3.2　出力ファイルの表示抑制　337
 　A.3.3　大きなTableデータの入力　337
 A.4　表計算ソフトウェアとの連携　338
 　A.4.1　CSVファイル出力のための初期設定　340
 　A.4.2　出力内容の指定方法　341
 　A.4.3　出力プログラムの解釈　341
 A.5　GDX形式ファイルによる表計算ソフトウェアとの連携　343
 　A.5.1　入力ファイルからXLS形式ファイルにデータを出力する方法　344
 　A.5.2　XLS形式ファイル中のデータを入力ファイルに読み込む方法　347

付録B　モデルが解けないときの対処方法　350
 B.1　ケース1：文法エラー　350
 B.2　ケース2：実行エラーとケース3：不正計算エラー　356
 B.3　ケース4a：基準均衡解が得られない場合　358
 B.4　ケース4b：仮想均衡解が得られない場合　359
 B.5　ケース5：得られた解が正しくない場合　361
 B.6　GAMSの数値計算能力の限界　361

付録C　GAMSのインストールとGAMS IDEの利用　363
 C.1　インストール方法　363
 C.2　初期設定　366
 　C.2.1　初期ソルバーの設定　366
 　C.2.2　画面表示用フォントの変更　368
 C.3　GAMS IDEの使い方　369

付録D　インターネットにおける情報源　373

参考文献　375
索　引　381

著者紹介

細江宣裕（ほそえのぶひろ）
1972 年生まれ
1999 年　大阪大学大学院経済学研究科修了（博士（経済学））
現在　　政策研究大学院大学准教授，One-Year/Two-year Master's Program of Public Policy ディレクター

我澤賢之（がさわけんじ）
1971 年生まれ
2001 年　大阪大学大学院経済学研究科修了（博士（経済学））
現在　　国立障害者リハビリテーションセンター研究所研究員

橋本日出男（はしもとひでお）
1937 年生まれ
1977 年　イリノイ大学大学院アーバナ・シャンペーン校修了（Ph.D. in Economics）
世界銀行エコノミスト，大阪大学大学院経済学研究科教授，南山大学総合政策学部教授，大阪大学理事を歴任．大阪大学名誉教授．

第 1 章

はじめに

1.1 経済問題の所在と応用一般均衡モデル分析

　近年とりわけ重要になってきた経済問題は，資源配分の効率性である．以前の日本，とくに高度経済成長時代であれば，経済成長率自体が非常に高く経済全体のパイの大きさが急速に大きくなっていた．そこでは，それをどのように分けるか，あるいは，どのようにすれば無駄をなるべく少なくして，パイの大きさを少しでも大きくできるかという議論はそれほど重要視されなかった．しかし，最近は事情が違ってきた．先進工業国では高い成長率は期待できなくなったし，「離陸」を開始した一部の国を除き，多くの途上国では，先進工業国からの経済援助や民間の資金流入の伸びが頭打ちになってきている．したがって，われわれの関心は，どのようにすれば少ない経済資源を効率的に使うことができ，少しでもパイを大きくできるかという点に移ってきた．資源配分の効率性は，経済学が誕生したときからわれわれが興味を持って分析してきた問題である．いま，その古くて新しい問題に経済問題の重心が回帰してきたのである．

　さて，資源配分の効率性と一口にいっても，さまざまな資源配分のあり方が考えられる．ある財を生産したとき，それを輸出することもできるし国内で利用することもできる．輸出すれば外貨を獲得することができて，それに応じた輸入をすることができる．国内で利用するにしても，家計消費のために使うこともできるし中間投入財として使うこともできるかもしれない．家計消費の増加は直接，経済厚生の改善に貢献する．経済厚生の改善はそれ自体が重要な政策目標であろう．あるいは，そこで消費せずに中間投入にまわ

せば生産をさらに増加させることができる．その他にもいろいろな資源の利用・配分の仕方があるであろう．さらに複数の生産部門や複数の財・サービスがあるならば，それらの間の資源配分も考えなければならない．いずれの場合でも，資源に限りがある以上，資源配分を行うときにはトレード・オフ，すなわち，あるものに資源を投じれば，ほかのものに投じることのできる資源が減少するという問題に直面する．現実の経済における資源配分の効率性を考えるときには，このトレード・オフの関係にあるさまざまなものを，同時に考慮しなければならない．

市場経済というシステムがすぐれている点は，以上のように複雑な問題である効率的な資源配分を，価格メカニズムを通して実現できるところにある．経済主体は，市場で広まっている価格を目安に自分たちの行動を決める．普通，経済学で想定する彼らの行動原理は，（もっとも簡単な場合）市場価格を所与としたうえで，家計であれば効用最大化であり，企業であれば利潤最大化である．いずれの場合も，その最大化問題の解として彼らの需要行動・供給行動が導き出され，これらの需要量と供給量を一致させるように市場において価格が変化する．これが価格メカニズムといわれるものである．供給量が需要量を上回っている財（不人気商品）の価格は下落し，需要量が供給量を上回っている財（人気商品）の価格は上昇する．骨董品のオークションや魚市場の競（せ）りにおいて，価格の変化がどのように需要量と供給量を一致させるかを想起すればよい．市場経済システムにおいては，これが自動的に実行されるのである．こうした価格メカニズムが重要な役割を演じる市場経済をうまく描写できるのが応用一般均衡モデルである．英語では，Applied General Equilibrium（略して AGE）Models，あるいは Computable General Equilibrium（略して CGE）Models と呼ばれている．この種のモデルを用いて，環太平洋戦略的経済連携協定（Trans-Pacific Strategic Economic Partnership Agreement, TPP）交渉入りを決める際に，内閣府等の関係省庁が TPP の影響を予測しようとしていたことは記憶に新しい．

資源配分の効率性の問題は決して抽象的な問題ではない．日本においても構造改革という言葉が，いまや日常語にさえなっている．たとえば通信，電力，ガス，水道といったいわゆる公益事業の効率化・自由化という政策を考

えるとしよう．それを実施した場合どのような影響が出るかを，あらかじめ予測し説明しなければ，国民の納得を得ることがむずかしい．しかも，その影響を定性的に述べるだけでなく，どの産業あるいはどの所得階層に，どの程度の影響が出そうであるかを説明しなければならない．途上国の経済発展についても，世界銀行などが主導する構造調整政策を無視しては考えられない．読者が途上国政府の経済アドバイザーであるとしよう．任地国の経済に歪みをもたらしている輸入関税率を引き下げることにより，ただ単にその国の経済厚生を上昇させることができるというだけでは不十分である．具体的な政策目標や経済厚生（たとえばGDPで測るとして）の与えられた目標水準を達成するためには，輸入関税を何％引き下げることが望ましいかまで提言しなければならない．こうして数値分析が要求される．さきに述べた応用一般均衡モデルは，こうした経済政策の策定や評価のための数値分析を行うモデルといっても過言ではない．

　一般均衡分析といえば，誰しもワルラス（L. Walras）に源を発する一連の高度に数学的な理論分析を想起するであろう．彼の一般均衡分析はその後精緻化され，アロー（K. Arrow）やデブリュー（G. Debreu）らによって完全競争市場の一般均衡解の存在や安定性について論じられてきている[1]．しかし，それらの一般均衡分析は抽象的であり，数値解を導出することを予定していない．こうした一般均衡分析を日常の経済政策の策定や評価に役立てるため，その数値解を導出できるモデルとして応用一般均衡モデルが案出された．応用一般均衡モデルのことをCGE（Computable General Equilibrium）モデル，すなわち「計算可能な」一般均衡モデルと呼ぶのは，そのためである．

　応用一般均衡モデルについては，Johansen（1960）のノルウェー多部門経済成長モデルが先駆的研究として有名である．その後，先進工業国の租税・貿易問題分析に用いられたもの（たとえば，Shoven and Whalley（1992）），途上国の開発問題分析に用いられたもの（Dervis *et al.*（1982）），あるいはORANIとよばれるオーストラリア経済分析のために開発されたも

---

[1]　一般均衡理論についてはDebreu（1959）参照．

の (Dixon *et al.* (1992)) など，数多い．このように応用一般均衡モデルの発展をみたのは，資源配分の効率性に対する関心の高まりとともに，Scarf (1973) アルゴリズムのような一般均衡解を数値的に求める方法の開発や，コンピュータ自体の計算速度の向上に支えられたことも忘れてはならない．大規模なモデル構築が可能になったことで，たとえば最近では，世界規模の詳細な応用一般均衡モデルを作り，GATT/WTO ラウンドの影響分析を行う研究などが数多く行われている．とくに，データベースについていえば，Purdue 大学の Global Trade Analysis Project (GTAP) が国際貿易と産業連関表を整合的に接続したデータベースを整備しており，世界規模の貿易モデル構築に大きく貢献している[2]．

1.2 応用一般均衡モデルの仕組み

応用一般均衡モデルは，市場経済における価格メカニズムを基礎においたモデルである．そして，一般均衡モデルである以上，一国であれ，一地域であれ，あるいは世界全体であれ，経済全体を対象とする．具体的に，応用一般均衡モデルは，与えられた経済の中で，(1) 家計や企業といった経済主体がどのように行動し，(2) おのおのの行動の調和 (均衡) が，市場においてどのように達成されるかを描写する．その際，家計の行動は自らの効用最大化に，そして，企業の行動は自らの利潤最大化に動機付けられているものと想定する．これは，ミクロ経済学の一般均衡理論が想定しているものと同じである (図1.1)．家計や企業の数は1つずつでなくてもよく，複数含まれることの方がむしろ普通である．その場合でも，それぞれの経済主体が自分の目的関数を最大化するように行動すると想定する．結果として，財・サービスのほか資本・労働といった生産要素の需要 (関数) と供給 (関数) が導きだされる．さらに，取引がうまく行われるためには，それぞれの財・サービスや生産要素の市場において，需要量と供給量が一致しなければならない．これが市場均衡である．このとき重要な役割を果たすのが価格メカニズ

---

[2] ⟨URL : http://www.gtap.org/⟩ 参照．

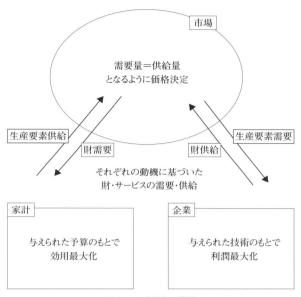

図 1.1：経済の構造

ムである．需給が一致するように価格が調整され（たとえば，超過需要があれば価格が上昇し），市場均衡が達成される．このような「世界」を応用一般均衡モデルは数値を使って計量的に描写する．

図1.1は，経済が家計と企業からなる，もっとも簡単な経済構造を表したものである．現実には，このほかに政府や外国部門があるし，投資や貯蓄を考えなければならない．本書では，家計と企業からなるもっとも簡単なモデルからはじまり，そのあとに，政府，外国部門や，投資と貯蓄を組み込んだ現実的なモデルを順次提示していく．

さらにいえば，この種のモデルを用いた分析は，それぞれの経済における1つの均衡を導きだすだけで終わるものではない．いったんモデルができあがると，さまざまな状況・条件の異なった均衡を描写（シミュレーション）することができ，そのようにして得られた状況・条件の異なる均衡解を比較することにより，たとえば税率の変更といった政策が経済全体に与える影響を分析することができる．こうした比較静学分析を容易に行えるところに，

経済政策の策定や評価においてこのモデルが広く利用される理由がある．

1.3　応用一般均衡モデルの長所と短所

　応用一般均衡モデルが広く使われてきた理由の1つは，データの必要量の少なさにある．あとで詳しく述べるように，たいていの場合，1期分（普通は1年）のデータ（産業連関表，国民所得統計や国際収支統計など）に基づいてモデルを構築する．このことは少なくとも数年間の時系列データを必要とする計量経済学モデルと比べて応用一般均衡モデルの有利な点である．とくに，統計資料が整っていない，あるいはクーデターなどにより大きく経済・社会状勢が変化する途上国の経済分析においては，計量経済学モデルではなく応用一般均衡モデルに頼る範囲が広くなるであろう．しかも，このモデルは産業を数十部門に細分して分析したり，家計をいくつかの所得階層に細分して分析したりできる．こうした詳細化されたモデルは，われわれが知りたいこと，たとえば税制改革によってどの産業が拡大・縮小するのか，また，どの所得階層が有利・不利になるのかといったことを明らかにできる．

　こうした長所に対していくつかの短所がある．第1に，モデル推定のためのデータベースとなる基準年の経済活動が，応用一般均衡モデルが想定するとおりに「均衡的」であるかどうかについては，モデルの外で判断しなければならない．基準年の経済状況が「異常」であれば，それに基づいて作られたモデルから導出される結論は現実的なものではなくなるであろう．

　第2に，基準年だけに基づいてモデルを作ることは，時間的に連続して動く現実世界を一時点の静止画写真に撮って見るようなものである．つまり，（特別な手間をかけない限り）どうしても静学モデルにならざるをえない．しかしながら，一国の経済政策を策定・評価するにあたっては投資と貯蓄などの動学的要素を無視することができない．その結果，もともと静学モデルとして作られたところへ，モデルに相当の無理をかけて投資と貯蓄を組み込むことになる．そこで，この弱点を取り除くため，動学的応用一般均衡モデル（Dynamic CGE models）が，いろいろな形で試みられている．実際，本改訂版においては，逐次動学モデルを構築してそれを動かす方法について解

説を加えた．

　第3に，応用一般均衡モデルには貨幣などの金融的要素を取り入れることがむずかしい．そこで，たいていの応用一般均衡モデルは実物経済しか含んでいない．そのために，相対価格を求めることはできても絶対価格を求めることはできない．この原因は，応用一般均衡モデルがワルラスの一般均衡モデルに理論的に大きく依存していることに求められる．そこでは，すべての財や生産要素について，価値判断の基準となる財（ニューメレア，numéraire）を1つ決めて，その基準財との相対価格のみを分析対象とする．したがって，応用一般均衡モデルではインフレーションや外国為替政策といった，経済の貨幣的側面を取り扱うことができない．ここでも，こうした短所を取り除くために金融的要素を入れた応用一般均衡モデル（Financial CGE Models）が試みられている．しかし，金融的要素を含むことでデータの必要量が膨大になり，またモデルの構造も複雑になってしまう[3]．

　このように応用一般均衡モデルには，ほかのどのモデルもそうであるように，長所と短所がある．応用一般均衡モデル分析に限ったことではないが，経済分析あるいは経済政策の策定・評価のためにどのようなモデルを用いるかは，経済のどの側面を問題とするかということと，モデルのコスト・パフォーマンスを考えて決められなければならない．モデルが詳細ならばそれだけ現実に似たものになるが，その一方で，データの量やコンピュータによる計算量が大きくなる．また，モデルがどのように振る舞ったためにその分析結果が得られたのか，見通しが立ちにくくなってしまう．

1.4　応用一般均衡モデルの適用事例

　先に述べたように，応用一般均衡モデルは，市場経済における資源配分の効率性を分析するのに有効なモデルである．たとえば，輸入関税という歪み

---

[3] 多部門モデルとしての特性にこだわらない場合には，いわゆる Dynamic Stochastic General Equilibrium（DSGE）モデルと呼ばれる，リアル・ビジネス・サイクル理論から展開が始まった一連のマクロ・モデルを用いて金融政策を考えることができるであろう（たとえば，ローマー（2010）参照）．

によって資源配分が非効率になっている（すなわち，輸入財よりも国内財の方が優遇されている）場合，その歪みを取り除けば，どの産業の生産や貿易がどれだけ増減し，家計のどの財の消費がどれだけ増減するか，また，一国の経済厚生がどれだけ改善されるかといったことを分析できる．さらに，複数の家計を含むモデルを用いれば，輸入関税撤廃の影響を所得階層ごとに計測することができ，したがって所得の再分配効果を分析することができる．また，一国の中にあるさまざまな産業は相互につながっているので，ある産業だけに生じたショックでも，ほかの産業に波及することは容易に想像できる．この影響についても分析することができる．

ここで，応用一般均衡モデルの適用範囲の広さを理解してもらうために，典型的な研究事例を以下にあげておく．こうした適用事例を参考にして，読者自身が直面する政策課題に対する解決策を，応用一般均衡モデルを用いてどのように考えていくか，構想を練ってもらいたい．

マクロ経済問題……公共支出削減の影響，貿易・租税政策の所得分配効果
財政政策……消費税導入の効果，物品税引き下げの効果
国際貿易……ドーハ開発ラウンドの影響，環太平洋戦略的経済連携協定（TPP）の影響，コメ関税化の影響
地域・交通経済分析……整備新幹線の経済効果，交通網整備の観光産業への影響
環境政策……環境税導入の影響，排出権取引制度導入の効果
産業・労働政策……電力事業自由化の影響，外国人労働者受け入れの影響
開発政策……天然資源開発とオランダ病，自由化政策の貧困削減効果

1.5 本書のめざすところ

現実の政策課題に対応するためには，応用一般均衡モデルを作り，コンピュータを使って数値解を導きだしていかなければならない．したがって，本書は，読者が応用一般均衡モデルの概念を理解するだけでなく，実際にモデルを構築し，政策シミュレーションを行えるような技術を身につけることを

目的としている．さらに，モデルを作る方法を習得することを越えて，自らが必要とする分析目的のために，どのようなモデルを構築するべきか，また，そのモデルを使ってどのような分析を行うべきかという分析自体のデザインについても解説する．このように，本書は，いわばモデルの作成とその解釈のhow-toに重点をおいている点で，応用一般均衡モデルについて書かれた類書と大きく異なっている．

そうした目的を達成するため，つぎのようなことについて1つ1つ解説する．すなわち，（1）モデルを構築し，それに投入すべきデータの収集とその加工方法，（2）モデルの係数の推定方法，（3）数値計算を行うためのプログラムの作成方法，（4）モデルを用いたシミュレーションの方法とその結果の解釈などである．とくに，（2）については，応用一般均衡モデルの係数を推定するにあたってはキャリブレーションと呼ばれる特殊な方法を用いるので，この方法について詳細に説明する．（3）については，本書ではGAMSという数値計算ソフトウェアを前提としたプログラムの作成方法を説明するが，これがどのようなもので，なぜ本書がそれに添った形で書かれるかは次節で説明する．また（4）については，ただ単に数値計算の結果を読み取る技術を説明するだけではなく，数値計算結果に対して直感的な経済学的説明を行うための手がかりを提供する．応用一般均衡モデルは大規模になりがちであり，そのためにシミュレーション結果の解釈が困難になる可能性がある．モデルがどのように動くかについて，モデルの構造やシミュレーションの内容に密着した形での解説を加えることで，モデルの利用者が大規模なモデルをただブラック・ボックスとして扱うことがないように配慮する．

本書が想定する主な読者は，（経済）学部上級あるいは大学院初級レベルの学生のほか，そうした課程を修了した経済分析の実務家（またはその予備軍）を含む．しかしながら，専門分野はかならずしも経済学に限る必要はない．一般均衡分析が，経済学の一分野として発展してきたことはたしかであるが，最近では前節で見たように都市計画・交通計画・環境問題のような工学分野にも応用されている[4]．したがって，そうした分野に興味のある読者も対象としている．

このように（経済）学部上級，大学院初級を対象にしているので，本書で

取り扱うモデルは，完全競争的な市場を持つ開放経済の1国静学モデルを基本とする．開放経済とは，平たく言えば国際貿易を含む経済のことである．しかし，こうしたモデルだけでは，すべての読者の要請に応えるものでないであろう．そこで第10章では，複数の家計を含むモデル，1国モデルを複数連結した世界貿易モデルへの拡張，市場についての完全競争の仮定をゆるめた場合，数量規制がある場合，規模の経済性がある場合への拡張可能性について触れる．これらは応用一般均衡モデルの基礎的レベルを超えるので，あまり深くは立ち入らないものの，そうした分野についての経済学的な基礎知識を持ち，本書が示すさまざまな技術を応用すれば，モデルの拡張はそれほどむずかしくはないであろう[5]．

　本改訂版では，2つの章が新たに追加されている．第11章では，どのような応用一般均衡分析を行うべきかという分析のデザインに関する考え方を示し，また第12章では，静学モデルを動学モデルに拡張する方法を論じている．具体的には，ここで取り上げる動学モデルは，各時点の静学モデルを複数「積み上げる」形で構築されているので，逐次動学モデルと呼ばれるものである．したがって，第6章のモデルを十分理解していれば，この逐次動学モデルの理解も容易であろう．

　読者に期待する予備知識として，つぎの3種類がある．第1は，経済学に関する基礎的な知識である．具体的には学部レベルのミクロ経済学とマクロ経済学を理解していることである．とくに，ミクロ経済学における一般均衡理論の概略を理解していることと，マクロ経済学における資金循環と産業連関に関する知識を持っていることが重要である[6,7]．第2に，数学に関する

---

4) たとえば，都市計画・交通計画のための費用便益分析を行うための汎用的な空間的応用一般均衡モデルとしてRAEM-Light（ラーム・ライト）と呼ばれるモデルを構築し，その利用を促進する取り組みがある．詳しくは，〈URL：http://www.raem-light.jp/〉参照．

5) 多国間の貿易自由化交渉の影響や地球環境問題を考えるためにGTAPデータベースやGTAPモデルを用いて分析する方法については，Hertel（1997）による書籍やBurfisher（2011）による入門者向けの解説書が利用可能である．

6) 資金循環・産業連関については，たとえば，斎藤（1991），小長谷・前川（2012，第1部）を参照．

7) しかし，一般均衡解の存在証明のような高度な数学的知識は必要としない．

知識については，簡単な関数についての偏微分を実行でき，ラグランジュ（Lagrange）未定乗数法の知識があることが望ましい[8]．第3は，コンピュータに関する知識である．少なくとも，ワード・プロセッサと表計算ソフトウェアを扱い，Windows 上でファイル管理（ファイルのコピーや削除）を行うことができる程度の簡単な知識が必要である．

1.6　ソフトウェアとコンピュータ上でのシミュレーション

　ここで，本書で用いるソフトウェア，すなわち数値計算ソフトウェアの本体である GAMS（General Algebraic Modeling System）と，それを便利に使うための GAMS IDE と呼ばれる（統合開発環境）ソフトウェアについて述べておく．応用一般均衡モデルは非線形計画問題あるいは非線形連立方程式体系として定式化されるので，これらの解を見つけるためには，それに適した数値計算ソフトウェアを使いこなさなければならない．本書ではソフトウェアとして GAMS を使用する．GAMS は主として途上国の経済分析を行うために世界銀行で開発されたソフトウェアであり，現在では GAMS Development Corporation が開発・管理・販売している[9]．このソフトウェアの長所は，解を求めるアルゴリズムの強力さだけでなく，数式を代数式のまま書き込むことができることと，メモを書くのが容易なことの3点があげられる．あとの2点は，コンピュータのトレーニングを受けていない普通のエコノミストにとって使いやすいことと，モデル作成の担当者が交代しても後継者が容易にそのモデルを理解できることのためである．もちろん，応用

---

[8]　ラグランジュ未定乗数法については，経済数学の教科書，たとえば，尾山・安田（2013）参照．

[9]　〈URL：http://www.gams.com/〉参照．GAMS の基本システム（Base Module）自身は，数値計算をすることはできない．数値計算は GAMS の中に組み込まれたソルバーが行っている．本書では CONOPT と呼ばれるもっとも広く使われているものを用いることにする．このソルバーは非線形計画問題を解くことができるもので，本書で示すような非線形連立方程式体系として表現された応用一般均衡モデルを直接解くことはできない．しかしながら，非線形連立方程式体系は，非線形計画問題の1つの特殊例として解くことができるので，本書が取り扱う応用一般均衡モデルの構築と運用のためにはこれで十分である．

一般均衡モデルを構築するためには，GAMS以外にもいくつかのソフトウェアが利用できるし，GAMSは応用一般均衡モデル以外のモデルを構築するためにも有用である[10]．

　このGAMSを使って数値計算するためのプログラムを作成するためには，GAMS IDEと呼ばれるWindows上で動作するソフトウェアを用いる[11]．GAMS IDEには，プログラムを書くためのエディタが組み込まれており，このソフトウェア上でモデルのプログラムを書けば，即座にGAMSを使ってこのモデルを解くことができるようになっている．つまり，GAMS IDEはモデルをプログラムとして表現し，そのモデルをWindows上でGAMSを使って解くための便利なソフトウェアである．

　ところで，数値計算ソフトウェアであるGAMSはGAMS Development Corporationから購入しなければならないが，その試用版は（解くことができるモデルの大きさに制限があるものの），GAMSウェブ・サイトから無料でダウンロードできる．さらに，本書で例題として取り上げるすべてのモデルのプログラムはGAMS Model Libraryに収めてあり，これも無料でダウンロードできる[12]．したがって，読者はダウンロードしたGAMS試用版に，おなじくダウンロードした本書の例題プログラムを結びつけて，自分でモデルを解くことができる．その上，例題として入っているモデルの係数や外生変数を自由に変えてみて，さまざまな経済状況をシミュレートできる．ダウンロードの方法については付録D「インターネットにおける情報源」に書いてあるので，そこを読んで「自ら手を動かす」ことを強く勧める．

---

10) 応用一般均衡モデルのためのソフトウェアとしては，たとえば，GEMPACKなどが有名である〈URL：http://www.copsmodels.com/gempack.htm〉．なお，GAMSのソルバーのうちの1つであるMPSGEも，CONOPT同様，広く用いられている．また，こうしたソフトウェアを用いずに，FORTRANなどのコンピュータ言語を用いて数値計算を行うこともできる．

11) GAMS IDEはGAMSの基本システム（Base Module）に含まれている．GAMS IDEの使い方については付録Cで説明する．

12) GAMS Model Libraryには，これまでGAMSを使って解かれた数多くのモデル（応用一般均衡モデルだけではない）の入力ファイルが収められている．モデル名，作成者名，登録日時順，主題別の索引があるので，自分が関心のあるモデルを容易に発見できる．このGAMS Model Libraryのアクセス方法については付録Dを参照．

1.7 本書の構成

　本書の次章以下の構成はつぎのとおりである．第2章では，2財2生産要素1家計からなる「簡単な応用一般均衡モデル」を説明する．そこでは，個々の経済主体の最適化行動から導かれた需要関数や供給関数と，市場均衡条件からなる連立方程式体系としてモデルを表現している．現実の政策策定・評価のために作られる複雑なモデルも，すべて，この簡単なモデルの拡張されたものであるから，このモデルを十分に理解することが重要である．第3章では，「簡単な応用一般均衡モデル」の一部分を構成する家計の効用最大化問題を例題に，GAMSを使ったプログラムの書き方を詳しく説明する．第4章では，実際にモデルを作る際に必要な係数や外生変数の推定の基礎になる社会会計表の構造と作り方の説明をする．社会会計表とは，モデルの基準年におけるすべての経済主体間の財・サービスの取引とそれに対応した資金の流れを記録したものである．第5章では，社会会計表をもとに，モデルの係数や外生変数を推定する方法，いわゆるキャリブレーションと呼ばれる方法について詳しく説明する．第6章では，実際の経済分析に適用するために必要な拡張を施した，「現実的な応用一般均衡モデル」を提示する．これには，生産活動における中間投入のほか，政府（政府消費，直接税，生産税，輸入関税），投資と貯蓄，国際貿易が導入される．そこでは，このモデルのプログラムも提示されているので，ここまで読み進んでくれば，現実的なモデルを独力で作り始めることが可能であろう．

　第7章では，いわゆる，モデルの閉じ方を説明する．本書で取り扱われる応用一般均衡モデルは，本来，静学的なモデルであるが，これに投資と貯蓄を取り込まざるをえないところにモデルの閉じ方が特別な意味合いを持ってくる．第8章ではシミュレーションを効率的に行う方法，種々の均衡解の比較方法，および，モデルの感応度分析（sensitivity analysis）について論じる．第9章ではシミュレーション結果の解釈をモデル構造と結びつけて例示する．モデルが大きくなるにつれて，分析者自身にとってさえモデルがブラック・ボックス化しやすい．これを回避するためのいくつかの手がかりを可能な限り図解する形で示す．

表 1.1：本書で構築

	家計の効用 最大化モデル	簡単な応用 一般均衡モデル	現実的な応用 一般均衡モデル	複数家計 モデル
モデルの説明	2.2, 3.1	2.1―2.4	6.1―6.6	10.1
モデルの全容	3.1.1	2.5	6.7	10.1
社会会計表	―	4.1.1, 5.3.1, 5.4.1 (表 4.1, 5.1)	4.1.2, 6.8 (表 4.2, 6.1)	10.1 (表 10.1)
キャリブレーションの説明	―	5.4.5	6.8.2	―
プログラム	3.2 (リスト 3.1)	5.4.1 (リスト 5.1)	6.8 (リスト 6.1)	―
入力ファイル名	hhmax.gms	splcge.gms	stdcge.gms	―

注：表中の数字は章・節・項番号を示す．すなわち，2.2 とあるのは，第 2.2 節を指している．入力ファイル
示されている．これらについては第 11 章参照．

　本来，ここまでのところで本書の目的はほとんど達成されたといってもよいが，第 10 章では，さらなる拡張の道筋を示す．これには大きく分けて 2 つの方向があり，1 つは国際経済の現実をより詳しく描写するものであり，もう 1 つは完全競争の仮定や規模に関して収穫一定の仮定といった簡単化から離れようとするものである．

　つづく 2 つの章は，この改訂版で新たに追加されたものである．そこでは，応用一般均衡モデルとは何かについて，とくに静学モデルに関して一通り理解が済んだ読者を対象とした発展的内容となっている．第 11 章では，モデル構築の前の段階，すなわち，分析目的に応じて，どのようなモデルを構築するべきかについて論じる．第 12 章では，静学モデルを越えて，動学モデルを解説する．第 13 章に，応用一般均衡モデルが現在直面している限界や最先端分野についての展望と簡単な結語がつづく．なお，初版の第 11 章「応用一般均衡モデルの実際例」は，そこで取り上げたモデルが古くなったので，この改訂版では削除した．

　補論は 5 部からなり，主として本文に対する注釈である．さらに，最後の 4 つの付録は，GAMS に関する説明のうちで本文中に示されなかったものについて詳細に解説している．すなわち，プログラム作成上の高度な技術，エラーの対処方法，GAMS のインストール方法と GAMS IDE の使い方，インターネットにおける情報源（GAMS と本書で構築されるモデルの入手方法等）についてである．

されるモデルの一覧

大国モデル	2国モデル	独占モデル	寡占モデル	数量規制モデル	規模の経済モデル	逐次動学モデル
10.2	10.3.1	10.4.1	10.4.2	10.5	10.6	12.1
—	10.3.1					12.4.1
4.1.2, 6.8	10.3.1	4.1.2, 6.8	—	4.1.2, 6.8	4.1.2, 6.8	12.2.2
(表4.2, 6.1)	(表10.2)	(表4.2, 6.1)		(表4.2, 6.1)	(表4.2, 6.1)	(表12.1)
—	—	10.4.1	—	—	10.6	12.4.4
10.2	10.3.1	10.4.1	—	10.5	10.6	12.4.5
(リスト10.1)	(リスト10.2)	(リスト10.3)		(リスト10.4)	(リスト10.5)	(リスト12.1)
lrgcge.gms	twocge.gms	moncge.gms	—	quocge.gms	irscge.gms	dyncge.gms

名はGAMS Model Libraryに収録されているファイル名である．上記のほかにいくつかのモデルが第11章に

　本書は先に述べたとおり，読者が応用一般均衡モデルの概念を理解するだけでなく，実際にコンピュータを使ってモデルを作ることも目指している．そのため，本書にはいくつかのモデルの例題とそのプログラムが含まれており，その配置場所は表1.1のようにまとめられる．先にも述べたとおり，これらの例題モデルはすべてGAMS Model Libraryに収められているので，読者は容易にダウンロードできる．

　なお，本書の読者としては，はじめから丹念に読み進む人と，ある程度，応用一般均衡モデルのことを知っていて本書を辞書代わり，つまり不確かなところを確かめるために利用する人の両方を想定している．本書に同じことを反復して記述しているところがあるのは，後者の読者の便宜を考えてのことであるので，了解されたい．

第2章

簡単な応用一般均衡モデル

　本章では，応用一般均衡モデルの基本を理解するために，1つの家計と2つの財，たとえばパンと牛乳，および2生産要素，たとえば資本と労働からなる，もっとも簡単な応用一般均衡モデル（以下，「簡単な応用一般均衡モデル」と呼ぶ）の説明をする[1,2]．現実の政策策定・評価のために作られる複雑なモデルも，すべてこの簡単なモデルの拡張であるので，このモデルを十分に理解することが重要である．

　第2.1節の経済の設定につづく3つの節で，家計の効用最大化問題，企業の利潤最大化問題，および，市場の需給均衡条件が説明される．そして，第2.5節では，こうした最大化問題から得られた需要関数と供給関数，および，市場均衡条件を満たすものとして，「簡単な応用一般均衡モデル」が6組14本の方程式からなる連立方程式体系として示される．なお，第4章では，このモデルを作成するためのデータベースとなる社会会計表が説明され，第5章では，社会会計表に基づいてこのモデルの係数を推定する方法（いわゆるキャリブレーション）が説明される．そして第5.4節から第5.6節までを通して読めば，このモデルのプログラムが理解できるはずである．さらに第6章では，この「簡単な応用一般均衡モデル」を拡張して，中間投入，政府（政府消費，直接税，生産税，輸入関税），投資と貯蓄，国際貿易を含む現実

---

1) 普通，1つの経済に複数の家計が存在するが，すべての家計の効用関数が同一である限り，1つの家計でこれを代表させることができる．第10.1節では，異なる効用関数を持つ複数家計モデルを考える．
2) 財の例としてパンと牛乳の2つを選んだが，特別な意味があってそうしたものではない．パンと牛乳が代替財であるとか補完財であるとかいった議論をしようとするものでもない．

的なモデル（以下では，「現実的な応用一般均衡モデル」と呼ぶ）が構築され，そのプログラムとともに説明される．

2.1 経済の設定

ここでは，モデルを大まかに把握するために，簡単な静学的応用一般均衡モデルを作ることにする．いまわれわれが描写しようとしている経済は，外国との貿易のない閉鎖経済である．そこには代表的家計が1つあり，パンと牛乳という2種類の消費財を消費することで効用を得ている．さらに，これらの財を作る代表的な企業が，それぞれ1つずつあるとしよう．家計には，資本と労働という2つの生産要素があらかじめ与えられていて，それらを企業に売ることで所得を得る．企業はそれらの生産要素を投入していずれかの消費財を作る．家計や企業は，市場において財や要素の取引（需要・供給）をする．そこでは需要量と供給量が一致するように価格が伸縮的に調整される．また，この市場は完全競争的であるとしよう．すなわち，いずれの経済主体も市場価格に対して影響を与えることができない「価格受容者（price taker）」であるとする．

家計，企業，市場という3者の関係を，（消費）財の流れという観点から眺めると，図2.1のように表すことができる．ただし，この図の背後には，家計から企業への生産要素の流れとそれに対する支払（所得の発生）があるが，それは描かれていない．以下に，家計，企業，市場の順番でこの経済を描写するモデルを構築していく．

2.2 家計行動

家計は，与えられた資本と労働という生産要素をすべて売って所得を得る．（ここでは，家計は生産要素をそのまま消費できないとする．つまり，働く代わりに，残り時間を余暇として消費するといったことは考えていない．）この2種類の生産要素（資本，労働）を記述の便利のために3文字に略して，それぞれ，CAP, LAB とする．これらは生産要素の種類を示す添え字 h に

第2章 簡単な応用一般均衡モデル　19

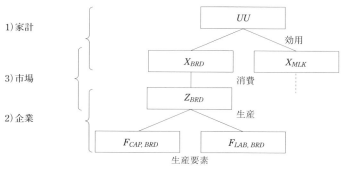

図2.1：モデルの構造

対応するものである[3]．さらに家計は生産要素を売却して得られた所得を，パンと牛乳という消費財の購入にあてる．また，この2種類の財（パン，牛乳）も，それぞれ，BRD，MLK と略記する．これらは財の種類を示す添え字 i に対応する．家計は消費財の購入にあたって自らの効用を最大化するものとする．この効用はコブ=ダグラス型効用関数で表されるとしよう．家計が取引を行う市場は完全競争的であるから，家計にとって財や生産要素の価格は所与であることに注意しなければならない．

家計の直面する問題は，つぎのような予算制約のもとでの効用最大化問題として定式化することができる[4]．

$$\underset{X_i}{\text{maximize}}\ UU = \prod_i X_i^{\alpha_i} \tag{2.a}$$

subject to

---

[3] 3文字に略したのは筆者らが普段そのようにしているだけのことであって，*Capital*, *Labor* というように，異なる文字数を使って表現してもよい．あるいは，いっそのこと，ローマ字で入れてもよい．財についても同様である．

[4] 効用関数を，積の記号 $\prod_i$ を使わずに書き直すと，
$$UU = \prod_i X_i^{\alpha_i} = X_{BRD}^{\alpha_{BRD}} \cdot X_{MLK}^{\alpha_{MLK}}$$
と書ける．同様に，予算制約式を和の記号 $\sum_i$ を使わずに，つぎのように書ける．
$$p_{BRD}^x X_{BRD} + p_{MLK}^x X_{MLK} = p_{CAP}^f FF_{CAP} + p_{LAB}^f FF_{LAB}.$$
また，maximize の下の X_i はその変数について（すなわち，その変数の値を適当に選ぶことによって）最適化を行うという意味である．

$$\sum_i p_i^x X_i = \sum_h p_h^f FF_h \qquad (2.\text{b})$$

それぞれの文字の定義は，

i：財（パン（BRD），牛乳（MLK）），

h：生産要素（資本（CAP），労働（LAB）），

UU：効用，

X_i：第 i 財の消費量（$X_i \geq 0$），

FF_h：第 h 生産要素の賦存量，

p_i^x：第 i 財の需要者価格（$p_i^x \geq 0$），

p_h^f：第 h 生産要素の価格（$p_h^f \geq 0$），

α_i：効用関数の支出割合係数（$0 \leq \alpha_i \leq 1$，$\sum_i \alpha_i = 1$）．

はじめの式（2.a）は，最大化すべき効用関数である．その次の式（2.b）は，家計の支出と収入が等しいという条件を示す，いわゆる予算制約式である．

この問題を解くために，ラグランジュ乗数（Lagrange multiplier）φ を用いて，つぎのようなラグランジュ関数を定義する．

$$L(X_i, \varphi) \equiv \prod_i X_i^{\alpha_i} + \varphi \left(\sum_h p_h^f FF_h - \sum_i p_i^x X_i \right)$$

通常，この問題は内点解を持つ[5]．したがって，最適点において，つぎのような一階条件が成り立つ[6]．

$$\frac{\partial L}{\partial X_i} = \alpha_i \frac{\prod_i X_i^{\alpha_i}}{X_i} - \varphi p_i^x = 0 \qquad \forall i \qquad (2.\text{c})$$

$$\frac{\partial L}{\partial \varphi} = \sum_h p_h^f FF_h - \sum_i p_i^x X_i = 0 \qquad (2.\text{d})$$

---

[5] 内点解とは変数の定義域の厳密に内側に存在する解のことである．内点解でない解，すなわち端点解とは変数の定義域の境界上に存在する解のことである．たとえば消費量 X_i の定義域は非負の領域 $[0, \infty)$ であり，解がその定義域の（下側の）境界であるゼロであるならば端点解，そうでないならば内点解となる．端点解がありえる場合には，クーン＝タッカー（Kuhn-Tucker）条件を考えなければならない．ラグランジュ未定乗数法の要点については，尾山・安田（2013）参照．

[6] $\forall i$ は「すべての i について」という意味である．一階条件（2.c）についていえば，$i = BRD$ についても，$i = MLK$ についても，この条件が成り立つことを意味している．

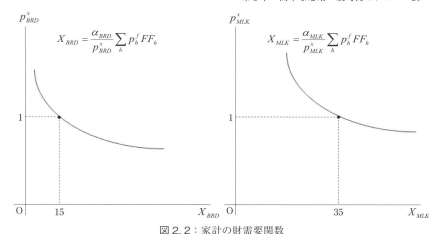

図 2.2：家計の財需要関数

注：$(\alpha_{BRD}, \alpha_{MLK}) = (0.3, 0.7)$，$p_h^f = 1$，$FF_h = 25$ のとき（これらのパラメータ設定については第 5 章参照）．

これら 2 つの式からラグランジュ乗数 φ を消去して，つぎのような第 i 財の需要関数を得る[7]．

$$X_i = \frac{\alpha_i}{p_i^x} \sum_h p_h^f FF_h \qquad \forall i \qquad (2.1)$$

この需要関数 (2.1) の性質について若干補足すると，支出割合係数 α_i が非負であるから第 i 財の価格 p_i^x が低くなるとき第 i 財に対する需要は増加することが確認できる（右下がりの需要曲線）（図 2.2）．さらに，所得 $\sum_h p_h^f FF_h$ が増加するとき第 i 財に対する需要が増加する．

2.3　企業行動

この経済には，パンと牛乳を作る企業がそれぞれ 1 つずつあるとする．企業は，家計から労働と資本を買い取り，それらのみを用いてパンまたは牛乳を製造する．その際，企業は与えられた生産技術のもとで利潤が最大になる

---

[7] この家計の財需要関数 (2.1) の詳細な導出過程は補論 I で示される．また，元の家計の効用最大化問題 (2.a)，(2.b) をそのまま解く方法については補論 II 参照．

ように生産活動を行うとする．

ところで，もっと現実的な企業であれば，労働や資本以外に，パンを作るためにバター，塩，酵母といった中間投入財を用いるであろう．牛乳の生産についても同じである．しかし，ここではそのような中間投入は捨象している．中間投入財は第6章において導入される．また，これらの企業は副産物を生み出さないとする．すなわち，（このような簡単な例では自明だが）パンを作る企業はパンだけを生産し，副産物として牛乳を生み出すようなことはないものとする．

ここで，第 j 企業の行動を考える．第 j 企業が直面する問題は，財の価格や要素価格を所与として，つぎのような利潤最大化問題として書くことができる．

$$\underset{Z_j, F_{h,j}}{\text{maximize}} \ \pi_j = p_j^z Z_j - \sum_h p_h^f F_{h,j}$$

subject to

$$Z_j = b_j \prod_h F_{h,j}^{\beta_{h,j}} \tag{2.2}$$

それぞれの文字の定義はつぎのとおり．

j：企業（パン（BRD），牛乳（MLK）），
h：生産要素（資本（CAP），労働（LAB）），
π_j：第 j 企業の利潤，
Z_j：第 j 企業（の消費財）の生産量，
$F_{h,j}$：第 j 企業における第 h 生産要素の投入量，
p_j^z：第 j 財の供給者価格，
p_h^f：第 h 生産要素の価格，
$\beta_{h,j}$：生産関数の投入割合係数（$0 \leq \beta_{h,j} \leq 1$, $\sum_h \beta_{h,j} = 1$），
b_j：生産関数の規模係数．

目的関数は，第 j 企業の利潤の定義式であり，第 j 企業はこれを最大化するように投入量 $F_{h,j}$ と生産量 Z_j を決定する．その右辺第1項は生産した財を売って得られた売り上げ，右辺第2項は生産要素に対する支払（生産費）である．つぎの (2.2) 式は，どれだけ生産要素 $F_{h,j}$ を投入すればどれだけの生産物 Z_j が得られるかという，生産技術を描写した生産関数と呼ばれる

ものである．ここでは，コブ=ダグラス型生産関数を仮定している．

この最適化問題を解くために，第j企業の直面する問題に関して，ラグランジュ乗数ω_jを用いて，つぎのようなラグランジュ関数を定義する[8]．

$$L_j(Z_j, F_{h,j}, \omega_j) \equiv \left(p_j^z Z_j - \sum_h p_h^f F_{h,j} \right) + \omega_j \left(b_j \prod_h F_{h,j}^{\beta_{h,j}} - Z_j \right)$$

通常，この問題は内点解を持つから，それぞれの企業jの利潤最大化問題に関して，つぎのような一階条件を得る．

$$\frac{\partial L_j}{\partial Z_j} = p_j^z - \omega_j = 0$$

$$\frac{\partial L_j}{\partial F_{k,j}} = -p_k^f + \omega_j \beta_{k,j} b_j \frac{\prod_h F_{h,j}^{\beta_{h,j}}}{F_{k,j}} = 0 \qquad \forall h$$

$$\frac{\partial L_j}{\partial \omega_j} = b_j \prod_h F_{h,j}^{\beta_{h,j}} - Z_j = 0$$

ラグランジュ乗数ω_jを消去すれば，生産関数（2.2）に加えて，つぎのよう

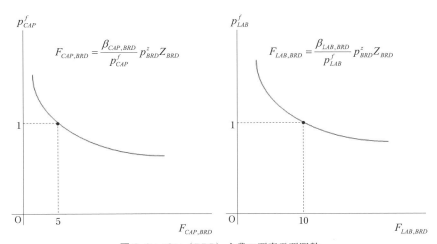

図2.3：パン（BRD）企業の要素需要関数

注：$(\beta_{CAP,BRD}, \beta_{LAB,BRD})=(0.333, 0.667)$，$p_{BRD}^z=1$，$Z_{BRD}=15$のとき（これらのパラメータ設定については第5章参照）．

---

[8] あらかじめ，生産関数（2.2）を用いてZ_jを消去した形に利潤関数を書き改め，制約無し最大化問題に変換したうえで解いてもよい．

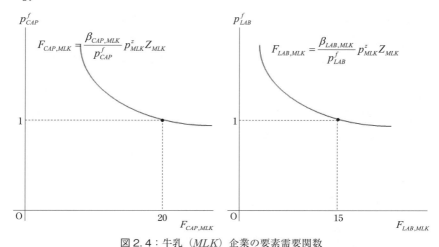

図 2.4：牛乳（MLK）企業の要素需要関数
注：$(\beta_{CAP,MLK}, \beta_{LAB,MLK}) = (0.571, 0.429)$，$p_{MLK}^z = 1, Z_{MLK} = 35$ のとき（これらのパラメータ設定については第5章参照）．

な第 j 企業の第 h 生産要素需要関数を得る．

$$F_{h,j} = \frac{\beta_{h,j}}{p_h^f} p_j^z Z_j \quad \forall h \qquad (2.3)$$

この要素需要関数（2.3）の解釈も財の需要関数（2.1）と同様である（図2.3，2.4）．第 h 生産要素の価格 p_h^f が下落，あるいは第 j 財産業の生産物価格 p_j^z が上昇したり，あるいは，生産量 Z_j が拡大したりした場合には，それに応じて第 j 財産業が需要する第 h 生産要素の量 $F_{h,j}$ は増加する．第 j 財産業の生産関数における第 h 生産要素の重要度が高ければ高いほど（これは投入割合係数 $\beta_{h,j}$ の大きさで測られる），その生産要素に対する需要は大きい．以上のことは第 j 企業について考察しているものの，一般的な形で議論しているので，どの企業についてもあてはまる．

2.4 市場均衡条件

これまでは，与えられた価格の下で，家計や企業がそれぞれ，どのように財の需要量と供給量，および，生産要素に対する需要量を決定するかを描写

してきた．そこでは，彼らは自分自身の効用や利潤のことだけを考えて，いわば好き勝手に財や生産要素の需給を決定していた．つまり，家計の最適化行動と（複数ある）企業の最適化行動を独立したものと考えてきた．しかし，これら3つの経済主体（すなわち1つの家計と2つの企業）がシグナルとしてきた価格はかならずしも同一ではない．第i財価格に関していえば，家計はp_i^xをシグナルとしていたし，企業はp_i^zをシグナルとしていた．また，たとえ同一の価格を前提としていたとしても，その価格のもとで企業が望むだけ生産したものの全量Z_iが，家計によって消費される量X_iと一致する保証もない．すなわち，主体的均衡だけを考えていても，彼らによる財や生産要素の需要量と供給量が市場においてかならず一致するとは限らない．そこで，財や生産要素の需要量と供給量が一致し，かつ供給者価格と需要者価格が一致することを保証するために，つぎのような制約式（市場均衡条件）を導入する必要がある．

$$X_i = Z_i \quad \forall i \tag{2.4}$$

$$\sum_j F_{h,j} = FF_h \quad \forall h \tag{2.5}$$

$$p_i^z = p_i^x \quad \forall i \tag{2.6}$$

(2.4) は消費財の需給均衡式である．ところで，第2.1節で書いたように，ここでは，1つの企業が1種類の財を作るとしている．（すなわち，パン企業はパンのみを作るし，牛乳企業は牛乳のみを作る．）したがって，生産量については，第2.3節で企業ごとに考えるときには，企業に関する添え字jを付したZ_jを用いたが，そうではなくて財に関する添え字iを付してZ_iとして用いても間違いが起こらない．このような理由から，需給均衡式 (2.4) では，生産量Zについても，財に関する添え字iを付して用いている．

(2.5) は生産要素の需給均衡式である．生産要素は，それぞれ，2つの企業から需要されるので，(2.5) の左辺は企業jに関して和を取ってある．これが生産要素の供給と一致する（完全雇用）．最後の (2.6) は，企業が直面する第i財の供給者価格p_i^zと家計が直面する財iの需要者価格p_i^xが一致することを示す制約式である．（もし，間接税が存在するならば，需要者価格と供給者価格の間に乖離が生じる．このようなモデルの例は第6章で示され

る.）なお，生産要素の価格 p_h^f に関しては，あらかじめ，家計の直面する価格も生産者の直面する価格も同じであると考えて同じ文字を用いているから，(2.6) のような市場均衡式は必要ない．（労働所得税や資本所得税といったものを導入するならば，財に対する間接税の場合と同じように，生産要素に関する需要価格と供給価格を区別し，その間に労働・資本所得税を割り込ませることになる.）

2.5 モデルの全容

以上で導出した家計の効用最大化問題，企業の利潤最大化問題，および，市場均衡条件 (2.1)―(2.6) をもう一度まとめると，われわれの「簡単な応用一般均衡モデル」は，つぎのような連立方程式体系として表せる．

$$X_i = \frac{\alpha_i}{p_i^x} \sum_h p_h^f FF_h \quad \forall i \tag{2.1}$$

$$Z_j = b_j \prod_h F_{h,j}^{\beta_{h,j}} \quad \forall j \tag{2.2}$$

$$F_{h,j} = \frac{\beta_{h,j}}{p_h^f} p_j^z Z_j \quad \forall h, j \tag{2.3}$$

$$X_i = Z_i \quad \forall i \tag{2.4}$$

$$\sum_j F_{h,j} = FF_h \quad \forall h \tag{2.5}$$

$$p_i^z = p_i^x \quad \forall i \tag{2.6}$$

ここで，(2.1) は家計の効用最大化問題から導き出された第 i 財に対する需要関数である．(2.2) は企業の利潤最大化問題における第 j 企業の生産関数である．(2.3) は企業の利潤最大化問題から導き出された第 h 生産要素に対する第 j 企業の需要関数である．(2.4)，(2.5)，(2.6) は前節で述べた市場均衡条件である．

以上の連立方程式体系 (2.1)―(2.6) を解くことで，この経済の一般均衡解を得ることができる[9]．この方程式体系は，6 組 14 本（一般的には

---

9) モデルをこのような連立方程式体系で表現する代わりに，社会的厚生最大化問題として表現し，解くこともできる．詳細については補論Ⅱ参照．

$4i+h\cdot j+h$ 本）の方程式と同数の内生変数からなる[10]．ただし，この方程式体系は価格に関してゼロ次同次であり，どのような場合でも（たとえ市場均衡条件が満たされていなくても）ワルラス法則は常に成り立っているから，このうち 1 本は冗長である[11]．そこで，財や要素のうちの 1 つを基準財として選び，その価格を固定する．そうしておけば，すべての価格変数はその基準財に対する相対価格として表現される．（応用一般均衡モデルに限らず）この種の一般均衡モデルにおいては，絶対価格ではなく相対価格しか得られないことに注意する必要がある．

以上で「簡単な応用一般均衡モデル」の説明はすべて終わったが，後段（たとえば，第 4.1.1 項）でしばしば言及される，企業のゼロ利潤条件について説明しておく．われわれは完全競争を想定しているので，均衡状態において企業は（正常利潤以上の）利潤を得ることはできない．したがって，各企業 j において，

$$p_j^z Z_j = \sum_h p_h^f F_{h,j} \qquad \forall j \tag{2.7}$$

が成り立つ[12]．この左辺は，第 j 企業の売り上げであり，右辺はその費用である．この「簡単な応用一般均衡モデル」がゼロ利潤条件 (2.7) を満たしていることは，要素需要関数 (2.3) の両辺に p_h^f を乗じ，添え字 h について足し合わせることで (2.7) を導けることから分かる．（生産関数 (2.2) が 1 次同次であると仮定しているので，投入割合係数 $\beta_{h,j}$ を添え字 h について和を取ったものが 1 になることに留意せよ．）

---

10) しばしば，方程式の数と内生変数の数が一致するかどうかによって，そのモデルに解があるかどうかを判断する．しかしながら，この基準は厳密なものではなく，非線形連立方程式体系として定式化されたモデルの解があるかどうかに対して何の確証も与えない．単なる目安であることに注意しなければならない．

11) ワルラス法則とは，すべての市場の超過需要額の総和が常にゼロになるというものである．すなわち，

$$p_{BRD}^x(X_{BRD}-Z_{BRD}) + p_{MLK}^x(X_{MLK}-Z_{MLK})$$
$$+ p_{CAP}^f\left(\sum_j F_{CAP,j} - FF_{CAP}\right) + p_{LAB}^f\left(\sum_j F_{LAB,j} - FF_{LAB}\right) = 0.$$

パン，牛乳，資本の市場がすべて均衡している（上式のはじめの 3 項がゼロ）ならば，ワルラス法則から，残った労働市場もまた，常に均衡（第 4 項がゼロ）していなければならないことがただちに分かる．

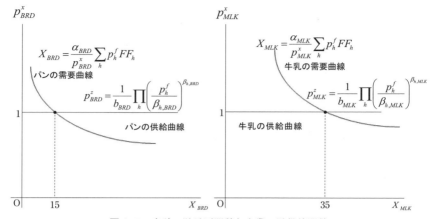

図2.5：家計の財需要関数と企業の財供給関数
注：$(\alpha_{BRD}, \alpha_{MLK}) = (0.3, 0.7)$，$p_h^f = 1$，$FF_h = 25$ のとき（これらのパラメータ設定については第5章参照）．

2.6 財市場と要素市場の需給均衡

これまで構築してきたモデルを図示してみよう．要素需要関数(2.3)を用いて生産関数(2.2)中の $F_{h,j}$ を消去して整理すると，限界費用（平均費用でもある）関数，

$$p_j^z = \frac{1}{b_j} \prod_h \left(\frac{p_h^f}{\beta_{h,j}}\right)^{\beta_{h,j}} \tag{2.8}$$

を得る．完全競争市場では限界費用曲線が財の供給曲線となるから，これを図2.2の財の需要曲線に重ね合わせると，われわれがよく目にするような，パン（BRD）と牛乳（MLK）それぞれの財市場に関する「部分均衡モデ

---

12) もし(2.7)の左辺が右辺より大きい（超過利潤が正である）ならば，あらたな企業が参入してくるので1企業あたりの利潤は減少するであろう．逆に，左辺が右辺より小さい（超過利潤が負である）ならば，企業は退出していくので1企業あたりの利潤は増加するであろう．こうした参入と退出は，(2.7)が成立する（超過利潤がゼロになる）までつづく．なお，この超過利潤は，正常利潤（資本に対する支払，モデル中では $p_{CAP}^f F_{CAP,j}$）とは違うものである．正常利潤は資本の生産性がゼロでない限り常に支払われる．超過利潤が発生する場合については，たとえば，第10.4節の独占利潤がある場合を参照．

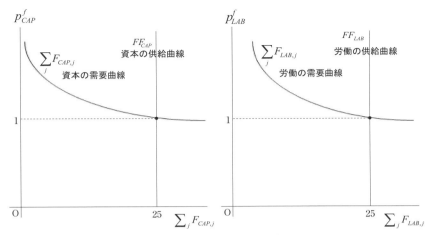

図 2.6：要素市場の需給均衡

注：図2.3, 2.4のパラメータ設定と，$FF_h=25$のとき．

ル」を描写することができる（図2.5）．なお，限界費用曲線（2.8）は供給量に依存しないから，図2.5では水平に描かれる[13]．

さらに，図2.3と2.4のそれぞれ左側（または右側）に示されている各企業の資本（または労働）需要関数を横軸方向に積み重ねる（すなわち，ある価格の下での各企業の要素需要量を足し合わせる）ことで，この経済全体の資本（または労働）需要関数を得ることができる．家計は要素を自家消費しないと仮定しているので，要素賦存量のすべてが供給されるから，要素供給関数が垂直な直線となることが分かる．これらを重ね合わせることで要素市場の需給均衡を描写することができる（図2.6）．

---

[13] この限界費用が1となっているのは，価格が1となるように財の計量単位を設定してあるためである．詳しくは第5.2節参照．

第3章

コンピュータ上の作業

　第2章では,「簡単な応用一般均衡モデル」の理論的な枠組みを紹介した.しかしながら,これだけでは,まだ「応用」可能ではない.つづく作業は2つある.第1は,データに基づいて社会会計表を作り,その社会会計表に基づいてモデルの係数,たとえば,効用関数の支出割合係数 α_i や生産要素の賦存量 FF_h などを推定することである.その方法は第4章と第5章で解説する.第2は,コンピュータでモデルを解くために,ソフトウェアの約束(文法)にしたがって,モデルをプログラムとして表現し直すことである.本章では,モデルをプログラムとして表現する方法について説明する.

　ここで,例題として取り上げるのは,第2章で説明された,「簡単な応用一般均衡モデル」中の家計の効用最大化問題の部分だけとする.(なお,第2章で説明された「簡単な応用一般均衡モデル」全体のプログラムは第5.4.1項で示される.)さらに,第6.8節では政府,投資と貯蓄,中間投入財,間接税,および,外国を含む「現実的な応用一般均衡モデル」のプログラムが説明される.本書では,第1章で述べたようにGAMSというソフトウェアを用いる[1].

3.1　例題:「家計の効用最大化モデル」

　ここでは,GAMSの使い方を説明するために,第2章で説明した「簡単

---

[1] GAMSには(非)線形計画法,(非)線形相補計画法等の数値計算を行うソルバーがいくつか入っている.本書では,そのソルバーのうちの1つであるCONOPTを用いた場合を解説する.

な応用一般均衡モデル」のうち，第2.2節で示した家計の効用最大化問題を例題のモデル（以下，「家計の効用最大化モデル」と呼ぶ）として取り上げる．このモデルにおいては，財は2種類（パン BRD と牛乳 MLK）であり，生産要素も2種類（資本 CAP と労働 LAB）であった．そしてこれまでと同じように，この家計は，市場において価格交渉力がない（すなわち完全競争）ので，この家計にとって，財や生産要素の価格は所与である．さらに，この家計には生産要素が与えられていて，それらを売却することにより所得を得るものとする．この家計は総消費額と総所得額が等しくならなければならないという予算制約（2.b）のもとで，コブ=ダグラス型効用関数（2.a）を最大にするように，それぞれの財の需要量を決定するものとする．

3.1.1 モデルの定式化

「家計の効用最大化モデル」を以下のとおりに定式化する．

$$\underset{X_i}{\text{maximize}} \quad UU = \prod_i X_i^{\alpha_i} \tag{2.a}$$

subject to

$$\sum_i p_i^x X_i = \sum_h p_h^f FF_h \tag{2.b}$$

この最大化問題の一階条件から，つぎの需要関数が導出されることはすでに第2.2節で述べたところである．

$$X_i = \frac{\alpha_i}{p_i^x} \sum_h p_h^f FF_h \quad \forall\, i \tag{2.1}$$

したがって，行うべき作業は与えられた各生産要素の賦存量 FF_h，各生産要素の価格 p_h^f，各財の価格 p_i^x，および，効用関数の支出割合係数 α_i のもとで，X_i に関する連立方程式(2.1)を解くことである[2]．

ところで，これから使おうとする GAMS（というより非線形計画法を解くソルバー CONOPT）は連立方程式体系そのものを直接解くことができない．そこで，つぎのような便宜的手段を取る．すなわち，解こうとしている

---

[2] 財の需要関数（2.1）は X_i に関してすでに縮約した型になっているので，わざわざコンピュータを使うまでもなく解くことができるが，実際に構築される応用一般均衡モデルではこのように簡単な形にはなっていない．

連立方程式体系に名目的な目的関数を導入し，もともとの連立方程式体系を制約条件式として，その名目的な目的関数を最大化する問題として定式化し直す．このような問題の変換を行っても正しい（すなわち，もとの連立方程式体系として定式化されたモデルと同じ）解を得ることができることについての確認は，補論 IV でなされている[3]．

この名目的な目的関数としてどのようなものを（それ自身で発散してしまうような，明らかに問題のあるものを除いて）用いてもいいが，ここでは第 2.2 節で用いた家計の効用関数（2.a）を用いることにしよう[4]．そうすると，われわれが解こうとするモデルは，

$$\underset{X_i}{\text{maximize}}\ UU = \prod_i X_i^{\alpha_i} \qquad (2.\text{a})$$

subject to

$$X_i = \frac{\alpha_i}{p_i^x} \sum_h p_h^f FF_h \qquad \forall i \qquad (2.1)$$

となる．

3.1.2　係数と外生変数の特定化

つぎに，この「家計の効用最大化モデル」をプログラムとして入力するためには，係数や外生変数の値を特定しておかなければならない．ここでは，つぎのような数値を仮定する[5]．（添え字は第 3.1 節冒頭で示したとおり．）

効用関数の係数：$\begin{pmatrix} \alpha_{BRD} \\ \alpha_{MLK} \end{pmatrix} = \begin{pmatrix} 0.2 \\ 0.8 \end{pmatrix}$，

---

[3] 最大化するのではなく，最小化してもまったく同じ結果が得られる．複数均衡がある場合，この方法は問題を引き起こすかもしれないが，われわれがここで構築する応用一般均衡モデルでは複数均衡を持つことはまれである．応用一般均衡モデルにおける複数均衡の問題については，Mercenier（1995）参照．

[4] 第 6 章の「現実的な応用一般均衡モデル」においても同様に，目的関数は名目的なものである．名目的な目的関数が連立方程式体系を解くための便宜的手段であるとはいうものの，ここで用いた（2.a）や第 6 章のモデル（リスト 6.1）のように家計の効用関数を目的関数に設定すれば，モデルを解くことにより効用水準 UU の値が得られる．こうして得られた効用水準の値を経済厚生の指標に変換する方法を，第 8.2 節で論じている．このような計算を行う場合には，（たとえそれがモデルを解くために名目的に導入されたものであっても）効用関数として適切に定義しておかなければならない．

財の価格：$\begin{pmatrix} p^x_{BRD} \\ p^x_{MLK} \end{pmatrix} = \begin{pmatrix} 1 \\ 2 \end{pmatrix}$,

生産要素の価格：$\begin{pmatrix} p^f_{CAP} \\ p^f_{LAB} \end{pmatrix} = \begin{pmatrix} 2 \\ 1 \end{pmatrix}$,

生産要素の賦存量：$\begin{pmatrix} FF_{CAP} \\ FF_{LAB} \end{pmatrix} = \begin{pmatrix} 10 \\ 20 \end{pmatrix}$.

3.2 数値計算の手順

GAMS を使って数値計算をする際の手順は，
（1） モデルを GAMS のプログラムとして表現（入力ファイルを作成）し，コンピュータに入力すること，
（2） GAMS でモデルを解くこと，
（3） GAMS が作成した出力ファイルに含まれた結果を読むこと，
である．

さて，第 3.1 節で説明した「家計の効用最大化モデル」を GAMS で解くことを考えよう．GAMS で解くためには，エディタを使って入力ファイルを作成し，ファイル名をたとえば hhmax.gms として保存しておく[6]．この例題の入力ファイルはリスト 3.1 として以下に示してある．ただし，この入力ファイルの左端に振ってある行番号は，説明の便宜のためのものであり，実際の入力ファイルを作成するにあたっては付けてはならない．リスト 3.1 の中身についての議論は次節に譲る．なお，エディタに関しては一般的に使

5） 現実的なモデルを構築するためには，実際のデータを用いてこれらのパラメータを推定しなければならない．この推定方法については第 5 章で論じる．

6） ファイル名は自由につけることができる．普通，GAMS の入力ファイル名の末尾には拡張子「gms」を付ける．ただ，GAMS IDE を利用している場合には，読者がこの拡張子「gms」を付けなくても，自動的に付けてくれる．GAMS が作成する出力ファイルの拡張子は「lst」となる．なお，拡張子とは，ファイルの種類をコンピュータ上で簡単に判別できるように付けられるものである．拡張子が表示されていない場合には，これを表示するように変更できる．（参考：マイクロソフト Web ページ「ファイル名拡張子を表示するまたは表示しない」，〈URL : http://windows.microsoft.com/ja-jp/windows/show-hide-file-name-extensions#show-hide-file-name-extensions=windows-7〉）

われているものでもかまわないし，GAMSに付属するGAMS IDEというソフトウェアのものを利用してもかまわない[7]．

つぎにこのモデルをコンピュータを使って解こう．GAMS IDEを使って入力ファイルを作成した場合は，「Run GAMS」アイコン をクリックするだけで，GAMSがモデルを解き，出力ファイルを出してくれる[8]．この例題の出力ファイルは第3.4節にリスト3.2として提示してある．出力ファイルの読み方についてはそこで説明する．

リスト3.1：入力ファイル(hhmax.gms)

```
1   $ Title A Household's Utility Max.Model in Ch.3(HHMAX, SEQ=274)
2
3   * Definition of the Index Sets -----------------------------------
4   Set    i           goods              /BRD      bread,
5                                          MLK      milk/
6          h           factors            /CAP      capital,
7                                          LAB      labor/;
8
9   * Definition of Parameters --------------------------------------
10  Parameter         alpha(i)            share parameter in utility function
11                    /BRD    0.2
12                     MLK    0.8/;
13
14  Parameter         px(i)               price of the i-th good
15                    /BRD    1
16                     MLK    2/;
17
18  Parameter         pf(h)               price of the h-th factor
19                    /CAP    2
20                     LAB    1/;
21
22  Parameter         FF(h)               factor endowment
23                    /CAP    10
24                     LAB    20/;
25
```

---

7) GAMS IDEのインストール方法とその使い方は付録Cで説明する．
8) GAMS IDEを使わない場合は，Windows上の環境変数PATHにGAMSのインストール先フォルダ（絶対パス名）を追加登録したうえで，コマンド・プロンプト上で，
  > gams hhmax.gms
  とする．（この種の操作に慣れていない場合は，GAMS IDEを使うことを勧める．）

```
26   * Definition of Variables ----------------------------------------
27   Positive Variable  X(i)             consumption of the i-th good
28   ;
29   Variable           UU               utility
30   ;
31   Equation           eqX(i)           household demand function
32                      obj              utility function
33   ;
34   * Specification of Equations --------------------------------------
35
36   eqX(i)..           X(i)             =e= alpha(i)*sum(h, pf(h)*FF(h))/px(i);
37   obj..              UU               =e= prod(i, X(i)**alpha(i));
38
39   * Setting Lower Bounds on Variables to Avoid Division by Zero -----------
40   X.lo(i)=0.001;
41
42   * Defining the Model ----------------------------------------------
43   Model HHmax /all/;
44
45   * Solving the Model -----------------------------------------------
46   Solve HHmax maximizing UU using NLP;
47   * -----------------------------------------------------------------
48   * end of model ----------------------------------------------------
49   * -----------------------------------------------------------------
```

3.3 入力ファイルの作成

3.3.1 入力ファイルの構成と一般的注意点

　例題である「家計の効用最大化モデル」を GAMS を使って解こうとするならば，例題の内容を入力ファイルの中に過不足なく表記しなければならない．すなわち，入力ファイルの中において，係数，変数等の文字を定義し，定数には値を与えて，制約式と目的関数を特定化して，目的関数を最大化するのか最小化するのか，などを指定する必要がある．
　GAMS の入力ファイルでは，入力すべき項目はおよそつぎのように分類される．

（1） 文字の定義
　　　添え字・集合の名前の定義（Set），
　　　定数の名前の定義（Scalar, Parameter, Table），
　　　変数の名前の定義（[Positive, Negative] Variable），
　　　制約式の名前の定義（Equation）
（2） 制約式の特定化（**制約式名** ..）
（3） モデルの名前の定義（Model **モデル名** /all/;）
（4） モデルを解く命令　（Solve　**モデル名**　maximizing　[または minimizing]　**目的関数名** using NLP;）

（上の括弧中でゴシックを使って書かれたところには任意の名前を与えてよいことを示している．個々の項目については第3.3.2項参照．）

　第1章で述べたように，GAMSの数値計算ソフトウェアとしての便利さは，制約式や目的関数などを数学的記述のとおりに入力ファイルに書き込めることである．ただし，注意しなければならないGAMS特有の点がいくつかあり，それを以下にまとめる．

（1） 定義していないものは用いることができない．この点は，文字等を定義する順番を考えるときにも注意が必要になる．すなわち，通常の数学的記述においては，まず文字を用いたあとで，その文字を定義することができる（たとえば，通常の数学的表現では x_i を用いたあとに，「ここで，$i=\cdots$ である．」とできる）が，GAMSにおいては，あらかじめ i を定義してから x_i を定義しなければならない．集合（に限らず，すべての定義する文字）の名前，それ以前に定義したものや，すでにGAMS自身のために予約されているものを除いて自由に定義できる[9]．

（2） 文字は，大文字も小文字も同一視される．通常の数学的記述では X と x は違う文字として用いることができるが，GAMSの入力ファイ

---

[9]　たとえば，集合を定義する時に集合の名前として，それを定義するための命令である「Set」などという集合名をつければエラーになるのは当たり前である．また，よく陥る間違いに，「EPS」という文字を定義することがある．「EPS」はGAMSにおいて十分ゼロに近い正値としてすでに定義されているので，あらたに定義すればこれもエラーになる．詳しくは，GAMS Development Corporation（2015）（以下，GAMSマニュアル）の第3章の予約済み語（reserved words）の項を参照．

ル中ではこれができない．なお，変数，制約式の名前，および，モデルの名前を定義する際に使うことができる文字は，英字と数字，およびアンダー・バー「_」のみである．先頭の文字は（数字やアンダー・バー「_」ではなく）かならず英字で始まらなければならない．本書では，しばしば係数等の名前にギリシャ文字を用いているが，これらを直接入力ファイルに入れることはできないので，英字で綴る．

(3) 同じ文字を，添え字の違いによって異なる（数学的意味を持った）文字として定義することはできない．たとえば，数学的表現では x_i と $x_{i,j}$ を違う文字として扱うことができるが，GAMS においてはこれができない．x_i と何か違う文字，たとえば，$y_{i,j}$ としなければならない．なお，GAMS では下付き・上付き等の文字は使えない（というより，エディタを使う限りこれらを扱えない）ので括弧によってそれを表す．

(4) 制約式に名前を付けることも，GAMS の特徴である．

(5) スペース，改行は，文字の並びがおかしくならない限り自由にできる[10]．

(6) タブ文字，および，全角文字と半角カタカナ（つまり日本語全般）は原則として使えない[11]．

(7) すべての命令に共通することであるが，命令文の最後にはセミコロン「;」が必要である．

(8) 1つの命令で複数の同種の文字を定義できる．ただし，その際にはそれらの間をコンマ「,」で区切る．なお，改行がある場合等にはコンマ「,」を入れなくてもよい．

(9) 冒頭がアスタリスク「*」で始まる行は，単なるメモのために用いられるものであって，その内容が入力ファイルに影響を与えるものではない．（ただ，メモを上手に書いておけば，あとで入力ファイルを見直

---

[10] 行を改めたいときには，キーボードの Enter キーを打って改行する．スペースなどで行送りをすると問題がおきる．

[11] GAMS IDE を使う場合にはタブ文字はそのまま利用できる．これを使わない場合には，GAMS のオプションを設定する必要がある．詳細は GAMS マニュアル Ch.20 The GAMS Call の TabIn の項参照．

したときに役立つことが多いので，丹念にメモを書いておくことを勧める．）アスタリスクを2桁目以降に記入した場合には演算記号（乗算「*」ないし，べき乗「**」（の一部））となることに注意する．

3.3.2 各命令の説明

それでは，第3.1節の「家計の効用最大化モデル」と対応させながら，入力ファイル（リスト3.1）の内容を説明する[12]．

集合の定義

まず，このモデルが何を対象としているのかを定めなければならない．例題である「家計の効用最大化モデル」では，パンと牛乳の2財の最適消費量を導きだしたいのであるから，財を表す集合（その要素はパンと牛乳）を定義しなければならない．もう1つは生産要素である．この問題では，資本と労働という2種類の要素を区別して表す必要があるので，生産要素の集合（その要素は資本と労働）を定義する．要は，原問題，この場合は(2.a)と(2.1)において，財や生産要素などを表す「添え字」（ここでは i と h）のあるものを拾い出して，その添え字を集合として定義するとともに，その集合の要素を定義するのである．これが4-7行目において行われている．

GAMSでは，Set が集合を定義する命令（正式には指示子，directive）である[13]．

Set 命令の書式

```
    Set   集合1の名前［メモ］    /集合1の要素a［メモ］,
                              集合1の要素b［メモ］,
                                          …/
          集合2の名前［メモ］    /集合2の要素a［メモ］,
```

---

[12] リスト3.1の1行目は，GAMS Model Libraryにおいて入力ファイルの管理を容易にするためだけに打ち込んだものであり，モデルの内容とは関係ないので入れなくてもかまわない．これ以外の入力ファイル中にも「$Title」で始まる行があるが，同様に無視してよい．

[13] 以下において，［ ］は省略可能であることを示している．

```
                              集合2の要素b［メモ］，
                                              …/
                    ⋮
        集合nの名前［メモ］      /集合nの要素a［メモ］，
                              集合nの要素b［メモ］，
                                              …/；
```

　4-5行目では財（goods）の集合を定義している．入力ファイルでは，例題にあわせて財を表す添え字として「i」を使っている．（これが上の書式における「集合1の名前」に当たる．）そのあとに「goods」とあるのは，「i」が「goods」を意味していることを書き留めておくための「メモ」である．（メモであるから書かなくてもよい．しかし書いておいた方が何かと便利である．）そのつぎは，添え字「i」で表す要素としてパン（BRD）と牛乳（MLK）があり，そのことをスラッシュ「/」で囲んで表している．これが上の書式の「集合1の要素a」および「集合1の要素b」に当たる．すなわち，

```
        /BRD    bread,
         MLK    milk/
```
である．つまり，4-5行目は，
$$i \in \{BRD, MLK\}$$
を意味する．

　ここで，スラッシュ「/」で囲まれた中で，集合の要素を表す記号として意味を持つものは「BRD」と「MLK」だけであって，すぐうしろに書かれている「bread」と「milk」は単なる「メモ」にすぎない．メモであるから省略できるし，書く場合もどのように書いてもよい．コンピュータは，「BRD」が「パン」を表そうが「ケーキ」を表そうが関知するところではないからである．メモは，モデルを使う人間が，後日，それが何であったかを思い出すことができるように便利に書いておけばよい．つづく6-7行目で定義される集合「h」は生産要素（factors）を示すものであって，取り扱いは集合iの定義の仕方とまったく同じである．

表 3.1：数学的記述と GAMS の文法の対応(1)：定数

数学的記述	添え字の数	GAMS 文法	
x	なし	Scalar	x
x_i	1つ	Parameter	x(i)
$x_{i,j}$	2つ以上	Table	x(i, j)

定数の定義

つぎに定数（外生変数，係数）を与えなければならない．この定数の定義が10-24行目の間で行われている．GAMS では，定数の添え字の数とその値を与える方法によって，Scalar，Parameter，Table の3種類の命令がある．まとめると，表3.1のようになる．それぞれの命令の書式はつぎのとおりである．

Scalar 命令の書式
```
    Scalar   定数 1 の名前［メモ］   /定数 1 の値/
             定数 2 の名前［メモ］   /定数 2 の値/
                        ⋮
             定数 n の名前［メモ］   /定数 n の値/;
```
Parameter 命令の書式
```
    Parameter 定数の名前（添え字）［メモ］
            /要素 a            数値 a
             要素 b            数値 b
                        ⋮
             要素 n            数値 n/;
```
Table 命令の書式
```
    Table    定数の名前（添え字 1，添え字 2）     ［メモ］
                         添え字 2 の要素 A      添え字 2 の要素 B   …
      添え字 1 の要素 a          数値 aA                 数値 aB        …
      添え字 1 の要素 b          数値 bA                 数値 bB        …
                        ⋮
    ;
```

ここでは，例題の効用関数（2.a）の係数 α_i の入力について説明する．まず，添え字が1つであるので Parameter 命令を使い，それを 10 行目のはじめに打ち込む．つぎに，（上の書式の「**定数の名前（添え字）**」に当たるものとして）係数の名前を「alpha(i)」と定義する．係数の数値は，

$$\begin{pmatrix}\alpha_{BRD}\\\alpha_{MLK}\end{pmatrix}=\begin{pmatrix}0.2\\0.8\end{pmatrix},$$

であるので，入力ファイルでは，スラッシュ「/」で囲んで，

```
    /BRD    0.2
     MLK    0.8/;
```

と書く．「alpha(i)」につづく「share parameter in utility function」はメモである．このほかの外生変数，p_i^x, p_h^t, FF_h についてはまったく同様なので省略する．

また，Scalar 命令と Table 命令はリスト 3.1 には出てこないので，その例をここに示す．Scalar 命令は，添え字のない定数を扱うためにある．「a」という定数を定義し，そこに 2 という値を与えるためには，

```
    Scalar     a     the slope coefficient    /2/;
```

とする．（「the slope coefficient」はメモである．）

一般に，Table 命令を使うのは，添え字が2つ（以上）の場合である．第 2.3 節で用いた生産関数（2.2）の投入割合係数 $\beta_{h,j}$ は添え字が2つあるので Table 命令を用いてつぎのように定義する．（ただし，ここで与えた数字は単なる例である．）

```
    Table  beta(h,j)   share parameter in production function
                BRD    MLK
          CAP   0.3    0.6
          LAB   0.7    0.4
    ;
```

Scalar 命令や Parameter 命令と比べて Table 命令のときに注意すべきことは2つある．第1に，定義した定数の添え字の順番と行・列の順番を一致させることである．この場合，最初の添え字「h」は「CAP」と「LAB」であるので左側に書き，つぎの添え字「j」に対応する「BRD」と「MLK」

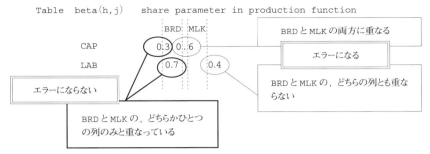

図 3.1：Table 命令の書き方

表 3.2：数学的記述と GAMS の文法の対応 (2)：内生変数

数学的記述		GAMS 文法	
$x \geq 0$	非負	Positive Variable	x
$x \leq 0$	非正	Negative Variable	x
x	制約なし	Variable	x

は上欄に書く．第 2 に，行と列の並びをそろえることである．列については，「BRD」の数値である 0.3 と 0.7 の一部が「BRD」の下の列に重なっていればよい．「MLK」についても同様である．そうではなくて，「BRD」と「MLK」の両方にまたがってしまう，あるいは，どの列とも重ならないと，GAMS はどの列に割り当てられた数値なのか分からなくなるのでエラーになる（図 3.1）．

内生変数の定義

内生変数の定義が 27-30 行目で行われている．通常われわれが使う内生変数は 3 種類ある（表 3.2）[14]．これらの命令の，より詳細な書式はつぎのとおりである．

---

14) GAMS のような数値計算ソフトウェアは，（厳密に）正あるいは負の変数を定義できない．なぜなら，実際の数値計算は，小数点以下第 n 位までという離散型の数値で行われるから，「限りなくゼロに近い値」というような連続型の変数は扱うことができない．ただし，通常は，近似計算で十分である．

[Positive, Negative] Variable 命令の書式

  [Positive, Negative] Variable   内生変数 1 の名前　[メモ]
              内生変数 2 の名前　[メモ]
                  ：
              内生変数 n の名前　[メモ]；

例題をみると，まず，各財の消費量 X_i である．これは非負でなければならないので，27-28 行目において，Positive Variable 命令を用いて定義されている．入力ファイルの解釈はこれまでとまったく同じである．すなわち，命令（ここでは Positive Variable 命令）で定義したい文字「x(i)」（上の書式の「**内生変数 1 の名前**」に当たる），「**メモ**」は「consumption of the i-th good」，最後にセミコロン「;」の順に並んでいる．つぎに，目的関数の値となる変数 UU は 29-30 行目で定義されている．GAMS では，目的関数の値となる変数は（一般的には，事前にその正負が分からないので）Variable 命令で定義しなければならない．

制約式と目的関数の名前の定義

 制約式と目的関数の名前が 31-33 行目で定義されている．普通，論文中の数式は，たとえば家計の財需要関数ならば (2.1) と番号を付けてよぶであろう．しかし GAMS では，そうする代わりに制約式および目的関数に名前を付けておいて，その名前のあとに制約式や目的関数を書くことになっている．制約式や目的関数の名前を定義するためには Equation 命令を用いる．31 行目では財の需要関数の名前として「eqX(i)」を与えているが，これと異なる名前を付けてもかまわない．（この制約式は，そのあとの 36 行目で特定化される．）32 行目の「obj」は 37 行目に記されている目的関数の名前である．

制約式と目的関数の記述

 36 行目は財の需要関数を定義している．まず，制約式の名前「eqX(i)」を書き，つづけてピリオドを 2 つ（「..」というように）打ち，そのあとに，

表 3.3：数学的記述と GAMS の文法の対応 (3)：演算子等

数学的記述		GAMS 文法
$\geq, \leq, =, \neq$	不等号，等号	=g=, =l=, =e=, =n=
$\sum_i x_i, \prod_i x_i$	和，積	sum(i, x(i)), prod(i, x(i))
x^n	冪（べき）乗	x**n
$+, -, *, /$	四則演算	+, -, *, /

注：その他の関数は GAMS マニュアル第 6 章参照．

表 3.4：数学的記述と GAMS の文法の対応 (4)：内生変数の定義域等

数学的記述	GAMS 文法
$x \geq n, x \leq n$	x.lo=n, x.up=n
変数 x の初期値（または，解）	x.l=n
変数 x を固定する	x.fx=n

制約式の内容を書き込む．この「ピリオド 2 つ」という点が大事であって，多くても少なくてもいけない．37 行目では，目的関数を同様の手順で書いている．一般に GAMS の入力ファイルにおいては，制約式や目的関数中の数学的記号や演算記号を表 3.3 のように表すことになっている．なお，このうちの等号「=e=」や不等号「=g=」，「=l=」は，制約式（目的関数を含む）にのみ用いられる．その他の場合，すなわち，単なる定数の計算をする場合などには，普通の等号「=」を用いる[15]．

すでに書いたとおり，GAMS の長所は，数式を代数式のとおりに書くことができることである．表 3.3 をふまえて，読者には，36-37 行目がそれぞれ (2.1) と (2.a) に対応していることを確認されたい．

変数の下限

40 行目は変数の（定義域の）下限を定めている．このように下限を与えるのは，ゼロで除算したり，解の探索過程でゼロから動けなくなってしまったりすることを防ぐためである[16]．ここで，入力ファイル中の添え字の位置（「.lo」と「(i)」の順番）にも注意されたい．下限のほかにも（定義域

---

15) たとえば，リスト 5.1 の 28 行目で定数に値を与えるときのように．

の）上限，数値計算上の初期値などを定めることができる（表 3.4）．

モデルの名前

43 行目でモデルに名前（ここでは「HHmax」）を与える．モデルを定義するためには Model 命令を用いる．

Model 命令の書式

〈Model 命令より以前に定義された数式すべてをモデルに含める場合〉
    Model   モデルの名前   /all/;
〈指定した数式のみをモデルに含める場合〉
    Model   モデルの名前   /数式 1 の名前, 数式 2 の名前, …/;

例題では，モデルを（上の書式の「モデルの名前」に当たるものとして）HHmax と名付け，かつ，そのモデルにはすべての制約式と目的関数，すなわち 36 行目の「eqX」と 37 行目の「obj」を含むので，
    Model HHmax /all/;
としているが，その代わりに，
    Model HHmax /eqX, obj/;
としてもよい[17]．もし，何らかの理由で制約式「eqX」だけが必要ならば，
    Model HHmax /eqX/;
とすればよい．

モデルを解く

46 行目はモデル「HHmax」を，変数「UU」を最大化して問題を解くという命令である．モデルを解くためには Solve 命令を用いる．

---

16) （この例では効用関数にコブ=ダグラス型を用いているから）ゼロまたはその近傍が解でないことが先験的に分かっており，それゆえにこれができる．そうでなければ，正しい解は求められないかもしれない．詳しくは付録第 B.4 節参照．

17) ここで用いる場合は，「eqX(i)」とはせずに「eqX」だけにする．

> Solve 命令の書式

〈最大化問題を解かせる場合〉
　　Solve モデル名 maximizing 最大化する内生変数の名前 using NLP ;
〈最小化問題を解かせる場合〉
　　Solve モデル名 minimizing 最小化する内生変数の名前 using NLP ;

なお，最後の「using NLP」は非線形計画法（Non-linear Programming）の手法を用いて解くという命令である．通常は，こうしておけば問題ない．

3.4　出力ファイルとその解釈

以下のリスト 3.2 では，GAMS が作成した計算結果を含む出力ファイルの中で，重要なところだけを示すことにする．なお，入力ファイル名を「hhmax.gms」としたので，出力ファイル名は自動的に「hhmax.lst」となる．入力ファイルを示す拡張子は「gms」であり，出力ファイルのそれは「lst」である[18]．

リスト 3.2：出力ファイル（hhmax.lst）の抜粋

```
 2
 3  * Definition of the Index Sets ------------------------------------
 4  Set    i      goods        /BRD    bread,
 5                              MLK    milk/
 6         h      factors      /CAP    capital,
 7                              LAB    labor/;
 8
 9  * Definition of Parameters ---------------------------------------
10  Parameter  alpha(i)    share parameter in utility function
11                /BRD    0.2
12                 MLK    0.8/;
…(省略)…
```

---

[18] 拡張子とは，ファイル名のうち，ピリオドよりも後ろの部分のことであり，これをもってファイル形式（どのソフトウェアで用いられるべきファイルであるか）を判別する．

```
              S O L V E         S U M M A R Y
       MODEL    HHmax         OBJECTIVE  UU
       TYPE     NLP           DIRECTION  MAXIMIZE
       SOLVER   CONOPT        FROM LINE  46


**** SOLVER STATUS        1 NORMAL COMPLETION
**** MODEL STATUS         1 OPTIMAL
**** OBJECTIVE VALUE           13.9288
…(省略)…


** Optimal solution. There are no superbasic variables.
CONOPT time Total              0.016 seconds
 of which: Function evaluations    0.000=0.0%
         1st Derivative evaluations 0.000=0.0%


Work length=0.02 Mbytes
Estimate=0.02 Mbytes
Max used=0.01 Mbytes


---- EQU eqX  household demand function
        LOWER      LEVEL       UPPER      MARGINAL
BRD     8.000      8.000       8.000      0.348
MLK    16.000     16.000      16.000      0.696

                   LOWER       LEVEL       UPPER      MARGINAL
---- EQU obj         .           .           .         1.000
  obj utility function
---- VAR X   consumption of the i-th good
        LOWER      LEVEL       UPPER      MARGINAL
BRD     0.001      8.000       +INF          .
MLK     0.001     16.000       +INF          .

                   LOWER       LEVEL       UPPER      MARGINAL
---- VAR UU         -INF       13.929       +INF         .

  UU utility
…(省略)…
```

入力したプログラムが，出力ファイルのはじめの部分に行番号付きで出力されている．これはリスト 3.1 に示したものと同じものである．紙面節約のため，ここでは 12 行目までしか示していない[19]．この部分は入力が正しく行われたことの確認と，文法エラーが入力ファイル中に存在したとき，その場所とエラーの原因（に関する手がかり）を表示するために活用される[20]．

（文法エラーがなければ）モデルを解いた答えが SOLVE SUMMARY 以下の部分に示される．まず，「**Optimal solution」と表示されているかどうかを確認する．もし，うまく解けていなければ「**Infeasible solution」，「**Unbounded solution」などと表示される．

計算結果には 2 種類ある．制約式のラグランジュ乗数の解の値（EQU）と変数の解の値（VAR）である．そして，それぞれの行に，4 種類（LOWER，LEVEL, UPPER, MARGINAL）の値が出力されている．

例題である「家計の効用最大化モデル」で，まず重要なのは，内生変数の解，すなわち，パンと牛乳の消費量である．これらは，VAR X ブロックの LEVEL の列に示されている．この場合，パン（BRD）の消費量は 8 単位であり，牛乳（MLK）の消費量は 16 単位であることが分かる．このとき達成される効用水準は，VAR UU ブロックの LEVEL の列に示されていて，13.929 である．なお，本来このような数字の現れるべきところに，+INF, -INF, .（ピリオド），EPS が現れれば，それぞれ「無限大」，「マイナス無限大」，「ゼロ」，「十分ゼロに近い正値」であることを示している．VAR ブロックにおいては，LEVEL 値以外にも LOWER と UPPER の値が意味を持つ．前者は .lo 命令によって指定される内生変数の下限であり，後者は .up 命令によって指定される内生変数の上限である．

なお，EQU ブロックの MARGINAL の列に示された値は，制約付き最適化問題における制約式のラグランジュ乗数の値を示す．ただし，この値が意味

---

19) 入力ファイルの 1 行目には $ 記号で始まる命令（$Title）が記入されていたが，このような行は出力ファイル中に示されることはない．これは GAMS の仕様である．
20) 文法エラーが存在したときには，アスタリスク 4 つ「****」と，エラー番号（これは $ 記号と数字の組み合わせで表現される）が当該箇所のすぐ下に示される．エラーの原因や対処法に関するヒントは，エラー番号ごとに，入力ファイルを再掲した部分のつぎに示される．エラーについての詳細は付録 B 参照．

を持つのは，解いている問題が制約付き最適化問題である場合である．ここでの例題である「家計の効用最大化モデル」は実質的には連立方程式体系のモデルであり，通常の制約付き最大化問題ではない．名目的な目的関数を設定しているのは GAMS を用いてこの連立方程式体系を解くための便宜としてである．したがって，リスト 3.2 に示された EQU ブロックの値には意味はない．一方，補論 III では，同じ家計の効用最大化問題を，制約付き最適化問題として定式化したうえで数値計算している．そこでは，EQU ブロックの MARGINAL の列に示された値には「所得の限界効用」という解釈が成り立つ．

　ここまでに示した GAMS の文法とコンピュータ上でのモデルの解き方を応用すれば，応用一般均衡モデルに限らず，さまざまな経済モデルを構築して数値計算することができる．ここで示された GAMS の文法はごく一部だけなので，より詳しい使い方や便利な使い方については，付録 A，および，GAMS マニュアルを参照されたい．プログラミングにエラーは付き物である．モデルを解くことができなかった場合に，いったい入力ファイルのどこがどう間違っているのかを，出力ファイル中のエラー・メッセージから原因を突きとめて入力ファイルを修正しなければならない．そのコツがよく分かっているのといないのとでは作業の効率がまったく異なる．エラーの対処方法のすべてを網羅することはできないが，主要なエラーの原因と対処方法は付録 B に示した．参考にされたい．

第4章

社会会計表

　前章で例題として取り上げた「家計の効用最大化モデル」では，効用関数の支出割合係数などの係数と生産要素の初期賦存量などの外生変数には仮定の数字をあてた．しかし，実証分析のための応用一般均衡モデルを作るには，モデルの中に含まれるさまざまな係数や外生変数を，現実のデータに基づいて推定しなければならない．こうした推定のために必要な作業は2段階に分かれる．第1段階では，推定の準備として必要なデータを集めて，基準均衡（基準年）の経済活動を描写した社会会計表（Social Accounting Matrix，略してSAM）というデータベースを作る．第2段階では，その基準年のデータベースをもとに，モデルの係数や外生変数を推定する，いわゆる，キャリブレーションと呼ばれる作業を行う．本章では社会会計表の構造と作成方法について説明し，第5章ではキャリブレーションについて説明する．

　第4.1節で社会会計表の構造を説明する．その際，2つの社会会計表を提示してある．1つは第2章の「簡単な応用一般均衡モデル」に対応するもので，最終需要主体としては家計しかない．もう1つは，より現実的にするために，中間投入，政府（政府消費，直接税，生産税，輸入関税），投資と貯蓄を加え，さらに，外国による財の需要と供給（すなわち輸出と輸入）をも含むものである．これは第6章で提示される「現実的な応用一般均衡モデル」に対応する．社会会計表がどのようなものであるかを理解したうえで，つづく第4.2節で社会会計表の作成方法を説明する．第4.3節では社会会計表の実例として，2005年の産業連関表に基づいて日本の社会会計表を作成する手順を示す．

　ところで，実際に社会会計表を作ろうとすると2つの問題に直面する．ま

ず，統計上の不備でいくつかのデータが欠落していたり，データ・ソース間で相互に整合性がなかったりすることである．さらに，産業連関表はせいぜい数年に一度しか作成されないため，数年前の産業連関表を使うことにならざるをえない．こうした問題を克服するため，しばしば，社会会計表のアップデートやそれにともなって行列調整が必要になる．第4.4節では，こうした社会会計表の行列調整方法を説明する．

4.1 社会会計表の構造

これまでに述べたとおり，応用一般均衡モデルは，ある経済に含まれるすべての経済主体が，お互いにどのような財・サービスをどれだけ取引するか，そしてその対価としてどれだけ資金が流れたかを分析するものである[1]．そのために，基準年において，経済主体のそれぞれがどのような財・サービスや生産要素をどれだけ取引しているかを把握することからはじめる．こうした経済取引のすべてを表したのが社会会計表と呼ばれるものである．

4.1.1 「簡単な応用一般均衡モデル」の社会会計表

社会会計表は，資金循環表を行列表示したものと考えればよい．この行列は，この経済におけるすべての経済主体間の資金および財・サービスの流れを網羅している．通常，この表では，経済主体がその類型ごとに，生産活動，生産要素，間接税，最終需要，および外国という大きなブロックに区分されたり，逆に必要に応じてそれぞれが細分化されたり削除・統合されたりする（表4.1）．なお，外国もまた最終需要主体であるが，普通，「外国」として独立して扱う．

第2章で示したモデルが前提とする経済を考えると，生産活動はパンと牛乳に，生産要素は資本と労働に細分されている．この簡単なモデルでは，政府，投資，間接税はまだ考えないし，外国との取引も考えないので，最終需

---

[1] ここでいう経済主体とは，具体的には，第2章の設定であれば家計と2つの企業のことである．さらに，第6章の設定であれば，家計と企業に加えて，政府，投資主体，および，外国といったものも経済主体として取り扱う．

第4章 社会会計表 53

表 4.1：第 2 章の「簡単な応用一般均衡モデル」に対応した社会会計表
(単位：万円)

		生産活動		生産要素		最終需要	合計
		パン	牛乳	資本	労働	家計	
生産活動	パン					15	15
	牛乳					35	35
生産要素	資本	5	20				25
	労働	10	15				25
最終需要	家計			25	25		50
合計		15	35	25	25	50	

要に含まれるのは家計だけである．

こうした経済主体間の資金と財・サービスの流れは，各行の左端に示されている経済主体が，各列の上欄に示されている経済主体から資金を受け取る形で示される．そして，その逆方向，つまり左端に示された経済主体から上欄に示された経済主体に向けて，財・サービスが流れる．以下に，経済の資金循環（その裏にある財・サービスの流れ）をブロックごとに詳しく見ていくことにする．

生産活動と最終需要（家計）

表 4.1 の「パン」—「家計」のマスは，パンの生産活動を行う主体（つまりパンの生産者）が家計から 15 万円の資金（購入代金）を受け取ったことを示している．以下では，このように（左端に示された）「行項目」—（上欄に示された）「列項目」の順番で並べる．その資金の授受の裏として，パンの生産者が家計に向けて 15 万円分のパンを供給したことを示している．「牛乳」—「家計」についても同様に 35 万円分の取引があることが分かる．

生産要素と生産活動

「生産要素」には資本と労働があり，それは「生産活動」に投入される．このことは，左端に示された「生産要素」と上欄に示された「生産活動」のマスに示される．たとえば「資本」—「パン」は，資本サービスの提供者が資本サービスの対価として，パンの生産者から 5 万円の資金を受け取ったこと

を示している.その裏には,5万円分の資本サービスがパンの生産に投入されていることを表す.そのすぐ下のマス「労働」—「パン」も同様であって,労働の提供者が労働の対価としてパンの生産者から10万円受け取り,その裏で10万円分の労働がパンの生産に投入されていることを示す.こうしてパンの生産のために投入された生産要素の総額は15万円分であり,第2.5節で説明したように,企業のゼロ利潤条件(2.7)からパンの総生産額に等しい.そして,このようにして生産された15万円分のパンの総供給は,「パン」の列和(column sum)に示されている.一方,これに対応したパンの総需要は「パン」の行和(row sum)に15万円分であると示されている.ここで考えている消費者は家計のみなので,生産された全量が「パン」—「家計」のマスにあるように,家計によって消費される.

最終需要(家計)と生産要素

「生産要素」は生産要素を管理するエージェントと考えれば分かりやすい.このエージェントは生産要素の最終所有者である経済主体(この場合は家計だけ)から生産要素を委託され,これを生産活動(を行う主体,たとえばパンの生産者)に供給するものと考える.生産要素エージェントから生産活動への生産要素の提供は「資本」—「パン」などに示されてあり,それは生産要素と生産活動のところですでに説明した.これに対して,生産要素を生産要素のエージェントに委託することによって家計が得る所得は,「家計」—「資本」および「家計」—「労働」のマスに示されている.すなわち,家計自らが所有する資本サービスを生産要素エージェントに提供することにより,25万円の支払を受ける.おなじく労働の提供により25万円の労働所得を得ている.(これらの数字の一致は偶然である.)なお,家計はこの所得をもって,「生産活動」の主体から財を購入し,最終的に消費する.それは「生産活動」—「最終需要」のブロックで説明したとおりである.この例では,家計がパンを15万円分,牛乳を35万円分消費していることが分かる.

ここで注意すべきことは,行和と列和がそれぞれ資金の総受取と総支払を表しているので,対応する行和と列和同士はつねに一致しなければならないことである.たとえば,「家計」の行和すなわち家計が生産要素エージェン

トから受け取った資本所得と労働所得の総額と,「家計」の列和すなわち家計の消費のための総支払額はともに 50 であり,一致する.また,パンの生産額(列和)とパンの消費額(行和)が一致することはすでに述べたとおりである.この基本的な仕組みは,産業連関表(input-output tables)のそれと同じである.(実際,社会会計表は産業連関表を内包し,表 4.1 で網のかかった部分がその産業連関表に対応している.)

以上は,表 4.1 の社会会計表の例に沿ったものである.社会会計表の構成については,それぞれの行や列は順番が違ってもかまわないし,分析の目的やデータの有無によって項目を増やしたり減らしたりすることができる.実際,生産活動は 10 部門を超えることが珍しくない.さらに,複数の家計が存在したり,政府や投資主体を導入したり,外国との取引を含んだりすることもある.政府が存在するならば税金も導入しなければならないし,外国との取引を含むならば,輸入関税や輸出補助金(これは負の輸出税と同じことである)などが考えられるであろう.そうした拡張を施した社会会計表を次項で説明する.

4.1.2 「現実的な応用一般均衡モデル」の社会会計表

少し先どりして,第 6 章で提示される「現実的な応用一般均衡モデル」に対応した社会会計表について考えてみよう.そこでは,生産活動に中間投入を追加し,最終需要については新しく政府と投資主体を導入し,外国との取引も含んだ経済を扱っている.そして,生産と輸入にはそれぞれ生産税と輸入関税が課されている.この経済の活動は表 4.2 のような社会会計表にまとめることができよう.ここで,投資主体というのは投資会社のようなもの,つまり,家計・政府・外国から貯蓄を受け入れ,それを投資する投資エージェントを想定すればよい.おなじく,間接税ブロックの生産税と関税は,それぞれの税金を徴収して国庫に納める税務署を想定するとよい.この表 4.2 の社会会計表をもとに,あらたに追加された部分に重点を置いて,経済活動がどのように描写されているかを追ってみる.

表 4.2：「現実的な応用一般均衡モデル」に対応した社会会計表

(単位：万円)

		生産活動		生産要素		間接税		最終需要			外国	合計
		パン	牛乳	資本	労働	生産税	関税	家計	政府	投資		
生産活動	パン	21	8					20	19	16	8	92
	牛乳	17	9					30	14	15	4	89
生産要素	資本	20	30									50
	労働	15	25									40
間接税	生産税	5	4									9
	関税	1	2									3
最終需要	家計			50	40							90
	政府					9	3	23				35
	投資							17	2		12	31
外国		13	11									24
合計		92	89	50	40	9	3	90	35	31	24	

生産活動（中間投入を含む）

「生産活動」では，資本，労働に加えて中間投入財が投入されている．中間投入は，パンや牛乳をそれらの生産に（再）投入する活動であるから，「生産活動」—「生産活動」のマスがこれに対応する．この例では，パンの生産のためにパンが21万円分，牛乳の生産のためにパンが8万円分投入されていることが分かる．資本と労働投入については表4.1における解釈とまったく同じなので省略する．外国との輸出や輸入については，最後の外国ブロックのところで説明する．

生産要素

「生産要素」については，表4.1と比べて新しいものはまったくない．表4.2で考えたもの以外に，もし，外国における出稼ぎ労働収入があるならば，「労働」—「外国」のマスにこれが現れる．外国への資本所得の支払（たとえば利子支払）があれば「外国」—「資本」のマスに書き込む．

間接税

生産税や輸入関税等の間接税ブロックは今回新しく導入されたものである．

第 4 章 社会会計表　57

これは，投資エージェントの場合と同じように，それぞれ税金を徴収し国庫に納める税務署のようなものと考えればよい．産業連関表を見れば，どこからどれだけ徴収したかが分かるので，徴収分は「生産税」—「生産活動」（たとえばパン部門から 5 万円）と，「関税」—「生産活動」（たとえばパン部門から 1 万円）のマスに，また，最終的に国庫へ納める総額は，税務署から政府への資金移転として考えて，「政府」—「生産税」（9 万円）と「政府」—「関税」（3 万円）のマスに入れればよい．

最終需要

表 4.2 では，最終需要ブロックの経済主体として家計のほかに，政府と投資が加わった．まず，それらの収入について述べる．家計については，すでに述べたように，資本サービスや労働の提供により生産要素エージェントから対価を受け取る．政府の財源としては，家計に課された直接税収がある．これは「政府」—「家計」（23 万円）に示されている．つぎに投資エージェントにとっての収入（投資の財源）は家計，政府，外国による貯蓄であり，「投資」—「家計」（17 万円），「投資」—「政府」（2 万円），「投資」—「外国」（12 万円）の 3 つがこれに当たる．このように表 4.2 では，投資はすべて投資エージェントが行い，家計や政府は一切の投資行動を行わないとしているが，これと異なる想定もできる．

このようにして得られた財源で，各最終需要者は支出活動を行う．家計の列を見ると，消費のための財・サービスの購入（パン 20 万円分，牛乳 30 万円分）のほかに，政府への税金の支払（「政府」—「家計」）が 23 万円，および，投資エージェントへの貯蓄の引き渡し（「投資」—「家計」）が 17 万円だけ行われていることが分かる．これらのうち，最後のものは民間貯蓄にほかならない．また，政府は財・サービス（パン 19 万円分，牛乳 14 万円分）の購入のほかに，投資エージェントへの支出（「投資」—「政府」）を 2 万円分行っている．これは政府貯蓄に当たる．

つぎに，投資エージェントにとっては，これらの家計貯蓄（17 万円）と政府貯蓄（2 万円）に外国貯蓄（12 万円）を加えたもの，すなわち「投資」の行和が投資エージェントの財源総額である．これは，経済全体から見れば，

貯蓄総額（31万円）にほかならない．一方，投資エージェントは，それを資金として「生産活動」—「投資」のマスが示すように，投資のための財・サービス（パン16万円分，牛乳15万円分）を購入している．これが投資総額（「投資」の列和，31万円）であり，ここでも行和と列和が等しくなっている．

外国

　本来外国も最終需要主体の1つに違いないが，家計，政府，投資主体という国内主体とは別扱いにする方が分析上便利なことが多いので，そのようになっている．まず，生産活動との関連で見ると，「生産活動」—「外国」のマスが輸出を示している．パンの輸出が8万円，牛乳の輸出が4万円である．また，財は国内生産以外にも，輸入によっても供給される[2]．この輸入分は，「外国」—「生産活動」のマスに示され，パンの輸入は13万円，牛乳の輸入は11万円である．こうして輸入されたものは，上に述べた国内生産分とともに中間投入と国内最終需要，さらには輸出に供される[3]．こうして輸出総額は12万円，輸入総額は24万円となり，貿易赤字が差し引き12万円生じる．

　このほかに外国における出稼ぎ労働収入があれば，上の生産要素のところで説明したように，「労働」—「外国」に，逆に外国への資本サービスに対する支払があれば「外国」—「資本」に書き加えられる．こうした非貿易収支を貿易収支に加えたものが経常収支である．この経常収支赤字が，外国により貯蓄されたもの（外国貯蓄と呼ばれる）であり，「投資」—「外国」のマス（12万円）に示されている[4]．このように財の取引だけでなく生産要素に関するサービスの取引や海外から家計や政府への所得移転などがあれば，適宜

---

[2] ここでの輸入は「競争的輸入（competitive imports）」であるとする．競争的輸入とは，国内から供給される財と代替可能性が高い輸入のことである．一方，この代替可能性が低い（あるいはまったくない）場合には，「補完的輸入（complementary imports）」と呼ばれる．前者の例としては，比較的同様の製品を国内から調達しやすい乗用車，後者の例としては，国内では生産できないココアといったものが考えられる．国内から供給される財と輸入される財の間の代替可能性については第6.5.2項参照．

[3] 表4.2では，パンおよび牛乳の輸出と輸入が同時に生じている．すなわち，輸入したものが，結局，一部は輸出されるという一見不可解な現象が起こっているように見えるが，それについては第6.5.2項でアーミントンの仮定に関連して説明する．

加えることができる．いずれの場合でも，外国との取引はすべて「外国」ブロックに表される．このブロックの行と列は国際収支表に等しい．

4.2　社会会計表の作成

　応用一般均衡モデルのためのデータベースとして，前節で説明したような社会会計表を作成することが通例である．しかし表 4.1 や表 4.2 のような社会会計表がはじめから与えられていることはあまりない．分析をしようとする人それぞれが，何らかのデータに基づいて社会会計表を作成しなければならない．ではどのようにして，社会会計表を作成するのであろうか[5]．

　社会会計表に含まれるデータのほとんどは，産業連関表から得ることができる．それは表 4.2 中の網のかかった部分に当たる．さらに，それ以外の項目のほとんどは，社会会計表の行和と列和が一致するという性質から求めることができる．網のかかった部分のデータが産業連関表から得られたとしよう（表 4.3.A）．網掛け部分以外の，埋まっているべきマスが埋まっていないので，合計の部分に示された行和と列和が，パンと牛乳部門に関するもの以外については一致していない．

　これから，行和と列和が一致するという社会会計表の性質を利用して，残ったマスを埋めていくことにする．まず，資本と労働の行和はそれぞれ 50 万円と 40 万円であるから，家計が受け取る生産要素からの所得（「家計」—「資本」，「家計」—「労働」）は，ただちに 50 万円および 40 万円であると分かる（表 4.3.B）[6]．まったく同じ手法で，生産税収入と関税収入が，どれだけそれぞれの税務署から国庫に納められるかが分かる．すなわち，生産活動に

---

[4] 静学モデルの場合，これは厳密には貯蓄と解釈できない．その理由については，モデルの閉じ方について説明した第 7 章を参照．

[5] 以下の作業は Excel 等の表計算ソフトウェア上で行えばよい．社会会計表が完成した時点で第 6.8 節のリスト 6.1 に示すような入力ファイルの形に書きあらためる．

[6] もちろん，これらの生産要素を保有する主体がほかにも存在するならば，その限りではない．たとえば，国営企業があれば，その利潤（資本に対する支払）は政府に帰着される．その場合，政府の財政収入に関するデータの中で，国営企業からの収益を調べて，「政府」—「資本」のマスをまず埋め，残額を家計の収入とすればよい．

表 4.3.A：「現実的な応用一般均衡モデル」に対応した社会会計表
　　　　　——産業連関表から入力

（単位：万円）

		生産活動		生産要素		間接税		最終需要			外国	合計
		パン	牛乳	資本	労働	生産税	関税	家計	政府	投資		
生産活動	パン	21	8					20	19	16	8	92
	牛乳	17	9					30	14	15	4	89
生産要素	資本	20	30									50
	労働	15	25									40
間接税	生産税	5	4									9
	関税	1	2									3
最終需要	家計											0
	政府											0
	投資											0
外国		13	11									24
合計		92	89	0	0	0	0	50	33	31	12	

表 4.3.B：「現実的な応用一般均衡モデル」に対応した社会会計表
　　　　　——家計の要素所得と政府の間接税収入を推定

（単位：万円）

		生産活動		生産要素		間接税		最終需要			外国	合計
		パン	牛乳	資本	労働	生産税	関税	家計	政府	投資		
生産活動	パン	21	8					20	19	16	8	92
	牛乳	17	9					30	14	15	4	89
生産要素	資本	20	30									50
	労働	15	25									40
間接税	生産税	5	4									9
	関税	1	2									3
最終需要	家計			50	40							90
	政府					9	3					12
	投資											0
外国		13	11									24
合計		92	89	50	40	9	3	50	33	31	12	

表4.3.C：「現実的な応用一般均衡モデル」に対応した社会会計表
　　　　――経常収支赤字を推定

(単位：万円)

		生産活動		生産要素		間接税		最終需要			外国	合計
		パン	牛乳	資本	労働	生産税	関税	家計	政府	投資		
生産活動	パン	21	8					20	19	16	8	92
	牛乳	17	9					30	14	15	4	89
生産要素	資本	20	30									50
	労働	15	25									40
間接税	生産税	5	4									9
	関税	1	2									3
最終需要	家計			50	40							90
	政府					9	3					12
	投資										12	12
外国		13	11									24
合計		92	89	50	40	9	3	50	33	31	24	

表4.3.D：「現実的な応用一般均衡モデル」に対応した社会会計表
　　　　――残った3つの未知のマス

(単位：万円)

		生産活動		生産要素		間接税		最終需要			外国	合計
		パン	牛乳	資本	労働	生産税	関税	家計	政府	投資		
生産活動	パン	21	8					20	19	16	8	92
	牛乳	17	9					30	14	15	4	89
生産要素	資本	20	30									50
	労働	15	25									40
間接税	生産税	5	4									9
	関税	1	2									3
最終需要	家計			50	40							90
	政府					9	3					12
	投資										12	12
外国		13	11									24
合計		92	89	50	40	9	3	50	33	31	24	

表 4.3.E：「現実的な応用一般均衡モデル」に対応した社会会計表
　　　——直接税額を外部データ・ソースから入力

（単位：万円）

		生産活動		生産要素		間接税		最終需要			外国	合計
		パン	牛乳	資本	労働	生産税	関税	家計	政府	投資		
生産活動	パン	21	8					20	19	16	8	92
	牛乳	17	9					30	14	15	4	89
生産要素	資本	20	30									50
	労働	15	25									40
間接税	生産税	5	4									9
	関税	1	2									3
最終需要	家計			50	40							90
	政府					9	3					35
	投資							23			12	12
外国		13	11									24
合計		92	89	50	40	9	3	73	33	31	24	

付随して発生した生産税の納付総額は「生産税」の行和に示されている．この全額が国庫（「政府」）に最終的に納められるので，「政府」—「生産税」のマスは，この行和に等しくなって，9万円と埋まる．輸入に付随して発生した関税収入の総額は「関税」の行和に示されていて，そのすべてが国庫に納められるので，「政府」—「関税」のマスが3万円と埋まる．

つぎに，輸入総額から輸出総額を差し引いたもの（12万円）は経常収支赤字額であり，外国貯蓄に相当する．そこで，「投資」—「外国」のマスを埋める（表4.3.C）．

ここで行和と列和が一致していないのは家計，政府と投資の3つである．資金の移動が考えられるのは，家計から政府に支払われる直接税額（「政府」—「家計」）および家計と政府それぞれの貯蓄額（「投資」—「家計」，「投資」—「政府」）の3つである（表4.3.D）．しかしながらもうこれ以上は，社会会計表の行和と列和が一致するという性質だけで残りのマスを埋めていくことはできない．そこで，つぎのような方法で作業を進める．

もし，この3つの未知のマスのうち，1つでも何らかの方法を使って埋めることができれば，あとは今までと同じ方法で，残りのマスをすべて埋めて

いくことができる．ここでは，産業連関表以外のデータ・ソース（たとえば国民経済計算）から直接税の額を入手して「政府」—「家計」のマスを埋めることにする．もちろん，ほかの2つのいずれかを最初に埋めてもよい．信頼性が高いデータで，入手しやすいものから先に埋めていくのがよい．さて，この直接税額が23万円であったとしよう．そのときの社会会計表は，表4.3.E のようになる．

残り2つのマスは，今までと同じように行和と列和が一致するという性質を利用して埋めていけばよい．そうすれば，表4.2のような社会会計表を作成することができる．

4.3　日本の社会会計表

　日本の応用一般均衡モデルを作成するものとして，そのデータベースとしての社会会計表を作成してみる．本来は，第11章で論じるように分析目的を決定してから，どのような経済主体をモデルの中に含むかを考えなければならないが，第4章では作成過程にだけ注目するものとして，そうした議論は省略する．モデルの見通しをよくするために，生産部門を農林水産業，製造業，サービス業（この社会会計表では，それぞれ，農業，工業，サービスと呼ぶ）の3種類とし，生産要素は資本と労働の2種類とする．家計は代表的なものが1つ，ほかに政府と投資主体，外国を含める．分析の基準年次は2005年とする[7]．これは，ちょうどその年次の産業連関表が作成されているからである．入手すべきデータは2005年の産業連関表と国民経済計算年報である[8]．産業連関表はさまざまな集計度合いの表（520×407部門表と，それを集計した13，34，108，190部門表）が作成されているが，以下では，議論を簡単にするために，これらのうちでもっとも小規模な13部門表を前提に解説する．

---

[7]　2011年表が2015年6月に公表された．
[8]　それぞれ，総務省 Web ページ〈URL：http://www.soumu.go.jp/toukei_toukatsu/data/io/〉，内閣府経済社会総合研究所〈URL：http://www.esri.go.jp/〉，から入手できる．

表 4.4：3 部門産業連関表

(単位：百万円)

	農業	工業	サービス	家計	政府
農業	1,643,017	7,798,737	1,409,202	3,563,257	0
工業	2,564,274	145,137,869	67,507,449	59,868,847	334,400
サービス	1,995,914	62,101,957	175,982,150	234,243,865	90,707,177
資本	5,082,506	28,101,518	163,045,396		
労働	1,435,010	51,452,488	222,732,700		
生産税	433,854	13,486,674	20,103,917		
合計	13,154,575	308,079,243	650,780,814	297,675,969	91,041,577

	投資	輸出	輸入	関税	合計
農業	919,745	62,464	−2,092,569	−149,278	13,154,575
工業	35,781,829	56,280,041	−54,779,228	−4,616,238	308,079,243
サービス	79,169,426	17,426,156	−10,837,256	−8,575	650,780,814
資本					196,229,420
労働					275,620,198
生産税					34,024,445
合計	115,871,000	73,768,661	−67,709,053	−4,774,091	

出典：総務省（2009）「平成17年（2005年）産業連関表」．
〈URL：http://www.e-stat.go.jp/SG1/estat/Xlsdl.do?sinfid=000014890374〉

　まず，13部門の産業連関表の生産部門を3部門に集計しておく（表4.4）．産業分類は，「農林水産業」をそのまま「農業」に，「鉱業」と「製造業」を「工業」に，そのほかを一括して「サービス」としよう．産業連関表の下方に張り出した部分に示される生産要素の投入に関しては，「雇用者所得」と行項目の「家計外消費支出」を労働に対する対価とみなして足しあわせる．同様に，「営業余剰」と「資本減耗引当」を足し合わせて資本に対する対価とする．「間接税（除関税・輸入商品税）」と「（控除）経常補助金」は，とくに区別することなしに足し合わせて生産税の純額とする．産業連関表の右方にある，列項目の「家計外消費支出」と「民間消費支出」は足し合わせて，家計消費とする．「一般政府消費支出」はそのまま政府の支出とし，「国内総固定資本形成（公的）」，「同（民間）」，および，「在庫純増」はまとめて投資支出とする．「輸出」と「調整項」をまとめて輸出とする．「（控除）輸入」

表 4.5.A：3部門社会会計表—産業関連表入力表

(単位：百万円)

	農業	工業	サービス	資本	労働	生産税
農業	1,643,017	7,798,737	1,409,202			
工業	2,564,274	145,137,869	67,507,449			
サービス	1,995,914	62,101,957	175,982,150			
資本	5,082,506	28,101,518	163,045,396			
労働	1,435,010	51,452,488	222,732,700			
生産税	433,854	13,486,674	20,103,917			
関税	149,278	4,616,238	8,575			
家計						
政府						
投資						
外国	2,092,569	54,779,228	10,837,256			
合計	15,396,422	367,474,709	661,626,645	0	0	0

	関税	家計	政府	投資	外国	合計
農業		3,563,257	0	919,745	62,464	15,396,422
工業		59,868,847	334,400	35,781,829	56,280,041	367,474,709
サービス		234,243,865	90,707,177	79,169,426	17,426,156	661,626,645
資本						196,229,420
労働						275,620,198
生産税						34,024,445
関税						4,774,091
家計						0
政府						0
投資						0
外国						67,709,053
合計	0	297,675,969	91,041,577	115,871,000	73,768,661	

はそのまま輸入とし，「(控除) 輸入関税」と「(控除) 輸入商品税」はまとめて関税とする．

なお，以上の作業は，(いずれかの行・列に示された部門のデータを消去するわけではなく) 行ないし列同士をともに足し合わせるだけであるから，13部門表を3部門に集計したとしても，3部門それぞれの行和とそれに対応する列和の総額はかならず一致するはずである．したがって，表4.4の産業

表 4.5.B：3 部門社会会計表——行和と列和の一致から導かれる項目の入力後

(単位：百万円)

	農業	工業	サービス	資本	労働	生産税
農業	1,643,017	7,798,737	1,409,202			
工業	2,564,274	145,137,869	67,507,449			
サービス	1,995,914	62,101,957	175,982,150			
資本	5,082,506	28,101,518	163,045,396			
労働	1,435,010	51,452,488	222,732,700			
生産税	433,854	13,486,674	20,103,917			
関税	149,278	4,616,238	8,575			
家計				196,229,420	275,620,198	
政府						34,024,445
投資						
外国	2,092,569	54,779,228	10,837,256			
合計	15,396,422	367,474,709	661,626,645	196,229,420	275,620,198	34,024,445

	関税	家計	政府	投資	外国	合計
農業		3,563,257	0	919,745	62,464	15,396,422
工業		59,868,847	334,400	35,781,829	56,280,041	367,474,709
サービス		234,243,865	90,707,177	79,169,426	17,426,156	661,626,645
資本						196,229,420
労働						275,620,198
生産税						34,024,445
関税						4,774,091
家計						471,849,618
政府	4,774,091					38,798,536
投資					−6,059,608	−6,059,608
外国						67,709,053
合計	4,774,091	297,675,969	91,041,577	115,871,000	67,709,053	

連関表の（まだ社会会計表ではない）段階では，農業，工業，サービスの各行和と列和について一致しているはずである．もし一致していなければ，どこかで入力を間違った可能性がある．

これからの作業は，社会会計表の枠組みにこの産業連関表をはめ込み，農業，工業，および，サービス以外の要素について行和と列和の調和を図っていくことである．3 部門に産業連関表を集計した上で，これを社会会計表の

中にはめ込んでいく（表 4.5.A）．このとき注意すべき点は，輸入と輸入関税の扱いである．それらは，産業連関表（表 4.4）の右方に負値で示されている．これを社会会計表（表 4.5.A）の「関税」と「外国」の列にはめ込むときには，転置（ベクトルや行列の行と列を入れかえること）して符号を逆にしなければならない．表 4.4 の輸入および関税の列と表 4.5.A の外国と関税の行を見比べて確認されたい．

まだ埋められていない部分を，これから埋めていく．対応する行和と列和がそれぞれ一致するという性質を利用して埋められる部分を埋めていく．資本と労働の対価を受け取る主体が家計だけであると仮定するならば，資本と労働の行和の値を家計への資金の流れと捉えて「家計」—「資本」および「家計」—「労働」を埋めることができる（表 4.5.B）．外国との取引が財・サービスの輸出入とそれに対応した資本移動だけであるとするならば，経常収支赤字（資本収支黒字）は輸入総額と輸出総額の差であり，「投資」—「外国」のマスに入る．日本の場合には経常収支は黒字であり，負の外国貯蓄（すなわち，外国から国内への貯蓄ではなく，国内から外国への貯蓄）になる．その場合は，「投資」—「外国」のマスは負値となる[9]．

もし，貿易収支勘定に含まれるもののほかに経常移転などの取引を考慮したければ，経常収支表から経常移転収入額と支出額を求め，それらの差し引きにより経常収支赤字を求めて入力する．ただし，その場合，どの経済主体がその経常移転の資金を出したり，受け取ったりするかを調べる必要がある．たとえば，海外からの所得移転があったとして，その受け手が家計であるか政府であるかによって，作成される社会会計表は異なったものになる．すなわち，前者であれば「家計」—「外国」に，後者であれば「政府」—「外国」に（正値で）入力しなければならない．こうして所得移転を追加することにより，これまで成立していた各経済主体の勘定の行和と列和が崩れることがあるので，その場合は当該経済主体とほかの経済主体との取引項目の数字を見直す必要が生じる．

生産税や輸入関税のような間接税に関してもまったく同じように，行和と

---

9) これ以外に，「外国」—「投資」のマスに経常収支黒字を正値で表現する方法もあるが本質的な違いはない．

表4.5.C:3部門社会会計表——完成

(単位:百万円)

	農業	工業	サービス	資本	労働	生産税
農業	1,643,017	7,798,737	1,409,202			
工業	2,564,274	145,137,869	67,507,449			
サービス	1,995,914	62,101,957	175,982,150			
資本	5,082,506	28,101,518	163,045,396			
労働	1,435,010	51,452,488	222,732,700			
生産税	433,854	13,486,674	20,103,917			
関税	149,278	4,616,238	8,575			
家計				196,229,420	275,620,198	
政府						34,024,445
投資						
外国	2,092,569	54,779,228	10,837,256			
合計	15,396,422	367,474,709	661,626,645	196,229,420	275,620,198	34,024,445

	関税	家計	政府	投資	外国	合計
農業		3,563,257	0	919,745	62,464	15,396,422
工業		59,868,847	334,400	35,781,829	56,280,041	367,474,709
サービス		234,243,865	90,707,177	79,169,426	17,426,156	661,626,645
資本						196,229,420
労働						275,620,198
生産税						34,024,445
関税						4,774,091
家計						471,849,618
政府	4,774,091	41,675,400				80,473,936
投資		132,498,249	−10,567,641		−6,059,608	115,871,000
外国						67,709,053
合計	4,774,091	471,849,618	80,473,936	115,871,000	67,709,053	

列和が一致するという性質を用いて,それらの税収が国庫に納められるという資金移動である「政府」―「生産税」および「政府」―「関税」のマスを埋めることができる.

最後に残ったのは,家計から政府と投資主体への資金の流れ,および,政府から投資主体への資金の流れである.これら3つのマスについては,行和と列和が一致するという社会会計表の性質を利用するだけでは埋めることが

できない．そこで，たとえば国民経済計算の制度部門別所得支出勘定から一般政府の直接税収として2005暦年における「所得・富等に課される経常税（受取）」額（41,675,400百万円）を調べ，それを「政府」―「家計」に入力する．残りは，行和と列和が一致するという性質から順に機械的に埋めていくことができる．このようにして完成したのが表4.5.Cである[10]．

4.4　データベースの整合性と行列調整

　社会会計表は行和と列和がそれぞれ一致していなければならない．なぜなら，社会会計表（あるいは資金循環表）は，ある経済の事後（取引の決済が完了して均衡した）状態を描写したものであるからである．しかし，現実のデータはしばしば非整合的である．とくに，複数のデータ・ソースから情報を得た場合はそうなりがちである．たとえば，産業連関表に表される外国取引と，経常収支表のそれでは一致しない場合があることも考えられる．場合によると，GDPのような基本的指標でさえ，その国の国民所得統計に示されている値と，国際通貨基金（International Monetary Fund, IMF）の *International Financial Statistics* で示されている値が異なることもある．このような場合のほかに，古い産業連関表をもとに，新しいデータを加えてデータベースを再構築するときにも問題が起こる．産業連関表を作成するには非常に大きな金銭的・時間的費用がかかるので作成頻度は低くなりがちであり，日本の場合でさえ5年に1回作成されている程度である[11]．そのため，産業連関表の作成年以外の年を基準年次にして分析しようとするとき，産業連関表中の一部のデータを最新のものに置き換えただけでは社会会計表の行和と列和が一致しないので，古い産業連関表と新しいデータを結合してデータベースを再構築（あるいは更新）することになる．

---

10) ここで作成した社会会計表は，第11章でシミュレーションの例を示す際に利用する．

11) 総務省が取りまとめをして作成している．経済産業省は，この産業連関表をもとに一部のデータを新しくし，行列調整を加えて，延長表と呼ばれる産業連関表を作成している．この延長表は毎年作成される．

いずれの場合でも，行和と列和が一致しない社会会計表は，そのままでは基準均衡のデータベースとはなり得ない．そこで，行和と列和を一致させるようにデータの調整を行うことを考える．これには，さまざまな方法があるが，たとえば，つぎのような制約付き行列問題（constrained matrix problem）を考える[12]．

$$\underset{x_{i,j}}{\text{minimize}} \quad w = \sum_i \sum_j \left(\frac{\text{SAM}_{i,j} - \text{SAM}^0_{i,j}}{\text{SAM}^0_{i,j}} \right)^2$$

subject to

$$\sum_j \text{SAM}_{i,j} = \sum_j \text{SAM}_{j,i} \quad \forall i$$

ここで，
 i, j：社会会計表の行および列項目，
 w：目的関数の値，
 $\text{SAM}_{i,j}$：社会会計表の調整後の値（第i行第j列），
 $\text{SAM}^0_{i,j}$：社会会計表の調整前の数値（外生）．

この行列問題の発想は，（制約の付いた）重み付き最小自乗法（weighted least squares）と似ている．ここで，制約条件の左辺は第i行の和を表し，右辺は同じ第i列の和を表す．すなわち，調整後の社会会計表の行和とそれに対応した列和とがたしかに一致するという，社会会計表の基本的な性質を満たすための制約である．この行和と対応する列和が一致するという制約条件の下で，調整後のデータと調整前の元のデータとの乖離率（をある種の「誤差」とみなして）の自乗和wを最小にする行列を求めようとする誤差最小化問題である[13]．この方法は，行和と列和の一致した正しい社会会計表は調整前の社会会計表と「似ている」であろう，という考え方に立っている．

実際には，さらにいくつかの制約を課すこともできる．たとえば，各財の輸出額が分からなくても，その総額なら分かるかもしれない．それならば，新しい社会会計表中の輸出総額が実際の値に一致するように新しい制約式を

[12) この種の問題については Nagurney and Eydeland（1992）が詳しい．
[13) ここで示す目的関数は，よく使われるものではあるが唯一の選択肢ではない．他に，クロス・エントロピー法のような情報理論に基づいたものも提案されている．たとえば，Golan *et al.*（1996）参照．

加える．さらに各財の輸出額は非負である必要があるから，それらに非負制約を加えなければならない．一方，正負どちらでもよいものであっても，元の社会会計表において正または負の符号であったものは，新しい表の中でも同じ符号を持つと考えるのがもっともらしいであろう．しばしば負の値を取る項目としては，投資額があげられる．これは，在庫の取り崩しが負の投資として処理されるからである．

また，上の目的関数では，元の社会会計表と新しい社会会計表の間の乖離率を計算するために $SAM_{i,j}^0$ で除している．しかし，社会会計表の中にはこの値がゼロであるものが少なくない．そうした場合，数値計算上の対応としてそのような項は目的関数から取り除くべきであろうし，計算された $SAM_{i,j}$ の値もまたゼロであるべきであろう．

ところで，このような行列調整問題には問題点が2つある．第1の問題は，解として得られた値が，収入と支出は等しくなければならないという会計上の原則（すなわち，社会会計表上の行和とそれに対応する列和が等しくなること）と，実際の経済取引のもっともらしさを考えて追加的に課された制約を満たしているという以上の意味を持たないことである．また，上述の行列調整方法は単なる一例であり，このような最適化問題を解く代わりに，いわゆる RAS 調整法のような逐次的行列調整法も広く用いられている[14]．しかし，いずれの調整法にも経済理論的裏付けがあるわけではないから，どのような行列調整方法を採用すべきであるかについては判断のしようがない．

第2の問題は，行列調整を行うことの意義についてである．もともとの産業連関表の作成にあたっても，何らかの行列調整が行われているはずである．その上，それを社会会計表に入れ込むときにわれわれが再度行列調整を行うことで誤差を消し去ろうとするものである．このように，各段階で誤差の調整が（会計上の「みなし」や按分等の機械的計算によって）行われていることを考えると，複雑で手間のかかる行列調整をさらにもう一度繰り返す価値は必ずしも大きくない．同じ時間を費やすならば，たとえば，仮定された弾力性の値についての感応度分析（第8.3節参照）を行う方が，より効果的な

---

14) RAS 法については Miller and Blair（2009）を参照．

シミュレーションになることも考えられる．

この2点を考えると，複雑な数値計算をともなう行列調整を行うよりも，もっと簡便な方法が考えられる．すなわち，産業連関表の作成時点と分析に使う基準年次の間の経済規模（たとえば GDP）の変化にあわせて，行列を全体的にスケール・アップ（またはダウン）するだけにとどめるという方法である[15]．

---

[15] Hosoe（2014a）では，1995年の産業連関表と2000年表を用いて2005年表を推定し，この推定結果と真の2005年表との間の推定誤差を計測している．そこでは推定に際して詳細な追加情報がある場合とない場合，また，行列調整手法として上記の最小自乗法と脚注13で触れたクロス・エントロピー法を用いた場合を検討している．その上で，これらの推定された産業連関表を用いて応用一般均衡モデルを構築してシミュレーションを行ない，そこで発生する予測誤差を論じている．そこでは，古い年次の産業連関表をスケール調整だけしてそのまま使って応用一般均衡分析を行った場合，誤差の程度は他に較べて大きいが，質的には正しい予測を行うことができることを示している．

第5章

係数の推定（キャリブレーション）とモデルの解法

　前章では，モデルの係数や外生変数を推定するための基礎となる社会会計表をどのように作成するかを解説した．本章では，この社会会計表を利用してモデルの係数の推定を行う．応用一般均衡モデルの推定には，通常行われるような計量経済学的手法を適用することは困難である．なぜなら，産業連関表や社会会計表にあるような詳細なデータを，統計的に十分満足できるほど長期間の時系列で集めることはほとんど不可能だからである．すなわち，モデルの中には推定すべき係数が多い一方で，データの観察期間が短いために推定の際の統計的自由度が小さくなりすぎて統計的検証が不十分になってしまうのである[1]．そこで，応用一般均衡モデルの係数を推定するにはキャリブレーション（calibration）という独特な方法を用いる．

　本章の最初の3節で，キャリブレーションについての一般的事項を説明する．つづいて，第5.4節では，第2章で説明した「簡単な応用一般均衡モデル」を例題として取り上げ，そのキャリブレーションとモデルを解くための入力ファイルについての説明をする．具体的には，ある社会会計表（ここでは表4.1を例に取る）を入力ファイルに入れてキャリブレーションを行わせ，キャリブレーションによって推定された（キャリブレートされた）係数の値を自動的にモデルに入力し，そのうえでモデル自体を解くという一連の作業を説明する．モデルの解法については第3章で説明した「家計の効用最大化モデル」のそれとほとんど変わらない．ただ，応用一般均衡モデル作成のた

---

[1] そうした困難を乗り越えて計量的経済学的手法によって応用一般均衡モデルを推定した研究もある．たとえば，ジョルゲンソンの一連の研究（Jorgenson and Yun (1990) など）の貢献がとくに大きい．

めに必要な，その他の技法については第5.5節で説明する．第5.6節ではモデルの解を含む出力ファイルについて説明する．したがって，第5.4節から第5.6節までを通して読めば，第2章で提示した「簡単な応用一般均衡モデル」のプログラムの全容が分かるはずである．

5.1　キャリブレーションの基本的な考え方

モデルの係数を推定するために行われるキャリブレーションの基本的な考え方は，モデルである連立方程式に基準均衡解を代入しておいて，逆に，推定すべき係数を未知数として「解く」ということである．すなわち，応用一般均衡モデルを，

$$\mathbf{CGE}(\mathbf{x}, \mathbf{y}, \mathbf{a}) = 0$$

とベクトル形式で表したとする[2]．$\mathbf{x}$は内生変数，$\mathbf{y}$は外生変数，$\mathbf{a}$はモデル中の係数である．通常，シミュレーションなどでわれわれが行うのは，$\mathbf{y}$と$\mathbf{a}$を与えられたものとして，未知の値$\mathbf{x}$を求めることである[3]．ところで，基準均衡における内生変数$\mathbf{x}$の値（$\mathbf{x}^0$としよう）は，当然のこととしてモデルの解のうちの1つである．そして$\mathbf{x}^0$は，外生変数$\mathbf{y}$の値とともに，社会会計表から読みとることができるから，未知ではなく既知である．したがって，

$$\mathbf{CGE}(\mathbf{x}^0, \mathbf{y}, \mathbf{a}) = 0$$

というように，これらの既知の値$\mathbf{x}^0$と$\mathbf{y}$を代入することにより，推定するべき未知の係数$\mathbf{a}$を解くことができる．

ただし1つ問題がある．それは，$\mathbf{a}$に含まれる（未知の）係数の数が，その係数が現れる方程式の数より多いときである．このとき，上のモデルを$\mathbf{a}$について完全に解くことはできないので，係数の一部を先験的に与えて未知の係数の数を減らすことをしなければならない．（実際，この手法が第6.8.2項で用いられる．）

---

[2]　以下，太字はベクトル・行列形式であることを表す．
[3]　たとえば，要素賦存量や支出・投入割合係数を与えられたものとして，消費量や生産量，および，それらの価格を解く．

モデルの係数を推定するこのような方法を，キャリブレーションと呼んでいる[4]．この推定方法は，モデル中の係数の妥当性を統計的に検証することを放棄するという短所を持つ一方で，社会会計表に示されるただ1期分の基準均衡解のデータだけで推定を行うことができるという長所を持つ．

簡単な例でこの方法の要点を示そう．たとえば，$S=aP$ という供給関数（このような供給関数は実際の応用一般均衡モデルでは使うことはないが），を考える．ここで，S は供給量，P が供給価格であり，a が求めるべき係数

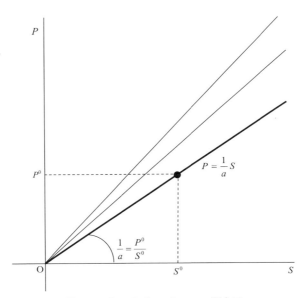

図5.1：キャリブレーションの概念図

[4) 「キャリブレーション」という用語が指し示す係数の推定方法は，一般にはより広い範囲にわたる．たとえば，リアル・ビジネス・サイクル・モデルにおけるキャリブレーションでは，キャリブレートされたモデルが現実の均衡（成長経路）を完全に再現することはなく，それに近い仮想的な成長経路を再現するようになっている．詳しくは，キャリブレーションの功罪に関する議論とあわせて，Dawkins *et al.* (2001) 参照．しかし，本書ではそのようなキャリブレーション法については議論せず，「キャリブレーション」といえば，基準均衡解を完全に再現するようなモデル中の係数や外生変数を求める方法を指すものとする．

であるとしよう．一般には a の大小によってさまざまな直線を描くことができる（図5.1）．S と P の基準均衡における値をそれぞれの右肩に 0 を付けて表すとする．推定しようとする供給関数は，この基準均衡を当然に満たすはずである．ゆえに，これらの値が分かれば，係数の値を，

$$a = \frac{S^0}{P^0}$$

として求めることができる．社会会計表に示されたデータと，つぎに示す技法を使えば，これらの供給量 S や供給価格 P の基準均衡における値が分かり，係数 a の値を得ることができるのである．

5.2 金額と価格と数量

キャリブレーションにおいて用いられるほとんどのデータは，社会会計表から読みだされる．社会会計表は金額で表されているので，キャリブレーションのためには，これを価格と数量の 2 種類のデータに分割する必要がある．すなわち，

$$金額 = 価格・数量$$

である．もし，価格に関するデータが手に入れば，ここから数量に関する情報を取り出すことができる．しかし，通常は産業連関表や社会会計表で取り扱うほどの細かい価格データは手に入らない．

少し考え方を変えてみよう．価格というものは，通常は日常的な数量単位（100グラムあたりとか，1台あたりとか）で測られる．ここでは，そのような日常的なものではなく，「（基準均衡における）1円で買える分量を 1 数量単位」としよう．このような数量単位を用いることで，金額データからの価格と数量の分割が容易になる．すなわち，このような数量単位に基づいて価格を計る場合，単位の定義からただちに基準均衡におけるすべての価格を 1 とすることができる．もし，すべての価格を 1 と設定できれば，

$$金額 = 1・数量 = 数量$$

となり，金額データが与えられればただちに数量を求めることができる[5]．

ただし，間接税があるためにすべての価格が等しくならない場合には多少

の修正が必要である．この場合，あらかじめその間接税率を求めたうえで，

$$税込み金額 = (1 + 間接税率) \cdot 税抜き価格 \cdot 数量$$

という関係から，税抜き価格を1としてその数量を求めることができる[6]．

ところで，数量を量る単位を変更して（間接税がある場合はその処理をしたうえで）すべての財の価格を1とすることで何ら問題が発生しない理由は，つぎの簡単な例を考えれば理解できるであろう．いま，コメ1袋（200グラム入り）が100円で売られているとしよう．当然，このコメ1袋（200グラム入り）の価格は100円である．ところが，コメを200グラム入りの袋で売らなければならないという必然性はない．1袋に入るコメの量を調節して2グラムのコメが入る袋をあらたに作れば，その袋1つあたりの価格は1円になるはずである．（袋の値段や詰めかえの手間などを無視すれば）1袋の大きさ（すなわち計量単位）を適当に変化させても，実際に起こる経済現象に何ら変わりはない．このように1袋に入るコメの重量（単位あたりの数量）を変更することにより，1袋あたり，一般的には1数量単位の財の価格を1（でなくてもよいが，それがもっとも簡単であるから）にすることができる．

5.3 キャリブレーションの方法――計算式

5.3.1 間接税がない場合

キャリブレーションの方法を説明するために第2章で提示した「簡単な応用一般均衡モデル」(2.1)―(2.6)を例題として取り上げよう．ここで推定しなければならない係数は4種類，つまり，効用関数の支出割合係数 α_i，生産関数の投入割合係数 $\beta_{h,j}$，生産関数の規模係数 b_j と，生産要素の賦存量 FF_h である．

---

5) ここで，価格を1とするのはあくまで基準均衡においてそうするのであって，シミュレーションにおける場合のように，基準均衡から少しでもずれた均衡においては，当然のことながら，価格は1とは異なる値をとり得る．
6) これとは逆に，税込み価格を1として，税込み金額から数量を求めても本質的な違いは生じない．

表5.1：第2章の「簡単な応用一般均衡モデル」に対応した社会会計表

(単位：万円)

		生産活動		生産要素		最終需要	合計
		パン	牛乳	資本	労働	家計	
生産活動	パン					15	15
	牛乳					35	35
生産要素	資本	5	20				25
	労働	10	15				25
最終需要	家計			25	25		50
合計		15	35	25	25	50	
		i h $p_h^{f0}F_{h,j}^0$		$p_h^{f0}FF_h$		$p_i^{x0}X_i^0$	

　第4章でも述べたとおり，こうした係数は社会会計表をもとに推定するので，この「簡単な応用一般均衡モデル」に対応した社会会計表（表4.1）を再掲しておく（表5.1）．なお，右肩に0がついた文字，たとえばX_i^0は，内生変数X_iの基準均衡における値であり，入力ファイル中ではこれをキャリブレーションのために用いたり，数値計算上の初期値として用いたりする．

効用関数の支出割合係数の推定

　まず，効用関数の支出割合係数α_iの推定方法を考える．第2.2節で示したコブ=ダグラス型の効用関数(2.a)と予算制約式(2.b)から導かれた，家計の財に対する需要関数(2.1)，

$$X_i = \frac{\alpha_i}{p_i^x}\sum_h p_h^f FF_h \quad \forall i \tag{2.1}$$

は，当然，基準均衡においても成り立っていなければならない．すなわち，

$$X_i^0 = \frac{\alpha_i}{p_i^{x0}}\sum_h p_h^{f0} FF_h \quad \forall i$$

である．これをα_iについて解くと，

$$\alpha_i = \frac{p_i^{x0} X_i^0}{\sum_h p_h^{f0} FF_h} \quad \forall i$$

である．さらに，家計の予算制約式(2.b)を基準均衡にあてはめた，

$$\sum_i p_i^{x0} X_i^0 = \sum_h p_h^{f0} FF_h$$

を使うと，

$$\alpha_i = \frac{p_i^{x0} X_i^0}{\sum_j p_j^{x0} X_j^0} \qquad \forall i \qquad (5.1)$$

を得る[7]．(5.1)の右辺のすべての値は，前章で作成した社会会計表（表5.1）の「生産活動」—「家計」から読みとることができるので，(5.1)により支出割合係数 α_i を推定することができる．

例として，表5.1の社会会計表に示された数値をもとに，パンの支出割合係数 α_{BRD} を計算してみよう．価格の基準均衡における値は前節で述べたようにすべて1にしているから，基準均衡における需要者価格 p_{BRD}^{x0}，p_{MLK}^{x0} には1を代入する．またそのように価格を設定したことにより，数量の基準均衡値は該当する項目の金額と等しくなるので，消費量 X_{BRD}^0，X_{MLK}^0 には，それぞれパンと牛乳の消費の金額の数値（「パン」—「家計」と「牛乳」—「家計」）をそのまま代入すればよい．以上のことから，パンの支出割合係数は，

$$\alpha_{BRD} = \frac{1 \cdot 15}{1 \cdot 15 + 1 \cdot 35} = \frac{15}{50} = 0.300$$

と計算できる．同様の計算により，牛乳の支出割合係数も，

$$\alpha_{MLK} = \frac{1 \cdot 35}{1 \cdot 15 + 1 \cdot 35} = \frac{35}{50} = 0.700$$

と求めることができる．

生産関数の係数の推定

つぎに，コブ=ダグラス型生産関数の係数 $\beta_{h,j}$ と b_j を推定する．生産関数(2.2)と要素需要関数(2.3)を思いだそう．

$$Z_j = b_j \prod_h F_{h,j}^{\beta_{h,j}} \qquad \forall j \qquad (2.2)$$

$$F_{h,j} = \frac{\beta_{h,j}}{p_h^f} p_j^z Z_j \qquad \forall h, j \qquad (2.3)$$

---

7) 第2.4節で説明したように添え字 i と j は相互に置きかえ可能である．これを利用して，(5.1)を導くときに分母の和の記号内の添え字を i から j に書き換えている．この置きかえは，第5.4.5項で説明するような GAMS の入力ファイル中でのエラーを避けるためになされたものである．同様の置きかえは，(5.3)の導出の際にも生産要素を表す添え字 h と k の間で行われている．

これらの連立方程式の中には，モデルの中の内生変数（Z_j, $F_{h,j}$, p_j^z, p_h^f）と係数（$\beta_{h,j}, b_j$）が含まれている．内生変数の基準均衡における値は社会会計表から読みとることができるので，

$$Z_j^0 = b_j \prod_h F_{h,j}^{0\,\beta_{h,j}} \qquad \forall j$$

$$F_{h,j}^0 = \frac{\beta_{h,j}}{p_h^{f0}} p_j^{z0} Z_j^0 \qquad \forall h, j$$

は，未知数として $\beta_{h,j}$ と b_j を含む連立方程式体系となる．この体系を解くということは，未知の係数 $\beta_{h,j}$ と b_j を推定することにほかならない．

キャリブレーションの手順を具体的に進めよう．要素需要関数(2.3)を，基準均衡において係数 $\beta_{h,j}$ について解くと，

$$\beta_{h,j} = \frac{p_h^{f0} F_{h,j}^0}{p_j^{z0} Z_j^0} \qquad \forall h, j$$

となる．$p_j^{z0} Z_j^0$ は社会会計表には直接的に示されていないが，基準均衡におけるゼロ利潤条件(2.7)（を基準均衡解に当てはめた），

$$p_j^{z0} Z_j^0 = \sum_h p_h^{f0} F_{h,j}^0 \qquad \forall j \tag{5.2}$$

を使って分母を置きかえれば，

$$\beta_{h,j} = \frac{p_h^{f0} F_{h,j}^0}{\sum_k p_k^{f0} F_{k,j}^0} \qquad \forall h, j \tag{5.3}$$

を得る．

(5.3)において投入割合係数 $\beta_{h,j}$ の値を推定したうえで，規模係数 b_j の推定に移る．基準均衡において生産関数(2.2)を規模係数について解けば，ただちに，

$$b_j = \frac{Z_j^0}{\prod_h F_{h,j}^{0\,\beta_{h,j}}} \qquad \forall j \tag{5.4}$$

を得る．さて，(5.3)と(5.4)の右辺の内容は，すべて表5.1に示されているか，Z_j^0 のように表5.1に示された値から計算できることに気づくであろう．すなわち，すべての価格 p_j^z, p_i^x, p_h^f が基準均衡において1と設定されていることから，(5.3)の右辺の変数 $F_{h,j}^0$ を「生産要素」-「生産活動」のマスから読みとることにより $\beta_{h,j}$ が解ける．さらに，$F_{h,j}^0$ の値をゼロ利潤条件(5.2)に代入すれば Z_j^0 の値を得ることができる．$\beta_{h,j}$ の値はすでに得られて

いるので，(5.4)の右辺の変数もすべて読みとることができてb_jが解ける．(なお，(5.4)では，投入割合係数$\beta_{h,j}$の推定結果を用いるので，投入割合係数$\beta_{h,j}$を，規模係数b_jより先に推定しておかなければならないことに注意が必要である．)

例としてパンの生産における資本の投入割合係数$\beta_{CAP,BRD}$を求めてみよう．(5.3)の右辺に表5.1から数値を代入する．すなわち，基準均衡における生産要素価格p_{CAP}^{f0}, p_{LAB}^{f0}には1を，おなじく生産要素投入量$F_{CAP,BRD}^0$, $F_{LAB,BRD}^0$にはそれぞれ「資本」—「パン」と「労働」—「パン」の値を代入する．すると，投入割合係数は，

$$\beta_{CAP,BRD} = \frac{1 \cdot 5}{1 \cdot 5 + 1 \cdot 10} = \frac{1}{3} = 0.333$$

のように求められる．同様にパンの生産における労働の投入割合係数$\beta_{LAB,BRD}$の値は，

$$\beta_{LAB,BRD} = \frac{1 \cdot 10}{1 \cdot 5 + 1 \cdot 10} = \frac{2}{3} = 0.667$$

である．同じように，牛乳の生産における資本と労働の投入割合係数は，

$$\beta_{CAP,MLK} = \frac{1 \cdot 20}{1 \cdot 20 + 1 \cdot 15} = \frac{4}{7} = 0.571$$

$$\beta_{LAB,MLK} = \frac{1 \cdot 15}{1 \cdot 20 + 1 \cdot 15} = \frac{3}{7} = 0.429$$

と求められる．

つぎに，これらの値を用いてパンの生産における規模係数b_{BRD}の値を求めてみよう．b_jの推定式(5.4)の右辺にあるパンの生産量Z_{BRD}^0の値は，ゼロ利潤条件(5.2)より，

$$Z_{BRD}^0 = \frac{\sum_h p_h^{f0} F_{h,BRD}^0}{p_{BRD}^{z0}} = \frac{1 \cdot 5 + 1 \cdot 10}{1} = 15$$

と得られる．(5.4)の右辺にある基準均衡の値$F_{h,BRD}^0$，および，これまでに推定した係数$\beta_{CAP,BRD}$, $\beta_{LAB,BRD}$を代入すると，パンの生産における規模係数，

$$b_{BRD} = \frac{15}{5^{\frac{1}{3}} \cdot 10^{\frac{2}{3}}} = 1.890$$

を得ることができる．同様に，牛乳の生産量の基準均衡における値 Z^0_{MLK} を，ゼロ利潤条件(5.2)を用いて，

$$Z^0_{MLK} = \frac{\sum_h p_h^{f0} F^0_{h,MLK}}{p^{z0}_{MLK}} = \frac{1 \cdot 20 + 1 \cdot 15}{1} = 35$$

と求めたうえで，牛乳の生産における規模係数 b_{MLK} も，

$$b_{MLK} = \frac{35}{20^{\frac{4}{7}} \cdot 15^{\frac{3}{7}}} = 1.980$$

と求めることができる．

生産要素の賦存量の推定

外生変数である生産要素の初期賦存量 FF_h は，表5.1から直接に読みとることができる．資本の初期賦存量 FF_{CAP} は，家計の資本保有量，すなわち「家計」—「資本」のマスを見れば，（基準均衡における価格はすべて1であるから）FF_{CAP} の値が25であることが読みとれる．同様に，労働の初期賦存量 FF_{LAB} は，家計の労働保有量，すなわち「家計」—「労働」のマスから25であることが分かる．

一方，このようにして社会会計表から直接に読みとる代わりに，すでに読みだした $F^0_{h,j}$ を生産要素の市場均衡条件(2.5)に代入することにより，

$$FF_h = \sum_j F^0_{h,j} \qquad \forall h$$

と求めることもできる．資本と労働の初期賦存量は，それぞれ，

$$FF_{CAP} = 5 + 20 = 25$$
$$FF_{LAB} = 10 + 15 = 25$$

となり，先ほどの読みとりの結果と一致することが確認できる．

5.3.2 間接税がある場合

間接税がある場合には，モデルとキャリブレーションの方法はどのように変更を受けるであろうか．本論から少しはずれるが，従価方式の間接税（生産税）が第 i 財の生産に対して税率 τ_i^z だけ課されていて，そこから得られる税収はすべて家計に一括補助金として返還される（すなわち，政府消費は

考えない）として，第2章の「簡単な応用一般均衡モデル」を拡張する．変更を受けるのは，家計の財需要関数(2.1)と財価格に関する市場均衡式(2.6)である．前者を導く家計の効用最大化問題においては，生産税収（の返還分）が家計所得の一要素となるから，予算制約式は，

$$\sum_i p_i^x X_i = \sum_h p_h^f FF_h + \sum_j \tau_j^z p_j^z Z_j \tag{2.b'}$$

と変更される．それにしたがって当該需要関数も(2.1′)のように変更を受ける．後者(2.6)では，財の供給者価格 p_i^z と需要者価格 p_i^x の間に生産税率 τ_i^z だけの乖離が，(2.6′)のように生じることになる．

$$X_i = \frac{\alpha_i}{p_i^x}\left(\sum_h p_h^f FF_h + \sum_j \tau_j^z p_j^z Z_j\right) \quad \forall i \tag{2.1'}$$

$$Z_j = b_j \prod_h F_{h,j}^{\beta_{h,j}} \quad \forall j \tag{2.2}$$

$$F_{h,j} = \frac{\beta_{h,j}}{p_h^f} p_j^z Z_j \quad \forall h,j \tag{2.3}$$

$$X_i = Z_i \quad \forall i \tag{2.4}$$

$$\sum_j F_{h,j} = FF_h \quad \forall h \tag{2.5}$$

$$(1+\tau_i^z) p_i^z = p_i^x \quad \forall i \tag{2.6'}$$

この間接税の入った新しいモデルにおいて，キャリブレーションの方法自体には本質的な変更はない．つまり，間接税のないモデルにおいて未知の係数を推定するために用いた方程式を，この場合もそっくりそのまま利用することができる．ただし，キャリブレーションを行う前の段階で，基準均衡における値を社会会計表から読みとるときに注意が必要になる．なぜなら，間接税のために需要者価格と供給者価格の間に乖離が生じるために，すべての価格を1に設定することはできないからである．そのため，社会会計表に示されている財・サービスの金額を価格と数量に分割する際には，先に示した，

税込み金額 = (1 + 間接税率)・税抜き価格・数量

という関係を強く意識しなければならない．このモデルでは，家計の財消費を需要者価格（すなわち税込み価格）で評価しているので，基準均衡における財の供給者価格 p_i^{z0} を1としたのならば，(2.6′)から明らかなように，基準均衡における財の需要者価格 p_i^{x0} は，1ではなく $1+\tau_i^z$ となる．したがっ

て，効用関数の支出割合係数 α_i を推定するために(5.1)を用いるとき，

$$\alpha_i = \frac{p_i^{x0} X_i^0}{\sum_j p_j^{x0} X_j^0} = \frac{(1+\tau_i^z) p_i^{z0} X_i^0}{\sum_j (1+\tau_j^z) p_j^{z0} X_j^0} = \frac{(1+\tau_i^z) X_i^0}{\sum_j (1+\tau_j^z) X_j^0} \quad \forall i$$

としなければならない[8]．

5.4 キャリブレーションの方法——コンピュータ上の作業

5.4.1 プログラムの流れと入力ファイル

　前節で述べた係数の推定，すなわちキャリブレーションは，求めるべき係数の数が少ない場合には手計算で実行し，リスト3.1のようにその値を入力ファイルに記入してモデルを解くことができる．しかし，モデルが大きくなって計算量が増えてくればその手間も軽視できなくなり，コンピュータに頼らざるをえない．そこで，社会会計表そのものを入力ファイルの中に入れ，その中でキャリブレートされた係数の値を自動的にモデルに入力するプログラムを作成すれば便利である．こうしておけば，単に入力の手間が省けるだけでなく，異なった社会会計表を用いたときでも，ただちにそれを反映したモデルを構築することができるという利点がある．そこで，本節では，第2章の「簡単な応用一般均衡モデル」を例題として取り上げ，上に述べた入力ファイル中でのキャリブレーションの方法を説明する．

　通常，応用一般均衡モデルのプログラムはつぎのような流れになる．

（1）　集合の定義
（2）　データ（社会会計表・弾力性）の入力[9]
（3）　社会会計表からの基準均衡解の値の読みとり
（4）　係数の推定（キャリブレーション）
（5）　内生変数と制約式・目的関数の定義と特定化
（6）　変数の初期化，下限の設定，基準財の設定

---

[8]　財の需要者価格 p_i^{x0} を1としたならば，財の供給者価格 p_i^{z0} は1ではなく，$1/(1+\tau_i^z)$ となる．

[9]　弾力性については第6.5節で説明する．

表 5.1：第 2 章の「簡単な応用一般均衡モデル」に対応した社会会計表（再掲）

(単位：万円)

		生産活動		生産要素		最終需要	合計
		パン	牛乳	資本	労働	家計	
生産活動	パン					15	15
	牛乳					35	35
生産要素	資本	5	20				25
	労働	10	15				25
最終需要	家計			25	25		50
合計		15	35	25	25	50	

i h $p_h^{f0}F_{h,j}^0$ $p_h^{f0}FF_h$ $p_i^{x0}X_i^0$

（7） モデルの名前を定義してモデルを解く
（8） モデルの解を再加工して，必要な指標を計算する

なお，第 3 章の「家計の効用最大化モデル」の入力ファイル（リスト 3.1）になかったもので，ここで新たに加わったものは，（2），（3），（4），（6）（の一部），（8）である．（6）については第 5.5 節で，（8）については第 8.1-8.2 節で詳しく説明する．

さて，本章で例題として取り上げている第 2 章の「簡単な応用一般均衡モデル」の係数を推定する際の基礎になる社会会計表は，第 4 章の表 4.1 であり，それは第 5.3.1 項で表 5.1 として示されている．説明の便宜上，上に再掲しておく．

この社会会計表をもとにキャリブレーションを行い，第 2 章の「簡単な応用一般均衡モデル」を解くための GAMS の入力ファイルをリスト 5.1 のように書くことができる（`splcge.gms`）．なお，リスト 5.1 の行頭には行番号が付けてあるが，これは説明のためだけに付けられたものである．実際の GAMS の入力ファイル中に書いてはならない[10]．

---

[10] 1 行目に「`$Title`」で始まる行があるが，これは GAMS Model Library において入力ファイルの管理を容易にするために付けられたものであり，モデルの内容とは無関係であるからなくてもかまわない．

リスト5.1：第2章の「簡単な応用一般均衡モデル」の入力ファイル(splcge.gms)

```
1   $ Title A Simple CGE Model in Ch.5(SPLCGE,SEQ=275)
2
3   * Definition of sets for suffix ---------------------------------------
4   Set    u      SAM entry    /BRD, MLK, CAP, LAB, HOH/
5          i(u)   goods        /BRD, MLK/
6          h(u)   factor       /CAP, LAB/;
7   Alias(u,v),(i,j),(h,k);
8   * --------------------------------------------------------------------
9
10  * Loading data -------------------------------------------------------
11  Table      SAM(u,v)      social accounting matrix
12             BRD       MLK       CAP       LAB       HOH
13  BRD                                                15
14  MLK                                                35
15  CAP         5        20
16  LAB        10        15
17  HOH                             25        25
18  ;
19  * --------------------------------------------------------------------
20
21  * Loading the initial values -----------------------------------------
22  Parameter   X0(i)        household consumption of the i-th good
23              F0(h,j)      the h-th factor input by the j-th firm
24              Z0(j)        output of the j-th good
25              FF(h)        factor endowment of the h-th factor
26  ;
27
28  X0(i)    =SAM(i,"HOH");
29  F0(h,j)  =SAM(h,j);
30  Z0(j)    =sum(h,F0(h,j));
31  FF(h)    =SAM("HOH",h);
32  Display X0,F0,Z0,FF;
33  * Calibration --------------------------------------------------------
34
35  Parameters   alpha(i)    share parameter in utility function
36               beta(h,j)   share parameter in production function
37               b(j)        scale parameter in production function
38  ;
39  alpha(i) =X0(i)/sum(j,X0(j));
40  beta(h,j)=F0(h,j)/sum(k,F0(k,j));
41  b(j)     =Z0(j)/prod(h,F0(h,j)**beta(h,j));
42  Display alpha,beta,b;
43  * --------------------------------------------------------------------
```

```
* Defining model system --------------------------------------------
Variable    X(i)         household consumption of the i-th good
            F(h,j)       the h-th factor input by the j-th firm
            Z(j)         output of the j-th good
            px(i)        demand price of the i-th good
            pz(j)        supply price of the i-th good
            pf(h)        the h-th factor price

            UU           utility [fictitious]
;

Equation    eqX(i)       household demand function
            eqpz(i)      production function
            eqF(h,j)     factor demand function
            eqpx(i)      good market clearing condition
            eqpf(h)      factor market clearing condition
            eqZ(i)       price equation

            obj          utility function [fictitious]
;

eqX(i)..    X(i)         =e= alpha(i)*sum(h,pf(h)*FF(h))/px(i);
eqpz(j)..   Z(j)         =e= b(j)*prod(h,F(h,j)**beta(h,j));
eqF(h,j)..  F(h,j)       =e= beta(h,j)*pz(j)*Z(j)/pf(h);
eqpx(i)..   X(i)         =e= Z(i);
eqpf(h)..   sum(j,F(h,j))=e= FF(h);
eqZ(i)..    px(i)        =e= pz(i);

obj..       UU           =e= prod(i,X(i)**alpha(i));
* -----------------------------------------------------------------

* Initializing variables ------------------------------------------
X.l(i)   =X0(i);
F.l(h,j) =F0(h,j);
Z.l(j)   =Z0(j);
px.l(i)  =1;
pz.l(j)  =1;
pf.l(h)  =1;
* -----------------------------------------------------------------

* Setting lower bounds to avoid division by zero -----------------
X.lo(i)   =0.001;
F.lo(h,j)=0.001;
```

```
 88  Z.lo(j)   =0.001;
 89  px.lo(i)  =0.001;
 90  pz.lo(j)  =0.001;
 91  pf.lo(h)  =0.001;
 92  * ------------------------------------------------------------
 93  pf.fx("LAB")=1;
 94
 95  * Defining and solving the model ------------------------------
 96  Model splcge /all/;
 97  Solve splcge maximizing UU using nlp;
 98  * ------------------------------------------------------------
 99  * end of model -----------------------------------------------
100  * ------------------------------------------------------------
```

5.4.2 集合の定義

4-7行目において，モデルで用いる添え字の集合を定義している．社会会計表が加わることにより，集合が大きくなった．まず，社会会計表のすべての項目を含む集合 U を定義しておく．集合 U に含まれる要素は表 5.2 のとおりである．

4 行目の Set 命令は，つぎのような集合 U を定義している．

$$u \in U = \{BRD, MLK, CAP, LAB, HOH\}$$

5-6 行目はあとで説明するとして，7 行目に Alias(u, v) とあるのは，v も u とおなじく集合 U の要素であることを意味している[11]．したがって，7 行目に Alias(u, v) とあることにより，

$$v \in U = \{BRD, MLK, CAP, LAB, HOH\}$$

表 5.2：GAMS の入力ファイル中の略号

GAMS の入力ファイル中の略号	社会会計表中の項目
BRD	パン
MLK	牛乳
CAP	資本
LAB	労働
HOH	家計

---

11) なお，英和辞書を見ると，Alias は「別称」，「別名」とある．

であることが分かる．具体的には，u という文字の代わりに v という文字を使っても，同じ要素 BRD または MLK を指し示すことができる．この Alias 命令が必要な理由は第 5.4.5 項で示す．

つぎに 5-6 行目では，集合 I（財）と H（生産要素）を集合 U の部分集合として定義するために，「i(u)」や「h(u)」というように「(u)」を付して定義が行われている．さらに，7 行目に「Alias(u, v), (i, j), (h, k);」とあるところから，上で説明した u と v との関係と同様，j が i の，また，k が h の別名であることが分かる．したがって，5-6 行目は，

$$i, j \in I = \{BRD, MLK\} \subset U$$
$$h, k \in H = \{CAP, LAB\} \subset U$$

を意味する．このような全体集合と部分集合をあらかじめ定義して用いるやりかたは一見複雑で面倒に見えるが，こうしておくと社会会計表をひとまとめに入力し（11-18 行目），あとで，その中の要素を財や生産要素といった属性ごとにまとめて読みとることができる（28-31 行目）．

5.4.3 社会会計表の入力

11-18 行目で社会会計表（の要素）を「SAM(u, v)」と定義して，Table 命令を使ってそれに数値を与えている．「SAM(u, v)」のうち，はじめの「u」が社会会計表の行項目（左端），後の「v」がその列項目（上欄）を表すことに注意しなければならない．Table 入力の際には，列の項目の下に，（複数の列の項目をまたがないように）きれいに値を書く必要がある．

11-18 行目を数学的に書けば，

$$\mathbf{SAM} = \{SAM_{u,v}\} = \begin{bmatrix} 0 & 0 & 0 & 0 & 15 \\ 0 & 0 & 0 & 0 & 35 \\ 5 & 20 & 0 & 0 & 0 \\ 10 & 15 & 0 & 0 & 0 \\ 0 & 0 & 25 & 25 & 0 \end{bmatrix}$$

と同じことである．社会会計表の行和と列和は自明なので省略してある．

5.4.4　社会会計表からの基準均衡解の読みとり

22-31 行目は，基準均衡における内生変数の値や外生変数の値を社会会計表から読みとるためのものである．22 行目から 26 行目にかけて，基準均衡における内生変数の値や外生変数の名前を Parameter 命令で定義している[12]．そのうえで，28 行目から 31 行目で，それぞれの基準均衡における値を社会会計表のどのマスから読みとるべきかを示している．それは表 5.1 の下欄に書かれているとおりである．念のため数式で書けば，それぞれ，

$$p_i^{x0} X_i^0 = SAM_{i, HOH} \qquad \forall i$$

$$p_h^{f0} F_{h, j}^0 = SAM_{h, j} \qquad \forall h, j$$

$$p_j^{z0} Z_j^0 = \sum_h p_h^{f0} F_{h, j}^0 \qquad \forall j$$

$$p_h^{f0} FF_h = SAM_{HOH, h} \qquad \forall h$$

を意味している．ここで上の第 3 式については，Z_j^0 の値が直接に社会会計表に示されていないので，第 5.3.1 項で説明した，第 j 企業のゼロ利潤条件 (5.2) を用いて Z_j^0 の値を計算している．なお，ここで解こうとしている「簡単な応用一般均衡モデル」には間接税が入っていないから，第 5.2 節で議論したように，基準均衡におけるすべての財や生産要素の価格を 1 とする．したがって，28 行目から 31 行目でそれぞれに値を与えるときには，基準均衡における価格 p_i^{x0}, p_j^{z0}, p_h^{f0} を明示的に書く必要はない．

---

[12]　ここでの Parameter 命令の使い方は，第 3 章の「家計の効用最大化モデル」で説明したものとは異なっている．第 3 章では，定数を定義することと，それに数値を与えることは同時に行われていた．ここでは，定数の定義と，数式を使ったその定数への数値の付与が別々に行われている．（このような定数の定義方法の詳細については，付録第 A.2 節参照．）

たとえば，「X0(i)」の定義は 22 行目で行われ，その数値は 28 行目で（Table 命令を使ってすでに定義と数値の付与が済んでいる「SAM(u, v)」の値を使って）与えられている．そこでは，社会会計表のうちでパンと牛乳の 2 つの行から読みとるので，財を表す添え字「i」を用い，行としては家計の行からのみ読みとるので "HOH" とする．（集合の要素のうち特定のものだけを指定する場合には，「"HOH"」のように，その要素をダブル・クォーテーション・マークで括る．）同様に，F0(h, j) のように添え字の数が 2 つ（以上）あるものでも，23 行目で定義されて，その値は 29 行目で数式を用いて与えているから，Table 命令ではなくて Parameter 命令を用いることに注意する．

最後の 32 行目で，与えた基準均衡における値がきちんと意図したとおり入力されているかどうかを確認するために，Display 命令でその値を表示させている．（表示させるべき定数が添え字を持っているものであっても，ここでは添え字を書いてはならない．このことについては，付録第 A.3.1 項参照．）この命令は単に確認のために挿入しているだけなので，省略してもかまわない．

5.4.5 キャリブレーション

35 行目から 41 行目では，モデルの中の係数 α_i, $\beta_{h,j}$, b_j を定義し，第 5.3 節で議論したキャリブレーション法によって，これら 3 つの未知の係数の値を求めている．39-41 行目はそれぞれ，すでにあげた，

$$\alpha_i = \frac{p_i^{x0} X_i^0}{\sum_j p_j^{x0} X_j^0} \qquad \forall i \tag{5.1}$$

$$\beta_{h,j} = \frac{p_h^{f0} F_{h,j}^0}{\sum_k p_k^{f0} F_{k,j}^0} \qquad \forall h, j \tag{5.3}$$

$$b_j = \frac{Z_j^0}{\prod_h F_{h,j}^{0\ \beta_{h,j}}} \qquad \forall j \tag{5.4}$$

を意味する．基準均衡における価格がすべて 1 になるようになっているので，入力ファイル中ではこれらが明示的には書かれていないことに注意する．なお，39 行目における和の記号（sum）中の添え字の設定に注意しなければならない．すなわち，

```
alpha(i)= X0(i)/sum(i, X0(i));
```

とすると「125 Set is under control already」というエラーになる．(5.1) は添え字 i のすべてについて α_i の値を計算するものであるが，GAMS では，この添え字と和の記号 sum の中の添え字との重複を許さないからである．そこで，

```
alpha(i)= X0(i)/sum(j, X0(j));
```

とする．事前に 7 行目で，Alias 命令を使って集合 i の別名である集合 j を用意したのはそのためである．同様の理由で，40 行目の和の記号（sum）の中では h でなく（別名である）k を用いている．

42行目で，これまでに推定した係数の値をDisplay命令で表示させている．ここで表示された各係数が妥当なものかどうかを調べることは，正しいモデル推定のために重要である．とくに支出割合係数は，足し合わせた結果が1になることを出力ファイル中で確認すべきである．ここでキャリブレートされた係数の値を出力ファイルから抜き出すと以下のとおりである（リスト5.2）．

リスト5.2：キャリブレートされた係数の値

```
----     42 PARAMETER alpha  share parameter in utility function
BRD 0.300,  MLK 0.700


----     42 PARAMETER beta   share parameter in production function
         BRD      MLK

CAP      0.333    0.571
LAB      0.667    0.429


----     42 PARAMETER b   scale parameter in production function
BRD 1.890,  MLK 1.980
```

入力ファイル（リスト5.1）の46-64行目で，内生変数と制約式の名前を定義し，66-73行目で制約式と名目的な目的関数を特定化しているのは，リスト3.1と同様の手続きであるから説明は省略する．

5.5 「簡単な応用一般均衡モデル」のプログラム——その他の問題

以上，第2章に示した「簡単な応用一般均衡モデル」のキャリブレーションの方法について詳しく説明してきた．そして，リスト5.1の入力ファイルでは，キャリブレーションだけでなく，そこで得られた係数や社会会計表から読みとられた外生変数を用いてモデルの均衡解を求めるところまで，一続きの作業が行われている．モデルの解法については第3章で説明した「家計の効用最大化モデル」とほぼ同じである．73行目で名目的な目的関数とし

第5章 係数の推定（キャリブレーション）とモデルの解法   93

て家計の効用関数を用いているところも同じである．ただし，ここでつぎの2点を説明しておくのが役立つであろう．第1は，モデルが大きくなったことにともない，コンピュータでモデルを解く前に，内生変数に対して数値計算上の初期値を与えている点である．これによって数値計算の負担が減り，解が求めやすくなる．第2は，基準財を設定し，その価格を明示的に1に設定していることである．これは，通常の一般均衡理論が要請するものである．

5.5.1 数値計算上の初期値の設定

77行目から82行目にかけてはコンピュータがモデルの解を求めるにあたって，社会会計表から得られた基準均衡解の値を数値計算上の初期値として設定し，そこから計算をはじめることを命令するものである．たとえば，77行目の左辺の「x.l(i)」は内生変数 X_i の数値計算上の初期値を意味し，それが右辺にある X_i の基準均衡における値「x0(i)」に等しいことを示している．（なお，左辺の「x.」のつぎにある英字は数値計算上の初期値であることを示す「エル」であって，数字の「1」ではないことに注意．これはGAMSの決まりである．）この右辺にどのようなものを用いるかは一般には任意であるが，リスト5.1の場合は内生変数 X_i の基準均衡における値 X_i^0 を用いている．

このように内生変数の数値計算上の初期値を基準均衡における値に設定するのは，問題を解きやすくするためである．なぜなら，モデルの係数や外生変数に変化を与えない限り基準均衡がこのモデルの自明な解であって，この値が解としてただちに得られるはずである．また，もし何らかの変化をモデルの係数や外生変数に与えたとしても，新しい均衡は，基準均衡からそう「遠く」ないところにあると考えられるからである．実際，このように数値計算上の初期値を設定しないと，このモデルを解くことは困難である．リスト5.1ではあらかじめ，入力ファイルの前半に社会会計表を入力しているので，基準均衡におけるそれらの変数の値を，そのまま数値計算の出発点として与えることができる．価格に関する変数は，（間接税がないので）キャリブレーションのときに設定したのと同じように，すべて1とする．

5.5.2 基準財の設定

このモデルは価格に関してゼロ次同次であり，ワルラス法則から価格は相対価格のみについてしか解くことができない．そこで，任意の基準財を1つ選び，その価格を固定する必要がある．（ワルラス法則については第2.5節参照．）このモデルでは基準財として労働を選び，その価格を1に固定している（93行目）．

ここで GAMS の文法として2つ注意すべきことを書いておく．第1は，内生変数をある値に固定する．fx 命令は，変数の下限を設定するブロックのあとにおかなければならないことである．なぜなら，賃金率を固定したあとに賃金率の下限を設定すると，後者の命令が有効になって，賃金率の下限が 0.001，上限が 1.000 というようになってしまうからである[13]．

第2に，第3章の「家計の効用最大化問題」を例題のモデルとして説明したときにも述べたが，変数の下限についての注意を再度書いておく．86行目から91行目では，変数に下限を設定して定義域からゼロを取り除くようにしている（図 5.2）．これは，ゼロによる除算を避けるためである．たとえば，家計の需要関数（66行目）の右辺は，財の需要者価格「px(i)」による除算が入っている．もし，（均衡解でそうならないとしても，GAMS が計算している途中で）その価格がゼロになったならば，不正な計算としてエラーを引き起こしてしまうから，このような事態は避けなければならない．ただし，この変数の下限はどのような値に設定してもよいというものではなく，均衡解として予想される値よりも高くしてはならない．このような下限の設定は数値計算のための手段であって，それが解に対して影響を与えない（すなわち，需給関数の交点が図 5.2 の斜線部分に入らない）限りにおいて正当化されるからである．

もし，得られた解がこの変数の下限に等しくなっているならば，たとえ出力ファイルの SOLVE SUMMARY において「**Optimal solution」という

---

[13] 内生変数をある値に固定する命令 .fx は，実は，変数の下限と上限を同時に設定する命令である．したがって，.fx 命令のあとに，上限を設定する命令 .up や下限を設定する命令 .lo が入力されると，それらの上限値や下限値が有効になる．

第5章 係数の推定（キャリブレーション）とモデルの解法　95

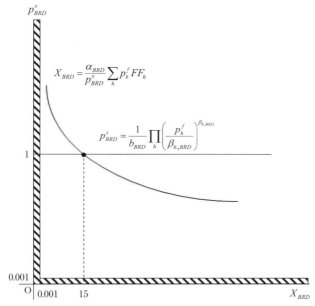

図5.2：変数に下限を設定してゼロから 0.001 までの範囲（斜線
部分）を定義域から除外する

注：ここでは図2.5に定義域から除外される範囲を家計のパン需給について
描き込んでいるが，牛乳，資本，労働についても同様．

メッセージが表示されていたとしても，その解は正しくない．（リスト5.1 のモデルをそのまま用いるのであればこの問題は生じないが）たとえば，以下のような，1つの変数についてでも解の（LEVEL）値が下限（LOWER）値に等しくなっている出力ファイルが得られた場合には，その解は正しくない解であるとみていい．

```
---- VAR pz         supply price of the i-th good
         LOWER    LEVEL    UPPER    MARGINAL
  BRD    0.001    0.001    +INF     EPS
  MLK    0.001    1.100    +INF     EPS
```

このような解が得られる理由は，ここで議論しているような（1）下限値の設定が高すぎる（図5.2の斜線の部分が広すぎる）ということか，それと

も（2）そもそも解くべきモデルが間違っているために奇妙な答えしか得られないかのどちらかである．前者であれば，下限値を引き下げてもう一度モデルを解いてみる．それでももっともらしい解が得られなければ，その原因は後者であると考えられる．その場合，入力ファイルに単純な書き間違いがないとすれば，モデルそのものを見直さなければならない．

5.6 「簡単な応用一般均衡モデル」の解

前節で説明した点をふまえて作成した「簡単な応用一般均衡モデル」の入力ファイルが，先にあげたリスト5.1である．この入力ファイルには最後（97行目）にSolve命令が入っているので，GAMS IDE上で「Run GAMS」アイコン をクリックすれば，このモデルの解を得ることができる[14]．このモデルの解を含むファイルが出力ファイルであり，ファイル名の拡張子は「lst」である．このモデルの出力ファイルの主要部分がリスト5.3に示されている．本節では，「簡単な応用一般均衡モデル」を解いて得られたこの出力ファイルを見ながら，そこに示されている解の値を確認する手順について説明する．

リスト5.3：「簡単な応用一般均衡モデル」の出力ファイル（抜粋）

```
…(省略)…
  3  * Definition of sets for suffix ------------------------------------
  4  Set    u       SAM entry     /BRD, MLK, CAP, LAB, HOH/
  5         i(u)    goods         /BRD, MLK/
  6         h(u)    factor        /CAP, LAB/;
…(省略)…
 97  Solve splcge maximizing UU using nlp;
 98  * ----------------------------------------------------------------
 99  * end of model ---------------------------------------------------
100  * ----------------------------------------------------------------
…(省略)…
---- 32 PARAMETER X0  household consumption of the i-th good
```

---

[14] GAMS IDEのインストールと使い方については付録C参照．また，「Run GAMS」アイコンをクリックする代わりに，メニュー・バーの「File」→「Run」を選択してモデルを解く方法もある．詳しくは付録第C.3節参照．

第 5 章　係数の推定（キャリブレーション）とモデルの解法　　97

```
BRD 15.000,    MLK 35.000

----  32 PARAMETER F0  the h-th factor input by the j-th firm
         BRD        MLK
CAP    5.000     20.000
LAB   10.000     15.000

----  32 PARAMETER Z0  output of the j-th good
BRD 15.000,    MLK 35.000

----  32 PARAMETER FF  factor endowment of the h-th factor
CAP 25.000,    LAB 25.000

----  42 PARAMETER alpha  share parameter in utility function
BRD 0.300,     MLK 0.700

----  42 PARAMETER beta  share parameter in production function
         BRD        MLK
CAP    0.333      0.571
LAB    0.667      0.429

----  42 PARAMETER b  scale parameter in production function
BRD 1.890,     MLK 1.980
…(省略)…
               S O L V E           S U M M A R Y
      MODEL    splcge              OBJECTIVE    UU
      TYPE     NLP                 DIRECTION    MAXIMIZE
      SOLVER   CONOPT              FROM LINE    97

**** SOLVER STATUS         1 NORMAL COMPLETION
**** MODEL STATUS          2 LOCALLY OPTIMAL
**** OBJECTIVE VALUE                    27.1441
…(省略)…
** Optimal solution. There are no superbasic variables.
…(省略)…
----  EQU eqX  household demand function
       LOWER      LEVEL      UPPER      MARGINAL
BRD      .          .          .          EPS
MLK      .          .          .          EPS

----  EQU eqpz  production function
       LOWER      LEVEL      UPPER      MARGINAL
BRD      .          .          .         0.543
MLK      .          .          .         0.543

----  EQU eqF  factor demand function
```

	LOWER	LEVEL	UPPER	MARGINAL
CAP.BRD	.	.	.	EPS
CAP.MLK	.	.	.	EPS
LAB.BRD	.	.	.	EPS
LAB.MLK	.	.	.	EPS

---- EQU eqpx good market clearing condition

	LOWER	LEVEL	UPPER	MARGINAL
BRD	.	.	.	0.543
MLK	.	.	.	0.543

---- EQU eqpf factor market clearing condition

	LOWER	LEVEL	UPPER	MARGINAL
CAP	25.000	25.000	25.000	0.543
LAB	25.000	25.000	25.000	0.543

---- EQU eqZ price equation

	LOWER	LEVEL	UPPER	MARGINAL
BRD	.	.	.	EPS
MLK	.	.	.	.

	LOWER	LEVEL	UPPER	MARGINAL
---- EQU obj	.	.	.	1.000

obj utility function [fictitious]

---- VAR X household consumption of the i-th good

	LOWER	LEVEL	UPPER	MARGINAL
BRD	0.001	15.000	+INF	.
MLK	0.001	35.000	+INF	.

---- VAR F the h-th factor input by the j-th firm

	LOWER	LEVEL	UPPER	MARGINAL
CAP.BRD	0.001	5.000	+INF	.
CAP.MLK	0.001	20.000	+INF	.
LAB.BRD	0.001	10.000	+INF	.
LAB.MLK	0.001	15.000	+INF	.

---- VAR Z output of the j-th good

	LOWER	LEVEL	UPPER	MARGINAL
BRD	0.001	15.000	+INF	.
MLK	0.001	35.000	+INF	.

---- VAR px demand price of the i-th good

	LOWER	LEVEL	UPPER	MARGINAL
BRD	0.001	1.000	+INF	.

```
MLK    0.001      1.000      +INF         .

----   VAR pz   supply price of the i-th good
       LOWER      LEVEL      UPPER      MARGINAL
BRD    0.001      1.000      +INF         .
MLK    0.001      1.000      +INF         .

----   VAR pf   the h-th factor price
       LOWER      LEVEL      UPPER      MARGINAL
CAP    0.001      1.000      +INF         .
LAB    1.000      1.000      1.000       EPS

                  LOWER      LEVEL      UPPER      MARGINAL
----   VAR UU     -INF       27.144     +INF         .

UU  utility [fictitious]
```

　まず，第3章の「家計の効用最大化モデル」の出力ファイル（リスト3.2）と同様に，冒頭で入力ファイルの内容がそのまま行番号つきで出力される[15]．（もし入力ファイルの部分にエラーがなければ）Display命令に対応した出力がなされる．リスト5.1では，32行目で内生変数の基準均衡における値と外生変数の値を，また，42行目でキャリブレートされた係数の値を出力することが指示されているので，それらが示される．そのあと，SOLVE SUMMARY以下に，モデルの解（である基準均衡解）が示されている．解を読みとる前には，「**Optimal solution」が表示されていることを確認する．それが表示されていない場合にはプログラムが正しく解けておらず，すなわち，何らかの誤りがあるはずなので，付録Bを参考にして誤りを修正しなければならない．

　第3章の「家計の効用最大化モデル」の場合とは異なり，本章では，社会会計表を入力し，それに基づいてキャリブレーションを行わせ，そこでキャ

---

[15] 例外がいくつかある．ドル記号「$」で始まる行それ自身（たとえば，リスト5.1の1行目）や，「$offlisting」以降の行（から「$onlisting」の行まで）は，出力ファイル中に表示されない．「$offlisting」および「$onlisting」については，GAMSマニュアル参照．一方，プログラムに文法エラーが存在するならば，その存在を示唆するアスタリスク4つ「****」とそのエラー番号が出力ファイルに挿入される．文法エラーについては付録第B.1節参照．

リブレートされた数値をモデルの係数や外生変数として用い，かつ，いかなる変化も係数や外生変数に対して与えないままモデルを解かせている．したがって，そこで解かれた解は基準均衡解が再現されたものにほかならないはずである．モデルの係数や外生変数の推定過程が正しいことを確認するために，解かれた解が，予想された基準均衡解と本当に一致することを確認する必要がある．

SOLVE SUMMARY に示された解と照合すべき基準均衡解は，社会会計表（この場合は表5.1）から直接読みとることもできるし，また，すでに述べたように，32行目の Display 命令によって出力された内生変数の基準均衡における値から読みとることもできる．なお，この32行目の Display 命令による出力は，先にも書いたとおり SOLVE SUMMARY の後ではなく，その前に示される．たとえば「X0」の場合であれば，

```
----     32 PARAMETER X0 household consumption of the i-th good
BRD    15.000,   MLK  35.000
```

というように示される[16]．

それでは，モデルを解いて得られた基準均衡解（SOLVE SUMMARY の後にモデルの解として出力されている）が，予想された基準均衡解と一致しているかどうかを実際に確認してみる．

価格を表す内生変数から確認を始めよう．第5.3節で説明したように，本モデルは間接税が導入されていないため，基準均衡における価格をすべて1と設定してキャリブレーションを行った．GAMS にこの入力ファイルを解かせて得られた解は VAR のブロックの LEVEL の列に表示される．リスト5.3 の VAR ブロックに並ぶ内生変数のうち，価格を示すものは px（需要者価格），pz（供給者価格），pf（生産要素の価格）の3種類である．これらの内生変数ブロック，すなわち，VAR px，VAR pz，VAR pf の LEVEL の列の数値を見ると，すべて1となっている．したがって，価格に関する内生変数については正しい解が得られていることが確認できた．

つづいて数量を表す内生変数の解を確認しよう．該当する内生変数は X

---

16) 入力ファイル中で，Display 命令が Solve 命令よりも前に書かれているならば，Display 命令による出力は SOLVE SUMMARY の前に示される．逆も同様である．

（消費量），F（生産要素の投入量），Z（生産量）の3種である．SOLVE SUMMARY に示された順に X から進むことにする．VAR X のブロックの LEVEL の列の数値を見ると，パンの消費量が15，牛乳の消費量が35 であると読みとれる．該当する項目を表5.1の社会会計表で確認すると，それぞれ「パン」—「家計」，「牛乳」—「家計」の数値，すなわちパン，牛乳の消費額は15と35であり，得られた解の値と一致している．ここではすべての価格が1であるから，社会会計表に示された金額の値は同時に数量を意味する値でもある．したがって，得られた消費量 X の解が社会会計表に示された基準均衡解と整合的であることが確認できる．（なお，得られた消費量 X の解を，出力ファイルにおいて Display 命令によって出力された「X0」の値と対比することによっても，同様のことが確認できる．）

つぎに生産要素の投入量 F の確認に進む．VAR F のブロックの左端の列を見ると，「CAP.BRD」や「CAP.MLK」のように添え字の要素名が，ピリオド「.」で区切られて2つ横に並んでいる．これは，リスト5.1の47行目で定義されているように，内生変数 F が添え字を2つもっている（「h」と「j」）ので，SOLVE SUMMARY の表示もこのようになるのである．「CAP」や「LAB」がピリオドの前に表示され，「BRD」や「MLK」が後に来るのは内生変数 F が定義された際の添え字の順番と整合している．VAR F ブロックの LEVEL の列の値を表5.1の「生産要素」—「生産活動」のマスと見比べると，解かれた各生産活動における生産要素の投入量の値と，社会会計表における当該項目の金額が一致していることが確認できる．

最後に，生産量 Z について確認する．VAR Z のブロックの LEVEL の列の数値を見ると，パンと牛乳の生産量がそれぞれ，15と35であると読みとれる．一方，表5.1に生産量は直接表されていないが，第5.3.1項のゼロ利潤条件(5.2)より，生産活動の列和に等しいから，社会会計表におけるパンと牛乳の生産量は15と35であり，これは得られた解の数値と一致する．以上のことから，解こうとしたすべての内生変数の解が正しいことが確認できた[17]．

これまでのキャリブレーション結果に基づくと，財の需要・供給関数を，図5.3の上2枚のパネルのように描写でき，パンと牛乳の均衡需給量は，そ

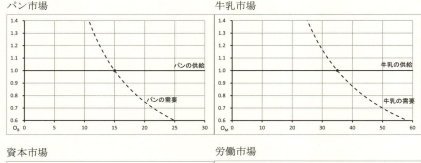
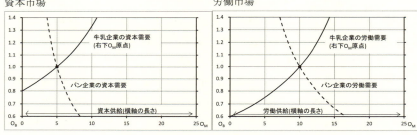

図 5.3：簡単な応用一般均衡モデルの基準均衡

注：資本市場と労働市場における牛乳部門の要素の限界生産力曲線（要素需要曲線）は右下 O_M を原点としている．

れぞれ 15 単位と 35 単位となる．要素市場の均衡は，図 5.3 の下 2 枚のパネルに示される．パン部門の要素需要は，図 2.4 の左パネルに示したものと同様に，左下を原点にして右下がりに描かれる．牛乳部門の要素需要曲線は，図 2.4 の右パネルに示した需要曲線を左右反転したもの，すなわち，右下を原点にして描写されている．要素供給は賦存量のみによって決まるために一定であり，したがって横軸の長さ（ここでは資本も労働も 25 単位）によって描写されている[18]．パンと牛乳両部門の限界価値生産力 $\beta_{h,j} p_j^z Z_j / F_{h,j}$ が一致する点で各市場の均衡が達成される．（限界価値生産力が一致しない場合

---

[17] すでに書いたように，社会会計表から基準均衡解を正しく読みとることができているかどうかは，内生変数の基準均衡における値を示す外生変数（リスト 5.1 では，X0 など）の値を Display 命令で表示させたものを見ることによっても分かる．とくに間接税を含んだモデルなどで基準均衡価格が 1 でない場合には，モデルを解かせる前に，意図したとおりに社会会計表の値を読みとることができているかどうかの確認作業を行っておくことが大切である．

には，限界価値生産力が低い部門から高い部門へと要素移動が発生する．そのときには均衡ではない．）

さて，ここで補足すべきことが2つある．どちらも第3章で説明したことと同じである．第1は，リスト5.3の最後に示されている内生変数 UU についてである．これは，連立方程式体系を解くという問題を非線形計画問題として定式化するために便宜的に導入した名目的な目的関数の値である．一般的には経済学的な意味はないので，この値にはとくに注意を払う必要はない[19]．第2に，EQU ブロックについてである．一般には，このブロックの MARGINAL の列に（非）線形計画問題における制約式のラグランジュ乗数の解が現れる．しかし，このモデルにおける目的関数は，連立方程式を解くために導入された名目的なものであって，目的関数自体が意味を持っていないから，ラグランジュ乗数も特別な意味を持たない．それゆえに，EQU ブロックは無視してよい[20]．

基準均衡を再現できるということはモデルが正しいことの必要条件である．したがって，本節で行ったように，いったん構築した応用一般均衡モデルが基準均衡解を再現できるかどうかを確認することは，そのモデルが正しいことを確認したり，誤りを修正したりするための基本的な作業である．

---

18) こうした表現の代わりに，図 2.6 のように，右下がりに描かれる単一の要素の総需要曲線と垂直に描かれる供給曲線を用いて描写してもよい．しかしその場合には，各企業の要素需要量を図示できなくなってしまう．
19) ここでは，名目的な目的関数としてコブ=ダグラス型効用関数が用いられているので，この値は効用水準を示す．
20) ラグランジュ乗数については補論Ⅲを，連立方程式体系を解くために導入した名目的な目的関数については補論Ⅳを参照．

第 6 章

現実的な応用一般均衡モデル

　第 2 章に示した「簡単な応用一般均衡モデル」は，経済モデルとしては最小限の要素しか入っていないために，実際の経済分析に用いられる場面は限られてくる．そこで，つぎの 4 点に関してモデルを拡張しよう．第 1 に，生産において中間投入を導入する．第 2 に，政府（政府消費，直接税，生産税，輸入関税）を導入する．第 3 に，投資と貯蓄を導入する．第 4 に，国際貿易を導入して開放経済モデルに拡張する[1]．こうした拡張により，政策や外生的ショックの影響が中間投入を通じて部門間に波及していく様子を描写することができる．また，租税政策や環境政策，さらには貿易政策の分析もでき，現実問題への適用が可能になる．そういう意味で，本章で取り上げるモデルを，以下では「現実的な応用一般均衡モデル」と呼ぶことにする．

　本章では，第 6.1 節で「現実的な応用一般均衡モデル」の鳥瞰図を示したあと第 6.2 節で中間投入，第 6.3 節で政府，第 6.4 節で投資と貯蓄，第 6.5 節で国際貿易の導入についての説明を行い，第 6.6 節で市場均衡条件について触れる．つづいて，第 6.7 節では，「現実的な応用一般均衡モデル」の全容を提示する．第 6.8 節では，このモデルの入力ファイルについて説明する．ここで例題として取り上げるモデルは，第 4 章で示された社会会計表（表 4.2）に基づくものである．この章までを読み終え十分理解したならば，読者はそれぞれの問題意識に基づく独自のモデルを作り，コンピュータを使って均衡解を得ることができるであろう．

　1）　ここで考えるモデルでも家計は 1 つしか考えない．異なる効用関数を持つ複数の家計を含むモデルについては第 10.1 節参照．

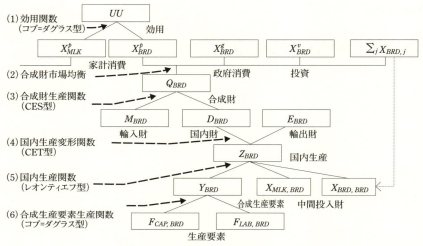

図 6.1：「現実的な応用一般均衡モデル」の構造

6.1 「現実的な応用一般均衡モデル」の鳥瞰図

図 2.1 と同様に，経済全体の財の流れという視点から「現実的な応用一般均衡モデル」を鳥瞰したものを図 6.1 に示す[2]．図 2.1 と共通するのは，図 6.1 の最上段左にある UU と X^p_{BRD}, X^p_{MLK} （図 2.1 では X_{BRD}, X_{MLK} に相当）の関係を表す部分と，最下段の $F_{CAP,BRD}$, $F_{LAB,BRD}$ とそのすぐ上の Y_{BRD} （図 2.1 では Z_{BRD} に相当）との関係を表す部分である．

このモデル構造を図 6.1 の下から順番に説明していく．最下段からそのすぐ上の段にかけては，（6）合成生産要素生産関数を用いて，資本と労働といった生産要素 $F_{CAP,BRD}$, $F_{LAB,BRD}$ から合成生産要素 Y_{BRD} を作る．つぎに，（5）国内生産関数を用いて，この合成生産要素 Y_{BRD} に牛乳やパンといった中間投入財 $X_{MLK,BRD}$, $X_{BRD,BRD}$ を加えて国内生産 Z_{BRD} を作る[3]．さらに，

---

2) この図では，おもにパン部門の生産と消費について描写しているが，同様の生産や消費の流れが牛乳部門についても考えられる．
3) 国内生産については第 6.2 節参照．また，このあとすぐに出てくる国内財については第 6.5.2 項以下を参照．

（4）国内生産変形関数を用いて，この国内生産 Z_{BRD} を輸出 E_{BRD} と国内向け供給（国内財）D_{BRD} とに振り分ける．（3）合成財生産関数を用いて，この国内財 D_{BRD} と輸入財 M_{BRD} から合成財 Q_{BRD} を作る．そして，（2）合成財市場均衡は，ここで生産された合成財 Q_{BRD} が，家計消費 X^h_{BRD}，政府消費 X^g_{BRD}，投資 X^v_{BRD}（ただし，ここでは民間投資と政府投資は区分されていない），および，パンや牛乳部門への中間投入 $\sum_j X_{BRD,j}$ に振り分けられることを表している．最後に，（1）効用関数は，第2章のモデルと同様に，家計消費 X^h_{BRD}, X^h_{MLK} が効用 UU に貢献することを表している．以上の構造についての詳しい説明は，次節以下において行われる．

6.2 中間投入

これまでのモデルでは，それぞれの財を生産するために資本と労働のみを用いるものとしてきた．ここでは，より現実的に，資本と労働に加えて，中間投入財を使って財を生産する企業を考える．ところで，中間投入を取りあつかうことになると，考えるべき企業の最適化問題が複雑になるため，生産工程（あるいは企業）を2段階に分けて考えることにする[4]．第1段階では，これまでとおなじく，資本と労働を用いて生産を行う．ただし，ここで生産されたものは直接消費されるものではなく，つづく第2段階における生産に再投入される．第1段階で生産されたものを合成生産要素（あるいは付加価値）と呼ぶことにする．この合成生産要素とは，機械設備とそこで働く労働者が一体となって組み合わさった工場を想像すればよい．資本と労働の組み合わせ割合はつねに一定というわけではない．企業は，資本サービスと労働の相対価格次第で，この第1段階での利潤を最大にするように，資本をより多く用いたり，労働をより多く用いたりすると仮定している（図6.1の合成生産要素生産関数）．第2段階では，その合成生産要素と中間投入財を用いて通常の財を作る（図6.1の国内生産関数）．

---

4) これら2段階の生産構造を考えずに，Y_j, p^y_j を消去してこれらの生産関数と利潤関数を縮約し，1段階の生産構造を前提とした利潤最大化問題を考えても同じである．2段階に分割したのは，説明の便宜のためである．

これら2段階の生産技術として，第1段階ではいままでと同じように1次同次のコブ=ダグラス型を，第2段階ではレオンティエフ（Leontief）型生産関数を仮定する[5]．コブ=ダグラス型生産関数を用いることで要素間の代替を描写できる．一方，中間投入について，レオンティエフ型生産関数を考えることは，中間投入財間の代替を描写できなくなることを意味するが，これはモデルを簡単化するためである．実際の分析では，しばしば，数十という部門をモデルの中で考える．そのとき，この中間投入財の量を表す変数の数は財の数の自乗であるから数百にもおよんでモデルが急激に大きくなり，解くことが困難になることが多いためである．

第 j 企業が直面する問題は，以下のような利潤最大化問題として定式化される[6]．

第1段階：

$$\underset{Y_j, F_{h,j}}{\text{maximize}} \ \pi_j^y = p_j^y Y_j - \sum_h p_h^f F_{h,j}$$

subject to

$$Y_j = b_j \prod_h F_{h,j}^{\beta_{h,j}} \tag{6.1}$$

---

[5] n 次同次な関数 $f(u, v)$ とは，t を実数として，
$$f(t \cdot u, t \cdot v) = t^n \cdot f(u, v)$$
を満たす関数である．1次同次の生産関数は規模に関して収穫一定である．なお，本書で用いる関数は（第10.6節をのぞいて）すべて1次同次としている．すなわち，投入物をすべて t 倍すると，生産物も t 倍になる．

ところで，関数の同次性についてほかの例をあげるならば，われわれの応用一般均衡モデルを含むアロー=デブリュー・モデルは価格に関してゼロ次同次であることが言える．このモデルを構成する連立方程式体系をベクトル形式で $\text{CGE}(\mathbf{p}, \mathbf{q}) = \mathbf{0}$（ここで，$\mathbf{p}$ は価格ベクトル，$\mathbf{q}$ は数量ベクトル）と表すと，
$$\text{CGE}(t\mathbf{p}, \mathbf{q}) = t^0 \text{CGE}(\mathbf{p}, \mathbf{q})$$
が成り立つからである．

[6] $\min(u, v)$ は u または v のうち大きくない方をその値とする関数である．たとえば，$\min(10, 20)$ の値は 10 である．

第 2 段階：
$$\underset{Z_j, Y_j, X_{i,j}}{\text{maximize}} \; \pi_j^z = p_j^z Z_j - (p_j^y Y_j + \sum_i p_i^q X_{i,j})$$

subject to

$$Z_j = \min\left(\frac{X_{BRD,j}}{ax_{BRD,j}}, \frac{X_{MLK,j}}{ax_{MLK,j}}, \frac{Y_j}{ay_j}\right) \tag{6.5′}$$

文字の定義は，それぞれ，

π_j^y：Y_j を作る企業（第 1 段階）の利潤，

π_j^z：Z_j を作る企業（第 2 段階）の利潤，

Y_j：第 j 企業によって第 1 段階で生産され，第 2 段階で投入される合成生産要素（または付加価値）の量，

$F_{h,j}$：第 j 企業によって第 1 段階で投入される第 h 生産要素の投入量，

Z_j：第 j 企業の国内生産の量，

$X_{i,j}$：第 j 企業によって用いられる第 i 中間投入財の量，

p_j^y：第 j 合成生産要素の価格，

p_h^f：第 h 生産要素の価格，

p_j^z：第 j 国内生産の供給者価格，

p_i^q：第 i 合成財価格，

$ax_{i,j}$：1 単位の第 j 財を作るために必要な第 i 中間投入財の量を表す投入係数，

ay_j：1 単位の第 j 財を作るために必要な第 j 合成生産要素の量を表す投入係数，

である．（合成財価格については第 6.5 節で説明する．）

それぞれの段階での目的関数は利潤関数である．第 1 段階の利潤関数の右辺第 1 項は，第 1 段階の生産物（合成生産要素）の売り上げである．第 2 項は，その生産のために使用した生産要素（資本と労働）の費用である．第 2 段階の利潤関数の右辺第 1 項は通常の意味での生産物（パンや牛乳）を売却して得られる売り上げである．第 2 項は，第 j 企業が使用した合成生産要素の購入費用である．第 3 項は中間投入財の購入に要した費用である．（この中間投入財の価格が p_i^q となっている理由については第 6.6 節で説明する．）

制約式(6.1)は，資本や労働といった生産要素から合成生産要素を生産する技術を表すコブ=ダグラス型生産関数である．制約式(6.5′)は，中間投入財と合成生産要素から通常の意味での財（パンや牛乳）を作るためのレオンティエフ型生産関数である．第1段階と第2段階からなる利潤最大化問題の最適条件はつぎのようになる[7]．

$$Y_j = b_j \prod_h F_{h,j}^{\beta_{h,j}} \quad \forall j \tag{6.1}$$

$$F_{h,j} = \frac{\beta_{h,j}}{p_h^f} p_j^y Y_j \quad \forall h, j \tag{6.2}$$

$$X_{i,j} = ax_{i,j} Z_j \quad \forall i, j \tag{6.3}$$

$$Y_j = ay_j Z_j \quad \forall j \tag{6.4}$$

$$Z_j = \min\left(\frac{X_{BRD,j}}{ax_{BRD,j}}, \frac{X_{MLK,j}}{ax_{MLK,j}}, \frac{Y_j}{ay_j}\right) \quad \forall j \tag{6.5′}$$

最後の生産関数(6.5′)は，補論V中の図V.1に示すように90度に折れ曲がった等産出量曲線を持つ．その形状が，数値計算を行うときにしばしば問題を引き起こす[8]．そこで，第2.5節で考えたゼロ利潤条件(2.7)と同様のものをここでも考えて，次式を得る[9]．

$$\pi_j^z = p_j^z Z_j - \left(p_j^y Y_j + \sum_i p_i^q X_{i,j}\right) = 0 \quad \forall j$$

このゼロ利潤条件をこのまま用いてもよいが，より単純な形にするために，

---

[7] 第1段階の最適化問題の必要条件(6.1), (6.2)は，第2章のそれら(2.2), (2.3)とまったく同じ手続きで得られる．ただし，第2段階の企業の利潤最大化問題は，今までのようにラグランジュ未定乗数法を単純に用いて解くことができない．なぜなら，制約式として導入されるレオンティエフ型生産関数(6.5′)は微分可能でないからである．中間投入財需要関数(6.3)と合成生産要素需要関数(6.4)を導くためには，レオンティエフ型関数をより一般的にしたCES (Constant Elasticity of Substitution)型関数を制約式として用いて一階条件を導出し，その極限を計算する必要がある．しかし，通常は，図による直感的理解で十分である．補論Vを参照のこと．

[8] 数値計算におけるもっとも基本的な手法は，方程式の微係数を計算してその値を参考に変数を調整し，最適解を見つけるというものである．しかし，レオンティエフ関数のように折れ曲がった関数の場合，この微係数をうまく定義できないので，数値計算上の困難に直面するのである．

[9] ここでの利潤 π_j^z は，図6.1における(5)の段階の利潤の最大値にほかならない．完全競争下にある限り，この最大化された利潤 π_j^z はゼロでなければならない．

これを単位費用関数の形に書き換える．上のゼロ利潤条件に，中間投入財需要関数 (6.3) と合成生産要素需要関数 (6.4) を代入して次式を得る．

$$p_j^z Z_j - (ay_j p_j^y Z_j + \sum_i ax_{i,j} p_i^q Z_j) = 0 \qquad \forall j$$

さらに Z_j で両辺を除すことにより次式を得る．

$$p_j^z = ay_j p_j^y + \sum_i ax_{i,j} p_i^q \qquad \forall j \tag{6.5}$$

これを生産関数 (6.5′) の代わりに用いることにするので，中間投入をともなう場合の最適条件は (6.1)–(6.5) となる．

6.3 政 府

より現実的な分析のためには，家計や企業だけでなく，政府（消費と税金）や投資と貯蓄を導入する必要がある．あらかじめ断っておくが，それらの導入にあたっては，家計の効用最大化行動や企業の利潤最大化行動のように単純明快な落ち着きのよい取り扱いはできない．時と場合，分析目的，そしてモデル作成者の好みにより異なった取り扱いをすることがありえる．本節で示す政府行動や次節で論じる投資・貯蓄行動は，さまざまにありえる定式化の1つの例であると理解されたい．

さて，応用一般均衡モデルを用いたシミュレーション分析においては，政府の政策変数（その典型的なものは税率）を変化させることがしばしば重要な問題となる．したがって，実際的な意味のある分析にとって，政府と税金の導入は必要不可欠である．本節では，応用一般均衡モデルに，政府をどのようにして組み込むかを説明する．

ここでは，政府が家計の所得に対して一定の税率 τ^d で直接税を，さらに国内生産に対して一定の税率 τ_j^z で従価方式の生産税を，また，輸入に対しても一定の税率 τ_i^m で従価方式の輸入関税を課しているとしよう．（輸入と輸入関税については第 6.5 節で詳しく論じる．）政府はここから得た税収を全部，政府消費にあてるとする．（政府貯蓄については次節で説明する．）政府による各財（パンと牛乳）の消費は，税収すなわち政府消費総額の一定割合ずつであるとしよう．（たとえば，パンには 40％，牛乳には 60％ という

ように．）このようなとき，政府の税収に関する方程式と，それぞれの財に対する需要関数はつぎのように書ける．

$$T^d = \tau^d \sum_h p_h^f FF_h \tag{6.6}$$

$$T_j^z = \tau_j^z p_j^z Z_j \qquad \forall j \tag{6.7}$$

$$T_i^m = \tau_i^m p_i^m M_i \qquad \forall i \tag{6.8}$$

$$X_i^g = \frac{\mu_i}{p_i^q} \left(T^d + \sum_j T_j^z + \sum_j T_j^m \right) \qquad \forall i \tag{6.9'}$$

ここで，

T^d：直接税収額，

T_j^z：第 j 部門の生産に対する生産税収額，

T_i^m：第 i 財輸入から得られた輸入関税収額，

τ^d：直接税率，

τ_j^z：第 j 部門における生産税率，

τ_i^m：第 i 財輸入に対する輸入関税率，

FF_h：第 h 生産要素の家計における初期賦存量，

Z_j：第 j 国内生産の量，

M_i：第 i 輸入財，

X_i^g：政府の第 i 財の消費量，

p_j^z：第 j 国内生産の価格，

p_h^f：第 h 生産要素の価格，

p_i^m：第 i 輸入財の価格，

p_i^q：第 i 合成財の価格，

μ_i：政府消費総額に占める第 i 財の割合（$0 \leq \mu_i \leq 1$，$\sum_i \mu_i = 1$），

である．（合成財については第 6.5 節で説明する．）

ここでは，(6.9') が示すように，政府消費総額の一定割合 μ_i を各財の消費に割り当てることにしていたが，それ以外の扱いをすることも考えられる．たとえば，もっとモデルを簡単にしたければ，各財の消費量は外生であるとしてもよい．（その値を $\bar{X}_i^g$ としよう．）ただし，そのままでは財政収支（政府の予算制約）が均衡しなくなるため，この収支尻を直接税 T^d で一括的に

埋め合わせると考えよう[10]．すなわち，

$$T^d = \sum_i p_i^q X_i^g - \left(\sum_j T_j^z + \sum_i T_i^m \right) \quad (6.6')$$

$$T_j^z = \tau_j^z p_j^z Z_j \quad \forall j \quad (6.7)$$

$$T_i^m = \tau_i^m p_i^m M_i \quad \forall i \quad (6.8)$$

$$X_i^g = \bar{X}_i^g \quad \forall i \quad (6.9'')$$

これら2種類の政府行動のモデル化の中間も考えられる．たとえば，政府が中古品の売却などを行って一部の財について「負の政府消費」（次節で説明する投資に関していえば，在庫の取り崩しによる負の投資もこれと同様）が産業連関表に計上されることがある．このような場合には（6.9'）のような政府消費行動を考えるのは問題がある．このとき少なくともその負の政府消費については（6.9''）に示すように固定して，その他の財に対する需要に限って（6.9'）のような需要行動を考えるという折衷的な取り扱いも考えられる．

ところで政府の財需要関数（6.9'）は収入の一定割合を各財の支出に充てるものであり，これは家計の財需要関数（2.1）が描写する財需要とよく似ていることに気づくであろう．実際，政府が財消費からコブ=ダグラス型の「効用」を得るものとして，（価格や税率を外生として）予算制約付きの最大化問題を解くというように考えても，（6.9'）と同じ政府の財需要関数を得る．さらには，次節で説明する投資財需要につても同様のことが言える．

6.4 投資と貯蓄

6.4.1 投資と貯蓄の導入

ここで構築している応用一般均衡モデルは静学モデルである．したがって，厳密には，このような静学モデルに投資と貯蓄を導入することはモデル構造

---

10) 一括直接税以外にも，後述する政府貯蓄によって埋め合わせると考えることもできる．ただしその際には，次節で示す（6.12）のような貯蓄関数によって政府貯蓄を決めることはできない．

との矛盾を生む[11]．静学モデルは（その1期の長さが具体的に何日間，何か月間，何年間であったとしても）1期間のモデルであり，「来期」は存在しない．来期が存在しないのに投資や貯蓄をすることは本来ありえないはずである．しかしながら，現実のデータに依存する限り，国内最終需要のかなりの部分を占める投資を無視するわけにはいかない[12]．そこで，動学モデルが持つものと同程度の理論的整合性を持たせることはできないにしても，できるだけ簡単な形で何らかの投資・貯蓄行動を導入するようにしたい．

以下の投資・貯蓄に関する説明を読むにあたっては，第4章で社会会計表について説明したときに投資会社のような投資主体（あるいは投資エージェント）を考えたことを想起されたい（第4.1.2項）．投資主体は，家計，政府，外国から貯蓄を受け入れ，それを投資すると考えた．家計や政府が，それらの消費行動と同時に投資についても意思決定をすると考えるよりも，このように擬制的な投資主体を考えた方が分かりやすい．貯蓄についても同様である．

ここでは，投資主体は，受け入れた総貯蓄を一定の割合λ_iで各財の投資需要にあてるとすると，(6.10)のような需要関数を用いてこの行動を表現できる．これは前節で，政府が税収の一定割合ずつを各財の消費に振り分けたのと同じ考え方である．

$$X_i^v = \frac{\lambda_i}{p_i^q}(S^p + S^g + \varepsilon S^f) \quad \forall i \qquad (6.10)$$

文字は，それぞれ，

S^p：民間貯蓄額，

S^g：政府貯蓄額，

S^f：外貨建て経常収支赤字額（すなわち外国貯蓄額）[13]，

X_i^v：第i財に対する投資需要量，

ε：為替レート（内貨/外貨：内貨が円で外貨がドルであるなら，通常

---

11) 静学モデルの中の投資や貯蓄は，言ってみれば，「エイリアン」(Willenbockel (1994, p.60))である．この問題はモデルの閉じ方の問題と深く関わるので，第7章で改めて議論する．

12) 日本の場合，国内総生産のおよそ4分の1は総固定資本形成に費やされる．

13) 経常収支赤字が正値で表示されることに注意．

の 1 ドルあたり何円という表記に対応する)[14]，

p_i^q：第 i 合成財の価格，

λ_i：投資総額に占める第 i 財の割合（$0 \leq \lambda_i \leq 1$，$\sum_i \lambda_i = 1$），

である．

この（6.10）の右辺にある括弧内は総貯蓄を示し，それは民間貯蓄，政府貯蓄と外国貯蓄よりなっている．そのうち，民間貯蓄と政府貯蓄は，つぎのような形で平均貯蓄性向によって決まるものとする．

$$S^p = ss^p \sum_h p_h^f FF_h \tag{6.11}$$

$$S^g = ss^g \left(T^d + \sum_j T_j^z + \sum_j T_j^m \right) \tag{6.12}$$

ここで，

ss^p：家計の平均貯蓄性向，

ss^g：政府の平均貯蓄性向，

である．また，ここでは外貨建ての外国貯蓄額 S^f は，この国がどのような経済活動を行っても不変（外生）であるとする．これら 3 種類の貯蓄をどのように仮定するかは，次章で論じるモデルの閉じ方と関係することなので，そこでも検討する．

ここで注意すべきことは，(6.10) に基づいて投資財として財が需要されるが，ここで需要された各財は家計の効用にも企業の生産にも直接影響を与えないで，単に「捨てられるもの」に等しいことである．すなわち，効用関数は投資 X_i^p には依存しないし，生産活動に必要な資本サービスの賦存量は，ここで決められた投資量 X_i^p の多寡によって変化することはない．また，投資財に対する支出割合 λ_i の和は 1 なので，総投資と総貯蓄がかならず等しくなっていることが分かる．

6.4.2　家計および政府行動の修正

政府と投資・貯蓄の導入により，家計は直接税を支払うとともに，貯蓄も行うようになった．したがって，家計行動も修正を施す必要がある．効用関

14）この ε は，補論 II で用いられるラグランジュ乗数 ε_h とは別のものである．

数の形は同じであるが，家計の予算制約式は以下のように修正しなければならない．(なお，これまで家計の消費量を X_i と表してきたが，これ以降は政府消費，投資需要と中間投入需要があらたに導入されるので，それらと区別するために右肩に p をつけて X_i^p とする．)すなわち，財の消費のために支出可能な金額は，所得から貯蓄額と直接税支払額を差し引いたものである．

$$\sum_i p_i^q X_i^p = \sum_h p_h^f FF_h - S^p - T^d$$

この修正された予算制約式を用いると，家計の第 i 財に対する需要関数は，

$$X_i^p = \frac{\alpha_i}{p_i^q}\left(\sum_h p_h^f FF_h - S^p - T^d\right) \quad \forall i \tag{6.13}$$

となる．

投資と貯蓄の導入にともない，政府の予算制約式 (6.9′) も修正を受ける．修正された政府の消費財需要関数は，政府貯蓄を差し引いた残りを各財の消費に充てると考えて，

$$X_i^g = \frac{\mu_i}{p_i^q}\left(T^d + \sum_j T_j^z + \sum_j T_j^m - S^g\right) \quad \forall i \tag{6.9}$$

となる．

6.5 国際貿易

6.5.1 小国の仮定と国際収支制約

ここでは，これまでの閉鎖経済モデルを開放経済モデルに拡張する．ただし，簡単化のために，この経済が小国であるという仮定を導入する．すなわち，この国が世界経済に占める割合が非常に小さく，そのために，この国がどのような行動（たとえば，極端なダンピングなど）をしたとしても，世界経済の活動（このモデルでは輸出財と輸入財の外貨建て価格に反映される）にはまったく影響を与えないとする[15]．具体的には，小国の仮定を置くことによって，輸出財と輸入財の外貨建て価格がこの国にとって一定であるとで

---

[15] ちょうどわれわれ個人投資家が，どんなにがんばっても日経平均株価に有意な影響を及ぼすことができないのと同じである．

きる．そこで，内貨建ての輸出財と輸入財価格，および，それらの外貨建て価格との間の関係は，為替レートを使ってつぎのように書ける．

$$p_i^e = \varepsilon p_i^{We} \quad \forall i \tag{6.14}$$

$$p_i^m = \varepsilon p_i^{Wm} \quad \forall i \tag{6.15}$$

輸出財と輸入財の外貨建て国際価格を用いて，この国が直面している国際収支制約はつぎのように書ける．

$$\sum_i p_i^{We} E_i + S^f = \sum_i p_i^{Wm} M_i \tag{6.16}$$

文字は，それぞれ，

p_i^{We}：第 i 輸出財の外貨建て価格（外生），
p_i^e：第 i 輸出財の内貨建て価格，
E_i：第 i 財の輸出量，
p_i^{Wm}：第 i 輸入財の外貨建て価格（外生），
p_i^m：第 i 輸入財の内貨建て価格，
M_i：第 i 財の輸入量，
S^f：外貨建て経常収支赤字額（すなわち外国貯蓄額，外生）

である．第 6.4.1 項で仮定したように，外貨建て外国貯蓄額 S^f は外生変数であるから，国際収支制約（6.16）を満たすように為替レート ε や輸出 E_i，輸入 M_i が内生的に動く．なお，国際収支制約（6.16）は内貨建てで表現しても，モデルとしては同じことである．

6.5.2 アーミントンの仮定

モデルを開放経済に拡張したときには，国内財と輸出財と輸入財の間の代替性に関して少し議論しておかなければならない．結論を先取りすると，少なくとも輸出財と輸入財の間は不完全代替（imperfect substitution）であると考えてモデルを作らなければならない．すなわち，同じパンであっても輸出されるパンと輸入されるパンは異なる財であるという扱いをする必要がある．

もし，輸出財と輸入財が完全代替であったならば，同じ財の輸出と輸入は同時には起こらないはずである．100 単位のパンの輸入をすると同時に 20

単位のパンの輸出をするくらいなら,はじめから差し引き80単位のパンを輸入すればよいからである.しかしながら,現実のデータを見ると,しばしば,同じ財の輸出と輸入の両方が観察される[16].この問題を解決するためには,同じ財として区分けされるものの中でも,輸入財と輸出財は異なる財であるという扱いをしなければならない.これらがどれほど異なる財であるかということは,両財間の代替の弾力性によって表現することができる.相違が大きいほど代替の弾力性は低い(代替しにくい)し,逆も同様になる.

ただし,現実を見ると,代替(ないし競合)するのは,輸出財と輸入財の間というよりも,輸出財と国内財,または,輸入財と国内財との間で考えた方が自然である.そこでモデルの中では輸入財と輸出財の間での代替関係を直接に取り扱うことはしないで,輸入財と国内財との間の代替関係と,輸出財と国内財の代替関係とに分けて考える[17].輸入財と国内財が不完全代替であるという仮定をアーミントン(Armington (1969))の仮定という.また,同様の考え方が,輸出財と国内財との間にも適用できる.

6.5.3 輸入財と国内財の間の代替

アーミントンの仮定を現実のモデルに導入する際には,家計や企業は,輸入された財をそのまま利用するのではなく,輸入財とそれに対応する国内財

---

16) これは,同類の財であっても国内財と輸入財をすべて区別できるほど,統計上の分類が細かくないことから生じる.たとえば,日本が小型車を輸出する一方で,大型車を輸入することはめずらしくなく,貿易統計上はどちらも「自動車」に分類される.また,季節商品の輸出入を考えれば,同種の財であっても収穫時期の違いから1年のうちに輸出と輸入の両方が起こり得る.とくに,農産物であれば北半球と南半球の季節の違いを利用した取引が起こる可能性が高いであろう.アメリカやロシアのような広大な国であれば,一方の端である財を輸入して,他方の端で同じ財を輸出するかもしれない.不確実性の存在を考えれば,(ただし,これはわれわれのモデルでは考慮されていないが)原油のような資源の購入先を分散させて万一の事態に備えることも,この種の問題を説明できる.いずれの場合でも,理論的には,Debreu (1959, Ch.2)が議論するようなやり方で,時間や場所,その他の細かい物理的性質の違いを明確にして財を厳密に分類すればこの問題は解消し得るが,それを実際の統計データに求めることは非現実的である.

17) 国内生産を輸出向けと国内供給向けに振り分けることを考える.そこで生産された国内向け供給のことを国内財と呼ぶ.くわしくは第6.5.4項参照.

をある一定の関係で混ぜ合わせて（アーミントンの）合成財を生産し，それを利用すると考えるのが便利である．この合成財生産においても（仮想的な）企業を考える．その企業の利潤最大化行動を仮定し，そこから輸入財や国内財の需要行動，および，合成財の供給行動を導く．たとえば，ある国内企業が，輸入オレンジから作ったジュースと国産みかんから作ったジュースを混ぜたジュースを作り，その企業のラベルを付けて店頭に並べる様子を想像すればよい．このとき，輸入財と国内財を混ぜ合わせる具合は，しばしば，CES（Constant Elasticity of Substitution）型生産関数（6.17）を用いて表される．この関数の振舞いを特徴づける代替の弾力性と呼ばれる係数 σ_i は，相対価格が1％だけ上昇したときに相対的な投入量が何％減少するかを示している．つまり，国内財と輸入財の間の相対価格に応じて投入比率が変化し，その変化の度合いは代替の弾力性 σ_i に依存する．

　この弾力性が大きいほど，等産出量曲線の曲がり具合が緩やかになり，相対価格の変化に対して投入比率が変化しやすくなる．（図6.2. ただし，この図では輸入関税が省略されている．）このCES型関数は，実はいくつかの関数の一般型であることが知られている．たとえば，この弾力性が $\sigma_i=0$ であれば第6.2節で紹介したレオンティエフ型関数になるし，$\sigma_i=1$ のときには第2章で用いたコブ=ダグラス型，また，$\sigma_i=\infty$ であれば完全代替となって等産出量曲線は直線となる．

　このような合成財を作る企業 i の利潤最大化問題はつぎのように定式化できる．

$$\underset{Q_i, M_i, D_i}{\text{maximize}} \quad \pi_i^q = p_i^q Q_i - ((1+\tau_i^m) p_i^m M_i + p_i^d D_i)$$

subject to

$$Q_i = \gamma_i (\delta m_i M_i^{\eta_i} + \delta d_i D_i^{\eta_i})^{\frac{1}{\eta_i}} \tag{6.17}$$

ここで使われている文字は，

　　　π_i^q：第 i 合成財生産企業の利潤，
　　　p_i^q：第 i 合成財の価格，
　　　p_i^m：第 i 輸入財の価格，
　　　p_i^d：第 i 国内財の価格，

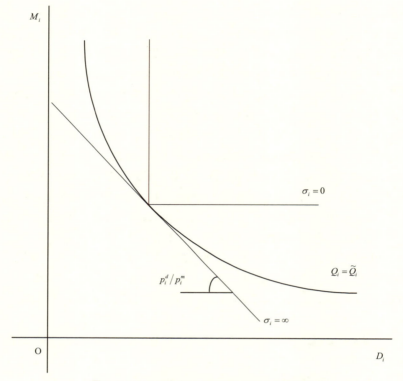

図 6.2：CES 型合成財生産関数の等産出量曲線

Q_i：第 i 合成財の生産量，
M_i：第 i 輸入財の投入量，
D_i：第 i 国内財の投入量，
τ_i^m：第 i 輸入財に対する輸入関税率，
γ_i：第 i 合成財生産関数の規模係数，
$\delta m_i, \delta d_i$：第 i 合成財生産関数の投入割合係数，$\delta m_i + \delta d_i = 1$,
 $\delta m_i, \delta d_i \geq 0$,
η_i：代替の弾力性に関する係数，$\eta_i = (\sigma_i - 1)/\sigma_i, \eta_i \leq 1$,
σ_i：第 i 合成財生産関数の代替の弾力性．

第6章 現実的な応用一般均衡モデル 121

$$\sigma_i = -\frac{d(M_i/D_i)}{M_i/D_i} \bigg/ \frac{d(p_i^m/p_i^d)}{p_i^m/p_i^d}.$$

最適化問題の一階条件から，合成財の生産関数（6.17）に加えて，つぎのような輸入財と国内財に対する需要関数を得る[18]．

$$M_i = \left(\frac{\gamma_i^{\eta_i} \delta m_i p_i^q}{(1+\tau_i^m)p_i^m}\right)^{\frac{1}{1-\eta_i}} Q_i \quad \forall i \quad (6.18)$$

$$D_i = \left(\frac{\gamma_i^{\eta_i} \delta d_i p_i^q}{p_i^d}\right)^{\frac{1}{1-\eta_i}} Q_i \quad \forall i \quad (6.19)$$

なお，この合成財を作る企業が直面する輸入財の投入価格（すなわち需要者価格）は，輸入関税が課されているので p_i^m ではなく，$(1+\tau_i^m)p_i^m$ である．したがって，利潤 π_i^q の定義式と，輸入財に対する需要関数（6.18）に輸入関税率 τ_i^m が現れていることに注意しなければならない．

輸入財に対する需要関数（6.18）をパン BRD について図示すると図6.3のような右下がりの曲線になる．基準均衡の値 $M_{BRD}^0=13$, $p_{BRD}^{m0}=1$, $Q_{BRD}^0=84$, $p_{BRD}^{q0}=1$ にキャリブレートすると，アーミントンの代替の弾力性 σ_{BRD} を1.5，2.0，2.5のいずれに設定した場合でも $(M_{BRD}, p_{BRD}^m)=(13, 1)$ を

---

[18] （6.18），（6.19）の導出は以下のように行う．（6.17）の利潤最大化問題に対応したラグランジュ関数を $L_i(\cdot)$，ラグランジュ乗数を ϑ_i として，
$$L_i(Q_i, M_i, D_i, \vartheta_i) \equiv p_i^q Q_i - ((1+\tau_i^m)p_i^m M_i + p_i^d D_i) + \vartheta_i(\gamma_i(\delta m_i M_i^{\eta_i} + \delta d_i D_i^{\eta_i})^{\frac{1}{\eta_i}} - Q_i)$$
と定義する．一階条件は，

$$\frac{\partial L_i}{\partial Q_i} = p_i^q - \vartheta_i = 0 \quad \forall i \quad (6.\text{a})$$

$$\frac{\partial L_i}{\partial M_i} = -(1+\tau_i^m)p_i^m + \vartheta_i \frac{1}{\eta_i} \gamma_i (\delta m_i M_i^{\eta_i} + \delta d_i D_i^{\eta_i})^{\frac{1}{\eta_i}-1} \eta_i \delta m_i M_i^{\eta_i-1} = 0 \quad \forall i \quad (6.\text{b})$$

$$\frac{\partial L_i}{\partial D_i} = -p_i^d + \vartheta_i \frac{1}{\eta_i} \gamma_i (\delta m_i M_i^{\eta_i} + \delta d_i D_i^{\eta_i})^{\frac{1}{\eta_i}-1} \eta_i \delta d_i D_i^{\eta_i-1} = 0 \quad \forall i \quad (6.\text{c})$$

$$\frac{\partial L_i}{\partial \vartheta_i} = \gamma_i (\delta m_i M_i^{\eta_i} + \delta d_i D_i^{\eta_i})^{\frac{1}{\eta_i}} - Q_i = 0 \quad \forall i \quad (6.\text{d})$$

である．（6.d）から，$\delta m_i M_i^{\eta_i} + \delta d_i D_i^{\eta_i} = (Q_i/\gamma_i)^{\eta_i}$ であることに注意すれば，（6.a）と合わせて，（6.b）および（6.c）は，

$$-(1+\tau_i^m)p_i^m + p_i^q \gamma_i \left(\frac{Q_i}{\gamma_i}\right)^{\eta_i \frac{1-\eta_i}{\eta_i}} \delta m_i M_i^{\eta_i-1} = 0 \quad \forall i$$

$$-p_i^d + p_i^q \gamma_i \left(\frac{Q_i}{\gamma_i}\right)^{\eta_i \frac{1-\eta_i}{\eta_i}} \delta d_i D_i^{\eta_i-1} = 0 \quad \forall i$$

となる．それぞれ M_i および D_i について解けば（6.18），（6.19）の表現を得る．

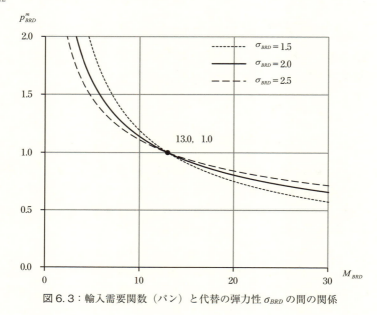

図 6.3：輸入需要関数（パン）と代替の弾力性 σ_{BRD} の間の関係

通ることが分かるであろう．また，この弾力性 σ_{BRD} を大きくするほどなだらかな傾きを持つ（すなわち，価格弾力的である）ことが分かる．

6.5.4　輸出財と国内財の間の変形

つぎに，輸入とは逆に輸出の面を見てみよう．国内で生産された財を仕入れて，それを国内向けあるいは輸出向けに販売（変形）する企業（以下，変形企業）を考える．その際，輸入財と国内財の間の関係と同様に，輸出財と国内財の間の関係も不完全代替（この場合は，正確には不完全変形（imperfect transformation））であるとしよう[19]．家電製品はどこに向けて製造・販売する場合でもおおよそ同じ構造を持つであろうが，日本国内向けは小さく高機能になっているし，輸出向けは大きめで単機能になっているであろう．自動車も，国内向けならばオプション等が多く付いた豪華仕様だが，輸出向けでは質実剛健な仕様で出荷される．国内市場と輸出市場に接する最後の関門である企業（これは，独立した企業でなくても，一連の生産工程のうちの

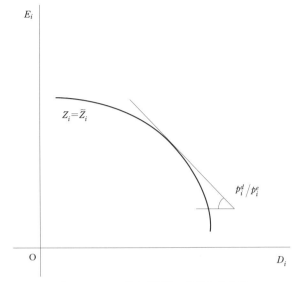

図 6.4：CET 型変形関数の等投入量曲線

最後の部分でもよいが）は，自動車メーカーから購入した自動車本体の何台を国内向け豪華仕様にし，何台を輸出向けの簡素な仕様にするかと考えるであろう．その変形の過程を CET (Constant Elasticity of Transformation) 型関数で表すことにする．この CET 型変形関数の等投入量曲線は，CES 型合成財生産関数の等産出量曲線とは反対側に曲がった形をしている（図 6.4）．輸出財と国内財の間の相対価格によって，産出比率は変化する．変形の弾力性 ϕ_i が大きいほど，この等投入量曲線の曲がり方は緩やかになり，輸出財

---

19) このような不完全変形を仮定せずに（しかし，輸入財に関してはアーミントンの仮定は保ったまま）国内財と輸出財の間に完全変形を仮定したモデルも多い．すなわち，(6.20)-(6.22) を，以下のような変形関数とそれに対応した供給関数（というより，どれも実質的には数量と価格に関する市場均衡条件）を用いて表現する．

$$Z_j = D_j + E_j \quad \forall j \tag{6.20'}$$
$$(1+\tau_j^z)p_j^z = p_j^e \quad \forall j \tag{6.21'}$$
$$(1+\tau_j^z)p_j^z = p_j^d \quad \forall j \tag{6.22'}$$

をモデルに導入する．なお，これら 3 つの方程式は，元の方程式 (6.20)-(6.22) において，変形の弾力性 ϕ_i を無限大にとったときの 1 つの特殊型である．

価格と国内財価格間の相対価格変化に対して産出比率が変化しやすくなる.

この第 i 変形企業の利潤最大化問題はつぎのように示される.

$$\underset{D_i, E_i, Z_i}{\text{maximize}} \ \pi_i^z = (p_i^e E_i + p_i^d D_i) - (1 + \tau_i^z) p_i^z Z_i$$

subject to

$$Z_i = \theta_i (\xi e_i E_i^{\phi_i} + \xi d_i D_i^{\phi_i})^{\frac{1}{\phi_i}} \quad (6.20)$$

ここで使われている文字は,

π_i^z: 第 i 変形企業の利潤,

p_i^e: 第 i 輸出財の価格,

p_i^d: 第 i 国内財の価格,

p_i^z: 第 i 国内生産の価格,

E_i: 第 i 輸出財の生産量,

D_i: 第 i 国内財の生産量,

Z_i: 第 i 国内生産の投入量,

τ_i^z: 第 i 国内生産に対する生産税率,

θ_i: 第 i 変形関数の規模係数[20],

$\xi e_i, \xi d_i$: 第 i 変形関数の産出割合係数, $\xi e_i + \xi d_i = 1$, $\xi e_i, \xi d_i \geq 0$,

ϕ_i: 変形の弾力性に関する係数, $\phi_i = (\psi_i + 1)/\psi_i$, $\phi_i \geq 1$,

ψ_i: 第 i 変形関数の変形の弾力性, $\psi_i \equiv \dfrac{d(E_i/D_i)}{E_i/D_i} \Big/ \dfrac{d(p_i^e/p_i^d)}{p_i^e/p_i^d}$.

国内生産変形関数 (6.20) に加えて, この最適化問題の一階条件から, つぎのような輸出財および国内財に対する供給関数が導かれる.

$$E_i = \left(\frac{\theta_i^{\phi_i} \xi e_i (1 + \tau_i^z) p_i^z}{p_i^e} \right)^{\frac{1}{1-\phi_i}} Z_i \quad \forall i \quad (6.21)$$

$$D_i = \left(\frac{\theta_i^{\phi_i} \xi d_i (1 + \tau_i^z) p_i^z}{p_i^d} \right)^{\frac{1}{1-\phi_i}} Z_i \quad \forall i \quad (6.22)$$

なお, 国内生産 Z_i に対して生産税が課されているので, この企業が直面する投入価格は, p_i^z ではなく $(1+\tau_i^z) p_i^z$ である. そのため, 生産税率が利潤 π_i^z の定義式に現れ, また, 輸出財と国内財供給関数 (6.21), (6.22) にも現

---

20) この θ_i は補論IIのラグランジュ乗数 θ_i とは別のものである.

れることに注意しなければならない．

6.6　市場均衡条件

これまでに，それぞれの経済主体（家計，政府，投資主体，企業，外国）の行動が一連の方程式によって描写された．最後に，彼らの行動から導き出されるそれぞれの財や生産要素の需要と供給が市場において一致するように，つぎのような市場均衡条件を導入する．

$$Q_i = X_i^p + X_i^g + X_i^v + \sum_j X_{i,j} \qquad \forall i \tag{6.23}$$

$$\sum_j F_{h,j} = FF_h \qquad \forall h \tag{6.24}$$

(6.23) は合成財の需給均衡式である．第6.5.3項の要領で作られた合成財 Q_i は，家計，政府，投資主体によって消費されるほか，中間投入財としても利用される．このため，合成財価格 p_i^q が家計消費や政府消費，投資財だけでなく，中間投入財の価格としても用いられる．(6.24) は，第2章で示した(2.5)とまったく同じ生産要素の需給均衡式である．

ところで，第2章では，生産者と消費者がそれぞれの主体的均衡を求める際には異なる財価格（第2章の p_i^z と p_i^x）に直面するとし，最後にそれらが市場で等しくなるとして，(2.6) のような価格間の均衡条件を課していた．しかし本章では，生産者と消費者がそれぞれの主体的均衡を求める際に直面する価格 p_i^z と p_i^q は，それらの間に CES/CET 型関数で表される国内財と輸入財の代替関係および国内財と輸出財の間の変形関係が介在しており，これらの価格が直接に関係することはない．したがって，(2.6) のような価格間の均衡条件は必要ない．

6.7　モデルの全容

これまでの議論の結果，(6.1)—(6.24) からなるつぎのような連立方程式体系を得た．

・国内生産：

$$Y_j = b_j \prod_h F_{h,j}^{\beta_{h,j}} \quad \forall j \tag{6.1}$$

$$F_{h,j} = \frac{\beta_{h,j}}{p_h^f} p_j^y Y_j \quad \forall h,j \tag{6.2}$$

$$X_{i,j} = ax_{i,j} Z_j \quad \forall i,j \tag{6.3}$$

$$Y_j = ay_j Z_j \quad \forall j \tag{6.4}$$

$$p_j^z = ay_j p_j^y + \sum_i ax_{i,j} p_i^q \quad \forall j \tag{6.5}$$

・政府行動：

$$T^d = \tau^d \sum_h p_h^f FF_h \tag{6.6}$$

$$T_j^z = \tau_j^z p_j^z Z_j \quad \forall j \tag{6.7}$$

$$T_i^m = \tau_i^m p_i^m M_i \quad \forall i \tag{6.8}$$

$$X_i^g = \frac{\mu_i}{p_i^q}\left(T^d + \sum_j T_j^z + \sum_j T_j^m - S^g\right) \quad \forall i \tag{6.9}$$

・投資と貯蓄：

$$X_i^v = \frac{\lambda_i}{p_i^q}(S^p + S^g + \varepsilon S^f) \quad \forall i \tag{6.10}$$

$$S^p = ss^p \sum_h p_h^f FF_h \tag{6.11}$$

$$S^g = ss^g \left(T^d + \sum_j T_j^z + \sum_j T_j^m\right) \tag{6.12}$$

・家計行動：

$$X_i^p = \frac{\alpha_i}{p_i^q}\left(\sum_h p_h^f FF_h - S^p - T^d\right) \quad \forall i \tag{6.13}$$

・輸出財・輸入財価格と国際収支制約：

$$p_i^e = \varepsilon p_i^{We} \quad \forall i \tag{6.14}$$

$$p_i^m = \varepsilon p_i^{Wm} \quad \forall i \tag{6.15}$$

$$\sum_i p_i^{We} E_i + S^f = \sum_i p_i^{Wm} M_i \tag{6.16}$$

・輸入財と国内財の間の代替（アーミントンの合成財）：

$$Q_i = \gamma_i (\delta m_i M_i^{\eta_i} + \delta d_i D_i^{\eta_i})^{\frac{1}{\eta_i}} \quad \forall i \tag{6.17}$$

$$M_i = \left(\frac{\gamma_i^{\eta_i} \delta m_i p_i^q}{(1+\tau_i^m) p_i^m}\right)^{\frac{1}{1-\eta_i}} Q_i \quad \forall i \tag{6.18}$$

$$D_i = \left(\frac{\gamma_i{}^{\eta_i}\delta d_i p_i^q}{p_i^d}\right)^{\frac{1}{1-\eta_i}} Q_i \qquad \forall\, i \tag{6.19}$$

・輸出財と国内財の間の変形:

$$Z_i = \theta_i(\xi e_i E_i{}^{\phi_i} + \xi d_i D_i{}^{\phi_i})^{\frac{1}{\phi_i}} \qquad \forall\, i \tag{6.20}$$

$$E_i = \left(\frac{\theta_i{}^{\phi_i}\xi e_i(1+\tau_i^z)p_i^z}{p_i^e}\right)^{\frac{1}{1-\phi_i}} Z_i \qquad \forall\, i \tag{6.21}$$

$$D_i = \left(\frac{\theta_i{}^{\phi_i}\xi d_i(1+\tau_i^z)p_i^z}{p_i^d}\right)^{\frac{1}{1-\phi_i}} Z_i \qquad \forall\, i \tag{6.22}$$

・市場均衡条件:

$$Q_i = X_i^p + X_i^g + X_i^v + \sum_j X_{i,j} \qquad \forall\, i \tag{6.23}$$

$$\sum_j F_{h,j} = FF_h \qquad \forall\, h \tag{6.24}$$

以上の連立方程式体系は,24組48本の方程式と同数の内生変数を含んでいる.(一般的には,$(h+i+17)\cdot j+h+4$ 本の方程式と同数の内生変数を含んでいる.)なお,このモデルの中で,内生変数となっているものは,

$Y_j, F_{h,j}, X_{i,j}, Z_j, X_i^p, X_i^g, X_i^v, E_i, M_i, Q_i, D_i, p_h^f, p_j^y, p_i^z, p_i^d, p_i^e,$
$p_i^m, p_i^d, \varepsilon, S^p, S^g, T^d, T_j^z, T_i^m$

外生変数は,

$FF_h, S^f, p_i^{We}, p_i^{Wm}, \tau^d, \tau_j^z, \tau_i^m$

である[21].

ところが,上に示した方程式のうち1本は冗長である.なぜならば,この連立方程式体系の背後にワルラス法則が常に成り立っているために,n 個の市場すべてに市場均衡条件を課さなくても,$n-1$ 個の市場均衡条件とワルラス法則だけですべての市場均衡を保証できるからである.このため,48

---

21) ここでは国内貯蓄額 S^p, S^g を貯蓄関数 (6.11), (6.12) によって決定し,外国貯蓄 S^f を(外貨建てで)外生変数とする一方,投資量 X_i^v を投資関数 (6.10) によって総貯蓄額に見合った大きさになるように決定している.すなわち,貯蓄がまず決定されて,それに投資が追随するという貯蓄先決的なモデルとなっている.端的に言えば,貯蓄を外生変数に,投資を内生変数としたことと同様である.これとは逆に,貯蓄を内生変数とし,投資を外生変数とすることもできる.同様の議論は,為替レート ε と外国貯蓄 S^f を内生変数とするか外生変数とするかという選択についても考えられる.これはモデルの閉じ方の問題であり,次章において詳しく説明する.

表6.1：「現実的な応用一般均衡モデル」に対応した社会会計表

(単位：万円)

		生産活動		生産要素		間接税		最終需要			外国	合計
		パン	牛乳	資本	労働	生産税	関税	家計	政府	投資		
生産活動	パン	21	8					20	19	16	8	92
	牛乳	17	9					30	14	15	4	89
生産要素	資本	20	30									50
	労働	15	25									40
間接税	生産税	5	4									9
	関税	1	2									3
最終需要	家計			50	40							90
	政府					9	3	23				35
	投資							17	2		12	31
外国		13	11									24
合計		92	89	50	40	9	3	90	35	31	24	
		$p_i^{q0}X_{i,j}^0$	$p_h^{f0}F_{h,j}^0$	$p_j^{m0}M_j^0$	$p_h^{f0}FF_h$	$\sum_j T_j^{z0}$	$\sum_j T_j^{m0}$	T^{d0}	S^{g0}	S^{g0}	$\varepsilon^0 S^f$	
				T_j^{z0}	T_j^{m0}			$p_i^{q0}X_i^{p0}$	$p_i^{q0}X_i^{g0}$	$p_i^{q0}X_i^{v0}$	$p_i^{q0}E_i$	

個の内生変数のうち価格に関する1つが不決定になり，解くことができない[22]．したがって，どれか1つの財を基準財に選び，その価格を固定しなければならない[23]．一般にはこの価格をどの水準に固定してもよいが，第5章で議論したようにキャリブレーションにおいてすべての（税抜き）価格が1になるようにしているので，基準財の価格も1に固定するのが便利である．

---

22) モデルが価格に関してゼロ次同次になっていることを再び想起せよ．
23) ただし，基準財価格を固定したうえで，さらに何らかの価格を固定した（たとえば，第7.2節で議論するように為替レートを固定したり，第11.4.2項で例示するように賃金率を固定したりした）場合には，モデルがゼロ次同次でなくなる．このとき，基準財としてどの財を選択するかによってシミュレーションの結果が異なるという問題が生じる．Hosoe（2000）が賃金率を固定した場合についていくつかの数値例を作り，基準財の設定次第でシミュレーション結果が量的にも質的にも異なる場合があることを示している．

6.8 数値モデル

この「現実的な応用一般均衡モデル」を GAMS で解くための入力ファイルをこれから作成しよう．財がパンと牛乳の2種類，生産要素が資本と労働の2種類であることは従前のとおりである．あらかじめ，表 6.1 のような社会会計表が作成されているとしよう．（この表中の項目と数字は表 4.2 と同じものである．）上に示したモデルを入力ファイルとして表現するとリスト 6.1（stdcge.gms）のようになる[24]．

リスト 6.1：「現実的な応用一般均衡モデル」の入力ファイル(stdcge.gms)

```
1   $ Title A Standard CGE Model in Ch.6(STDCGE,SEQ=276)
2
3   * Definition of sets for suffix ----------------------------------------
4   Set    u      SAM entry    /BRD, MLK, CAP, LAB, HOH, GOV, INV, EXT,
5                              IDT, TRF/
6          i(u)   goods        /BRD, MLK/
7          h(u)   factor       /CAP, LAB/;
8   Alias(u,v),(i,j),(h,k);
9   * ---------------------------------------------------------------------
10
11  * Loading data --------------------------------------------------------
12  Table SAM(u,v)            social accounting matrix
13          BRD     MLK     CAP     LAB     HOH
14  BRD     21      8                       20
15  MLK     17      9                       30
16  CAP     20      30
17  LAB     15      25
18  HOH                     50      40
19  GOV                                     23
20  INV                                     17
21  IDT     5       4
22  TRF     1       2
23  EXT     13      11
24
25  +       GOV     INV     IDT     TRF     EXT
26  BRD     19      16                      8
```

---

[24] ただし，GAMS Model Library から入手できる入力ファイル stdcge.gms の 329 行目以降に，第 8.1 節，第 8.2 節，および，付録第 A.4 節で説明される拡張部分が含まれている．

130

```
27  MLK      14        15                          4
28  CAP
29  LAB
30  HOH
31  GOV                           9         3
32  INV      2                                    12
33  IDT
34  TRF
35  EXT
36  ;
37  * Loading the initial values ------------------------------------------
38  Parameter   Y0(j)        composite factor
39              F0(h,j)      the h-th factor input by the j-th firm
40              X0(i,j)      intermediate input
41              Z0(j)        output of the j-th good
42              Xp0(i)       household consumption of the i-th good
43              Xg0(i)       government consumption
44              Xv0(i)       investment demand
45              E0(i)        exports
46              M0(i)        imports
47              Q0(i)        Armington's composite good
48              D0(i)        domestic good
49              Sp0          private saving
50              Sg0          government saving
51              Td0          direct tax
52              Tz0(j)       production tax
53              Tm0(j)       import tariff
54
55              FF(h)        factor endowment of the h-th factor
56              Sf           foreign saving in US dollars
57              pWe(i)       export price in US dollars
58              pWm(i)       import price in US dollars
59              tauz(i)      production tax rate
60              taum(i)      import tariff rate
61  ;
62  Td0         =SAM("GOV","HOH");
63  Tz0(j)      =SAM("IDT",j);
64  Tm0(j)      =SAM("TRF",j);
65
66  F0(h,j)     =SAM(h,j);
67  Y0(j)       =sum(h,F0(h,j));
68  X0(i,j)     =SAM(i,j);
69  Z0(j)       =Y0(j)+sum(i,X0(i,j));
70  M0(i)       =SAM("EXT",i);
```

```
71
72   tauz(j)      =Tz0(j)/Z0(j);
73   taum(j)      =Tm0(j)/M0(j);
74
75   Xp0(i)       =SAM(i,"HOH");
76   FF(h)        =SAM("HOH",h);
77
78   Xg0(i)       =SAM(i,"GOV");
79   Xv0(i)       =SAM(i,"INV");
80   E0(i)        =SAM(i,"EXT");
81   Q0(i)        =(Xp0(i)+Xg0(i)+Xv0(i)+sum(j,X0(i,j)));
82   D0(i)        =(1+tauz(i))*Z0(i)-E0(i);
83   Sp0          =SAM("INV","HOH");
84   Sg0          =SAM("INV","GOV");
85   Sf           =SAM("INV","EXT");
86
87   pWe(i)       =1;
88   pWm(i)       =1;
89
90   Display      Y0,F0,X0,Z0,Xp0,Xg0,Xv0,E0,M0,Q0,D0,Sp0,Sg0,Td0,Tz0,Tm0,
91                FF,Sf,tauz,taum;
92   * Calibration -------------------------------------------------
93   Parameter  sigma(i)    elasticity of substitution
94              psi(i)      elasticity of transformation
95              eta(i)      substitution elasticity parameter
96              phi(i)      transformation elastiity parameter
97   ;
98   sigma(i)     =2;
99   psi(i)       =2;
100  eta(i)       =(sigma(i)-1)/sigma(i);
101  phi(i)       =(psi(i)+1)/psi(i);
102
103  Parameter  alpha(i)    share parameter in utility func.
104             beta(h,j)   share parameter in production func.
105             b(j)        scale parameter in production func.
106             ax(i,j)     intermediate input requirement coeff.
107             ay(j)       composite fact. input req. coeff.
108             mu(i)       government consumption share
109             lambda(i)   investment demand share
110             deltam(i)   share par. in Armington func.
111             deltad(i)   share par. in Armington func.
112             gamma(i)    scale par. in Armington func.
113             xid(i)      share par. in transformation func.
114             xie(i)      share par. in transformation func.
```

```
115                    theta(i)    scale par. in transformation func.
116                    ssp         average propensity for private saving
117                    ssg         average propensity for gov. saving
118                    taud        direct tax rate
119      ;
120
121      alpha(i)     =Xp0(i)/sum(j,Xp0(j));
122      beta(h,j)    =F0(h,j)/sum(k,F0(k,j));
123      b(j)         =Y0(j)/prod(h,F0(h,j)**beta(h,j));
124
125      ax(i,j)      =X0(i,j)/Z0(j);
126      ay(j)        =Y0(j)/Z0(j);
127      mu(i)        =Xg0(i)/sum(j,Xg0(j));
128      lambda(i)    =Xv0(i)/(Sp0+Sg0+Sf);
129
130      deltam(i)=(1+taum(i))*M0(i)**(1-eta(i))
131               /((1+taum(i))*M0(i)**(1-eta(i))+D0(i)**(1-eta(i)));
132      deltad(i)=D0(i)**(1-eta(i))
133               /((1+taum(i))*M0(i)**(1-eta(i)) +D0(i)**(1-eta(i)));
134      gamma(i)=Q0(i)/(deltam(i)*M0(i)**eta(i)+deltad(i)*D0(i)**eta(i))
135               **(1/eta(i));
136
137      xie(i)=E0(i)**(1-phi(i))/(E0(i)**(1-phi(i))+D0(i)**(1-phi(i)));
138      xid(i)=D0(i)**(1-phi(i))/(E0(i)**(1-phi(i))+D0(i)**(1-phi(i)));
139      theta(i)=Z0(i)
140              /(xie(i)*E0(i)**phi(i)+xid(i)*D0(i)**phi(i))**(1/phi(i));
141
142      ssp          =Sp0/sum(h,FF(h));
143      ssg          =Sg0/(Td0+sum(j,Tz0(j))+sum(j,Tm0(j)));
144      taud         =Td0/sum(h,FF(h));
145
146      Display alpha,beta,b,ax,ay,mu,lambda,deltam,deltad,gamma,xie,
147              xid,theta,ssp,ssg,taud;
148      * ----------------------------------------------------------------
149
150      * Defining model system -------------------------------------------
151      Variable    Y(j)         composite factor
152                  F(h,j)       the h-th factor input by the j-th firm
153                  X(i,j)       intermediate input
154                  Z(j)         output of the j-th good
155                  Xp(i)        household consumption of the i-th good
156                  Xg(i)        government consumption
157                  Xv(i)        investment demand
158                  E(i)         exports
```

第6章 現実的な応用一般均衡モデル

```
159             M(i)         imports
160             Q(i)         Armington's composite good
161             D(i)         domestic good
162
163             pf(h)        the h-th factor price
164             py(j)        composite factor price
165             pz(j)        supply price of the i-th good
166             pq(i)        Armington' s composite good price
167             pe(i)        export price in local currency
168             pm(i)        import price in local currency
169             pd(i)        the i-th domestic good price
170             epsilon      exchange rate
171
172             Sp           private saving
173             Sg           government saving
174             Td           direct tax
175             Tz(j)        production tax
176             Tm(i)        import tariff
177
178             UU           utility [fictitious]
179   ;
180   Equation  eqpy(j)      composite factor agg. func.
181             eqF(h,j)     factor demand function
182             eqX(i,j)     intermediate demand function
183             eqY(j)       composite factor demand function
184             eqpzs(j)     unit cost function
185
186             eqTd         direct tax revenue function
187             eqTz(j)      production tax revenue function
188             eqTm(i)      import tariff revenue function
189             eqXg(i)      government demand function
190
191             eqXv(i)      investment demand function
192             eqSp         private saving function
193             eqSg         government saving function
194
195             eqXp(i)      household demand function
196
197             eqpe(i)      world export price equation
198             eqpm(i)      world import price equation
199             eqepsilon    balance of payments
200
201             eqpqs(i)     Armington function
202             eqM(i)       import demand function
```

```
203                  eqD(i)       domestic good demand function
204
205                  eqpzd(i)     transformation function
206                  eqDs(i)      domestic good supply function
207                  eqE(i)       export supply function
208
209                  eqpqd(i)     market clearing cond. for comp. good
210                  eqpf(h)      factor market clearing condition
211
212                  obj          utility function [fictitious]
213    ;
214    *[domestic production]-----
215    eqpy(j)..     Y(j)         =e= b(j)*prod(h,F(h,j)**beta(h,j));
216    eqF(h,j)..    F(h,j)       =e= beta(h,j)*py(j)*Y(j)/pf(h);
217    eqX(i,j)..    X(i,j)       =e= ax(i,j)*Z(j);
218    eqY(j)..      Y(j)         =e= ay(j)*Z(j);
219    eqpzs(j)..    pz(j)        =e= ay(j)*py(j)+sum(i,ax(i,j)*pq(i));
220
221    *[government behavior]----
222    eqTd..        Td           =e= taud*sum(h,pf(h)*FF(h));
223    eqTz(j)..     Tz(j)        =e= tauz(j)*pz(j)*Z(j);
224    eqTm(i)..     Tm(i)        =e= taum(i)*pm(i)*M(i);
225    eqXg(i)..     Xg(i)        =e= mu(i)*(Td+sum(j,Tz(j))+sum(j,Tm(j))
226                                    -Sg)/pq(i);
227    *[investment behavior]----
228    eqXv(i)..     Xv(i)        =e= lambda(i)*(Sp+Sg+epsilon*Sf)/pq(i);
229
230    *[savings]----------------
231    eqSp..        Sp           =e= ssp*sum(h,pf(h)*FF(h));
232    eqSg..        Sg           =e= ssg*(Td+sum(j,Tz(j))+sum(j,Tm(j)));
233
234    *[household consumption]---
235    eqXp(i)..     Xp(i)        =e= alpha(i)*(sum(h,pf(h)*FF(h))-Sp-Td)
236                                    /pq(i);
237    *[international trade]-----
238    eqpe(i)..     pe(i)        =e= epsilon*pWe(i);
239    eqpm(i)..     pm(i)        =e= epsilon*pWm(i);
240    eqepsilon..   sum(i,pWe(i)*E(i))+Sf
241                               =e= sum(i,pWm(i)*M(i));
242
243    *[Armington function]------
244    eqpqs(i)..    Q(i)         =e= gamma(i)*(deltam(i)*M(i)**eta(i)+deltad(i)
245                                    * D(i)**eta(i))**(1/eta(i));
246    eqM(i)..      M(i)         =e= (gamma(i)**eta(i)*deltam(i)*pq(i)
```

```
247                         /((1+taum(i))*pm(i)))**(1/(1-eta(i)))*Q(i);
248  eqD(i)..    D(i)     =e= (gamma(i)**eta(i)*deltad(i)*pq(i)/pd(i))
249                         ** (1/(1-eta(i)))*Q(i);
250
251  *[transformation function]---
252  eqpzd(i)..  Z(i)     =e= theta(i)*(xie(i)*E(i)**phi(i)+xid(i)
253                         * D(i)**phi(i))**(1/phi(i));
254  eqE(i)..    E(i)     =e= (theta(i)**phi(i)*xie(i)*(1+tauz(i))*pz(i)
255                         /pe(i))**(1/(1-phi(i)))*Z(i);
256  eqDs(i)..   D(i)     =e= (theta(i)**phi(i)*xid(i)*(1+tauz(i))*pz(i)
257                         /pd(i))**(1/(1-phi(i)))*Z(i);
258
259  *[market clearing condition]
260  eqpqd(i)..  Q(i)     =e= Xp(i)+Xg(i)+Xv(i)+sum(j,X(i,j));
261  eqpf(h)..   sum(j,F(h,j)) =e= FF(h);
262
263  *[fictitious objective function]
264  obj..       UU       =e= prod(i,Xp(i)**alpha(i));
265  *-------------------------------------------------------------------
266
267  * Initializing variables ------------------------------------------
268  Y.l(j)     =Y0(j);
269  F.l(h,j)   =F0(h,j);
270  X.l(i,j)   =X0(i,j);
271  Z.l(j)     =Z0(j);
272  Xp.l(i)    =Xp0(i);
273  Xg.l(i)    =Xg0(i);
274  Xv.l(i)    =Xv0(i);
275  E.l(i)     =E0(i);
276  M.l(i)     =M0(i);
277  Q.l(i)     =Q0(i);
278  D.l(i)     =D0(i);
279  pf.l(h)    =1;
280  py.l(j)    =1;
281  pz.l(j)    =1;
282  pq.l(i)    =1;
283  pe.l(i)    =1;
284  pm.l(i)    =1;
285  pd.l(i)    =1;
286  epsilon.l  =1;
287  Sp.l       =Sp0;
288  Sg.l       =Sg0;
289  Td.l       =Td0;
290  Tz.l(j)    =Tz0(j);
```

```
291  Tm.l(i)      =Tm0(i);
292  *-----------------------------------------------------------------
293
294  * Setting lower bounds to avoid division by zero ---------------------
295  Y.lo(j)      =0.00001;
296  F.lo(h,j)    =0.00001;
297  X.lo(i,j)    =0.00001;
298  Z.lo(j)      =0.00001;
299  Xp.lo(i)     =0.00001;
300  Xg.lo(i)     =0.00001;
301  Xv.lo(i)     =0.00001;
302  E.lo(i)      =0.00001;
303  M.lo(i)      =0.00001;
304  Q.lo(i)      =0.00001;
305  D.lo(i)      =0.00001;
306  pf.lo(h)     =0.00001;
307  py.lo(j)     =0.00001;
308  pz.lo(j)     =0.00001;
309  pq.lo(i)     =0.00001;
310  pe.lo(i)     =0.00001;
311  pm.lo(i)     =0.00001;
312  pd.lo(i)     =0.00001;
313  epsilon.lo   =0.00001;
314  Sp.lo        =0.00001;
315  Sg.lo        =0.00001;
316  Td.lo        =0.00001;
317  Tz.lo(j)     =0.0000;
318  Tm.lo(i)     =0.0000;
319  *-----------------------------------------------------------------
320  * numeraire -----------------------------------------------------
321  pf.fx("LAB")=1;
322  *-----------------------------------------------------------------
323  * Defining and solving the model ---------------------------------
324  Model stdcge /all/;
325  Solve stdcge maximizing UU using nlp;
```

6.8.1 集合の定義，社会会計表の入力，変数の基準均衡における値の読みとり

4-7行目で添え字の集合をSet命令で定義し，8行目でそれらの別名をAlias命令で定義している．新しく導入された，政府，投資，外国，生産税，輸入関税は，それぞれ，GOV，INV，EXT，IDT，TRFという略号で呼

ぶことにする．12-36 行目で表 6.1 の社会会計表を入力する．ここで注意すべき点は，横幅が大きくなりすぎてそのままでは入りきらなくなった社会会計表を，2 つに分割して入力していることである．これらの分割された社会会計表を 1 つの表として Table 命令で定義するためには，25 行目の冒頭のように，つづきの行列部分の左肩にプラス「+」記号を付けなければならない．3 分割された場合でも用法は同じである．

　38-61 行目では，基準均衡における内生変数の名前や外生変数の名前が定義されている．前者については，基準均衡における値であることが分かるように，本文中では対応する内生変数の名前の右肩に（入力ファイル中ではその名前のすぐあとに）0 がついている．62-88 行目で，これらの値が社会会計表から読みだされたり，すでに読みだされた変数から生成されたり，または外生的に設定されたりしている．社会会計表のどの部分からどの値を読みとるかは，表 6.1 に示したとおりである．なお，Z_j^0，Q_i^0，D_i^0 の 3 つは社会会計表に直接示されていない．Z_j^0 は第 6.2 節のゼロ利潤条件,

$$\pi_j^z = p_j^z Z_j - \left(p_j^y Y_j + \sum_i p_i^q X_{i,j} \right) = 0 \qquad \forall j$$

から導き出されている（69 行目）[25]．Q_i^0 は，財市場の均衡条件（6.23）を基準均衡に当てはめたもの，

$$Q_i^0 = X_i^{p0} + X_i^{g0} + X_i^{v0} + \sum_j X_{i,j}^0 \qquad \forall i$$

により導き出される（81 行目）[26]．D_i^0 は，国内生産を輸出と国内供給に変形する企業に関するゼロ利潤条件，

$$(1+\tau_i^z) p_i^{z0} Z_i^0 = p_i^{e0} E_i^0 + p_i^{d0} D_i^0 \qquad \forall i$$

から導かれる（82 行目）．

　ここで注意しなければならないのは，基準均衡における内生変数の値と外

---

25) 基準均衡における価格 p_i^{z0}, p_i^{y0}, p_i^{q0} はすべて 1 であるから，69 行目では，これらの価格が明示的に記されていないことに注意．

26) この方法のほかにも，D_i^0 を求めておいた上で，Q_i^0 をアーミントンの合成財を作る企業のゼロ利潤条件,

$$p_i^{q0} Q_i^0 = p_i^{d0} D_i^0 + (1+\tau_i^m) p_i^{m0} M_i^0$$

から導いてもよい．どの方法で導いたとしても，まったく同じ値が得られるはずである．もしそうでなければ，社会会計表か，モデルの構造か，あるいは基準均衡における変数の値の推定手順のどこかに間違いがあることになる．

生変数の値を読みとる際に，このように間接税率を利用する場合である．上のゼロ利潤条件の左辺にあるように生産税率 τ_j^z を使うためには，その前の行（リスト 6.1 では 72 行目）であらかじめその値を求めておかなければならない．さらにさかのぼると，その生産税率を 72 行目で求めるためには，(6.7) を変形した，

$$\tau_j^z = \frac{T_j^{z0}}{p_j^{z0} Z_j^0} \qquad \forall j$$

を用いるので，その右辺の値である T_j^{z0} と Z_j^0 もすべてあらかじめ読みとられていなければならない（63-69 行目）[27]．このように，式と式の間に依存関係がある場合には，前後の順番を考えて注意深くプログラム入力ファイルを用意する必要がある．なお，もう1つの間接税率である輸入関税率 τ_i^m も τ_j^z と一緒に求めている（73 行目）．先に述べたように，為替レート ε も含めて，（税抜き）価格の基準均衡における値は，キャリブレーションの過程ですべて1に設定される．それと整合的になるように，外生変数である輸出財と輸入財の国際価格 p_i^{We}, p_i^{Wm} も1にする（87-88 行目）．

6.8.2 キャリブレーション

93-101 行目では，CES/CET 型関数で用いる代替・変形の弾力性 σ_i, ψ_i，および，それらから作られる係数 η_i, ϕ_i を定義・入力している．ここでは，どちらの弾力性 σ_i, ψ_i も2と仮定している．（この弾力性をキャリブレーション法で推定するのではなく外生的に与える理由については，このすぐあとに示す）．

103-119 行目では，推定すべき係数と外生変数を定義している．121-144 行目で，これらの値をキャリブレーション法で推定する．第2章の「簡単な応用一般均衡モデル」ではコブ＝ダグラス型関数だけを用いていたが，このモデルでは新しくレオンティエフ型関数と CES/CET 型関数が導入されている．また，直接税の税率や貯蓄率も推定しなければならない．すでに説明した係数 $\alpha_i, \beta_{h,j}, b_j$ の推定方法に関しては省略する．また，政府支出や投資

---

[27] p_j^{z0} は，第 5.2 節で説明したように1に設定されているのでわざわざ表記する必要はない．

財需要の支出割合係数である μ_i と λ_i の推定方法は，α_i の推定方法とまったく同じであるので，これも省略する．

レオンティエフ型関数の推定

125-126 行目でレオンティエフ型関数の係数 $ax_{i,j}$ と ay_j を推定している．それぞれ，

$$ax_{i,j} = \frac{X^0_{i,j}}{Z^0_j} \quad \forall i,j$$

$$ay_j = \frac{Y^0_j}{Z^0_j} \quad \forall j$$

を意味する．これらは，中間投入と合成生産要素の需要関数，

$$X_{i,j} = ax_{i,j} Z_j \quad \forall i,j \tag{6.3}$$

$$Y_j = ay_j Z_j \quad \forall j \tag{6.4}$$

を基準均衡に当てはめて導きだしたものである．

CES 型関数の推定

アーミントンの合成財生産関数 (6.17) では，4つの係数 $\delta m_i, \delta d_i, \gamma_i, \eta_i$ を求めなければならない．第 6.7 節に方程式の一覧を示した「現実的な応用一般均衡モデル」において，これらの係数を含んでいるのは (6.17)—(6.19) である．この3本の方程式の中の $Q_i, M_i, D_i, p_i^q, p_i^m, p_i^d$ は，すでに基準均衡における値が社会会計表から読みだされているか，あるいは1に設定されているかであり，いずれにしても既知である．これらに対して，未知の係数は $\delta m_j, \delta d_i, \gamma_i, \eta_i$ と4つあり，(6.17)—(6.19) の3本を使っても，すべての係数を解くことはできない．そこで，これらのうちの1つは外部の情報に依存しなければならない．通常，代替の弾力性（CET 型関数ならば変形の弾力性）を先行研究などから調べてきて利用する[28]．リスト 6.1 ではこの CES 型関数の中の代替の弾力性 σ_i をすべての財 i について2と仮定している．代替の弾力性 σ_i が決まれば，第 6.5.3 項で示した係数の定義 $\eta_i = (\sigma_i - 1)/\sigma_i$ から η_i が決まる．

代替の弾力性を 98 行目で2と仮定したうえで，130-133 行目では，残り

の未知の係数3つのうち，まず投入割合係数 δm_i と δd_i を推定している．これらは，

$$\delta m_i = \frac{(1+\tau_i^m) p_i^{m0} M_i^{0(1-\eta_i)}}{(1+\tau_i^m) p_i^{m0} M_i^{0(1-\eta_i)} + p_i^{d0} D_i^{0(1-\eta_i)}} \qquad \forall i \tag{6.e}$$

$$\delta d_i = \frac{p_i^{d0} D_i^{0(1-\eta_i)}}{(1+\tau_i^m) p_i^{m0} M_i^{0(1-\eta_i)} + p_i^{d0} D_i^{0(1-\eta_i)}} \qquad \forall i \tag{6.f}$$

を意味する[29]．第5.3.2項で議論したように，基準均衡における輸入関税抜き価格 p_i^{m0} を1としているから，これと対応する輸入関税込み価格 $(1+\tau_i^m) p_i^{m0}$ は1ではない．このことをキャリブレーションのときに考慮するのを忘れないようにする．これらの投入割合係数 $\delta d_i, \delta m_i$ を推定したうえで，規模係数 γ_i を求める．これは，134-135行目のように，アーミントンの合成財生産関数（6.17）をこの係数について解くことで簡単に得られる．

$$\gamma_i = \frac{Q_i^0}{(\delta m_i M_i^{0\eta_i} + \delta d_i D_i^{0\eta_i})^{1/\eta_i}} \qquad \forall i$$

CET 型関数の推定

以上はCES型関数の係数の推定であったが，CET型関数の場合でもほと

---

28) たとえば，GTAPデータベースや，Stern et al. (1976)，あるいはその他の輸入需要の価格弾力性を推定した先行研究の推定結果を用いることができる．また，それらの先行研究に頼らずに，分析者自らが計量経済学的手法を使ってこの弾力性を推定してもよい．なお，Liu et al. (2004) がこのGTAPデータベースで用いられている弾力性（GTAPデータベース・バージョン8の場合0.9-17.2）の妥当性について計量経済学的に検証している．ところで，輸入需要の価格弾力性の推定値を代替の弾力性として用いることができるのは，CES型関数の代替の弾力性が，そこから導かれた（輸入）需要関数の価格弾力性と近似的に一致するからである．詳しくは第10.2節参照．

29) (6.e), (6.f) の導出は，輸入需要関数 (6.18) を国内財需要関数 (6.19) で除して，

$$\frac{M_i}{D_i} = \left(\frac{\delta m_i}{\delta d_i} \frac{p_i^d}{(1+\tau_i^m) p_i^m} \right)^{\frac{1}{1-\eta_i}} \qquad \forall i$$

投入割合係数 $\delta m_i, \delta d_i$ の和は1であることに注意して，これを δm_i（あるいは δd_i）について整理すると，

$$\delta m_i = \frac{(M_i/D_i)^{1-\eta_i} (1+\tau_i^m) p_i^m / p_i^d}{1 + (M_i/D_i)^{1-\eta_i} (1+\tau_i^m) p_i^m / p_i^d} \qquad \forall i$$

となる．この右辺の分子・分母に $p_i^d D_i^{1-\eta_i}$ を乗じれば (6.e) の表現を得る．(6.f) についても同様に求めることができる．

んど同じである．輸出財と国内財の間の変形関数（6.20）において決めなければならない係数は $\xi e_i, \xi d_i, \theta_i, \phi_i$ の4つである．これに対し，これらの係数を含んでいる方程式は（6.20）—（6.22）の3本である．そこで，99行目で変形の弾力性 ψ_i を定義し，101行目ですべての財 i についてその値を2と設定して，$\phi_i = (\psi_i + 1)/\psi_i$ から ϕ_i が求められる．ϕ_i を求めた上で変形関数（6.20），および，輸出財と国内財の供給関数（6.21），（6.22）を使って，基準均衡における未知の係数 ξe_i と ξd_i を以下のようにして求める[30]．

$$\xi e_i = \frac{p_i^{e0} E_i^{0(1-\phi_i)}}{p_i^{e0} E_i^{0(1-\phi_i)} + p_i^{d0} D_i^{0(1-\phi_i)}} \quad \forall i$$

$$\xi d_i = \frac{p_i^{d0} D_i^{0(1-\phi_i)}}{p_i^{e0} E_i^{0(1-\phi_i)} + p_i^{d0} D_i^{0(1-\phi_i)}} \quad \forall i$$

この計算が137-138行目である．最後に，139-140行目で，この産出割合係数 $\xi e_i, \xi d_i$ の値を使って，変形関数（6.20）から規模係数 θ_i をつぎのように推定する．

$$\theta_i = \frac{Z_i^0}{(\xi e_i E_i^{0\phi_i} + \xi d_i D_i^{0\phi_i})^{1/\phi_i}} \quad \forall i$$

貯蓄率・税率の推定

最後に残ったものは，平均貯蓄性向 ss^p, ss^g と直接税率 τ^d である．平均貯蓄性向は，貯蓄関数（6.11），（6.12）を変形して得ることができる（142-143行目）．

$$ss^p = \frac{S^{p0}}{\sum_h p_h^{f0} FF_h}$$

$$ss^g = \frac{S^{g0}}{T^{d0} + \sum_j T_j^{z0} + \sum_j T_j^{m0}}$$

直接税率は，直接税収関数（6.6）を変形して基準均衡にあてはめれば，これを得ることができる（144行目）．

$$\tau^d = \frac{T^{d0}}{\sum_h p_h^{f0} FF_h}$$

---

[30] これらの導出も $\delta m_i, \delta d_i$ の導出とまったく同様である．

6.8.3 モデルを解く

151行目以降の手順は,第2章の「簡単な応用一般均衡モデル」(リスト5.1)のそれとまったく同じなので,とくに説明を要しないであろう[31]. モデルが複雑になった分,方程式の記述等で間違いを引き起こしやすいが,そ

表6.2:入力ファイルと本文中の方程式の対応関係

リスト6.1の行番号	第6章の式番号	方程式
215	(6.1)	合成生産要素生産関数
216	(6.2)	生産要素需要関数
217	(6.3)	中間投入財需要関数
218	(6.4)	合成生産要素需要関数
219	(6.5)	国内生産単位費用関数
222	(6.6)	直接税収関数
223	(6.7)	生産税収関数
224	(6.8)	輸入関税収関数
225-226	(6.9)	政府の財需要関数
228	(6.10)	投資財需要関数
231	(6.11)	家計貯蓄関数
232	(6.12)	政府貯蓄関数
235-236	(6.13)	家計の財需要関数
238	(6.14)	輸出財価格単位変換
239	(6.15)	輸入財価格単位変換
240-241	(6.16)	国際収支制約
244-245	(6.17)	アーミントンの合成財生産関数
246-247	(6.18)	輸入財需要関数
248-249	(6.19)	国内財需要関数
252-253	(6.20)	国内生産変形関数
254-255	(6.21)	輸出財供給関数
256-257	(6.22)	国内財供給関数
260	(6.23)	合成財市場均衡条件
261	(6.24)	生産要素市場均衡条件
264	—	家計の効用関数

---

31) ただし317-318行目における$Tz(j)$および$Tm(i)$の下限設定では下限値0を設定している.(これまでは,たとえば,第5章のリスト5.1では内生変数の下限をゼロより大きい値に設定していた.)これは,(1) $Tz(j)$および$Tm(i)$による除算を行う箇所がなく,それらの値が0であっても第5.5.2項で説明したようなエラーを生じないこと,(2) 生産税や輸入関税を撤廃するようなシミュレーションを行う場合には,これらの変数が当然にゼロになることを考慮して設定をしているものである.

れも括弧やセミコロンが抜け落ちていないか，積と冪（べき）の書き間違いがないか，などを慎重に調べていけばよい．（起こりやすいエラーについては，付録 B で説明する.）入力ファイルと本文中の方程式の対応関係を表 6.2 にまとめておく．

第7章

モデルの閉じ方

　どのようなモデルにおいても，内生的に取り扱おうとする部分とそうでない部分とがある．いわば，「モデルの内と外」である．たとえば，第2章の「簡単な応用一般均衡モデル」では，生産要素の供給量はその賦存量 FF_h によってモデルの外で決まるとして，外生的に与えることにしている．逆に，そうしないで，生産要素の供給関数をモデルに加えて供給量を内生的に決めることも可能である．たとえば，余暇の消費量を効用関数に入れて自発的失業を導入したり，外国からの労働移動を考慮したりすればよい．このように，モデルの内と外の線をどこに引くかは，経済がどのように動くかについての認識や分析目的などにより，モデルを作る人が本来自由に決めるべきものである．

　しかし，応用一般均衡モデルを作るにあたっては，モデルの内と外に関する線引きの自由度において，大きな制約がある．それは，ほとんどの応用一般均衡モデルが静学モデルであることに由来する．静学モデルである以上，本来が動学的現象である投資や貯蓄をモデルの内でミクロ的基礎を持って（すなわち，経済主体による最適化行動を裏付けとして）決定することができない．そこで，投資や貯蓄に関するいずれか，あるいは両方の変数を外生変数としない限り，内生変数の数と方程式の数が合わないことになり，モデルが解けない．どの変数を外生変数とするかということがモデルの閉じ方 (macro-closure) の問題である[1]．

　第7.1節では閉鎖経済モデルにおける投資と貯蓄に関連したモデルの閉じ

---

[1] 本章の議論と同様の議論は，Dewatripont and Michel（1987），Robinson（1989），Willenbockel（1994）においてもなされている．

方を検討する．第7.2節では開放経済モデルにおける国際収支制約に関連したモデルの閉じ方を論じる．開放経済モデルにおいてモデルの閉じ方が問題になるのは，国内の投資と貯蓄と同様に，本来，経常収支の赤字あるいは黒字（すなわち正または負の外国貯蓄）が動学的現象であることに加えて，貿易の相手国をモデルの外におかざるをえないことの結果である．第7.3節では，モデルの閉じ方の異なる（貯蓄先決的な閉じ方と投資先決的な閉じ方の）2つのモデルを作って，その結果の違いを確認する．第7.4節では，動学モデルの「最終期」の問題を論じた後，投資・貯蓄や経常収支以外の閉じ方に言及する．

7.1 投資と貯蓄の関係——閉鎖経済モデルの閉じ方

これまで解説してきた応用一般均衡モデルは静学モデルであり，その「期末」は世界の終焉にも等しいから，来期に向けての経済活動は一切ないはずである．一方，われわれが描写しようとする現実経済やそれに関するデータは来期のための経済活動も含む（図7.1）．すなわち，固定資本形成や在庫投資，それを支える貯蓄である．

この点をさらに詳しくみてみよう．これまで説明してきたように，通常の応用一般均衡モデルの係数をキャリブレーションによって推定するときには，現実経済を描写する，ある1期間分のデータのみを利用する．しかし，現実経済は多期間（あるいは無限期間）の時間的広がり（time horizon）を持っている（図7.1）．そのうちの1期間だけを取り出したとしても，そこには必然的に「来期との何らかの関係」が混入する．前期までの履歴を引き継いだもの，たとえば現存する資本量も同時に混入しているが，それらは前期の経済活動によってすでに決定されており，今期の活動によって変更することはできない（predetermined）ために，ここでは大きな問題にはならない．ここでいう「何らかの関係」としては，次期以降のために行われる経済活動，すなわち，投資，貯蓄（場合によっては借入，国際収支上では経常収支の赤字）が代表的な例としてあげられる．ひとことでいえば，多期間のモデルの一部を切り出して1期間モデルに閉じこめようとするとき，その終端を閉じ

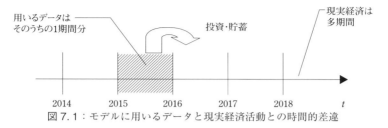

図 7.1：モデルに用いるデータと現実経済活動との時間的差違

る方法を考えなければならないことになる．

　簡単化のために閉鎖経済のみを扱い，そこには貯蓄をする経済主体と投資をする経済主体が1つずつあるとして，そこにおける投資と貯蓄の関係を考える．そこで，どうしても満足しなければならない条件は，投資と貯蓄が等しいという投資貯蓄均衡条件である．もし，動学モデルであるならば，貯蓄関数と投資関数を導入し，その両者に動学的意味合いを持つ何らかの内生変数（たとえば利子率）を挿入し，その内生変数の調整作用によって投資貯蓄均衡条件を満足させるという仕組みを持つであろう．しかし，本来が静学モデルである応用一般均衡モデルでは，そうした異時点間の資源配分を行うような変数と，その変数を決定するためのミクロ的基礎付けを持った貯蓄関数と投資関数を持ち合わせていない．そうすると，変数に関しては，投資と貯蓄という2つがあるのに対して，制約式に関しては，その投資貯蓄均衡条件だけである．そのため，内生変数の数が制約式の数を1つ上回ることになり，内生変数を完全に解くことができなくなる．そこで，貯蓄か投資かどちらか1つの変数を外生変数とするか，あるいは何らかの制約式を1本追加する必要が生じる．もし制約式を追加しない場合，たとえば，投資 I を外生変数として固定したとすると，貯蓄 S はそれに見合った額になるよう内生的に決定されることになる．すなわち，I を外生変数，S を内生変数とすることである．これは，投資先決的な閉じ方（investment-driven closure）とよばれている．逆に，貯蓄 S を外生変数として，投資 I をそれに見合うように変化する内生変数とすることもできる．これは，貯蓄先決的な閉じ方（savings-driven closure）と呼ばれている．

もう少し複雑なモデルの場合はどうなるであろうか．たとえば，貯蓄をする経済主体が複数（家計と政府）いたとする．そのときに考慮すべき変数は，S^p, S^g, I である．（投資は1つの投資主体が実行するものとする．また，第6章の「現実的な応用一般均衡モデル」では財が複数あるので投資の総額は $\sum_i p_i^q X_i^I$ と表されるべきであるが，ここでは記述の簡単化のために I と記す．）ここでも，投資貯蓄均衡条件という制約式を1つ課す必要があるのは従前のとおりである．すると，このままでは内生変数の数が制約式の数を2つ上回り，モデルを閉じる（すなわち，すべての内生変数を完全に解く）ことができない．モデルを閉じるためには，3つの変数のうち2つを外生変数として固定するか，それとも，2本の制約式を追加する必要がある．あるいは，それらを折衷して，1つを外生変数として固定し，そのうえで1本の制約式を追加導入してもよい．第6章の「現実的な応用一般均衡モデル」であれば（外国貯蓄は次節で考えることにし，ここでは議論の簡単化のために外国貯蓄を無視して），2本の貯蓄関数 (6.11), (6.12) を導入して貯蓄水準を決定し，投資水準 I はそれに見合うように内生的に決定されている．

逆に，S^p, S^g, I すべてを外生変数にしたり，あるいは投資貯蓄均衡条件式のほかに3本の制約式を追加したりすると，モデルが過剰決定の状態になる．この場合には，たとえば経済主体間の所得移転を許すことにし，それに対応する内生変数を追加的に導入することによって，内生変数の数と制約式の数の一致を回復することができる．もし，家計と政府の間で貯蓄性向が異なっているならば，家計から政府への所得移転（典型的には一括税）はマクロの貯蓄率を変化させる．これを利用して，所得移転を内生的に決定するようにモデルに導入すれば，その変数の調整によって投資貯蓄均衡を達成することになる．

貯蓄先決的な閉じ方と投資先決的な閉じ方を比べてみよう．貯蓄先決的な場合は，所得の変化に対応して貯蓄が決まり，それに応じて投資の総額が決まる．本書で提示されるような応用一般均衡モデルでは，投資は経済厚生（効用）に影響しない最終需要項目であるから，利用可能な資源が一定であるとすると，投資が大きくなればなるほど経済厚生が悪化する．逆に，投資先決的な場合には，所得が変化してもその効果が投資の変化に吸収されるこ

となく，純粋に消費だけを変化させて経済厚生に影響を与えることになる．何らかの政策や外生的ショックがどれだけ貯蓄や投資を変化させるか，そのあと，それらの貯蓄や投資の変化を通じて経済のほかの側面にどのような影響がもたらされるか，といったことに分析の主眼があるならば貯蓄先決的な閉じ方を選択することになる．一方，何らかの政策や外生的なショックが経済厚生に与える影響を純粋に計測することに関心があるならば，投資先決的な閉じ方の方が便利であろう．分析目的に応じて，モデルの閉じ方も選択しなければならない．この種のモデルの閉じ方の違いがシミュレーション結果にどのような違いをもたらすかについて，第7.3節では数値を使って示す．

このようにみると，どのような閉じ方も一長一短ということになってしまう．それは，そもそも静学モデルに動学的要素を折り込まざるをえないこのモデルの宿命のようなものである．「静学モデルにおける投資と貯蓄という矛盾」を本質的に解決する方法は，モデルを静学モデルではなく動学モデルとして定式化して長期間の時間的広がりを考えることである[2]．これについては第12章で考えることにしよう．

7.2 経常収支——開放経済モデルの閉じ方

モデルを開放経済にまで拡張しよう．このときにはあらたに 2 つの変数，外国貯蓄 S^f と為替レート ε が追加される．その一方で，国際収支制約式が追加される．第7.1節で議論した方法で国内の投資貯蓄均衡の問題を解決したとしても，なお，未決定の内生変数が 1 つ残る．そこで S^f か ε のどちらか 1 つを外生変数として固定するか，それらに対する制約式を 1 つ導入するかしなければならない．もし制約式を追加しないならば，S^f を外生変数とした場合には ε を内生変数とすべきであるし，その逆もまた同様である．途上国では，外国からの資本流入の額が限定されていることが多いから，そのような場合には S^f を外生変数にするのが妥当であろう．また，為替レートが（基準財価格に対して）固定されていて，対外収支尻が資本流入・流出に

---

[2] 古典的な動学モデルについては，Blanchard and Fischer（1989, Ch.2）を参照．

よって弾力的に埋め合わせられるような国ならば，ε を外生変数にするのが妥当であろう．

開放経済モデルにおける2つの閉じ方を比較した場合も，やはりそれぞれに長所・短所がある．国内均衡が変化したときに経常収支赤字が変化しない，すなわち外国貯蓄 S^f が外生変数として固定されているモデルであれば，経常収支赤字の改善を目的とする政策の効果を分析することはできない．一方，為替レート ε が外生変数として固定されているモデルでは，何らかの政策や外生的ショックが，為替レートの変化を通じて，国内の経済活動をどのように変化させるかを吟味できない．応用一般均衡モデルに限らずどの種類のマクロ・モデルにも一般的にいえることであるが，シミュレーションの目的に応じたモデルの閉じ方の選択が要請される．

これ以外にも，モデルの閉じ方の選択がシミュレーション結果の解釈に直接影響を与える可能性も考えておかなければならない．とくに後者の，経常収支赤字 S^f を内生変数にし，為替レート ε を外生変数にするようなモデルの閉じ方を選択した場合には注意が必要である．「来期」のない静学モデルにおける経常収支赤字（外国貯蓄）は，結局「返さなくてもよい借金」であり，それはすなわち経常移転と何ら変わるところがない．したがって，経常収支赤字の多寡が経済厚生の善し悪しに直結してしまう．つまり，経済厚生（効用）は国内消費に依存し，その消費を裏付けている所得は，国内で生成されたもの（国内の総付加価値）と海外からの移転（この場合は経常収支赤字）とで構成されているからである．海外からの所得移転が経済厚生に与える影響があまりにも大きければ，そもそも，モデル構造や分析の中で重要な要素が欠如していることに等しく，経済厚生に関するシミュレーション結果を信用できなくしてしまう．加えて，為替レート ε を外生変数にすることは，（小国の仮定により輸出財と輸入財の外貨建て価格が所与であるため）基準財に対する内貨建ての輸出財と輸入財の相対価格を固定することであるから，基準財をどのように設定するかによって結論が異なる可能性が出てくる．この点でも，シミュレーションの結果を解釈する際に注意が必要になってくる．

経常収支が内生変数であるべきか外生変数であるべきかという問題以外に，基準均衡（および，何らかの政策変化や外生的ショックをシミュレートした

仮想均衡）において経常収支が均衡している（つまり，経常収支赤字 S^f が ゼロである）べきか否かという問題もある．比較静学は，ある基準となる「均衡」からもう1つの「均衡」への変化を分析するものである．分析者が，「均衡」の定義として経常収支の均衡も含めるならば，第4.4節で示したような手法で，経常収支が均衡しているように社会会計表を調整して経常収支尻がゼロになった基準均衡からシミュレーションを開始し（そしておそらく仮想均衡においても経常収支尻をゼロとし）なければならない．社会会計表の調整が必要なのは，現実のデータ（産業連関表，貿易統計表）において，経常収支が均衡していることはまずないからである．

7.3 モデルの閉じ方の違いとシミュレーション結果の違い

ここでは上で論じた貯蓄先決的な閉じ方と投資先決的な閉じ方とそれぞれの方法でモデルを作り，その違いが計算結果にどのように表れるか数値例で示す．本来は，どのようなモデル（の閉じ方）を選択するかという問題は，そのモデルを用いてどのような分析を行うか，その分析目的に応じて決定されるものである．この点については第11章で詳しく論じることとして，ここでは分析目的という問題は一度棚上げして，話を先に進めることにする．

貯蓄先決的なモデルとしては第6章で構築した現実的な応用一般均衡モデル（stdcge.gms）をそのまま用いる．すなわち，投資 X_i^v が投資関数，

$$X_i^v = \frac{\lambda_i}{p_i^q}(S^p + S^g + \varepsilon S^f) \quad \forall i \tag{6.10}$$

によって決定される．その投資は，外生的に決まる外国貯蓄（経常収支赤字）S^f と内生的に決まる家計貯蓄 S^p と政府貯蓄 S^g とで裏付けられることは第6章で論じたとおりである．

$$S^p = ss^p \sum_h p_h^f FF_h \tag{6.11}$$

$$S^g = ss^g \left(T^d + \sum_j T_j^z + \sum_j T_j^m \right) \tag{6.12}$$

これらは，GAMS のプログラム（リスト6.1）では以下のように記述されていた．

```
eqXv(i)..   Xv(i)   =e= lambda(i)*(Sp+Sg+epsilon*Sf)/pq(i);
eqSp..      Sp      =e= ssp*sum(h,pf(h)*FF(h));
eqSg..      Sg      =e= ssg*(Td+sum(j,Tz(j))+sum(j,Tm(j)));
```

他方で，投資先決的なモデルを考える．そこでは，投資 X_i^v を外生とするように初期値 X_i^{v0} に固定する制約，

$$X_i^v = X_i^{v0} \quad \forall i \tag{7.1}$$

を課す一方で，家計貯蓄 S^p を貯蓄関数 (6.11) ではなく，所得から消費支出と直接税支払いを差し引いた残差として決定されるものとする（実は，これは家計の予算制約に他ならない）．

$$S^p = \sum_h p_h^f FF_h - \left(\sum_i p_i^q X_i^p + T^d \right) \tag{7.2}$$

この修正のために，GAMS のプログラム中の制約式 eqXv(i) と eqSp の右辺を以下のように書き換える[3]．

```
eqXv(i)..   Xv(i)   =e= Xv0(i);
eqSp..      Sp      =e= sum(h,pf(h)*FF(h))-(sum(i,pq(i)*Xp(i))
                        +Td);
```

さて，こうして用意された2つのモデルを（外生変数に）ショックを与えずにそのまま解いても，第5章でキャリブレーションについて論じた際に示したように，基準均衡解がそのまま得られるだけであり，さらには，どちらのモデルの基準均衡も同じものであるからモデルの閉じ方の違いによる影響を見ることはできない．そこで，第8章で論じる内容の一部を少し先取りして，輸入関税撤廃をシミュレートして各種の変数が基準均衡解からどのように変化するか，その変化の違いを見てみる（表7.1）．結果を見てみると，どちらの場合でも財の生産量や価格，輸出入に与える影響は大差ない．しかし，家計消費については，貯蓄先決的モデルと投資先決的モデルの間で異なる．前者に比べて，後者の方が大きくなる．これは，貯蓄先決的モデルでは，関税撤廃によって発生した余剰が，国内の最終需要のうち家計消費と投資財需

---

[3] 家計貯蓄関数 eqSp を変更する代わりに，政府貯蓄関数 eqSg を変更することも考えられる．その場合は，政府消費を外生とし，政府貯蓄を残差として決定するようにすればよい．

表 7.1：シミュレーション結果の比較［基準均衡からの変化率，％］

	貯蓄先決的モデル		投資先決的モデル	
	パン	牛乳	パン	牛乳
生産量	2.2	−1.4	2.0	−1.3
アーミントンの合成財価格	−1.9	−2.4	−1.9	−2.4
家計消費	2.0	2.5	4.5	5.1
政府消費	−6.9	−6.3	−6.9	−6.4
投資財需要	3.9	4.4	—	—
輸出	17.9	12.5	17.8	12.6
輸入	−1.1	18.8	−1.2	19.0
家計貯蓄		0.0		−7.3
政府貯蓄		−8.6		−8.6

注：パンと牛乳の両財について関税撤廃した場合．

要の増加として帰着するためである．（どちらのモデルでも政府が輸入関税収入を失うことには違いないために，その分だけ政府消費が抑制される．）一方で，投資先決的モデルでは，上で示したように投資量が一定になっているために，輸入関税撤廃によって発生した余剰が家計消費のみに帰着するから，家計消費がより大きく増加する．これは当然に，家計貯蓄の減少と表裏一体をなしている．

7.4 その他の閉じ方

これまでは，本来が静学モデルに含まれるはずのない投資と貯蓄に関するモデルの閉じ方について検討してきた．静学モデルにおける貯蓄・投資という本質的矛盾を解くためには，来期以降の経済活動も，今期におけるそれと同様の詳細さで描写するほかにない．すなわち，モデルの動学化である．ただし第 12 章の動学モデルの説明を見れば分かるように，モデルの構造が複雑化し，それに応じた数値計算上の負荷も（今日ではこの問題はそれほど深刻ではなくなってきたが）増大するという問題が新たに発生する．モデルを推定するために必要なデータや，モデルの動学構造を決めるために分析者が設定しなければならないパラメータも多くなる．計算結果の解釈においても，時間というあらたな次元が加わって比較動学分析をすることになり，分析者

にとって難易度が増すだけでなく，その結果を見せられるもの（分析者にとってのお客さん，ボス等）にもより高度な理解力が求められる．

ところで，その種の動学モデルの「最終期」はどのように描写されているのであろうか．無限期間を計算・描写することは不可能である以上，どこかにその「最終期」を置かなければならない．この最終期をどこかに決める以上，図7.1で示したような「最終期の次の期」という問題は残る．この問題に対して，第12章の逐次動学モデルは第6章の静学モデルを踏襲している．すなわち，最終期においても，その次の期のために貯蓄と投資を行なうようになっている．一方，典型的な動学マクロ・モデルであるラムゼイ・モデルでは，最終期の資本ストックの量がゼロであるか，あるいは，その資本財の（割引現在）価格がゼロであるという仮定（横断条件，transversality condition）をしている（Blanchard and Fischer (1989)）．ただし，これはこの「最終期」を非常に遠い将来，ないし，無限期先に設定することで，この仮定が及ぼす影響を無視できるくらい小さくしているだけのことである．本質的に，動学化が完全な解決をもたらすわけではないことを理解しておく必要がある．

ここで論じた以外にも，モデルの定式化次第でいくつかの閉じ方が考えられる．（第11.4.2項を除いて）本書で扱われるモデルのような新古典派的モデルでは，労働市場では賃金率が伸縮的に調整されて労働の超過供給（失業）がゼロになるような市場均衡条件を満たすと考える．これは見方を変えれば，賃金率を内生変数とする一方で，失業を外生変数としてゼロに固定するものである．第11.4.2項で示すように，これとは逆に，ケインズが考えたようにこれらの関係を入れかえて，賃金率を外生変数にして失業を内生変数にすることもできる[4]．途上国における慢性的失業を前提として開発政策を論じるならば，こうしたモデルの閉じ方を採用することになるであろう（たとえばTaylor (1990)）．どのようなモデルの閉じ方を取るかは，ひとえに，現実経済のありようをどのように解釈するかに依存する．

---

4) ただし，賃金率という価格を（ある水準に）固定するということは，基準財に対する労働の相対価格を固定することにほかならない．このことは，第7.2節で為替レートを固定した場合と同様の問題を引き起こすことに注意しなければならない．

第8章

シミュレーションの方法

　応用一般均衡モデルを作る目的は，多くの場合，政策の評価であろう．その際には，さまざまな政策の選択肢を考えて，それらの影響を分析するためのシミュレーションを数多く効率的に行わなければならない．そのためには，複数のモデル（均衡）を解き，変数の変化を追いながら政策の効果を比較することになる．

　第3章で例題として取り上げた「家計の効用最大化モデル」のように小さな問題では，与件（たとえば財の価格）を動かした場合の均衡解（仮想均衡解）を最初の均衡解（基準均衡解）と比較するとき，それら2つの均衡を解くための2つの独立した入力ファイルを用意し，それぞれに対応した同じく2つの出力ファイルの中の均衡解を目で見て比較してもたいした手間はかからない．しかし，モデルが大型化して注目すべき変数の数が増えると，いちいち目で見て仮想均衡解と基準均衡解を比較することはむずかしくなってくる．それに，せっかくコンピュータを使って非線形連立方程式体系を解くという高度な計算をしているのであるから，仮想均衡解が基準均衡解からどれだけ変化したかという簡単な計算ぐらいは同時に処理してしまいたい．そうした変数ごとの変化を把握するだけでなく，いくつかの変数を合成してあらたな指標を作成して，比較のために役立てることもある．典型的には，経済厚生のようなマクロの指標がそれに該当する．第8.1節では，そうしたシミュレーションの技法を解説する．第8.2節では，種々の均衡解を比較するための指標の計算方法，とりわけ経済全体の厚生の変化を評価する尺度について議論する．

　つづいて第8.3節で感応度分析について説明する．第5章で説明したよう

に，通常，応用一般均衡モデルでは関数型や代替の弾力性のようなものに関して一定の仮定を置き，その下でモデルの係数や外生変数をキャリブレーションによって推定する．シミュレーションの結果がこうして得られた係数などに依存するから，その分析結果が，これらの係数に関する仮定の変化に対してどれだけ頑健（robust）であるかを調べる必要がある．係数の推定において計量経済学的方法を用いていたならば，一貫して統計的な検定によってこの頑健性を検証することができる．しかし，キャリブレーション法を用いると統計的な検定を行うことができない．そこで，その代わりに，重要な係数についていくつかの値を用いて結果がどの程度変わるかを確認すること（いわゆる感応度分析）を行う．

8.1　1つの入力ファイルでさまざまな均衡をシミュレートする方法

これまでに構築してきた応用一般均衡モデル，たとえば，リスト6.1の入力ファイルをそのまま解けば元の基準均衡解を求めることができる．なぜなら，数値計算上の初期値を基準均衡解の値に設定し，基準均衡解からモデルの係数をキャリブレートし，そのあとは，外生変数に変化を与えていないからである．ちょうど，人形（社会会計表中のデータ）の型を丹念に粘土でとり，その型に樹脂を流し込んで固めれば，まったく同じ人形（基準均衡解）を作ることができるのと同じことである．これに対し，外生変数（たとえば輸入関税率）に変化を与えて，あらためて解いたものが仮想均衡解である．1つの入力ファイルの中で，基準均衡解と仮想均衡解の2つを一度に求めようとするのがここでの課題である．

いま，すべての財 i について輸入関税率 τ_i^m をゼロにするという政策の効果を分析したいとしよう．その場合の仮想均衡解を求めるためには，以下のようなプログラムをリスト6.1の末尾に追加すればよい[1]．

```
taum(i) = 0;
Solve stdcge maximizing UU using nlp;
```

---

[1] GAMS Model Library に収録されている入力ファイル stdcge.gms の 329-330 行目に該当する．

最初の行は外生変数である輸入関税率をゼロに（再）設定する命令になっている．すなわち，

$$\tau_i^m = 0 \qquad \forall i$$

の意味である．つぎの行は，（輸入関税率 τ_i^m をこのように再設定したうえで）もう一度同じモデルを解くという命令である．この場合，輸入関税率 τ_i^m の値だけが変わっただけで，モデルに含まれるその他のものは何も変わっていないことに注意すべきである．

ここで用いた方法は，第 5.4.4 項で説明した（そして付録第 A.2 節でより詳しく説明する），Parameter 命令で定義された定数に数値や数式を用いて値を与える方法の応用である．すなわち，一度すでに定義した係数や外生変数に，あとから（ふたたび）値を与える方法である．GAMS のプログラムでは，同じ係数や外生変数に何度でも異なる数値や数式を与えて書き換えることができる．ただし，そのたびに数値は上書きされる点に注意すべきである．すなわち，モデルを解く際に使われる数値は，該当する Solve 命令の前に設定された直近のものである．入力ファイル中に Solve 命令を2回書いたから，出力ファイルには SOLVE SUMMARY が2つ現れる．示される解の順番は Solve 命令を出した順番と同じである．上の例では，すべての財 i について関税撤廃を考えたが，もし，パン BRD のみについて撤廃し牛乳 MLK については2％の関税率に設定したいならば，

   taum("BRD") = 0 ;

   taum("MLK") = 0.02 ;

とすればよい．（要素を個別に指定する際には（ダブル）クォーテーション・マーク「"」で括る．）

ところで，モデルが大きくなるほど，また，外生変数の変化を大きく設定するほど，モデル自体やシミュレーションの設定に間違いがないにもかかわらず仮想均衡解を得ることができないことが多くなる．このような場合には，少しずつ外生変数を変化させながら連続してモデルを解いていくと解きやすくなる．（たとえば，基準均衡における税率が 10％ だったとして）これを 9％ から 0％ まで，1％ ポイントずつ引き下げていく場合には，

   taum(i) = 0.09 ;

```
        Solve stdcge maximizing UU using nlp;
        taum(i) = 0.08;
        Solve stdcge maximizing UU using nlp;
        ...
        taum(i) = 0.01;
        Solve stdcge maximizing UU using nlp;
        taum(i) = 0;
        Solve stdcge maximizing UU using nlp;
```
とする.

　繰り返し回数が多くて上の命令を書くのが面倒であれば，Loop命令を使ってプログラムを簡略化する方法も有効である．上と同じ輸入関税率の引き下げを繰り返して計算する場合，

```
        Set  t     /1*10/;
        Loop(t,
        taum(i) = 0.10-0.10*ord(t)/card(t);
        Solve stdcge maximizing UU using nlp;
        );
```

とする．1行目は繰り返し回数を設定するための添え字集合「t」を $t \in T = \{1, 2, \cdots, 10\}$ として定義している．2行目と5行目がLoop命令の最初と最後である．これらで囲まれた命令が，集合「t」で設定された回数だけ繰り返し実行される．3行目が輸入関税率を新しい値に設定するものである．すなわち，t 回の繰り返しの中で，税率を10％から0％まで，1％ポイント刻みで引き下げていく手順を自動化している．「ord(t)」は集合 t の各要素が何番目に定義されているかを表す関数であり，「card(t)」は集合 t の要素の数（この場合は10）を表す関数である．すなわち，「Loop(t, ord(t)/card(t));」は，t が $1, 2, 3, \cdots, 10$ と増えていくにつれて，$1/10, 2/10, 3/10, \cdots, 10/10$ を表す．この種のLoop命令を用いる方法は逐次動学モデルを解くためにも有用である．詳しくは第12章を参照．

8.2 複数の均衡解を比較する方法

8.2.1 指標の作成と表示

第8.1節で示したようにSolve命令を追加すれば，複数の均衡解を1つの入力ファイルの中で求めることができる．均衡解は多数の変数で描写されるから，ここでは，それらを比較しやすくするために仮想均衡解の基準均衡解からの変化率を求めることを考える．そのために，リスト8.1のような入力ファイルを，第8.1節で追加した2行（GAMS Model Libraryに収録されている入力ファイルstdcge.gmsの329-330行目）のあとに，さらに追加する[2]．

ここでは，すべての内生変数の変化率（％表示）を求めている．リスト8.1の最初の2-5行目でParameter命令を使って変化率を示す変数は「d内生変数の名前」として定義されている[3]．たとえば，X_i^pの変化率を表す変数はdXp(i)である．それに続く計算の内容は単純である．dXp(i)の場合であれば，

$$dX_i^p = \left(\frac{X_i^p}{X_i^{p0}} - 1\right) \cdot 100$$

となっている．プログラムとしては（リスト8.1, 11行目），

```
dXp(i) = (Xp.l(i)/Xp0(i)-1)*100;
```

である[4]．GAMSのプログラミング上で注意すべき点は，基準均衡における変数の値は外生変数であるからそのまま「Xp0(i)」でよいのに対し，モデルを解いて得られた均衡解における値は「Xp(i)」ではなく「Xp.l(i)」と

---

[2] リスト8.1の内容は，GAMS Model Libraryに収録されている入力ファイルstdcge.gmsの333-366行目にすでに織り込まれている．

[3] この変数名の付け方も，筆者らが普段このようにしているだけのことである．

[4] ところで，リスト8.1は少し不注意なプログラムかもしれない．このモデルの場合は問題ないが，一般には分母に入るY0(j), F0(h,j), X0(i,j), …, Sg0がすべてゼロでない保証はない．もしこれらがゼロなら，ゼロによる除算を引き起こす可能性がある．（エラー・メッセージは「****Exec Error at Line（行番号）：division by zero (0)」となる．）この問題を回避するためには，付録第A.2節で説明するような条件分岐を考慮する必要がある．

リスト 8.1：指標の作成と表示

```
* List8.1:Display of changes
Parameter
dY(j),dF(h,j),dX(i,j),dZ(j),dXp(i),dXg(i),dXv(i),
dE(i),dM(i),dQ(i),dD(i),dpd(i),dpz(i),dpq(i),dpy(j),
dpm(i),dpe(i),dpf(h),depsilon,dTd,dTz(i),dTm(i),dSp,dSg;

dY(j)      =(Y.l(j)/Y0(j)-1)*100;
dF(h,j)    =(F.l(h,j)/F0(h,j)-1)*100;
dX(i,j)    =(X.l(i,j)/X0(i,j)-1)*100;
dZ(j)      =(Z.l(j)/Z0(j)-1)*100;
dXp(i)     =(Xp.l(i)/Xp0(i)-1)*100;
dXg(i)     =(Xg.l(i)/Xg0(i)-1)*100;
dXv(i)     =(Xv.l(i)/Xv0(i)-1)*100;
dE(i)      =(E.l(i)/E0(i)-1)*100;
dM(i)      =(M.l(i)/M0(i)-1)*100;
dQ(i)      =(Q.l(i)/Q0(i)-1)*100;
dD(i)      =(D.l(i)/D0(i)-1)*100;
dpf(h)     =(pf.l(h)/1-1)*100;
dpy(j)     =(py.l(j)/1-1)*100;
dpz(j)     =(pz.l(j)/1-1)*100;
dpq(i)     =(pq.l(i)/1-1)*100;
dpe(i)     =(pe.l(i)/1-1)*100;
dpm(i)     =(pm.l(i)/1-1)*100;
dpd(i)     =(pd.l(i)/1-1)*100;
depsilon   =(epsilon.l/1-1)*100;
dTd        =(Td.l    /Td0     -1)*100;
dTz(j)     =(Tz.l(j)/Tz0(j)-1)*100;
dTm(i)     =(Tm.l(i)/Tm0(i)-1)*100;
dSp        =(Sp.l    /Sp0     -1)*100;
dSg        =(Sg.l    /Sg0     -1)*100;

Display
dY,dF,dX,dZ,dXp,dXg,dXv,dE,dM,dQ,dD,dpf,dpy,dpz,
dpq,dpe,dpm,dpd,depsilon,dTd,dTz,dTm,dSp,dSg;
```

しなければならないことである．なぜなら，GAMSが求めた「解」には4種類（LOWER, LEVEL, UPPER, MARGINAL）あり，どの解を用いるのかを指定しなければならないからである[5]．ここでは，そのうちのLEVELの値が用いるべき値であるから「.l」で指定する．（なお，このかぎ括弧内はピリオドを打って，つぎに英字の「エル」である．）

モデルを構成する内生変数として Variable 命令で定義したものと違って，このように新しく計算して得られる定数の値は，出力ファイルに自動的に示されることはない．そのため，社会会計表から読みとった値を確認したときと同様に（リスト 5.1，32 行目），Display 命令を使って当該指標（新しく計算された係数や外生変数）を出力するように指示しなければならない．それが，リスト 8.1 の末尾 3 行である[6]．なお，Display 命令で表示させる定数を指定する際には，リスト 8.1 のように，「Display dXp ;」というように書くようにする．前にも説明したように，添え字「(i)」を付してはならない．

さらに，変数についての個別の指標（たとえば，上の例のような変化率）だけでなく，いくつかの変数を組み合わせた指標を作成して分析に役立てることができる．もっとも頻繁に使用されるのが経済全体の厚生に関する指標であろう．どんな政策でも，ある部分には好ましい影響を与えるし，ほかの部分には好ましくない影響を与えるであろう．だからといって，そうした影響の良し悪しをただ個別に吟味するだけでは，説得力のある主張には結びつかない．われわれは，詰まるところ，「その政策を採るべきか採らざるべきか」を全体的に決断しなければならない．そのためには，経済全体がどのような影響を受けたかということを判断できるマクロ指標を用意する必要がある．以下では，経済厚生の測定尺度について議論する．

8.2.2　経済厚生の測り方

経済政策の究極の目的が，社会全体の経済厚生の最大化にあるとすれば，シミュレーションの結果もそれに沿った形で評価しなければならない．ただし，評価の前に「何をもって経済厚生の評価尺度とするか」についてあらかじめ明らかにしておかなければならない．それを怠ると議論がかみ合わなく

---

[5] それぞれ，出力ファイルに示される，変数（VAR）や方程式（EQU）の下限値，解ないし数値計算上の初期値，上限値，限界値を表す．本書で取り扱うモデルの場合は，変数の LEVEL 解のみ議論していればよい．

[6] 計算結果は GAMS の出力ファイルに出力する以外に，Excel のような表計算ソフトウェアで利用できるファイルに出力することもできる．詳細は，巻末の付録第 A.4 節参照．

なる．ある人は効用水準の変化に注目し，ある人は雇用・失業率の変化に注目するかもしれない．あるいは，GDPの変化だと主張する人もいるであろう．こうした指標は，分析目的や，その分析の背景となる経済が直面する経済的・政治的問題の種類や重要度次第で，妥当なマクロ指標になったりならなかったりする．

　経済厚生を測るもっとも直接的な変数は家計の効用である．実際，応用一般均衡モデルは各経済主体の最適化行動に基づいており，その中には家計の効用も考慮されている．効用は，それぞれの経済主体のなかでも家計のみの「幸福」度合いを測るものである[7]．したがって，この点に関して異論はほとんど出ないと考える．

　しかしながら，効用水準を用いた評価方法にはつぎのような欠点がある．第1に，効用には序数的な性質しかないことである．すなわち，2つの異なる状態の間で効用水準が異なっていたときに，どちらがより良いということは言えても，どれだけ良いかは言えない．つまり，（ランキングを決めるような）序数的な効用水準は，それ自身を具体的な経済現象に照らして把握できるものではない．第2に，家計が複数あるときにはさらに不便なことが起こる．ある政策によって，ある人がより高い効用水準を達成し，またある人がより低い効用水準を達成したという状況では，総合的に見てその政策が「良い」のか「悪い」のか判断できない．なぜなら，先ほどの序数性から，2人の人間の効用水準や変化量を相互に比べることはできないし，両者を直接足し合わせて意味のある合計値を出すこともできないからである．家計が複数存在するときには，せいぜい，パレートの意味で経済厚生が改善しているか悪化しているかが結論づけられるだけであり，パレートの基準が使えないときには，われわれは判断停止に追い込まれる[8]．

---

7) 企業が享受するメリット（利潤）は，一般均衡の枠組みでは所得の1項目として最終的に家計（や政府）に帰着されるので，これを経済厚生に算入しては二重計算になってしまう．この点で，部分均衡の枠組み（消費者余剰と生産者余剰の和が総余剰となる）における経済厚生の指標とは計測方法が異なる．

8) これ以外に，何らかの社会的厚生関数を定義して用いるという手段も考えられるが，一般に広く受け入れられている社会的厚生関数は存在しないので，これは現実的な解決方法にはならない．

モデルのなかでの整合性という点ですぐれているものの，経済厚生の尺度として効用水準を用いることには以上のような問題がある．この問題を解決する1つの方法として，効用水準（の変化）を金銭表示することを考える．そうすれば，以前と比べてどれだけ効用水準が変化したかが具体的に分かるし，さらに，異なる家計の効用水準を足し合わせることにより，全体としての経済厚生の変化を論じることもできる．効用水準を金銭表示できるように変換するために，支出関数（8.1）の概念を用いて，効用水準と支出水準の関係をつぎのように結びつける[9]．

$$ep(\mathbf{p}^q, UU) \equiv \min_{\mathbf{X}^p}\{\mathbf{p}^q \cdot \mathbf{X}^p | UU(\mathbf{X}^p)\} \tag{8.1}$$

ここで，

$ep(\mathbf{p}^q, UU)$：支出関数，

$\mathbf{X}^p$：財の消費量ベクトル（第2章の「簡単な応用一般均衡モデル」であれば $\mathbf{X}$），

$\mathbf{p}^q$：財の価格ベクトル（第2章の「簡単な応用一般均衡モデル」であれば $\mathbf{p}^x$），

UU：効用水準（外生），

$UU(\mathbf{X}^p)$：効用関数，

である．ここで定義した（8.1）の支出関数 $ep(\mathbf{p}^q, UU)$ とは，価格 $\mathbf{p}^q$ のもとで，効用水準 UU を達成する最小の支出額 $\mathbf{p}^q \cdot \mathbf{X}^p$ を与える関数を意味している．このようにすることで（ある均衡における）効用水準をそれに対応する支出水準として金銭表示できるので，仮想均衡と基準均衡との間の経済厚生の変化を，金銭表示された効用水準の変化として定義することができる．

ただし普通は，上の2つの均衡の間では異なる価格が均衡価格として成立しているので，支出額を単純に比較することはできない．これは，ある年の

---

9) 支出関数（8.1）の右辺 $\min_{\mathbf{X}^p}\{\mathbf{p}^q \cdot \mathbf{X}^p | UU = UU(\mathbf{X}^p)\}$ は，

$$\underset{\mathbf{X}^p}{\text{minimize}} \; \mathbf{p}^q \cdot \mathbf{X}^p$$

subject to

$$UU = UU(\mathbf{X}^p)$$

の最適値を意味する．なお，太字の変数はベクトル形式であり，$\mathbf{p}^q \cdot \mathbf{X}^p$ は2つのベクトルの内積である．

家計支出額と翌年のそれを直接比較できないことと同じである．そこで，事前の価格（ラスパイレス（Laspeyres）価格）を用いて価格の変化が効用水準に与える影響を取り除くことにする．つまり，仮想均衡における効用水準 UU^1 と基準均衡における効用水準 UU^0 を，基準均衡における価格 $\mathbf{p}^{q0}$ に統一して比較する．こうして，比較のための指標をつぎのように定義する．

$$EV \equiv ep(\mathbf{p}^{q0}, UU^1) - ep(\mathbf{p}^{q0}, UU^0) \tag{8.2}$$

この指標 EV は（ヒックスの）等価変分（Hicksian Equivalent Variation）と呼ばれるものである[10]．この指標により，家計の効用水準の変化を具体的な金額で把握することができる．そして，この指標をそのまま用いたり，あるいは，この等価変分を基準均衡の GDP で除して対 GDP 比で表現したりする場合もある[11]．また，この額を世帯数で割って表示すれば「1 世帯あたりの実質支出増」ということになり，大きな金額になりがちな厚生効果の総額よりも分かりやすくなることもあるであろう．

　一般に知られているように，効用水準の変化は代替効果と所得効果に分解できる．等価変分は，このうちの所得効果の部分を測るものである．2 財の場合を図示すると図 8.1 のようになる．基準均衡は E^0，仮想均衡は E^1 とする．基準均衡における相対価格 $p^0 (= p_1^{q0}/p_2^{q0})$ のもとで，仮想均衡における効用水準と同じ効用水準 UU^1 を実現する点は $\hat{E}^1$ である．等価変分の定義式 (8.2) の右辺第 1 項と第 2 項は，それぞれ，$\hat{E}^1$ と E^0 を通る 2 つの接線の第 2 財軸切片（に第 2 財の価格 p_2^{q0} を乗じたもの）である．そして，EV はこれらの差である．

　ここで注意すべきことは，等価変分が基準均衡 E^0 と直接比較しているのは $\hat{E}^1$ であって，仮想均衡 E^1 ではないことである．ラスパイレス価格（相対価格 p^0）のもとで UU^1 を達成するためには，$\hat{E}^1$ を購入するための支出額で十分である．E^1 を購入するための支出額を使って比較すると，政策の変

---

10)　もし，パーシェ（Paasche）価格を用いて厚生指標を作れば，それは補償変分（Compensating Variation）と呼ばれる．それほど重要な差異はないので，以後は等価変分のみを扱う．

11)　なお，基準均衡における GDP は，モデル中の変数を用いて表現すれば，$\sum_h p_h^0 FF_h$ である．この方法は，経済規模が異なる複数の国の間で比較するときに便利である．

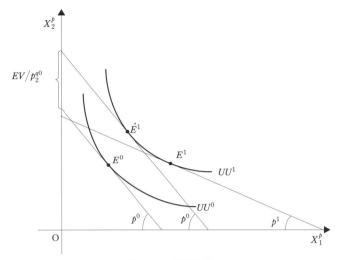

図 8.1：等価変分

化や外生的ショックの変化の影響を過大評価してしまうことになる[12]．

さて，その等価変分を GAMS の入力ファイルに導入しよう．本書では，効用関数の関数型をコブ=ダグラス型に特定しているので，支出関数（8.1）は，効用水準 UU を外生として，支出最小化問題，

$$\underset{X_i^p}{\text{minimize}} \quad ep = \sum_i p_i^q X_i^p$$

subject to

$$\prod_i X_i^{p\alpha_i} = UU$$

の最適解として得られる．これを解けば，

$$ep = \frac{UU}{\prod_i (\alpha_i / p_i^q)^{\alpha_i}}$$

を導くことができる．

---

[12] これはかならず過大評価される．なぜなら，比較対象となる消費配分点 $\widehat{E}^1$ を求めるために，価格 $\mathbf{p}^{q0}$ のもとで（原点に対して凸な無差別曲線を持つ）効用水準 UU^1 を満たす最小の支出を求める問題を解いているからである．

リスト8.2：等価変分を出力するプログラム

```
* Welfare measure:Hicksian equivalent variations ------------------------
Parameter   UU0   utility level in the Base Run
            ep0   expenditure func. in the Base Run
            ep1   expenditure func. in the Sim. Run
            EV    Hicksian equivalent variations
;
UU0   =prod(i,Xp0(i)**alpha(i));
ep0   =UU0/prod(i,(alpha(i)/1)**alpha(i));
ep1   =UU.l/prod(i,(alpha(i)/1)**alpha(i));
EV    =ep1-ep0;

Display EV;
```

GAMSのプログラムとしては，リスト8.2のようなものになり，これをプログラムの最後の部分に追加すればよい[13]．はじめにParameter命令で等価変分の計算に用いる定数である，基準均衡における効用水準UU^0，基準均衡における支出関数の値ep^0，仮想均衡における支出関数の値ep^1，および等価変分EVを定義している．なお，途中，仮想均衡における最小支出額$ep(\cdot)$を計算する式（リスト8.2の9行目）の中で効用水準の値（図8.1では，無差別曲線UU^1に対応する）を使っている．しかしながら，この値を代入するためにその定数をParameter命令を用いて定義していない．この理由は，新しい定数を定義する代わりに，モデルの中に（名目的な目的関数として）導入された効用関数の（LEVEL）値「UU.l」を利用しているからである[14]．最後に，必要なものは等価変分EVだけであるから，Display命令で出力している．

8.2.3 厚生指標としてのGDP

前項では等価変分をマクロ経済的な厚生評価尺度として紹介したが，これとは別の指標として国内総生産（GDP）がある．以下では，GDPの指標として，実質GDPに基づく2種類のもの，および，名目GDPに基づくもの

---

13) リスト8.2の内容は，GAMS Model Libraryに収録されている入力ファイルstdcge.gmsの368-379行目にすでに織り込まれている．

を考える．これらのうち，実質 GDP 指標の性質として，実質化するために用いる物価指数によって数字が異なってくることに注意する必要がある．一方，名目 GDP 指標では，一見物価指数には関係ないように思われるが，第 2.5 節で述べたように，応用一般均衡モデルでは相対価格を表すための基準財を選んでいるので，実質 GDP 指標の場合と同様に，基準財選択の任意性に基づく問題から離れられない．用いる基準財次第で，ある政策の効果がときに正負逆になることを以下で例示する．

まず，実質 GDP については，三面等価により，生産，分配，支出のどの視点からでも GDP を計測できる．第 1 に，分配面からみてみよう．GDP は要素所得の合計であるから，

$$GDP^A = \frac{\sum_h p_h^f FF_h}{PRICE}$$

と定義できる．p_h^f と FF_h は第 2 章や第 6 章で用いていた記号であり，それぞれ要素 h の価格と賦存量を表す．ここで，$PRICE$ は名目 GDP（分子）を実質化するための物価指数である．ラスパイレス方式の消費者物価指数を用いるならば，

$$PRICE = \frac{\sum_i p_i^q X_i^{p0}}{\sum_j p_j^{q0} X_j^{p0}} = \frac{\sum_i p_i^q X_i^{p0}}{\sum_j X_j^{p0}} = \sum_i \frac{X_i^{p0}}{\sum_j X_j^{p0}} p_i^q = \sum_i \alpha_i p_i^q$$

とできる[15]．もちろん，ここで例示した消費者物価指数以外の物価指数を用いてデフレートすることも考えられる．経済指標の実質化に関して一般的に論じられるように，異なるデフレーターを用いると異なる GDP 指標が計算

---

14) 第 3 章脚注 4 で述べたように，第 6 章の「現実的な応用一般均衡モデル」の入力ファイル（リスト 6.1）においても，モデルを最大化問題として定式化するための名目的な目的関数として，効用関数が用いられている．本来はどのような名目的な目的関数を導入してもかまわないが，リスト 8.2 で行っているように効用関数の値を利用して等価変分を計算するような場合には，（たとえそれがモデルを解くために便宜的に導入されてものであっても）効用関数として適切に定義しなければ，等価変分の計算が正しくできないので注意する．

その他，リスト 8.2 の 8-9 行目において，1 で除していること自体にとくに意味はない．ただ，これらは基準均衡における財の価格であり，本来，ここに現れるべきものであることを忘れないようにするために，あえて記入しているだけのことである．

15) α_i は効用関数の係数である．この最右辺の導出については，第 5.3.1 項参照．

されることは言うまでもない．

さて，この実質 GDP による指標の意味を考えてみよう．少しの変形によって，

$$GDP^A = \sum_h \frac{p_h^f}{PRICE} FF_h$$

とできて，この GDP^A が，要素価格 p_h^f（分子）と一般物価水準 $PRICE$（分母）の相対価格を要素賦存量 FF_h（通常，この賦存量は所与であるから変化しない）で加重して計算した，一種の要素価格指数であると見ることもできる．GDP^A の変化は，たとえば，貿易自由化等によってより効率的な生産ができるようになって，その分だけ本源的生産要素である資本と労働の価値が（一般物価に較べて相対的に）どれだけ高まったかを反映していると解釈することができる．

実質 GDP の第 2 に，GDP を支出面から計測しよう．すなわち，支出面をラスパイレス価格（＝基準均衡の価格）で測る．これまでと同じく第 6 章の記号法に従えば，実質 GDP を，

$$GDP^B = \sum_i [p_i^{q0}(X_i^p + X_i^g + X_i^v) + p_i^{e0}E_i - p_i^{m0}M_i]$$
$$= \sum_i [X_i^p + X_i^g + X_i^v + E_i - M_i]$$

と計算できる．ここで，この GDP^B の変化は，貿易自由化等によって経済全体の資源配分の効率性が上昇した場合に，その効果が最終需要量の増加にどれだけ結びつくかを計測していると解釈できる．

これらの 2 種類の GDP の関係を考えてみると，GDP^A と GDP^B との間で計算式が異なることから明らかなように，これら 2 つの指標が完全に一致することはないが，両者は表裏一体の関係にある．標準的なマクロ経済学で論じられる総需要・総供給の議論に見るように，貿易自由化等で効率性が上昇して総供給曲線が右シフトした場合，それが一般物価の低下（あるいは，GDP^A が示す要素価格の上昇）と総需給の拡大（GDP^B が示す最終需要の拡大）の両方を引き起こすことは，標準的な右下がりの総需要曲線を前提とすれば容易に理解できるであろう．

最後に，名目 GDP も考えよう．GDP^A ではあらかじめ何らかの物価指数

PRICE を用いて陽表的にデフレートしていたが，そうすることなしに，

$$GDP^C = \sum_h p_h^f FF_h$$

とすれば，これは名目 GDP である．ところが，これを使って応用一般均衡モデル分析の結果を解釈する際には注意が必要である．その理由は以下のとおりである．応用一般均衡モデル分析においては，第 2 章で論じたように，相対価格を計算するために任意の基準財を何か 1 つ選び，その価格をある水準（普通は 1）に固定する．このプロセスは，実質 GDP の計算において，デフレートする物価指数を選んでいることと同値である．このため，GDP^C が名目 GDP を計算しているように見えても，応用一般均衡モデルの中で基準財を選んでその基準財価格を固定している以上，その基準財価格をデフレーターとして「実質 GDP」を計算していることにほかならない．したがって，基準財価格の設定に依存して，ここで計算される GDP の値が異なったものになってしまう．もちろん，基準財価格の選択によって，結果がどの程度異なったものになるかは一概には言えないが，その水準が異なることにとどまらず，何らかの外部的変化，たとえば貿易自由化の効果の増減の方向（符号の正負）までも異なる可能性がある．（なお，自明であるが，モデルの中で基準財価格として PRICE を 1 に固定すれば GDP^A と GDP^C は同じ値を示す．）

この点は第 6 章のモデル（stdcge.gms）を用いて簡単に例示できる．元のモデルでは労働を基準財としていた（pf.fx("LAB")=1;）．このモデルを用いて貿易自由化をシミュレートした場合，上で定義する GDP^C の値は基準均衡に較べて 0.049% 増加すると計算される．これに対し，労働の代わりに資本を基準財として（pf.fx("CAP")=1;），同じシミュレーションを行うと，前とは反対に GDP^C の値が貿易自由化によって 0.039% 減少するという計算結果になってしまう．

以上のように，マクロ経済的厚生指標として，実質 GDP，あるいは，名目 GDP に基づくものが考えられる．その際，実質 GDP の場合は，デフレーターの選択によって実質 GDP の数字が変わってくることは，容易に想像がつくであろう．しかし，名目 GDP の場合にも，応用一般均衡モデルにお

いては基準財を選択し，その価格をデフレーターとして実質化していることは，とかく忘れられがちである．したがって，GDP という厚生指標を計算して利用するときには，仮定されたデフレーターに注意する必要がある．

8.3 感応度分析

応用一般均衡モデルは，通常行われるような計量経済学的な方法ではなく，第5章で説明したようなキャリブレーションにより，モデルの係数（や外生変数）を推定するのが一般的である．キャリブレーションによる推定は1期分（基準均衡時点）のみのデータで行えるという簡便さを持つものの，それと引きかえに統計的な裏付けの弱さを持っている．応用一般均衡モデルでシミュレーションを行ったときに解が基準均衡解からどの方向へどれだけ変化するかは，さまざまな係数の大きさに依存するにもかかわらず，その係数のとる値についての統計的な裏付けが弱い場合が多い．

上のような理由で，応用一般均衡モデルにおいてはとりわけ感応度分析（sensitivity analysis）が重要になってくる[16]．感応度分析の目的としては主なものが2つある．第1は，モデルの分析結果に関する頑健性（robustness），すなわち，係数の変化に対し分析結果がどのくらい頑健であるかを調べるものである．第2は，モデルから導出された予測や政策の妥当性の「幅」を，どのくらいに見込むべきかの情報を得ることである．

8.3.1 感応度分析の基本的な考え方

感応度分析の基本的な考え方は，モデルの中でとくに結論に大きく影響すると考えられる係数の値を変化させて，得られる結論が維持されるかどうかを確認して，分析結果の頑健性を示すことである．応用一般均衡モデルには，生産から消費まで，経済を構成するものすべてが組み込まれており，それら

---

[16] 「感応度分析」の語は，本節で説明するような「（政策変数ではなく，弾力性のような）係数の値を変動させて行うシミュレーション結果の頑健性に関する分析」の意味のほかに，「（政策の変更などの）外生的なショックに対して，均衡がどのように動くかに関する分析」の意味で用いられることもある．

を特徴づけるすべての係数について頑健性を論じることはできない．そこで本節では，例として，輸入関税を撤廃した場合に，各財の生産がどのように変化するかについて関心があった場合を考える．一般に，応用一般均衡モデルを用いた貿易政策の分析においては，輸入財と国内財の間の代替の弾力性，および，輸出財と国内財の間の変形の弾力性（以下単に，代替・変形の弾力性）が，結果にとくに大きく影響を与えることが知られている．そこで，この代替・変形の弾力性を，シミュレーションの際に仮定した（標準的な）値に比べて大きめ，あるいは，小さめに設定して，シミュレーションで計算された各財の生産量の変化に関する推定値がどのように影響を受けるかを調べることにする．

ところで，このような弾力性の変更により，各財の生産量の変化の大きさが多少なりとも違ってくるのは当然であるが，問題はその違いをどのように評価するかである．典型的な基準としては，この弾力性を変化させた場合に，

基準1：部門別の生産量の変化の方向が変わらないか

基準2：部門別の生産量の変化の順位が変わらないか

といったものが考えられる．前者は，予測される「拡大する部門」と「落ち込む部門」が，弾力性の値にかかわらず同じであるかを確認しようとするものである．基準1と2の両方を満たしているならば，シミュレーション結果はかなり頑健であると言えるが，どちらか一方しか満たさない場合にはシミュレーション結果の頑健性に対する評価は限定的なものになる．

8.3.2 「現実的な応用一般均衡モデル」における感応度分析の例

第6章で提示した「現実的な応用一般均衡モデル」の数値例における感応度分析について考えよう．このモデルの基準均衡における輸入関税率は，パンが7.7％，牛乳が18.2％であることは社会会計表（表4.2）から計算されている[17]．いま，これらの輸入関税を撤廃したときに，パンと牛乳の生産がどれだけ影響を受けるかに関心があるとしよう．

このモデルにおいて，代替・変形の弾力性は，第6章の合成財生産関数

---

17) 表4.2の社会会計表において，輸入関税はパンが1万円，牛乳が2万円であり，輸入はパン13万円，牛乳11万円である．

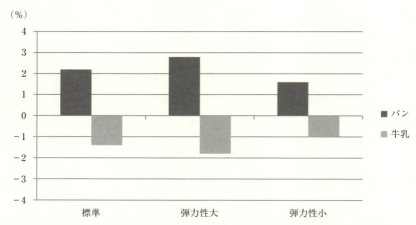

図 8.2：「現実的な応用一般均衡モデル」において輸入関税を撤廃した場合の各財の生産量の変化率

(6.17) 中の η_i を構成する σ_i と，変形関数 (6.20) 中の ϕ_i を構成する ψ_i であり，入力ファイル（リスト 6.1）の 98-99 行目にあるとおり，両財ともに 2 と設定されている．これを「標準」として，20％だけ大きいものを「弾力性大」，20％だけ小さいものを「弾力性小」としてそれぞれの場合についてモデルを解き，得られた解をまとめたものが図 8.2 である[18]．

これをみると，代替・変形の弾力性の大きさを変えた 3 種類のうちのどの場合においても，パンの生産量は増え牛乳の生産量が減少しており，変化の方向についての基準，すなわち基準 1 を満たしていることが分かる．ところで，2 財モデルを用いた普通の輸入関税撤廃問題（すなわち，基準均衡においてどちらの財にもある程度の輸入関税が課されていて，両部門の特徴が極端に異ならないとき）を考えた場合には，基準 1 の成立・不成立と，基準 2 の成立・不成立は強く関連しあっている．なぜなら，利用可能な資本や労働といった生産要素資源が一定である以上，ある部門が生産を拡大した場合には，もう一方の部門は生産を縮小するほかない．したがって，基準 1 を満た

---

18) この 20％という幅はここで任意に設定されたものである．一般的にどの程度の幅を見込むかは，分析者がこの弾力性についてどの程度信頼を置いているかによる．

すならば，変化の順位を考える基準2も同時に満たされるのが自然である．そこで，次項では3財モデルを用いて，基準1および基準2の両方について，それぞれ満たす場合・満たさない場合について例をあげて検討する．

なお，予測の幅という観点から考えれば，弾力性に関しての見込みが上下20％ずつで十分であるとすれば，パンの生産量はおよそ2％前後増加し，牛乳の生産量は1.5％前後減少するといえよう．図8.2に示す結果から少なくとも，パンの生産量が増加し，牛乳のそれが減少すると期待してもまず間違いはない．

8.3.3　3財モデル

ここでは2つの3財モデルを考えよう．モデル1は財A，財B，財Cから成り，モデル2は財D，財E，財Fから成る（これら2つのモデルの基本構造は同一であるが，異なる社会会計表を前提とする以上，まったく別の）モデルとし，各モデルの社会会計表は表8.1および表8.2のように与えられるとする．両モデルとも，標準ケースの場合，輸入財・輸出財と国内財の間の代替・変形の弾力性はすべての財について2とする．それぞれは財A，B，Cまたは財D，E，Fを持つ別の経済であるとしているが，両者は非常によく似ている．違いは輸出入額のみである．

これらのモデルの基準均衡における輸入関税率はモデル1（表8.1）において財Aが7.7％，財Bが18.2％，財Cが25.0％，モデル2（表8.2）において財Dが7.7％，財Eが18.2％，財Fが41.7％であることが，社会会計表から計算される．

両モデルとも，第6章の「現実的な応用一般均衡モデル」を基本にして3財モデルに拡張したこと以外に，モデルの基本構造上の変更点はない．また，輸入関税撤廃による各財の生産量の変化に関心があることも，さらに代替・変形の弾力性に関し，すべての財について弾力性を2とした「標準」，「標準」の場合よりも20％だけ大きい「弾力性大」，逆に20％だけ小さい「弾力性小」と3つの場合を考えていることも前項と同様である．得られた結果をまとめたものが，モデル1は図8.3，モデル2は図8.4である．

モデル1を用いた感応度分析の結果の要点は，基準1を満たしているもの

表8.1：モデル1の社会会計表

(単位：万円)

	生産活動			生産要素		間接税		最終需要			外国	合計
	財A	財B	財C	資本	労働	生産税	関税	家計	政府	投資		
財A	21	17	5					20	19	16	8	**106**
財B	17	9	5					30	14	15	**14**	**104**
財C	14	6	10					20	10	20	**10**	**90**
資本	20	30	10									60
労働	15	25	30									70
生産税	5	4	5									14
関税	1	2	5									8
家計				60	70							130
政府						14	8	25				47
投資								35	4		12	51
外国	13	11	20									44
合計	**106**	**104**	**90**	60	70	14	8	130	47	51	44	

注：太字の値は表8.2と同じ位置にある値と異なるもの.

表8.2：モデル2の社会会計表

(単位：万円)

	生産活動			生産要素		間接税		最終需要			外国	合計
	財D	財E	財F	資本	労働	生産税	関税	家計	政府	投資		
財D	21	**8**	5					20	19	16	8	**97**
財E	17	9	5					30	14	15	**5**	**95**
財F	**5**	6	10					20	10	20	**11**	**82**
資本	20	30	10									60
労働	15	25	30									70
生産税	5	4	5									14
関税	1	2	5									8
家計				60	70							130
政府						14	8	25				47
投資								35	4		12	51
外国	13	11	**12**									**36**
合計	**97**	**95**	**82**	60	70	14	8	130	47	51	**36**	

注：太字の値は表8.1の同じ位置にある値と異なるもの.

第8章 シミュレーションの方法　175

(規準均衡からの変化率，%)

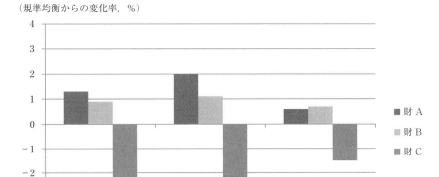

図8.3：輸入関税撤廃による各財の生産量の変化——モデル1

(規準均衡からの変化率，%)

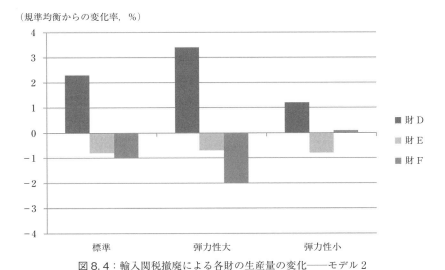

図8.4：輸入関税撤廃による各財の生産量の変化——モデル2

の，基準2は満たしていないことである．すなわち，「標準」，「弾力性大」，「弾力性小」のすべての場合において，財Aと財Bは増加し，財Cは減少している．しかし，増加率の順序については，「標準」と「弾力性大」では，財A，財B，財Cの順であるが，「弾力性小」の場合では財B，財A，財Cの順である．つまり，どの弾力性を仮定した場合でも財Aと財Bが増加し，財Cが減少するということは言えるが，より詳しく，財Aと財Bのどちらがより大きく増加するかについては確かなことは言えない．弾力性次第で順位に関する結果が異なるので，この点について確かな結論を望む場合には，より確実な弾力性の（統計的）推定が要請される．

　モデル2の場合は，感応度分析の結果，基準1と基準2のいずれとも満たしていないことが分かる．財Dと財Eの生産量は，弾力性の仮定によってその変化の方向が変わることはないが，財Fの生産量については「標準」，「弾力性大」の場合に減少するのに対し，「弾力性小」の場合に増加している．すなわち，財Fに関しては，輸入関税撤廃がその生産量を増加させるとも減少させるとも，確定的な結論を述べることができない．もし，財Fが，（経済全体の中に占める割合が小さいなどの理由で）この分析にとって重要なものでなければ，その他の財Dと財Eについて頑健な結果が得られていることをもって，全体として信頼できる結論を導くことができたと結論することもできる．しかし，もし財Fが分析の焦点にあるならば，モデル1で述べたのと同様に，弾力性についてさらに詳細な検討なしには明確な結論を導くことはできない．

8.3.4　感応度分析の結果をどのように分析に生かすか

　以上，基本的な感応度分析の方法について説明した．ここでは感応度分析の結果を評価する際の視点として，輸入関税撤廃問題とそれが国内生産に与える影響という，ごく限られた範囲で1つの例を示した．同じ輸入関税撤廃問題を分析する場合でも，分析者の関心によっては，吟味すべき変数は国内生産だけでなく，経済厚生（等価変分），消費，貿易，雇用や資本の利用量，種々の価格など，さまざまに考えられる．また，輸入関税撤廃問題でなく，ほかの経済問題を考える場合にはまったく別の評価視点があるはずである．

たとえば，政策等のショックに起因する各種変数の変化の方向性や相対的な大小ではなく，変化した結果，それらの変数の値がある水準を達成したかどうかについて確認する必要がある場合が考えられる．典型的には，環境税の導入によって地球温暖化ガスの排出量を削減しようとすることに関心があるならば，環境税導入後の排出量水準が，あらかじめ設定した政策目標を達成したかどうかは重大な問題であろう．また，その目標を達成できなかったとしても，あとどのぐらい不足しているかといったことも分析者の関心事になり得る．さらに，ある弾力性を仮定した場合に排出削減目標を達成できたとしても，別の値を仮定した場合には目標を達成できていないと予測されるかもしれない．おおよそ合意の取れている弾力性や，過去の文献調査が示唆する弾力性の範囲について感応度検査を求められることは十分に考えられる．その場合でも，上で示したものと同様の方法で結果の頑健性を吟味することができる．ここでは，生産量という1つの変数についてさえ，さまざまな基準を設定して吟味できる（またはその必要がある）ことに気づいてもらえればよい．

　感応度分析の結果によっては，シミュレーション結果がある特定の弾力性に関する仮定に強く依存しており，はっきりとした結論を導くことができないことが判明するかもしれない．これは一見すると分析者にとって「悪いニュース」のように見えるが，必ずしもそうではない．少なくともこの感応度分析によって，モデルの中のどの弾力性が重要であり，あるいは，重要でないかが識別できたことになる．あとは，重要であることが判明したその弾力性について，信頼性の高い方法（典型的には計量経済学的手法）で推定すればよい．はじめからモデルの中のすべての弾力性について自ら推定しようとするよりも，ずいぶんと効率的に分析を進めることができるであろう．

　また，アーミントンの弾力性のような輸入財と国内財との間の類似度を表す代替の弾力性以外にも様々な弾力性が考えられる．たとえば，第11.4節で示唆するように，エネルギー分析を行う際には種々のエネルギー（中間投入）財間の代替関係を表現するために（レオンティエフ型関数ではなく）CES型関数を用いることが多い．その関数中の代替の弾力性は，当然にエネルギー間の代替可能性の大小を表現している．この代替の弾力性は，技術

の進歩や変化によって異なったものになり得る．2011年の東日本大震災とそれにつづく電力危機においてわれわれが経験したように，電力不足を乗り切る1つの方策として，電力に頼っていたエネルギー源を他のエネルギー源に置き換えることが考えられる．実際にその代替を進めるためには，このCES型関数の中のパラメータに照らして言えば，エネルギー間の代替の弾力性を高めるような技術を開発することが求められる．では一体，どの程度この代替の弾力性を高めるような技術開発・投資をすれば，どの程度電力危機の影響を緩和できるであろうか．この種の弾力性を変化させることで，そのマクロ的影響を分析することができる[19]．

最後に，応用一般均衡モデル分析に対する批判のうち，大半のものはそこで仮定されている弾力性のような重要なパラメータの値に関する信頼性に関するものである．この種の批判は，応用一般均衡モデル分析に限らず，どのようなモデルやそれを用いたシミュレーションにも一般的に当てはまるものである．コンピュータの性能が飛躍的に進歩して1つのシミュレーションに要する時間がたったの数秒ということも珍しくなくなった．仮定されたパラメータの値について疑問が呈されたなら，疑問を呈した人が適当であると頭の中に思い描くような弾力性の値を用いて同じシミュレーションを行ってみればよい．その仮定がどれほど重要か（あるいは重要でないか）を瞬時に明らかにすることができるであろう．

上にあげた感応度分析のほかにも，より進んだ感応度分析が考えられる．たとえば，弾力性に関して標準，弾力性大，弾力性小というような3つだけの点推定の吟味にとどまらず，弾力性の信頼区間や確率分布についても吟味することである．弾力性の信頼区間や確率分布といった統計的情報が入手できれば，上で用いたような20％という仮定をおく必要はなくなり，それら

[19) たとえば，Hosoe (2014b) ではエネルギー間の代替の弾力性について，0.9 を中央値として，より小さい 0.5 やより大きい 1.3 といった値に設定し，東日本大震災後の電力危機によって国内生産がどの程度影響を受け，海外直接投資によって中国への製造業移転が発生・加速するかを動学的応用一般均衡モデルによって分析した．そこでは，代替の弾力性が（0.9 に比べて 1.3 とすると）44％程度大きくなるような技術進歩（これを政策的に推進するか，民間が自主的に技術開発するかはともかく）を達成できたとしても，電力多消費部門の生産縮小は避けられないことを示している．

の統計的情報を用いて，シミュレーション結果についても信頼区間や確率分布を求めることができるであろう．さらに，複数種類の係数の値を同時に変化させて頑健性を調べる系統的感応度分析（systematic sensitivity analysis）という手法もある[20]．

---

20) 系統的感応度分析については，Harrison *et al.*（1993）を参照．

第9章

シミュレーション結果の解釈

　これまでの一連の手続きをたどってモデルを作り，シミュレーション・シナリオを考え，数値計算を行えば，政策等の影響を計量的に把握できるであろう．しかし，単純に，ある部門の生産がどれだけ増えたり減ったりしたか，価格がどのように変化したか，経済全体の厚生がどれだけ改善したか，といった指標を羅列しているだけでは分析とはいえない．シミュレーション結果の解釈こそが，モデルを使った分析での最後で最大の仕事である．説得力のある議論をするためには，シミュレーション結果をモデルの内部構造にまでさかのぼって説明することが肝要である．ところが，大規模なモデルほど，分析者の目が届かない部分が増えてしまい，分析者自身にとってさえブラック・ボックス化しやすい．

　そこで本章では，シミュレーション結果を解釈・分析する際の手がかりを与えるよう，なるべく直感に訴える幾何的な説明を行う．そのために，第9.1節では簡単な1部門モデルを用いて，輸入関税，海外からの所得移転や，交易条件の変化が与える影響を分析する．つぎに，第9.2節では2部門モデルに拡張して，一方の部門だけに交易条件の変化が起きたときに，それがもう一方の部門に与える波及効果についての分析を示す．第9.3節では，第2章の簡単な応用一般均衡モデルを用いた数値的な計算に戻る一方で，その均衡解を標準的な需要・供給曲線の図に落として描写しなおす．そこでは，単純なショック（選好の変化）を考えたシミュレーションを行って，想定したショックが財や要素市場にどのように波及していくのかを図解する．こうした思考実験を通じて，モデルの中に作り込まれているメカニズムを明らかにしていく．第9.4節では，図による解釈の限界について述べるとともに，さ

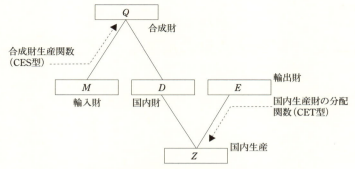

図 9.1：簡略化された開放経済モデル

らなる議論のために考慮すべき点について示唆する．

9.1　1部門モデル

9.1.1　小国開放経済の設定

モデルに含まれるさまざまな内生変数の変化を，モデル構造と関連づけて説明するために，モデルを図示できる程度まで簡略化して，1財だけの開放経済を考える[1]．さらにこの国は小国であるとする．そのうえで，第9.1.2項で輸入関税撤廃，第9.1.3項で海外からの所得移転，第9.1.4項で交易条件の改善が及ぼす影響を分析する[2]．

この経済には，財が1種類だけ（ゆえに生産部門もただ1つだけ），家計が1つだけあるとする．議論の簡単化のため，政府や投資と貯蓄は無視し，生産における中間投入は捨象する．財が1種類であるから，国内財 D と輸入財 M から合成財 Q を作る CES 型のアーミントンの合成財生産関数 (9.1) を，家計の効用関数とみなしてかまわない[3]．ほかに生産要素を使うところ

---

1) 本章の議論は，Hosoe (1999, Ch.2) を改稿したものである．なお，第 9.1 節の議論および図は，de Melo and Tarr (1992, Ch.2)，Devarajan et al. (1990) に負うところが大きい．
2) 国内財については，第 6.5.2 項以下を参照．

はなく，この経済に存在するただ1つの生産部門が生産要素のすべてを使い切るので，生産要素の需給を考慮する必要はなくなり，国内生産 Z の量はいつでも変わらない（したがって，外生変数と捉えることができる）[4]．国内生産は，国内で利用される財（以下，国内財）D と輸出される財 E に CET 型変形関数（9.2）で振り分けられる[5]．国際収支制約は（9.3）で表される．さらに，議論を簡単にするために，為替レートを基準財としてその値を1にしている．このため，外貨建て価格と内貨建て価格をとくに区別する必要はない．したがって，輸出財価格 p^e と輸入財価格 p^m はいずれも外生変数になる．輸入関税は従価税であるとし，徴収された輸入関税収入は，一括して家計に戻されるものとしよう．以下のモデルの方程式体系では，家計の予算制約式が書かれていない．これは国際収支制約式と同値であり冗長なので省略されているからである．

$$CES(D, M) = Q \tag{9.1}$$

$$CET(D, E) = Z \tag{9.2}$$

$$p^e E + S^f = p^m M \tag{9.3}$$

$$M = ces^m((1+\tau^m)p^m, p^q, Q) \tag{9.4}$$

$$D = ces^d(p^d, p^q, Q) \tag{9.5}$$

$$E = cet^e(p^e, p^z, Z) \tag{9.6}$$

$$D = cet^d(p^d, p^z, Z) \tag{9.7}$$

内生変数

　　D：国内財，

---

3) ただ1つの財の消費量に依存する効用関数，
$$UU = UU(Q)$$
を考えればよい．効用関数の単調性から，Q の変化と UU の変化はまったく同じ意味を持つ．したがって，合成財生産関数の等産出量曲線は，無差別曲線として解釈できる．

4) 国内に存在する生産要素 FF をすべて使って Z を生産する生産関数 $Z(FF)$ を考えたとき，FF が外生である以上，生産量 Z も一定（外生）になるからである．

5) (9.1), (9.2) にある大文字の $CES(\cdot), CET(\cdot)$ は，それぞれ (6.17), (6.20) に対応する関数を略記したものである．(9.4)—(9.7) 中の，小文字の $ces^m(\cdot), ces^d(\cdot), cet^e(\cdot), cet^d(\cdot)$ は，それぞれの CES/CET 型関数から導かれる需要関数 (6.18), (6.19) と供給関数 (6.21), (6.22) を略記したものである．

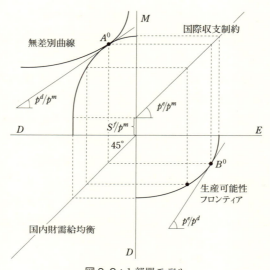

図 9.2：1 部門モデル
出典：Devarajan *et al.* (1990) に基づき筆者らが改変.

E：輸出財,
M：輸入財,
Q：アーミントンの合成財（または効用水準),
p^d：国内財価格,
p^z：国内生産価格,
p^q：アーミントンの合成財価格.

外生変数

Z：国内生産,
S^f：経常収支赤字（実質的には海外からの所得移転),
p^e：輸出財価格,
p^m：輸入財価格,
τ^m：輸入関税率.

このモデルを図示すると図9.2のようになる．第4象限にCET型変形関数 (9.2) から導かれる生産可能性フロンティアが示される[6]．第1象限には，国際収支制約 (9.3) が示され，この傾きは輸入財で測った輸出財価格 p^e/p^m,

切片は輸入財価格で除した経常収支赤字の額 S^f/p^m である．第3象限は，国内財の需要と供給の均衡を表すだけの45度線である．第1象限の国際収支制約（9.3）と第3象限の国内財需給均衡線を満たすように，第4象限の生産可能性フロンティアを第2象限に投射すると，現在の生産技術と交易条件の下でこの国の家計が消費可能な国内財 D と輸入財 M の組み合わせが分かる．これは消費可能性フロンティアである．この消費可能性フロンティアと，CES型合成財生産関数（あるいは効用関数）から導かれる無差別曲線が接する点 A^0 がこの経済の最適な消費点になる．A^0 を通る接線の傾きが p^d と p^m の相対価格である．一方，第4象限では B^0 が最適な生産点であり，ここを通る接線の傾きが p^e と p^d の相対価格である．

貿易モデルにおいてもっとも重要な構造は，国内財と輸出財の間の変形関係，および，国内財と輸入財の間の代替関係を表す部分である．図9.2では，前者の変形関係が第4象限の生産可能性フロンティア（またはそれが第2象限に投射されて描かれた消費可能性フロンティア）によって表され，後者の代替関係が第2象限の無差別曲線（あるいはアーミントンの合成財生産関数の等産出量曲線）によって表される．これらの曲線の曲がり具合はそれぞれの代替・変形の弾力性によって決まる．代替・変形の弾力性が大きいほど直線に近いものになるし，弾力性が小さいほど曲がり方が急になる（第6.5.3項および第6.5.4項参照）．

9.1.2　輸入関税撤廃の効果

応用一般均衡モデルがもっともよく用いられる分野の1つが，貿易問題における輸入関税撤廃（または引き下げ）の効果分析である．輸入関税がない状況はすでに図9.2を用いて説明されているので，ここでは輸入関税がある場合について描写し，これら2つの状況の比較によって輸入関税撤廃の効果について考える．

議論の簡単化のために，経常収支が常に均衡している（$S^f=0$）とする（図9.3）．その上で，輸入関税（税率 τ^m）があるときの均衡を A^1, B^1 とし，

---

6)　一般には，これは等投入量曲線であるが，本章脚注4で説明した理由から生産可能性フロンティアとして解釈してかまわない．

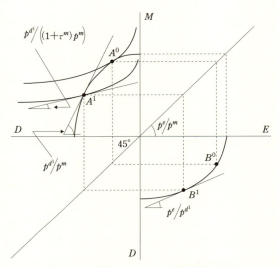

図 9.3：1 部門モデル——輸入関税の効果
出典：de Melo and Tarr（1992, Ch.2）, Devarajan *et al.*（1990）に基づき筆者らが改変．

そのときの国内財価格を p^{d1} とする．このとき，輸入関税は，輸入財の需要者（相対）価格 $p^{d1}/((1+\tau^m)p^m)$ を供給者（相対）価格 p^{d1}/p^m から乖離させることになる．その結果，輸入関税があるときの国内財 D と輸入財 M の消費均衡点は需要者（相対）価格線と無差別曲線が接する A^1 となる．ただし，この A^1 においては，消費可能性フロンティアと無差別曲線は接するのではなく，交わっている．このようにして描写された輸入関税があるときの均衡 A^1, B^1 では，輸入関税がないときの均衡 A^0, B^0 に比べて，輸入財 M をより少なく消費し，国内財 D をより多く生産・消費し，より少なく輸出 E することになる．

さて，輸入関税撤廃の効果は，輸入関税のある均衡 A^1, B^1 からはじまって，輸入関税のない均衡 A^0, B^0 に移行する過程と考えればよい．A^1 では，家計が直面する国内財に対する輸入財の需要者（相対）価格が $p^{d1}/((1+\tau^m)p^m)$ であったのに対して，輸入関税撤廃によって p^{d0}/p^m へと変化する．この輸入財の需要者（相対）価格 p^{d0}/p^m の傾きは，$p^{d1}/((1+\tau^m)p^m)$ より

も急峻であるので（p^{d0}/p^m の傾きを示す接線は図 9.3 には示されていない），輸入財の需要者（相対）価格と無差別曲線の接点は A^0 に至る．この過程で国内財 D が輸入財 M に代替される．この輸入 M の増加をまかなうために輸出 E の増加が要請される．これに対応して，第 4 象限では国内財に対する輸出財（相対）価格が p^e/p^{d1} から p^e/p^{d0} へと変化して B^0 に至る（p^e/p^{d0} の傾きを示す接線は図 9.3 には示されていない）．輸出と輸入の両方が増加するが，それは国際収支制約を満たすように増加する．輸入関税のある均衡 A^1, B^1 に比べて輸入関税のない均衡 A^0, B^0 の方がより高い効用水準を達成できることは，A^1 を通る無差別曲線よりも A^0 を通るそれの方がより高い位置にあることから分かる．

9.1.3 海外からの所得移転の効果

海外からの所得移転（たとえば，政府開発援助や出稼ぎ送金）の効果を分析してみる．所得移転は S^f によって表現される．基準均衡において S^f がゼロであったとしよう．このとき，国際収支制約線は原点を通る．海外からの所得移転が起きると，図 9.4 に示すように，国際収支制約線が上方に平行移動する．その結果，第 4 象限の生産可能性フロンティアを第 2 象限に投射することにより描かれる消費可能性フロンティアが全体に上方へ平行移動する[7]．国内財 D と輸入財 M の両方の消費が増大して，消費点は A^0 から，左上の A^2 へと移行する[8]．図 9.4 から明らかなように，A^2 を通る無差別曲線の方が A^0 を通るそれよりも高い位置にあり，所得移転のある均衡 A^2（および B^2）の方が A^0（および B^0）よりも高い効用水準を実現することが分かる．

輸入関税の影響を分析した図 9.3 では，輸入 M が増大した場合にはそれに応じた外貨支払が必要になり，そのために輸出 E が増大し，その代償として国内財供給 D は減少していた．それとは対照的に，ここでは海外からの所得移転 S^f により輸入 M の増加のための資金がまかなわれているために，

---

7) すなわち，S^f/p^m だけの高さの下駄を履かせるようなものである．
8) 本書では効用関数（ないしアーミントンの合成財生産関数）として CES 型関数を仮定しており，これは相似拡大的であるから A^2 はかならず A^0 の左上に位置する．

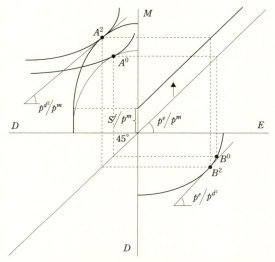

図 9.4：1 部門モデル——所得移転の効果
出典：Devarajan et al. (1990) に基づき筆者らが改変.

輸出 E が増大する必要はなく，むしろ，財の供給先を輸出 E 向けから，（所得移転によって輸入 M とともにその需要が増加する）国内 D 向け供給を増やすことさえできる．その結果，生産点 B^2 は B^0 よりも左側に位置する．

9.1.4 交易条件の改善の効果

交易条件 p^e/p^m が改善（輸出財価格 p^e が輸入財価格 p^m に比べて上昇）したときの効果を考える．議論の簡単化のために，経常収支 S^f がつねに均衡しているとする．交易条件が改善するということは，図9.5上では，第1象限の国際収支制約を示す直線の傾きがより急峻になるということである．この結果，直接的には，第4象限の生産可能性フロンティアを第2象限に投影してできる消費可能性フロンティアが上方に引き延ばされて拡大する．（これは，所得移転の効果と類似するが，上方に平行移動するのではない．消費可能性フロンティアと横軸の交点は動かない．）消費点は A^0 から A^3 に移って，より高い効用水準を達成できる．A^3 は A^0 より右上にあり，こ

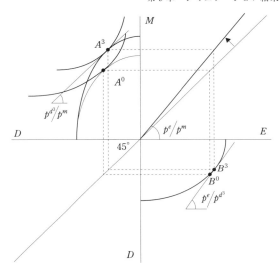

図 9.5：1 部門モデル——交易条件の改善の効果
出典：Devarajan *et al.*（1990）に基づき筆者らが改変．

れは国内財 D に比べて相対的に安価になった輸入財 M をより多く消費することを意味する[9]．一方，国内財 D の消費が減少するのでその生産に資源を割く必要はなくなり，輸出 E が増加する（図 9.5，B^3）．また，このことは国内財 D と輸出財 E の間の相対価格 p^e/p^d の上昇に対応する．

9.2　2 部門モデル

前節では，1 部門モデルの構造とその振舞いに関して詳述した．通常用いられる応用一般均衡モデルでは，複数の部門・財を含むので，1 部門モデルとは質的に異なった動きをする．とくに，複数の部門・財の間の代替・補完関係が重要である．ここでは，モデルを 2 部門に拡張して，複数部門モデルの動きを明らかにする．

---

[9]　効用関数（ないしアーミントンの合成財生産関数）の代替の弾力性 σ が 1 より大きいときに，A^3 が A^0 よりも右上に位置する．逆に，代替の弾力性 σ が 1 より小さいときには，A^3 が A^0 よりも左上に位置する．

2部門モデルをこれまでと同様に Devarajan et al. (1990) の枠組みで考えるならば，直感的には前節の1部門モデルのために描いた図を2つ用意すればよい．ただし，いくつかの点で前節の1部門モデルを拡張する必要がある．農業（AGR）と工業（MAN）の2部門があり，それぞれ資本と労働だけを用いて生産を行っているとしよう．中間投入は考えない．2部門を考えることで，効用関数が2種類の財の消費量に依存するとして，これまで「簡単な応用一般均衡モデル」や「現実的な応用一般均衡モデル」で考えていたような，消費における財の間の代替関係を描写できることになる．（この2部門モデルにおいても，家計が消費する財が，それぞれの部門においてアーミントンの仮定に基づいて生産された合成財であることは従前のとおりである．）また，2つの部門の間を要素が移動することができるので，第4象限の生産可能性フロンティアは内外にシフトし得る．そこで，この「生産可能性フロンティア」はもはや「フロンティア」と呼ぶことはできなくなり，厳密には等投入量曲線と呼ぶべきものになる．

　第1象限の直線についても，もはや国際収支制約線ではない．傾きがそれぞれの輸出財と輸入財の間の交易条件を示し，切片がそれぞれの財の純輸入額を輸入財価格で除したものを示すだけである．縦軸切片が正であるならば純輸入を表し，負であるならば純輸出を表す．簡単化のために，経常収支赤字はゼロになると仮定している．

　ここでは，分析しやすいように，農業部門の輸出財価格だけが上昇して（輸出財と輸入財の間の）交易条件の変化が起こった場合を例にとって，その影響を考察する．農業部門の交易条件が改善すれば第1象限の直線の傾きがより急峻になる（図9.6.A）．この結果，（特殊な状況を考えなければ）農業輸出が促進される．国内生産量が一定である前節のような1部門モデルであれば，農業輸出の増加を実現するためには国内への供給をひきかえにしなければならないが，2部門モデルでは，農業部門が工業部門から生産要素を引き抜いてきて農業部門の生産を拡大（右下方の等投入量曲線に移行）することで輸出の増加も実現できる（図9.6.A，第4象限）．実際，この例のモデルはそのように動き，また，純輸出も拡大する（図9.6.A，第1象限の直線の縦軸切片）．輸入農業財と国内農業財の消費はともに伸びる（図9.6.A，第

第9章 シミュレーション結果の解釈　191

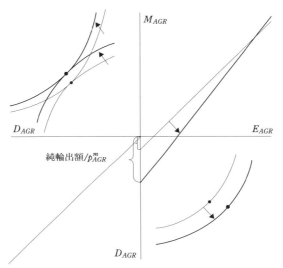

図9.6.A：2部門モデル——農業部門

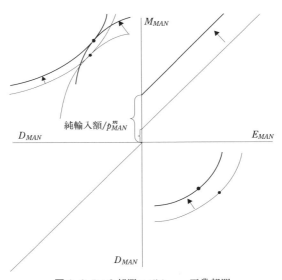

図9.6.B：2部門モデル——工業部門

2象限).

　一方，工業部門は，生産要素を吸い取られてしまったので，生産が縮小（左上方の等投入量曲線へ移行）する（図9.6.B，第4象限）．工業部門の（輸入財と輸出財の間の）交易条件は以前と変わらないものの，（純）輸入が増加する（図9.6.B，第1象限の縦軸切片）．これは，工業部門の輸入が，農業部門が稼ぎ出した外貨の使い道になっているためである．このことは，図9.6.Aで第1象限の直線の縦軸切片（図上では，その切片は負値を取っているので第4象限に入り込んでいる）が下方へ移動し，図9.6.Bのそれが同じ大きさだけ上方に移動していることから分かる[10]．ここでは，工業財の輸入と国内への供給の両方が増大して，アーミントンの合成財の等投入量曲線は，より生産量の大きいものへと，左上方に移っている．この図の場合であれば，農業財に関しても工業財に関しても，それぞれのアーミントン合成財の生産量は増大しているから，効用関数の形状について特別の議論なしでも，効用水準が上昇したことがいえる．

9.3　簡単な応用一般均衡モデルを用いたシミュレーション

9.3.1　シミュレーション・シナリオと結果

　ここでは，第2章で構築した簡単な応用一般均衡モデルのプログラム（リスト5.1）を用いてモデルがどのように動いているかについて，Devarajan *et al.* (1990)の図とは違った形でシミュレーション結果を図解する．ただし，このモデルは可能な限り簡単になるように作られたものであるために，内生変数の数が限られている（14個）だけでなく，外生変数についても最小限のものしか導入されていない．とりわけ，第6章で政府を導入する前に構築

---

[10]　輸入財価格はすべて1であるとしているので，農業財の純輸出額と工業財の純輸入額が等しいという国際収支制約から，これらの切片の移動幅は等しくなる．これらの価格に変化がある場合には図9.6.Aと図9.6.Bの切片の移動幅はかならずしも一致しないが，一方の切片が上方に移動したときに他方の切片が下方に移動することは同じである．

されたモデルであったため，政策介入のための最も典型的な道具である税金が導入されていない．ここで組み込まれている外生変数・係数は，家計の効用関数の支出割合係数 α_i，企業の生産関数における規模係数 b_j と生産要素の投入割合係数 $\beta_{h,j}$，および，要素賦存量 FF_h である．これらのうち，支出割合 α_i の変化の影響について考察しよう．すなわち，家計の選好が外生的に変化した——たとえば，テレビ番組でたまたま「牛乳が健康によい」食品として紹介され，人々がこぞってそれを買いに走った——場合を考えてシミュレーションをしてみる．

シミュレーションの手法としては，第8章で論じた方法と同様に，基準均衡を計算するプログラム（リスト5.1）の末尾に以下の3行を追加すればよい．ここでは，牛乳（MLK）の支出割合が 0.1（10% ポイント）増加し，（支出割合係数の合計 $\sum_i \alpha_i$ は，つねに1であるから）同じだけパン（BRD）のそれが減少したとしよう[11]．

```
alpha("MLK")=alpha("MLK")+0.1 ;
alpha("BRD")=1-alpha("MLK") ;
Solve splcge maximizing UU using nlp ;
```

1つのプログラムの中に Solve 命令が（元の splcge.gms に含まれていたものを入れて全部で）2つ入っているから，それぞれに対応した形でモデルの解（SOLVE SUMMARY）も2つ表れる．最初のものが（選好変化前の）基準均衡解（リスト5.3）を表し，2つ目が選好変化を反映した仮想均衡解を表す．表9.1に解をまとめて示すがこれだけでは分かりにくいので，あわせて，パン，牛乳，資本，労働の4つの市場について基準均衡を描いた図5.3に，仮想均衡に対応した需要曲線と供給曲線を描き加えて図解する（図9.7）．

図9.7の上2枚の各パネルには，第2章の財需要関数（2.1）に対応する（逆）需要曲線（9.8）が右下がりの破線として描かれている．

$$p_i^x = \frac{\alpha_i}{X_i} \sum_h p_h^f FF_h \qquad \forall i \tag{9.8}$$

---

[11] この追加のプログラムの2行目は，
    `alpha("BRD")=alpha("BRD")-0.1 ;`
としても同じである．

表 9.1：簡単な応用一般均衡モデルを用いたシミュレーション結果
（選好変化の影響）

	基準均衡		仮想均衡	
	パン	牛乳	パン	牛乳
消費・生産 X_i, Z_j	15.000	35.000	10.172	39.774
価格 p_i^x, p_j^z	1.000	1.000	1.032	1.056
生産要素投入量				
資本 $F_{CAP,j}$	5.000	20.000	3.182	21.818
労働 $F_{LAB,j}$	10.000	15.000	7.000	18.000
	資本	労働	資本	労働
要素価格 p_h^f	1.000	1.000	1.100	1.000

注：基準均衡の価格と労働（基準財）の価格は 1.000．

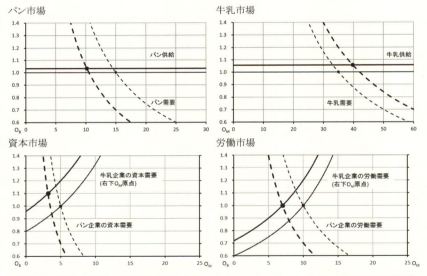

図 9.7：簡単な応用一般均衡モデルを用いたシミュレーション結果（選好変化の影響）
注：細線が基準均衡の需給曲線，太線が仮想均衡のそれである．

2本ある需要曲線は，それぞれ，細い線が基準均衡における需要曲線を，太い線が仮想均衡における需要曲線を表す．供給曲線は，規模に関して収穫一定のコブ=ダグラス型生産関数を仮定しているため水平になる[12]．

$$p_j^z = \frac{1}{b_j} \prod_h \left(\frac{p_h^f}{\beta_{h,j}}\right)^{\beta_{h,j}} \quad \forall j \tag{9.9}$$

要素市場は図 9.7 の下 2 枚のパネルに示されている．要素賦存量 FF_h が一定であるから，要素の供給曲線は陽表的には描かれておらず，代わりにそれが横軸の長さによって間接的に表現されている．各企業の資本ないし労働の限界生産性が描かれており，これらが各企業の要素投入に対する（逆）要素需要曲線（9.10）に当たる．

$$p_h^f = \frac{\beta_{h,j}}{F_{h,j}} p_j^z Z_j \quad \forall h, j \tag{9.10}$$

これはもちろん，第 2 章の要素需要曲線（2.3）をもとにして描写されている．パン企業の要素需要関数については，通常どおりに左下を原点 O_B にして右下がりの破線で描かれている．一方，牛乳企業のそれらは鏡像になっており，右下を原点 O_M にして左下がりの実線で描かれている．両者が交わる点が，両企業の各生産要素の限界生産性が等しくなる点を表し，かつ，これが要素市場の均衡を表す[13]．

9.3.2 シミュレーション結果の解釈

さて，人々の選好 α_i がパンから牛乳にシフトすることは，財需要曲線（9.8）の分子がパンについて大きくなり，牛乳について小さくなることを意味する．すなわち，図 9.7 の上側で示すように，その影響はパンと牛乳の需要曲線がそれぞれ左と右にシフトすることに表れる．この牛乳市場における需要の増加は，牛乳企業の供給増加を必要とする．供給を増やすためには，より多くの生産要素を投入しなければならないから，要素需要の増加に結びつく．そこで，図 9.7 の下側で示すように，牛乳企業の要素需要曲線が（原点 O_M を右下にとっているために）左シフトする．その一方で，パンに対す

---

12) 生産関数 $Z_j = b_j \prod_h F_{h,j}^{\beta_{h,j}}$（2.2）に要素需要関数 $F_{h,j} = \beta_{h,j} p_j^z Z_j / p_h^f$（2.3）を代入することで要素投入量 $F_{h,j}$ を消去して整理すれば，この単位費用（限界費用）関数（9.9）を得る．これは生産量 Z_j に依存しないから，供給曲線（限界費用曲線）が水平になることがわかる．

13) これは少し見慣れない図かもしれないが，都市と農村間の労働移動（いわゆる Harris-Todaro（1970）モデル）の説明などでよく使われる．

る需要が減少するためにパン企業による要素需要曲線も左シフトして要素需要を減らす．最終的に，より多くの資本と労働がパン企業から牛乳企業へと移動して，この需要構造変化に対応した，より多くの牛乳の生産と，より少ないパンの生産が実現する．

　こうした需給量の変化と表裏一体の形で，財や要素価格も変化する．財市場で発生したショックが，要素市場にどのような経路で波及するであろうか．これを考えるために，リスト 5.2 に示された要素投入割合係数 $\beta_{h,j}$ を見る．これによると，

$$\beta_{CAP,MLK} = 0.571 > 0.333 = \beta_{CAP,BRD}$$

であるから，牛乳企業はパン企業よりも相対的に資本集約的であることが分かる．このため，パンの生産を減らして牛乳の生産を増加させるために両方の生産要素がパン部門から牛乳部門へと移動するとしても，相対的に資本の方が労働よりも希少になる．実際，（労働が基準財となっているため，その価格水準が図 9.7 右下で一定のままに据え置かれて描写されている一方で，）図 9.7 左下で見るように資本価格が上昇する．この資本価格の上昇は，生産に必要な（限界）費用の上昇に結びつく．こうした間接的な効果——これはほかでもない一般均衡モデルによって初めて描写できるものである——によって，資本集約的な財である牛乳の供給曲線が上にシフトする（図 9.7 の右上）．パンの生産のためには資本よりも労働をより多く用いるために，パン部門は資本価格上昇の影響は受けにくいが，それでも生産費がいくらか上昇する．これは，パンの供給曲線の上方シフトとして表れる（図 9.7 の左上）．

　ところで，上記のようないわゆるミクロの指標を用いた分析をした上で，経済全体に与える効果をマクロ的に捉えた議論も考えられる．具体的には，第 8.2.2 項で紹介したような，消費配分の変化が効用水準に与える影響を金銭的に捉える経済厚生指標を用いることが考えられる．しかし，効用関数中の支出割合係数 α_i の変化を考える今回のシミュレーションに限って言えば，消費配分の変化を評価するための尺度である効用関数それ自体が変化することを仮定しているためにこの種の評価が難しい．なぜなら，厚生評価のために選好変化前の効用関数を用いるべきなのか，それとも変化後の効用関数を用いるべきなのかで評価が異なる可能性があるからである．

9.4 図による解釈の限界

　上の1部門モデルと2部門モデルを用いた分析における結論は，かならずしも一般的なものではない．さまざまな関数の関数型や，与えられたショックの大きさに依存して質的・量的に異なった結論になり得る．関数型やショックの大きさといったものは，現実のデータに照らして決定されなければならない．また，ここで考慮していないモデル構造がいくつもある．とくに，モデルが2部門であるかそれ以上であるかということと，産業連関構造があるかないかということの2つは重要である．2部門モデルの場合には，生産要素賦存量が一定でそれを両部門で取り合うために，ある部門の拡大はかならずほかの部門の縮小を招く．これは，図9.6.Aと図9.6.Bの第4象限の等投入量曲線のシフト方向が両図で正反対になっていることと対応する．これが3部門以上になるとさらに複雑になる．ある1部門にショックが生じたとき，残りのどちらの部門にどれだけ，また，どのような影響が生じるかは一般的には何とも言えない[14]．

　産業連関がある場合には，生産要素市場における競合の効果とは逆に，ある部門の拡大がほかの部門の拡大を誘発する．たとえば，農業部門の生産が増加した場合，農業生産に必要な中間投入財（たとえば，肥料のような化学製品）の投入量も増えなければならない．その肥料生産を増やすためには，やはり，そのための中間投入を増やさなければならない．たとえば，燐鉱石やカリ鉱石のような肥料原料を生産する鉱業部門からの中間投入が増えるであろう．逆に，農業部門が縮小するならば，以上の循環は逆に働く．こうした循環は，産業連関モデルで議論されるものとまったく同じである．このように，産業連関（中間投入）によって部門間の波及効果が描写される．

　もちろん，第6章に示した応用一般均衡モデルのように実際の分析に必要とされる構造をすべて取り入れたモデル全体の動きを，図や数式だけを使って定性的に追跡しつくすことはほとんど不可能であり，現実には個々のケースについて定量的に接近することしか許されない．そうした定量的な分析の

---

14) たとえば，第8.3.3項の数値例参照．

中でも，これまでに示したようなモデルの内部構造に関する理解を活かして，定性的な議論もおろそかにしないことでシミュレーション結果の解釈を説得力あるものにできる．

第 10 章

モデルの拡張

　第9章までで，本書の目的とするものはほとんど達成された．すなわち，実証研究に用いることができる程度で，最小限度の要素を持った開放経済の応用一般均衡モデルを構築した．これまでのモデルは，なるべくモデルを簡単にするために，対象となる経済を小国として1国だけに絞り，家計は1つしかなく，この経済の中にある市場は完全競争的で，生産技術も規模に関して収穫一定であると仮定してきた．

　本章では，これらの仮定をゆるめてモデルを拡張することにする．これまでは家計が1つしかない場合を考えていたが，第10.1節では複数の家計を含むモデルに拡張する．つづいて，国際経済の現実をより詳しく描写するために，第10.2節では小国の仮定をはずし，大国モデルに拡張する．第10.3節では，これまでの1国モデルを世界貿易モデルに拡張するために2国モデルを説明し，さらにn国モデルに拡張する際の要点を述べる．第10.4節では簡単な独占モデルと寡占モデルを提示して，これまでに扱ってきた完全競争的な市場のモデルを拡張する．つづく第10.5節では，輸入数量制限等の数量規制を取り扱うモデルを説明し，最後の第10.6節ではこれまで用いてきた規模に関する収穫一定の仮定をはずし，規模の経済のあるモデルを提示する．一連の静学モデルの動学モデルへの拡張は，第11章において行われる．

10.1　複数家計モデル

　これまで説明してきた「簡単な応用一般均衡モデル」（第2章）でも，「現

実的な応用一般均衡モデル」(第6章) でも,経済の中に含まれる家計はただ1つしか存在しないとしてきた. そして,これを現実の経済に当てはめてモデルを構築するときには,人口が本当に1人であるというのではなく,すべての家計が同一の効用関数を持つと想定し,1つの代表的家計の行動を考えてきた[1]. しかし現実には,個人の好み(効用関数)は多様性を持つし,家族構成等の違いは家計全体としての好みを異なったものにするであろう. たとえば,モデルを中国に当てはめて地域間格差を問題とする場合に,沿海部と内陸部の家計が同一の好みを持つと考えるのには無理がある[2]. また,世界全体を1つの経済としてモデル化する際に,日本とアメリカ両国に住む人々の効用関数の違いについても同じことが言える[3]. このような場合には,家計を効用関数の形やその他の属性ごとに区別して複数の家計集団をモデルの中で考えることが必要である. 複数の家計を考慮する必要性は,なにもモデルのもっともらしさの問題のみに関わるものではない. 複数の家計間の所得移転や分配の問題を検討するためには,そもそもそれらを区別したモデルを用意しておかなければ分析自体が成り立たない.

ここでは,異なる効用関数を持つ2つの家計を持つモデルを考える. これは,1国内で,政策や外生的ショックから受ける影響を家計集団ごとに分析するために必要であるだけでなく,第10.3節で説明する2国モデルを理解

---

1) 代表的家計というフィクションが成立するためには,効用関数が同一であること以外にも,ゴーマンの集計条件 (Gorman's condition) を満たす必要がある. 本書で用いた,コブ=ダグラス型などの相似拡大的な効用関数はこの条件を満たす. この問題はいわゆる集計問題として知られている. 詳しくは,黒田 (1989,第8章) 参照.

2) ただし,支出行動の違いを効用関数の違いだけに帰すことはできない. なぜなら,地域ごとに相対価格が異なる可能性があるからである. また,(本書で取り扱う関数型とは違って) 支出割合が所得水準に依存する効用関数 (たとえば,ストーン=ギアリー (Stone-Geary) 型効用関数,これは線型支出体系 (linear expenditure system, LES) の需要関数を導出する) を考えると,効用関数が同一であっても,地域ごとに所得水準が異なれば,異なった支出行動が観察されるからである. これは,本章脚注1で示唆した集計問題の言いかえである.

3) ところで,世界経済モデルの場合には,効用関数だけでなく生産関数も異なり,また,賦与された生産要素はその国内のみにおいて移動可能性を持つと考えるであろう. この移動可能性の限界が経済的に意味のある国境となり,その国境をまたぐ財・サービスの流れが貿易として特別の分析対象となる. 第10.3節では,これらの点を意識して世界貿易モデルが構築される.

表 10.1：2 家計を区別した経済の社会会計表

(単位：万円)

		生産活動		生産要素		間接税		最終需要				外国	合計
		パン	牛乳	資本	労働	生産税	関税	家計1	家計2	政府	投資		
生産活動	パン	21	8					10	10	19	16	8	92
	牛乳	17	9					20	10	14	15	4	89
生産要素	資本	20	30										50
	労働	15	25										40
間接税	生産税	5	4										9
	関税	1	2										3
最終需要	家計1			45	10								55
	家計2			5	30								35
	政府					9	3	15	8				35
	投資							10	7	2		12	31
外国		13	11										24
合計		92	89	50	40	9	3	55	35	35	31	24	

するための準備でもある．なお，2家計モデルを理解すれば，3家計以上のモデルへの拡張は容易であろう．

この2家計モデルを作るために，単一家計モデルである「現実的な応用一般均衡モデル」の社会会計表（表4.2）を修正した，表10.1のような社会会計表が与えられているものとする．表4.2では「家計」だけしかなかったのに対し，表10.1では，「家計1」と「家計2」に細分化されていることに注意されたい．網掛けの部分が以前の社会会計表と異なるだけで，ほかの部分は（数字も含めて）何ら変更はない．表10.1の網掛け部分を手がかりにすれば，第6章のモデルのどの部分を変更すれば複数家計モデルを構築できるかが分かるであろう．

家計が直接関係するのは，これまでのモデルの変数で言えば，X_i^p, T^d, S^p，および FF_h に関するものである．これらを，複数の家計について細分化し，これらの変数を含む方程式を変更すればよい．一方，家計が直接関係しない，生産，間接税，あるいは，貿易に関わる部分には拡張を施す必要はない．この点に注意してモデルを構成する制約式を考えると，変更すべき箇所は，家計を識別する添え字を l として，

・政府行動：

$$T_l^d = \tau_l^d \sum_h p_h^f FF_{h,l} \quad \forall l \tag{10.1}$$

[第6章の（6.6）に対応]

$$X_i^g = \frac{\mu_i}{p_i^q}\left(\sum_l T_l^d + \sum_j T_j^z + \sum_j T_j^m - S^g\right) \quad \forall i \tag{10.2}$$

[第6章の（6.9）に対応]

・投資と貯蓄：

$$X_i^v = \frac{\lambda_i}{p_i^q}\left(\sum_l S_l^p + S^g + \varepsilon S^f\right) \quad \forall i \tag{10.3}$$

[第6章の（6.10）に対応]

$$S_l^p = ss_l^p \sum_h p_h^f FF_{h,l} \quad \forall l \tag{10.4}$$

[第6章の（6.11）に対応]

$$S^g = ss^g \left(\sum_l T_l^d + \sum_j T_j^z + \sum_j T_j^m\right) \tag{10.5}$$

[第6章の（6.12）に対応]

・家計行動：

$$X_{i,l}^p = \frac{\alpha_{i,l}}{p_i^q}\left(\sum_h p_h^f FF_{h,l} - S_l^p - T_l^d\right) \quad \forall i,l \tag{10.6}$$

[第6章の（6.13）に対応]

・市場均衡条件：

$$Q_i = \sum_l X_{i,l}^p + X_i^g + X_i^v + \sum_j X_{i,j} \quad \forall i \tag{10.7}$$

[第6章の（6.23）に対応]

$$\sum_j F_{h,j} = \sum_l FF_{h,l} \quad \forall h \tag{10.8}$$

[第6章の（6.24）に対応]

である．第6.7節で提示した連立方程式体系（6.1）―（6.24）のうち，上記の（10.1）―（10.8）をそれぞれ対応する制約式と置きかえたものが，この複数家計モデルの全体である[4]．

---

4) このモデルにも何らかの名目的な目的関数が必要であることは，今までのモデルと同じである．

10.2 大国モデル

第6章のモデルは小国モデルであった（第6.5.1項参照）．しかし，小国モデルで分析できる経済は一部のものに限られている．先進国のような一般に経済規模の大きい国に，小国の仮定を適用することは適切ではないであろう．また，多くの途上国のように経済全体としては小とみなせる国でも，貿易される財によっては小国の仮定は不適切であろう．それなりの規模の産油国であれば，自国が原油生産を増減させた場合に原油の国際価格に与える影響は無視できない．経済の規模は小さくとも，途上国の方がある財（とくに一次産品）の生産に特化していて，その財に関しては世界市場における占有率が高いこともめずらしくない．そうした財は，国内経済・国家財政を支える大黒柱であるから，その財に関しては自国内だけでなく，外国の反応についても詳細にモデル化する必要がある．

そこで本節では，これまでの小国モデルを大国モデルに拡張する．これまでの小国モデルにおいては，輸出財と輸入財の（外貨建て）国際価格がそれぞれある水準 p^{We0}, p^{Wm0} で一定と仮定していた．すなわち，（自国の）輸入（に対する外国による輸出 E）供給曲線と（自国の）輸出（に対する外国の輸入 M）需要曲線はともに水平であった（図10.1）．これを，右上がりの輸入供給曲線や右下がりの輸出需要曲線に置きかえればよい（図10.2）．これらの図において E と M はそれぞれこの国の輸入量と輸出量である．図10.2において大国が直面する（自国の）輸入（に対応する外国による輸出 E）供給曲線と（自国の）輸出に対応する外国による輸入 M 需要曲線が水平でないことは，自国の輸出（に対応する外国の輸入）財と自国の輸入（に対応する外国の輸出）財の（外貨建て）国際価格 p^{We}, p^{Wm} が，この国の輸出量と輸入量に影響を受けることを示している．

モデルを大国経済モデルにするもっとも簡単な方法は，価格弾力性一定の供給曲線や需要曲線を考えることである．すなわち，

$$\frac{E_i}{E_i^0} = \left(\frac{p_i^{We}}{p_i^{We0}}\right)^{-\sigma_i} \tag{10.9}$$

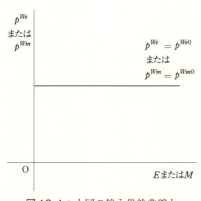

図 10.1：小国の輸入供給曲線と輸出需要曲線

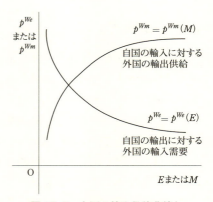

図 10.2：大国の輸入供給曲線と輸出需要曲線

$$\frac{M_i}{M_i^0} = \left(\frac{p_i^{Wm}}{p_i^{Wm0}}\right)^{\phi_i} \quad (10.10)$$

という関数を考える．いまや，国際価格 p_i^{We}, p_i^{Wm} は自国の行動によって影響を受けるので，外生変数ではなく内生変数になっている．（右肩に0のついたものは，以前と同様に，基準均衡における内生変数（p_i^{We} および p_i^{Wm}）の値である．）どちらの関数も，価格弾力性 σ_i と ϕ_i が無限大に近づくと水平な需要曲線・供給曲線になる．

ところで，これらの価格弾力性を表す文字 σ_i と ϕ_i は，あえて，第6章のモデルにおけるそれらと同じものにしてある．この仮定の意味を理解するためには，以下の2点を確認しなければならない．第1に，CES/CET 型関数の代替・変形の弾力性が，それらの関数から導かれた需要・供給関数の価格弾力性と近似的に一致することである．第2に，外国もアーミントンの CES/CET 構造を持つとすれば，自国が直面する輸出需要関数や輸入供給関数の価格弾力性は，それぞれ外国の持つアーミントンの CES/CET 型関数の代替・変形の弾力性によって表すことができるということである．

第1の点である，弾力性について詳しく吟味する．CES/CET 型関数の代替・変形の弾力性が，それらの関数から導かれた需要・供給関数の価格弾力性に一致することは，つぎのように説明される[5]．すなわち，アーミントン

第10章 モデルの拡張　205

構造が外国にもあるとして，その外国が持つ合成財生産関数 (6.17)，

$$Q_i = \lambda_i (\delta m_i M_i^{\eta_i} + \delta d_i D_i^{\eta_i})^{\frac{1}{\eta_i}} \quad \forall i \qquad (6.17)$$

のもとでの利潤最大化行動から導かれた輸入需要関数 (6.18)，

$$M_i = \left(\frac{\lambda_i^{\eta_i} \delta m_i p_i^q}{p_i^m}\right)^{\frac{1}{1-\eta_i}} Q_i = \left(\frac{\lambda_i^{\frac{\sigma_i-1}{\sigma_i}} \delta m_i p_i^q}{p_i^m}\right)^{\sigma_i} Q_i \quad \forall i$$

の価格弾力性を考える[6]．もし，単純化して，輸入財価格 p_i^m の変化が合成財価格 p_i^q にも合成財生産量 Q_i にも影響しないならば，輸入需要の価格弾力性 ρ_i は，

$$\rho_i \equiv \left.\frac{\partial M_i}{\partial p_i^m} \middle/ \frac{M_i}{p_i^m}\right|_{p_i^q, Q_i: \text{constant}} = -\sigma_i \quad \forall i$$

となる．

　もう少し条件を緩めて，もし，輸入財価格 p_i^m の変化が合成財生産量 Q_i には影響しないが，合成財価格 p_i^q に影響するとすれば，どのように弾力性は修正されるであろうか．(6.17) の合成財生産関数を前提とすると，それに対応した単位費用関数は，

$$p_i^q = \gamma_i^{-1} (\delta m_i^{\sigma_i} p_i^{m(1-\sigma_i)} + \delta d_i^{\sigma_i} p_i^{d(1-\sigma_i)})^{\frac{1}{1-\sigma_i}} \quad \forall i$$

である[7,8]．この単位費用関数を使えば，さきほどの輸入需要関数から，より一般的な需要の価格弾力性 $\tilde{\rho}_i$ は，

$$\tilde{\rho}_i = \left.\frac{\partial M_i}{\partial p_i^m} \middle/ \frac{M_i}{p_i^m}\right|_{Q_i: \text{constant}}$$

$$= -\sigma_i \left(1 - \frac{\delta m_i^{\sigma_i} p_i^{m(1-\sigma_i)}}{\delta m_i^{\sigma_i} p_i^{m(1-\sigma_i)} + \delta d_i^{\sigma_i} p_i^{d(1-\sigma_i)}}\right) \quad \forall i$$

---

5) 以下の議論は，Shoven and Whalley (1992, Ch.5) をもとにした．
6) 本来ならば，自国と外国を明確に区別するために何らかの添え字ないし記号をそれぞれの変数・係数に付すべきであるが，数式の煩雑化をさけるために省略する．また，輸入関税率 τ_i^m も無視する．ここで示されている変数，たとえば M_i は，外国にとっての輸入であり，それは自国にとっては輸出に当たる．
7) 第6章で用いた CES 型生産関数は規模に関して収穫一定であるから，ここでいう単位費用は，平均費用と考えても，限界費用と考えても同じである．
8) (すでに述べたように輸入関税率 τ_i^m を簡単化のために無視し，) 輸入需要関数 (6.18) と国内需要関数 (6.19) を元のアーミントンの合成財生産関数 (6.17) に代入して，M_i と D_i を消去することにより得られる．ここで用いた CES 型関数は規模に関して収穫一定であるので，合成財の生産量 Q_i も自動的に消去される．

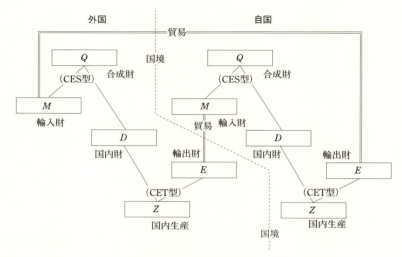

図 10.3：2 国間の貿易構造と CES/CET 構造

となる．ここで，とくに輸入財に対する投入割合係数 δm_i が十分に小さいならば（その際，δd_i は 1 に近い），右辺括弧内の第 2 項は無視できるから，後者の輸入需要の価格弾力性 $\bar{\rho}_i$ は前者の輸入需要の価格弾力性 ρ_i に一致する[9]．以上の議論は，CET 型関数とそれから導かれた供給関数の価格弾力性の議論にも，ほとんどそのまま当てはまる．

第 2 の点については，自国による輸出 E_i が直面するのは，（それを需要してくれる）外国による輸入であり，その輸入を決定するのが外国におけるアーミントンの CES 構造であることに注意する（図 10.3）．その CES 型合成財生産関数を特徴づける代替の弾力性が（自国と共通に）σ_i であると仮定すると，（自国の）輸出（に対する外国の）需要関数 (10.9) に代替の弾力性 σ_i が現れる[10]．同様に，自国による輸入 M_i が直面するのは，（それを供給

---

[9] 輸入財投入量の割合係数 δm_i が小さいということは，輸入財価格 p_i^m が合成財価格 p_i^q に与える影響を無視できるということである．それはすなわち，前者の弾力性を導く際の仮定と同じであるから，両者の弾力性が一致することはごく自然なことである．

してくれる）外国による輸出であり，自国と外国で共通の変形の弾力性 ϕ_i を仮定すると，(10.10) のように変形の弾力性 ϕ_i が現れる．

結局，大国の応用一般均衡モデルの特徴について，つぎのような結論が得られる．すなわち，外国もまたアーミントンの CES/CET 構造を持つとすれば，自国が直面する輸入供給関数（外国にとっては輸出供給関数）や輸出需要関数（外国にとっては輸入需要関数）の価格弾力性は，外国の持つアーミントンの CES/CET 型関数の代替および変形の弾力性によって近似的に表すことができる．ここでは，(10.9) と (10.10) における価格弾力性を表す文字として，第 6 章で用いた σ_i と ϕ_i を用いている．これは，外国にも自国と同様のアーミントンの CES 型生産関数や CET 型変形関数で表されるような構造があるものと仮定し，さらに自国も外国も等しい代替の弾力性や変形の弾力性を持っていることを暗黙に仮定していたからである．もちろん，幸運にもデータが入手可能であれば，国ごとに異なる CES/CET 型関数の代替・変形の弾力性を仮定してもよいし，輸入や輸出の価格弾力性を直接仮定してもよい．

この大国モデルを構成する方程式は，(6.1)―(6.24) に (10.9)―(10.10) を加えたものであり，変数については外貨建て輸出財価格 p_i^{We} と輸入財価格 p_i^{Wm} が外生変数から内生変数に変わったので，
内生変数は，

$Y_j, F_{h,j}, X_{i,j}, Z_j, X_i^p, X_i^g, X_i^v, E_i, M_i, Q_i, D_i, p_h^f, p_j^y, p_i^z, p_i^q, p_i^e, p_i^m, p_i^d, \varepsilon,$
$S^p, S^g, T^d, T_j^z, T_i^m, p_i^{We}, p_i^{Wm}$

である．
外生変数は，

$FF_h, S^f, p_i^{We0}, p_i^{Wm0}, \tau^d, \tau_j^z, \tau_i^m$

である．このモデルを入力ファイルとして表現すると，以下のリスト 10.1 (`lrgcge.gms`) のようになる．第 6 章のモデル（リスト 6.1）と異なる点は，

---

10) この種の弾力性の値を財および国ごとに推定することは困難な場合が多い．そのため，財については異なる値を用いる一方で，国については同じ値を適用することが多い．実際，GTAP データベースを用いた多国間の世界貿易モデル（典型的には GTAP モデル）を構築する際には，こうした簡便法がとられる．

リスト 10.1 の 57-58,87-88,170-171,201-202,246-247,293-294,322-323 行目である．

リスト 10.1：大国モデル（lrgcge.gms）（抜粋）

```
…(省略)…
 38 │Parameter   Y0(j)           composite factor
…(省略)…
 56 │            Sf              foreign saving in US dollars
 57 │            pWe0(i)         export price in US dollars
 58 │            pWm0(i)         import price in US dollars
…(省略)…
 85 │Sf          =SAM("INV","EXT");
 86 │
 87 │pWe0(i)     =1;
 88 │pWm0(i)     =1;
…(省略)…
150 │Variable    Y(j)            composite factor
…(省略)…
169 │            epsilon         exchange rate
170 │            pWe(i)          world export price
171 │            pWm(i)          world import price
…(省略)…
181 │Equation    eqpy(j)         composite factor aggregation func.
…(省略)…
200 │            eqepsilon       balance of payments
201 │            eqfe(i)         foreign export demand function
202 │            eqfm(i)         foreign import supply function
…(省略)…
245 │eqepsilon..  sum(i,pWe(i)*E(i))+Sf =e= sum(i, pWm(i)*M(i));
246 │eqfe(i)..    E(i)/E0(i) =e= (pWe(i)/pWe0(i))**(-sigma(i));
247 │eqfm(i)..    M(i)/M0(i) =e= (pWm(i)/pWm0(i))**psi(i);
…(省略)…
292 │epsilon.l=1;
293 │pWe.l(i)=1;
294 │pWm.l(i)=1;
…(省略)…
321 │epsilon.lo=0.00001;
322 │pWe.lo(i)=0.00001;
323 │pWm.lo(i)=0.00001;
…(省略)…
```

10.3 世界貿易モデル

これまでの分析対象は，いろいろな拡張があるにせよ，1 国経済の枠の中に限定されていた．しかし場合によっては 1 国経済だけに注目した分析では不十分であろう．とくに，貿易問題において貿易相手国を描写しないですむ場合は限られてくる．本節では，これまでの 1 国モデルを世界貿易モデル（2 国ないし n 国）に拡張する．

これまでの 1 国（小国であれ，大国であれ）モデルと，世界貿易モデルとの間の違いは，1 国モデルであれば，分析対象以外の国の構造については，（自国の）輸出（に対する外国の）需要関数，（自国の）輸入（に対する外国による）供給関数，および，経常収支赤字 S^f だけしか考慮していない一方で，世界貿易モデルでは，すべての分析対象国についても，第 6 章で説明したような構造を考慮する点にある．なお，世界貿易モデルといってもすべての国を同程度に詳しく分析することは現実的には不可能である．そこで，実際には，主要国を詳細な分析対象国として，その他の国を「その他地域」（the Rest of the World, ROW）としてひとまとめに取り扱うことが多い．

10.3.1 2 国モデル

議論の簡単化のためにまず 2 国（たとえば日本と米国）モデルを考える．両国が対称的な構造を持つとしても，両国の間で基準均衡における経済活動は異なるので，それをもとにして作成された社会会計表からキャリブレートされるさまざまな定数（効用関数や生産関数の係数，あるいは税率や生産要素賦存量などの外生変数）は当然異なる．ただし，輸入財と国内財の間の代替の弾力性，および，輸出財と国内財との間の変形の弾力性は共通のものを用いることにする．

2 国モデルの場合，第 6 章で構築したこれまでの 1 国開放経済モデルを 2 つ作って，それらを接合すればよい．第 6.5.1 項で触れたように，為替レートを内生変数，外国貯蓄を外生変数とする一方で，自国の輸出（輸入）は外国の輸入（輸出）となり，同じく自国の経常収支黒字は外国の赤字であることに留意すればよい．第 6 章で構築したモデルでは小国の仮定をおいていた

から輸出入財の国際価格（外貨建て）は外生変数となっていたが，この2国モデルではそれらが両国間の輸出入の需給によって内生的に決定される．国を識別する添え字を r, rr として，モデルはつぎのようなものになる．

・国内生産：

$$Y_{j,r} = b_{j,r} \prod_h F_{h,j,r}^{\beta_{h,j,r}} \quad \forall j, r \tag{10.11}$$

$$F_{h,j,r} = \frac{\beta_{h,j,r}}{p_{h,r}^f} p_{j,r}^y Y_{j,r} \quad \forall h, j, r \tag{10.12}$$

$$X_{i,j,r} = ax_{i,j,r} Z_{j,r} \quad \forall i, j, r \tag{10.13}$$

$$Y_{j,r} = ay_{j,r} Z_{j,r} \quad \forall j, r \tag{10.14}$$

$$p_{j,r}^z = ay_{j,r} p_{j,r}^y + \sum_i ax_{i,j,r} p_{i,r}^q \quad \forall j, r \tag{10.15}$$

・政府行動：

$$T_r^d = \tau_r^d \sum_h p_{h,r}^f FF_{h,r} \quad \forall r \tag{10.16}$$

$$T_{j,r}^z = \tau_{j,r}^z p_{j,r}^z Z_{j,r} \quad \forall j, r \tag{10.17}$$

$$T_{i,r}^m = \tau_{i,r}^m p_{i,r}^m M_{i,r} \quad \forall i, r \tag{10.18}$$

$$X_{i,r}^g = \frac{\mu_{i,r}}{p_{i,r}^q} \left(T_r^d + \sum_j T_{j,r}^z + \sum_j T_{j,r}^m - S_r^g \right) \quad \forall i, r \tag{10.19}$$

・投資と貯蓄：

$$X_{i,r}^v = \frac{\lambda_{i,r}}{p_{i,r}^q} (S_r^p + S_r^g + \varepsilon_r S_r^f) \quad \forall i, r \tag{10.20}$$

$$S_r^p = ss_r^p \sum_h p_{h,r}^f FF_{h,r} \quad \forall r \tag{10.21}$$

$$S_r^g = ss_r^g \left(T_r^d + \sum_j T_{j,r}^z + \sum_j T_{j,r}^m \right) \quad \forall r \tag{10.22}$$

・家計行動：

$$X_{i,r}^p = \frac{\alpha_{i,r}}{p_{i,r}^q} \left(\sum_h p_{h,r}^f FF_{h,r} - S_r^p - T_r^d \right) \quad \forall i, r \tag{10.23}$$

・輸出財・輸入財価格と国際収支制約：

$$p_{i,r}^e = \varepsilon_r p_{i,r}^{We} \quad \forall i, r \tag{10.24}$$

$$p_{i,r}^m = \varepsilon_r p_{i,r}^{Wm} \quad \forall i, r \tag{10.25}$$

$$\sum_i p_{i,r}^{We} E_{i,r} + S_r^f = \sum_i p_{i,r}^{Wm} M_{i,r} \quad \forall r \tag{10.26}$$

・輸入財と国内財の間の代替（アーミントンの合成財）：

$$Q_{i,r} = \gamma_{i,r}(\delta m_{i,r} M_{i,r}^{\eta_i} + \delta d_{i,r} D_{i,r}^{\eta_i})^{\frac{1}{\eta_i}} \quad \forall i, r \tag{10.27}$$

$$M_{i,r} = \left(\frac{\gamma_{i,r}^{\eta_i} \delta m_{i,r} p_{i,r}^q}{(1+\tau_{i,r}^m) p_{i,r}^m}\right)^{\frac{1}{1-\eta_i}} Q_{i,r} \quad \forall i, r \tag{10.28}$$

$$D_{i,r} = \left(\frac{\gamma_{i,r}^{\eta_i} \delta d_{i,r} p_{i,r}^q}{p_{i,r}^d}\right)^{\frac{1}{1-\eta_i}} Q_{i,r} \quad \forall i, r \tag{10.29}$$

・輸出財と国内財の間の変形：

$$Z_{i,r} = \theta_{i,r}(\xi e_{i,r} E_{i,r}^{\phi_i} + \xi d_{i,r} D_{i,r}^{\phi_i})^{\frac{1}{\phi_i}} \quad \forall i, r \tag{10.30}$$

$$E_{i,r} = \left(\frac{\theta_{i,r}^{\phi_i} \xi e_{i,r}(1+\tau_{i,r}^z) p_{i,r}^z}{p_{i,r}^e}\right)^{\frac{1}{1-\phi_i}} Z_{i,r} \quad \forall i, r \tag{10.31}$$

$$D_{i,r} = \left(\frac{\theta_{i,r}^{\phi_i} \xi d_{i,r}(1+\tau_{i,r}^z) p_{i,r}^z}{p_{i,r}^d}\right)^{\frac{1}{1-\phi_i}} Z_{i,r} \quad \forall i, r \tag{10.32}$$

・市場均衡条件：

$$Q_{i,r} = X_{i,r}^p + X_{i,r}^g + X_{i,r}^v + \sum_j X_{i,j,r} \quad \forall i, r \tag{10.33}$$

$$\sum_j F_{h,j,r} = FF_{h,r} \quad \forall h, r \tag{10.34}$$

$$p_{i,r}^{We} = p_{i,rr}^{Wm} \quad \forall i, r \neq rr \tag{10.35}$$

$$E_{i,r} = M_{i,rr} \quad \forall i, r \neq rr \tag{10.36}$$

・効用関数と社会的厚生関数：

$$UU_r = \prod_i X_{i,r}^{p \, \alpha_{i,r}} \quad \forall r \tag{10.37}$$

$$SW = \sum_r UU_r \tag{10.38}$$

ほとんどの係数と変数の名前は，1国モデルのときのそれらに，国に関する添え字 r を付加したものを用いているだけであるので，それらの説明は省略する．ここで新しく現れた文字は，

r, rr：国（日本（JPN），米国（USA）），

ε_r：第 r 国通貨と外貨の間の為替レート（ただし ε_{JPN} のみ内生変数，ε_{USA} は外生変数），

S_r^f：第 r 国の経常収支赤字（外生）（ただし，$S_{JPN}^f = -S_{USA}^f$），

SW：社会的厚生（名目的な目的関数），

である．さて，このモデルでも，以前に議論したように，市場均衡条件に加

えてワルラス法則という恒等式が各国で1つずつ存在するために各国の物価水準は不決定であるから，基準財価格をそれぞれの国で1つだけ設定しておく[11]．

世界貿易モデルではさらにもう1つ冗長な方程式が存在する．それは，2つの国際収支制約式（10.26）のうち任意の一方である．なぜなら，一方の国の国際収支制約式が成り立てば，もう一方は自動的に成り立つからである．制約式としての国際収支制約式が1つ冗長であるから，それを満足させるための内生変数である両国の為替レート ε_r のうちの1つが決定されない．そこで，両国の為替レートのうち，任意の1国の為替レート ε_r だけを内生変数として，もう一方のそれは外生変数とする必要がある[12]．

モデルに含まれる方程式について，まったく新しいものは（10.35），（10.36），（10.38）のみである．まず，自国の輸出財価格（外貨建て）が外国の輸入財価格（同）に等しいとするのが（10.35）である．このように，自国の輸出（または輸入）財価格が，相手国の輸入（または輸出）財価格に等しいとする状況は，歪対称性と呼ばれるものである．数量に関しても同様の歪対称性があるので，自国の輸出が外国の輸入に等しいとする（10.36）のような制約を課す（前節の図10.3参照）．1国モデルの場合の名目的な目的関数はその国の効用関数であったが，今回は2国が1つの世界に含まれるので，それらの効用の和を取ったものを社会的厚生 SW として定義し，これを名目的な目的関数（10.38）にする[13]．

---

11) 通貨単位が異なる両国でそれぞれ基準財が設定されて，全体で2つの基準財が存在することが心地よくなければ，どちらか一方の国だけでこれを設定して両国で同じ通貨を使う（為替レートを固定する）ようにしておけばよい．経常収支が常に均衡しているならば，どちらの方法をとったとしても（より一般には，$p_{AB,r}^t$ と ε_r の合計4つの変数のうち，どの3つの変数を選んで固定しても）同じである．（ただし，経常収支が均衡していない場合には実質為替レートの変動によって両国間の実質所得移転額が変化するためにこの限りではない．）

12) 為替レートは国際収支制約を満足するように決まる．すなわち，前者は後者のシャドウ・プライス（の逆数）である．この点は，モデルをここに示したような非線形連立方程式体系ではなく，より一般的に，非線形相補計画問題として定式化し直すことで明らかになる．詳しくは，Hashimoto（1998）参照．

表10.2：2国モデルの社会会計表

(単位：万円)

日本		生産活動		生産要素		間接税		最終需要			外国	合計
		パン	牛乳	資本	労働	生産税	関税	家計	政府	投資		
生産活動	パン	21	8					20	19	16	8	92
	牛乳	17	9					30	14	15	4	89
生産要素	資本	20	30									50
	労働	15	25									40
間接税	生産税	5	4									9
	関税	1	2									3
最終需要	家計			50	40							90
	政府					9	3	23				35
	投資							17	2		12	31
外国		13	11									24
合計		92	89	50	40	9	3	90	35	31	24	

米国		生産活動		生産要素		間接税		最終需要			外国	合計
		パン	牛乳	資本	労働	生産税	関税	家計	政府	投資		
生産活動	パン	40	1					30	20	20	13	124
	牛乳	17	29					30	14	15	11	116
生産要素	資本	33	30									63
	労働	15	31									46
間接税	生産税	10	20									30
	関税	1	1									2
最終需要	家計			63	46							109
	政府					30	2	29				61
	投資							20	27		−12	35
外国		8	4									12
合計		124	116	63	46	30	2	109	61	35	12	

表10.2のような社会会計表を前提として，このモデルをGAMSで解くための入力ファイルとして表現すると，リスト10.2（`twocge.gms`）のようになる．

---

[13] 繰り返しになるが，どのようなものを目的関数にとっても同じである．効用の単純和を目的関数とし，社会的厚生と呼んだのは，それ以外に通りのよい名前がなかっただけのことである．

リスト 10.2：2 国モデル（twocge.gms）（抜粋）[14]

```
…(省略)…
  4  Set    u      SAM entry    /BRD, MLK, CAP, LAB, HOH, GOV, INV, EXT,
  5                              IDT, TRF/
  6         i(u)   goods        /BRD, MLK/
  7         h(u)   factor       /CAP, LAB/
  8         r      country      /JPN, USA/;
  9
 10  Alias(u,v),(i,j),(h,k),(r,rr);
 11  * ------------------------------------------------------------------
 12
 13  * loading data ----------------------------------------------------
 14  Table   SAM(u,v,r)   social accounting matrix
 15            BRD.JPN     MLK.JPN    CAP.JPN    LAB.JPN    HOH.JPN
 16  BRD       21          8                                20
 17  MLK       17          9                                30
 18  CAP       20          30
 19  LAB       15          25
 20  HOH                              50         40
 21  GOV                                                    23
 22  INV                                                    17
 23  IDT       5           4
 24  TRF       1           2
 25  EXT       13          11
 26
 27  +
 28  BRD       19          16                                8
…(省略)…
174  Variable         Y(j,r)       composite factor
…(省略)…
193                   epsilon(r)   exchange rate
194                   pWe(i,r)     export price in US dollars
195                   pWm(i,r)     import price in US dollars
…(省略)…
203                   UU(r)        utility
204                   SW           Social Welfare [fictitious obj.func.]
…(省略)…
```

---

14) GAMS Model Library から入手できる入力ファイル twocge.gms には，リスト 6.1 に対応する入力ファイル stdcge.gms と同様，376 行目以降で輸入関税撤廃シミュレーションを行い，基準均衡解からの変化率を計算するプログラムが追加されている．

第10章　モデルの拡張　215

```
207 | Equation           eqpy(j,r)     composite factor aggregation func.
…(省略)…
236 |                    eqpw(i,r,rr)  international price equilibrium
237 |                    eqw(i,r,rr)   international quantity equilibrium
…(省略)…
242 |                    eqUU(r)       utility function
243 |                    obj           social welfare function [fictitious]
…(省略)…
300 | *[international market clearing condition]
301 | eqpw(i,r,rr)..(pWe(i,r)-pWm(i,rr))$(ord(r) ne ord(rr)) =e= 0;
302 | eqw(i,r,rr)..(E(i,r)-M(i,rr))$(ord(r) ne ord(rr)) =e= 0;
303 |
304 | *[fictitious objective function]
305 | eqUU(r)..      UU(r) =e= prod(i,Xp(i,r)**alpha(i,r));
306 | obj..          SW =e= sum(r,UU(r));
…(省略)…
328 | epsilon.l(r)=1;
329 | pWe.l(i,r)=1;
330 | pWm.l(i,r)=1;
…(省略)…
356 | epsilon.lo(r)=0.00001;
357 | pWe.lo(i,r)  =0.00001;
358 | pWm.lo(,r)   =0.00001;
…(省略)…
366 | * numeraire ---
367 | pf.fx("LAB",r)=1;
368 | * fixing the redundant variable
369 | epsilon.fx("USA")=1;
…(省略)…
```

　4-10行目までは，国を表す添え字集合「r」と「rr」の定義が加わったほかは従前のとおりである．14-62行目では社会会計表（表10.2）が読みとられている．2国モデルのために社会会計表中の要素が3次元（u, v, r）になっているから，表の書き方に注意する．また，表が大きくなっているためにいくつかに分割されている．分割された表を継続して同じ表として読みとるためには，つづく表のはじまり部分に「+」記号が必要である．なお，（モデルを作成したりキャリブレーションしたりする段階ではなく，その前の段階である）社会会計表（表10.2）の作成段階で，日本の輸出（輸入）と米国の輸入（輸出）が各財について均等していて，日本の経常収支黒字と米国の経常収支赤字も等しくなるようにしておかなければならない．たとえば，

日本のパン輸出が8万円であり，これは米国の輸入と対応している．そうでなければ，基準均衡が均衡でないことになってしまう．以下，キャリブレーションの方法も，モデル中の方程式の書き方も以前と同様である．

新しく導入された市場均衡条件 (10.35) と (10.36) は，2国間の歪対称性に関わるものであるので，異なる国 ($r \neq rr$) の間にのみ課す．これは，GAMS の入力ファイルの中では，\$ 条件文を用いて「\$(ord(r) ne ord(rr))」と表す（301-302 行目）[15]．305 行目で各国の効用水準を定義している．306 行目で両国の効用水準を単純に足し合わせたものを社会的厚生として定義し，それを最大化のための名目的な目的関数としている．367 行目で労働を各国の基準財としてその価格を1に固定し，369 行目では，為替レートのうちの一方（ここでは米国のそれ）だけを1に固定している．

10.3.2　n 国モデル

2国モデルの拡張として n 国 ($n \geq 3$) の場合を考えることができる[16]．基本的には2国モデルと同じものを考えればよいが，ただ1点，輸出入についての拡張が必要になる．1国モデルでも2国モデルでも，国内からの供給と外国からの供給を合わせてアーミントンの合成財が作られていた（図 6.1）．これに対して，n 国モデルのように，外国が複数（第 r' 国と第 r'' 国）ある場合，CES 型生産関数を前提に，あらかじめ外国（r' および r''）から自国 r 国への輸入財 $M_{r',r}$ および $M_{r'',r}$ を投入して合成輸入財 QM_r を作る．このあと，合成輸入財 QM_r と国内供給 D_r を合わせて，今までと同じようにアーミントンの合成財 Q_r を作る（図 10.4）．一般に，輸入財間の代替の弾力性は（合成）輸入財と国内財の間の代替の弾力性より大きい，すなわち類似度が高いので代替しやすいと考えられる．このような入れ子構造を考えることによって，輸入財間の代替の弾力性と，合成輸入財と国内財の間の代替の弾力性を異なったものにすることができる[17]．これまでと同様に，国内生産

---

15)　ord 関数については第 8.1 節，\$ 条件文については付録第 A.2 節参照．
16)　n 国モデルにおいて第 n 番目の国をその他の国（ROW）として取り扱えば，世界貿易モデルにほかならない．本項では記述の簡便化のために財を表す添え字 i, j を省略する．

第10章 モデルの拡張　217

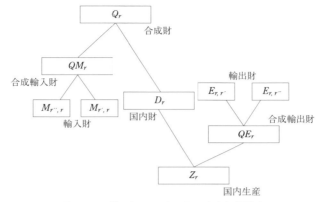

図10.4：第r国における入れ子式貿易構造

Z_rを，まず一度，CET型変形関数を前提として国内財D_rと合成輸出財QE_rに振り分ける．そのうえで，あらためてCET型変形関数を前提として合成輸出財QE_rを第r'国向け輸出$E_{r,r'}$と第r''国向け輸出$E_{r,r''}$に振り分けるという入れ子構造を考える．

　これらの輸出入の入れ子構造を考えた場合でも，代替の弾力性と，財および相手国ごとの輸出入額が分かれば，第6.8.2項で示したキャリブレーションの手法によってモデルの係数を推定することができる．ところが，合成輸入財と国内財の間の代替の弾力性が入手可能であったとしても，各国からの輸入財間の代替の弾力性は入手不可能であることが多い．そのような場合は，しばしば，前者の弾力性を数倍した値を用いる．近年の応用一般均衡分析の多くが依存しているGTAPデータベースは，国際産業連関表としてだけでなく，これらの弾力性のデータベースとしても活用されている．このGTAPデータベースで弾力性に関係するものは，初期の頃は基本的にSALTERプロジェクトのそれに依拠していたが，近年には独自の計量経済学推定による推定値を用いたものに更新されている[18]．計量経済学的手法に

---

17)　このように2段階に分けて各段階の代替の弾力性を違ったものにすることにより，現実にしばしば観察されるいわゆるホーム・バイアス（財の供給元の大半が国内に偏っていて，輸入によるものはごく一部であること）をうまく表現できる．

よって輸入財間の代替の弾力性を推定し，この弾力性を2分の1にしたものを（合成）輸入財と国内財間の代替の弾力性としている．GTAPデータベースの弾力性を用いない場合でも，しばしばそれにならって弾力性が2分の1に設定される[19]．

10.4 不完全競争モデル

10.4.1 独占モデル

これまでのモデルは，すべて，規模に関して収穫一定の生産関数だけを用いた完全競争モデルであった．そこでは市場均衡価格は限界費用に一致していた．これは，非常に多くの競争相手がいるときには，少しでも高い価格を付けた製品はまったく売れないし，逆に，少しでも安い価格を付けた製品は市場のすべての需要を獲得することができるから，価格競争の結果，市場均衡価格は最大限引き下げることができる価格（これは限界費用に等しい）に到達してしまうからである．ところが，何らかの原因で競争相手が数えるほどしか存在しない（寡占），あるいは，まったく存在しない（独占）ことがあり得る．このような場合，モデルはどのような修正を受けるであろうか．

独占の場合を取り上げる．国内の第i部門において独占的な企業が存在するとき，独占の場合の価格p_iは，その財に対する需要の価格弾力性をν_i，限界費用をMC_iとすると，

$$p_i = \left(\frac{\nu_i}{\nu_i - 1}\right) MC_i$$

となることは一般によく知られているとおりである．ここでは第6章のモデルを拡張することを考えて，国内財D_i市場において供給側に独占力（たと

---

[18] SALTERプロジェクトは，オーストラリア政府産業委員会による応用一般均衡モデルを用いた研究プロジェクトである．GTAPデータベースにおいて仮定されている弾力性についての詳細は，GTAP Databaseバージョン8のマニュアル第14章（Hertel et al. (2012)）およびHertel et al. (2007) 参照．

[19] この「2倍の法則（the rule of two）」の妥当性についてはLiu et al. (2004)が検証し，おおむね統計的に棄却できないことを示している．

えば国内向け独占販売権）が存在するとしよう．その限界費用をこれまでどおり p_i^d とすると，需要者価格はそこからマークアップ率 $(1-\eta_i)/\eta_i$ 分だけ乖離して，$[\sigma_i/(\sigma_i-1)]p_i^d(=(1/\eta_i)p_i^d)$ となる[20]．なぜなら，この企業が直面する需要の価格弾力性 v_i は，第10.2節で示したとおり，この需要関数を導き出す根拠となったCES型関数の代替の弾力性 σ_i に（近似的に）一致するからである．そのとき，(6.19) は，

$$D_i = \left(\frac{\gamma_i^{\eta_i}\delta d_i p_i^q}{(1/\eta_i)p_i^d}\right)^{\frac{1}{1-\eta_i}} Q_i \qquad \forall\, i \tag{10.39}$$

と修正される．

ここで忘れてならないことは，このような需要者価格と供給者価格の乖離があった場合には独占利潤額 RT_i がそれぞれの財 i を供給する企業に発生することである．この独占利潤が誰に帰着されるのかを描写する方程式を追加しておかないと，モデルが閉じないことになる．この独占利潤率，すなわちマークアップ率 $(1-\eta_i)/\eta_i$ を税率のようなものとみなせば，その独占利潤の扱いは税金の場合と同様になる．独占利潤関数，

$$RT_i = (1-\eta_i)/\eta_i p_i^d D_i \qquad \forall\, i, \tag{10.40}$$

によって独占利潤額を計算し，その全額を家計が獲得すると仮定すると，それは追加的な家計所得の1項目であるから，家計の財需要関数 (6.13) を，

$$X_i^p = \frac{\alpha_i}{p_i^q}(\sum_h p_h^f FF_h + \sum_j RT_j - S^p - T^d) \qquad \forall\, i \tag{10.41}$$

と修正する．（そうではなくて，政府が獲得すると考えるならば政府の歳入項目として追加すればよい．）家計の所得は，家計の消費関数以外にも，直接税収関数 (6.6) と家計の貯蓄関数 (6.11) に現れるから，これらも合わせて変更する．

$$T^d = \tau^d(\sum_h p_h^f FF_h + \sum_j RT_j) \tag{10.42}$$

$$S^p = ss^p(\sum_h p_h^f FF_h + \sum_j RT_j) \tag{10.43}$$

このような拡張を施した結果，第6章のモデルの (6.1)—(6.24) のうち，対応するものを (10.39)，(10.41)—(10.43) に置きかえ，さらに (10.40) と内

---

[20] 第6.5.3項において $\eta_i = (\sigma_i-1)/\sigma_i$ と定義してあることを想起せよ．

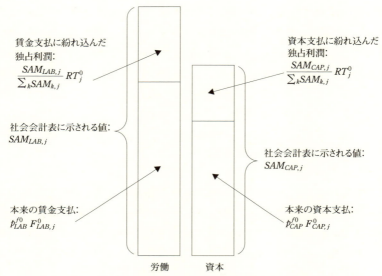

図 10.5：生産要素支払の中に紛れ込んだ独占利潤

生変数 RT_j を加えることにより，独占モデルを作ることができる．

ところで，このようなモデル本体の拡張にあわせて，キャリブレーションも見直す必要がある．基礎になるデータはこれまでと同じ社会会計表（表4.2）であるとすると，この社会会計表には独占利潤額 RT_j が独立した行・列項目として現れていないので，これが現在の社会会計表のどの勘定項目に含まれているかを仮定しなければならない．ここでは，（1つの例として）独占利潤額 RT_j が，生産要素（労働と資本）に対する支払の中に，その大きさに比例して含まれているとしよう．すなわち，基準均衡におけるこれらの生産要素の投入量 $F_{h,j}^0$ は，社会会計表に示されている生産要素に対する支払額 $SAM_{h,j}$ から，独占利潤額のうち，その要素に関わる部分（すなわち，各生産要素に対する支払の中に紛れ込んでいる独占利潤額）を差し引いたものである（図 10.5）．

差し引かれる独占利潤額は，生産要素投入額の相対的大きさに比例するとしているので，（基準均衡における独占利潤額）RT_j^0 に生産要素間で案分す

第6章における読みとり手順　　　　　　　　新しい読みとり手順

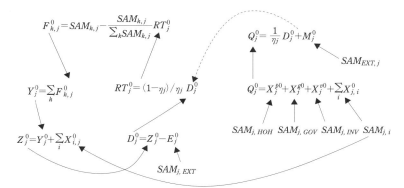

図 10.6：キャリブレーションにおける変数の読みとり手順
注：図を簡略化するために，間接税率と基準均衡における価格変数は省略してある．また，図中での添え字の整合性のために，適宜 i と j を入れかえてある．

る重み $SAM_{h,j}/\sum_k SAM_{k,j}$ を乗じたものになる．したがって，生産要素投入による資金の受取額は，

$$p_h^{f0} F_{h,j}^0 = SAM_{h,j} - \frac{SAM_{h,j}}{\sum_k SAM_{k,j}} RT_j^0 \qquad \forall\, h, j \tag{10.44}$$

で算出される．第6章のモデルでは，(10.44) の右辺第1項だけであった（リスト 6.1，66行目）ものが，ここでは第2項が付け加えられていることに注意されたい．さらに，基準均衡における要素価格 p_h^{f0} を 1 とできるので，(10.44) から生産要素投入量を求めることができる．

上の計算 (10.44) では，基準均衡における独占利潤額 RT_j^0 が既知であることを前提にしているから，この値を (10.40) を用いてあらかじめ求めておかなければならない（図 10.6 の左半分）．この計算手順は基準均衡における国内財の投入 D_j^0 が既知であることを前提としているから，この値を求めておかなければならない．第6章のモデルにおけるキャリブレーション（リスト 6.1，82行目）では，D_j^0 は，基準均衡における国内生産 Z_j^0 と輸出 E_j^0 から求めた．そのとき，後者は社会会計表から直接読みとれるが，前者は，

さかのぼって，基準均衡における中間投入 $X_{i,j}^0$ と合成生産要素の投入 Y_j^0 から求めた（リスト 6.1, 69 行目）．さらに，Y_j^0 は，基準均衡における生産要素投入 $F_{h,j}^0$ から求めたのである（リスト 6.1, 67 行目）．第 6 章の場合は，最終的に，この $F_{h,j}^0$ を社会会計表の $SAM_{h,j}$ から直接に読みとることができたので，以上の変数の読みとり手順は成功していた．

ところで，(10.44) および (10.40) に戻って考えれば，$F_{h,j}^0$ を求めるためには，RT_j^0 をあらかじめ (10.40) を利用して求めておかなければならないし，そのためには $F_{h,j}^0$ が分かっていなければならないという具合に，いつまでたっても堂々巡りになってしまう．

そこで，キャリブレーションの手順を変更して，基準均衡における国内財の投入量 D_j^0 を求めるために，国内生産 Z_j を輸出財 E_j と国内財 D_j に変形する段階におけるゼロ利潤条件（第 6.8.1 項）ではなく，アーミントンの合成財 Q_j を作る企業におけるゼロ利潤条件，

$$p_j^{q0}Q_j^0 = \frac{1}{\eta_j}p_j^{d0}D_j^0 + (1+\tau_j^m)p_j^{m0}M_j^0 \qquad \forall j$$

を利用する（リスト 10.3, 84 行目）（図 10.6 の右半分）[21]．（なお，国内財 D_j の限界費用は以前と同じ p_j^d であるが，これに独占によるマークアップが行われるので，需要者価格は $(1/\eta_j)p_j^d$ となることに注意する．）こうしておけば，(10.40) を利用して基準均衡における独占利潤額 RT_j^0 を求め（リスト 10.3, 85 行目），つぎに，(10.44) から基準均衡における生産要素投入 $F_{h,j}^0$ を求めることができる（リスト 10.3, 86 行目）．

ただし，注意しなければならないのは，社会会計表に示された生産要素に対する支払 $SAM_{h,j}$ のうちの一部が独占利潤に帰せられたので，これまでと同様に「家計」―「生産要素」の値 $SAM_{HOH,h}$ をそのまま家計が保有する生産要素賦存量 FF_h とするわけにはいかない．代わりに，(10.44) で求めた基準均衡における生産要素の投入量 $F_{h,j}^0$ を添え字 j について足し合わせることで

---

[21] このゼロ利潤条件は，第 6.5.3 項における合成財生産企業の目的関数の値である π_j^q をゼロとしたものにほかならない．国内財投入 D_j にかかる独占によるマークアップ $(1-\eta_j)/\eta_j$ は，国内生産を輸出と国内供給に振り分ける企業によって獲得されるので，合成財を生産するこの企業にとっては純粋に費用を押し上げる要因でしかない．よって，たしかにこれはゼロ利潤条件である．

FF_h の値を求めることが必要である（リスト 10.3, 87 行目）．

このあとは，以前と同様の手続きで基準均衡におけるすべての変数の値を読みとることができる（リスト 10.3）．その際，モデルを構成する方程式が異なるので，キャリブレーションにおいて，$\delta m_i, \delta d_i, ss^p, \tau^d$ の推定式が第 6 章のそれ（リスト 10.3 における 129-131, 132-134, 142, 144 行目）と異なることに注意する．

リスト 10.3：独占モデル(moncge.gms)（抜粋）[22]

```
…(省略)…
 48 | Parameter    Y0(j)     composite factor
…(省略)…
 63 |              Tm0(j)    import tariff
 64 |              RT0(j)    monopoly rent
…(省略)…
 83 | Q0(i)        =(Xp0(i)+Xg0(i)+Xv0(i)+sum(j,X0(i,j)));
 84 | D0(i)        =(Q0(i)-(1+taum(i))*M0(i))/(1/eta(i));
 85 | RT0(j)       =(1-eta(j))/eta(j)*D0(j);
 86 | F0(h,j)      =SAM(h,j)-SAM(h,j)/sum(k,SAM(k,j))*RT0(j);
 87 | FF(h)        =sum(j,F0(h,j));
…(省略)…
129 | deltam(i)    =(1+taum(i)*M0(i)**(1-eta(i))
130 |              /((1+taum(i))*M0(i)**(1-eta(i))
131 |              +(1/eta(i))*D0(i)**(1-eta(i)));
132 | deltad(i)    =(1/eta(i))*D0(i)**(1-eta(i))
133 |              /((1+taum(i))*M0(i)**(1-eta(i))
134 |              +(1/eta(i))*D0(i)**(1-eta(i)));
…(省略)…
142 | ssp          =Sp0/(sum(h,FF(h))+sum(j,RT0(j)));
143 | ssg          =Sg0/(Td0+sum(j,Tz0(j))+sum(j,Tm0(j)));
144 | taud         =Td0/(sum(h,FF(h))+sum(j,RT0(j)));
…(省略)…
151 | Variable     Y(j)      composite factor
…(省略)…
176 |              Tm(i)     import tariff
177 |              RT(j)     monopoly rent
…(省略)…
```

[22] GAMS Model Library から入手できる入力ファイル moncge.gms には，リスト 6.1 に対応する入力ファイル stdcge.gms と同様，334 行目以降で関税撤廃シミュレーションを行い，基準均衡解からの変化率と等価変分を計算するプログラムが追加されている．

```
181  Equation      eqpy(j)   composite factor aggregation func.
…(省略)…
196                eqXp(i)   household demand function
197                eqRT(j)   monopoly rent function
…(省略)…
223  *[government behavior]-----
224  eqTd..        Td        =e= taud*(sum(h, pf(h)*FF(h))+sum(j, RT(j)));
…(省略)…
233  *[savings]-----------------
234  eqSp..        Sp        =e= ssp*(sum(h,pf(h)*FF(h))+sum(j,RT(j)));
235  eqSg..        Sg        =e= ssg*(Td+sum(j,Tz(j))+sum(j,Tm(j)));
236  eqSp..
237  *[household consumption]---
238  eqXp(i)..     Xp(i)     =e= alpha(i)*(sum(h,pf(h)*FF(h))-Sp-Td
239                              +sum(j,RT(j)))/pq(i);
240  eqRT(j)..     RT(j)     =e= (1-eta(j))/eta(j)*pd(j)*D(j);
…(省略)…
248  *[Armington function]------
…(省略)…
253  eqD(i)..      D(i)      =e= (gamma(i)**eta(i)*deltad(i)*pq(i)
254                              /((1/eta(i))*pd(i)))**(1/(1-eta(i)))*Q(i);
…(省略)…
296  Tm.l(i)=Tm0(i);
297  RT.l(j)=RT0(j);
…(省略)…
```

10.4.2 寡占モデル

独占ではなく,寡占の場合を考えるときも,ミクロ経済学の教科書どおりの議論を応用すればよい.簡単化のために同じ大きさの企業が第 i 部門に企業数 n_i(外生変数)だけ存在するとする.この数を事前に調べておけば,需要者が直面する価格は,

$$p_i = \left(\frac{n_i v_i}{n_i v_i - 1}\right) MC_i \quad \forall i,$$

となる.すでに説明した独占モデルと同じ箇所に独占力が働くと仮定すると,需要の価格弾力性 v_i は代替の弾力性 σ_i に置きかえることができる.そしてマークアップ率 $(1-\eta_i)/(-1+n_i+\eta_i)$ を考えると,需要者価格は $[1-1/(n_i\sigma_i)]p_i^d (=[n_i/(-1+n_i+\eta_i)]p_i^d)$ となるから,国内財に対する需要

関数 (6.19) は,

$$D_i = \left(\frac{\gamma_i{}^{\eta_i} \delta_i p_i^q}{n_i/(-1+n_i+\eta_i) \, p_i^d} \right)^{\frac{1}{1-\eta_i}} Q_i \qquad \forall\, i$$

となる. 独占利潤関数 (10.40) は,

$$RT_i = \frac{1-\eta_i}{-1+n_i+\eta_i} p_i^d D_i \qquad \forall\, i$$

と修正される. モデル全体としては, 企業数 n_i を外生変数としてあらたに導入して, 独占モデルにおける (10.39) と (10.40) を, これらの新しい制約式で置きかえればよい.

10.5 数量規制モデル

これまでのモデルでは, 政府は税率を変更することが主な政策手段であった. たとえば保護主義的動機から, ある財の輸入量を減らしたいのであれば, その財に課されている輸入関税率を引き上げて, 目標となる輸入量水準を実現すればよい. 現実には, もっと直接的な手段がある. すなわち, 数量規制である. 2004 年までは多国間繊維協定によって, 途上国から先進国への繊維・衣料製品の輸出量に割り当てがあったし, 日米間の自動車輸出自主規制も (直接に政府がそれを課したわけではないが) 数量規制であった. アメリカも鉄鋼製品やスーパーコンピュータに関する輸入制限を行ったし, 日本も中国からの農産物や繊維製品のセーフガード輸入制限を行った.

このような数量規制は基本的に間接税による介入と同様な効果をもたらす[23]. 以下では, 輸入数量規制を考えるが, それ以外の財に対する数量規制でも同様の議論が成り立つ. 何も規制がない場合に, 供給曲線 S と需要曲線 D の交点において, 価格 p^{m*} で取引量 M^* が実現していたとする (図 10.7). ここに取引量の上限 M^{quota} があらたに課されると, 供給者価格は p^m に, 需要者価格は $(1+\chi)p^m$ になり, 限界レント χ が両者の差を生み出すよ

[23) ただし, 数量規制が有効に働いている場合に限る. 数量規制を (非合法に) 回避する闇市場・取引が存在する場合は, 異なったモデル化の手法が必要になる. たとえば, Nguyen and Whalley (1989) や我澤 (2001, 第 4 章) 参照.

うに生じる[24]．なお，ここから得られるレント収入 $\chi p^m M^{quota}$ が供給者側に帰せられるか需要者側に帰せられるかは，購入ないし販売権の割り当てを受けるのが誰になるかに依存する．モデル化する際に重要なことは，取引数量 M が M^{quota} に固定されていて，実際上は外生変数と同じになっており，限界レント χ が内生変数として均衡を達成するように調整されることである．

　数量規制がないモデルであれば，取引数量 M が内生変数で，間接税率，または，限界レント χ が外生変数であった．ひとことでいえば，通常の間接税モデルと数量規制モデルの違いは，数量とそれに対応する間接税率・限界レントのどちらを内生変数とし，どちらを外生変数とするかという問題である．ただし，数量規制が課される場合でも，この上限値が M^* より大きいもの，たとえば図10.7中の $\tilde{M}$ のようなものであればこの制約は有効ではなく（つまり，規制がないのと同じ），このとき限界レント χ はゼロである．数量制約が常に有効であると先験的に分かっている場合は単純に内生変数と外生変数を入れかえればよいが，そうではなくて，制約が有効か無効か，事前には明らかでない場合は両者を包摂する形でモデルを作成しなければならない．

　そこで，規制上限数量 M^{quota} と限界レント χ の関係を，これらの数量規制制約が有効である場合と無効である場合の両者を包摂するよう，以下のような相補条件を用いてモデル化する．

$$\chi \cdot (M^{quota} - M) = 0, \quad M^{quota} - M \geq 0, \quad \chi \geq 0.$$

この相補条件の意味するところはつぎのとおりである．いま，第2式が等号で成立した（輸入量がその規制上限に達して制約が有効になった，すなわち，$M^{quota} - M = 0$）ならば，第1式を満足するために第3式で限界レント χ の範囲をとくに限定しなくてよい（すなわち，$\chi = 0$ でも $\chi > 0$ でもよいが，通常は後者）．逆に，第2式が厳密に不等号で成立した（輸入量がその規制上限に達しておらず，制約が無効である，すなわち，$M^{quota} - M > 0$）ならば，

---

24)　限界レントとは，一種の独占力を背景としたマークアップ（限界費用への上積み）のことである．取引数量が規制されれば販売量は減少するが，ほかの競争者の販売量も減少するので競争が減少して独占状態に近くなる．

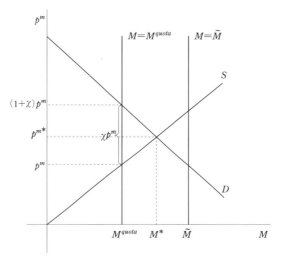

図 10.7：数量規制と間接税

第 1 式を満足するためには，第 3 式が等号で成立しなければならない（限界レントが存在しない，すなわち，$\chi=0$）．

ここで，第 6 章のモデルに輸入数量制限を導入することを考える．第 i 財輸入に対して課された数量制限によって限界レント χ_i が生じ，そのレント額 RT_i が家計の収入になるとする．変更すべき点は 3 か所であり，輸入需要関数（6.18）に限界レント χ_i を導入して，

$$M_i = \left(\frac{\gamma_i{}^{\eta_i} \delta m_i p_i^q}{(1+\chi_i+\tau_i^m) p_i^m} \right)^{\frac{1}{1-\eta_i}} Q_i \quad \forall i \tag{10.45}$$

とする．生じたレント額は，

$$RT_i = \chi_i p_i^m M_i \quad \forall i \tag{10.46}$$

によって計算され，これが家計の所得となるので，第 10.4.1 項の独占モデルのときと同じように，家計の需要関数（6.13），直接税収関数（6.6），家計の貯蓄関数（6.11）を，それぞれ（10.41），（10.42），（10.43）と置きかえる．

第 i 財輸入に対して数量制限を課す場合，これを相補条件，

$$\chi_i \cdot (M_i^{quota} - M_i) = 0 \quad \forall i \tag{10.47}$$

$$M_i^{quota} - M_i \geq 0 \quad \forall i \tag{10.48}$$

$$\chi_i \geq 0 \quad \forall i$$

で表現する．ただし，限界レント χ_i を Positive Variable 命令で定義しておけば最後の非負制約が自動的に課されるので，最後の不等式を入力ファイル中で制約式として明示的に課す必要はない．以上において，内生変数として追加されたのは限界レント χ_i とレント額 RT_i であり，追加された制約式は (10.46)—(10.48) である．最終的に，解くべきモデルは，(6.1)—(6.24) のうち，(10.41)—(10.43)，(10.45) をそれらの元になった制約式と置きかえ，さらに (10.46)—(10.48) を追加したものとなる．入力ファイルとしてはリスト 10.4 (quocge.gms) のようになる．

リスト 10.4：輸入数量制限のあるモデル (quocge.gms)（抜粋）[25]

```
…(省略)…
 38 | Parameter   Y0(j)        composite factor
…(省略)…
 60 |             taum(i)      import tariff rate
 61 |             Mquota(i)    import quotas
…(省略)…
 74 | taum(j)=Tm0(j)/M0(j);
 75 | Mquota(i)=M0(i)*100;
…(省略)…
153 | Variable    Y(j)         composite factor
…(省略)…
178 |             Tm(i)        import tariff
179 |             RT(i)        rent accruing from import quotas
180 |             UU           utility [fictitious]
181 | ;
182 | Positive Variable
183 |             chi(i)       marginal quasi-rent
184 | ;
185 | Equation    eqpy(j)      composite factor aggregation func.
…(省略)…
200 |             eqXp(i)      household demand function
201 |             eqRT(i)      quasi-rent function
…(省略)…
```

---

[25] GAMS Model Library から入手できる入力ファイル quocge.gms には，リスト 6.1 に対応する入力ファイル stdcge.gms と同様，347 行目以降で基準均衡解からの変化率と等価変分を計算するプログラムが追加されている．

第 10 章　モデルの拡張

```
208                 eqD(i)       domestic good demand function
209                 eqchi1(i)    import quota complementarity condition
210                 eqchi2(i)    import quota complementarity condition
…(省略)…
228   *[government behavior]-----
229   eqTd..     Td      =e= taud*(sum(h,pf(h)*FF(h))+sum(j,RT(j)));
…(省略)…
238   *[savings]----------------
239   eqSp..     Sp      =e= ssp*(sum(h,pf(h)*FF(h))+sum(j,RT(j)));
240   eqSg..     Sg      =e= ssg*(Td+sum(j,Tz(j))+sum(j,Tm(j)));
241
242   *[household consumption]---
243   eqXp(i)..  Xp(i)   =e= alpha(i)*(sum(h,pf(h)*FF(h))+sum(j,RT(j))
244                         -Sp-Td)/pq(i);
245   eqRT(i)..  RT(i)   =e= chi(i)*pm(i)*M(i);
…(省略)…
253   *[Armington function]------
…(省略)…
256   eqM(i)..   M(i)    =e= (gamma(i)**eta(i)*deltam(i)*pq(i)
257                         /(1+chi(i)+taum(i))*pm(i)))
258                         **(1/(1-eta(i)))*Q(i);
…(省略)…
261   eqchi1(i)..    chi(i)*(Mquota(i)-M(i)) =e= 0;
262   eqchi2(i)..    Mquota(i)-M(i) =g= 0;
…(省略)…
304   Tm.l(i)  =Tm0(i);
305   RT.l(i)  =0;
306   chi.l(i)=0;
…(省略)…
338   * Defining and solving the model-----------------------------------
339   Model quocge /all/;
340   Solve quocge maximizing UU using nlp;
341
342   * -------------------------------------------------------------
343   * Simulation Runs: Imposition of Quotas on Bread Imports
344   Mquota("BRD")=M0("BRD")*0.9;
345   Solve quocge maximizing UU using nlp;
…(省略)…
```

　規制上限数量 M_i^{quota} は 61 行目で定義される．基準均衡解を求める際には輸入数量制限は課されていない（あるいは有効ではない）として，その値は基準均衡における輸入量 M_i^0 より十分大きく（ここでは 100 倍に）設定して

ある（75行目）．レント額 RT_i は179行目で，限界レント χ_i は183行目で内生変数として定義されている．相補条件式 (10.47), (10.48) の名前は209-210行目で定義され，それらは261-262行目で定式化されている[26]．その他，レント額 RT_i は家計所得の1項目として現れ（243-244行目），その額は245行目で計算される．また，このレント額 RT_i は家計貯蓄にも影響を与える（229行目，239行目）．限界レント χ_i は輸入財（の需要者）価格に対して影響を与えるが，これは256-258行目に現れる．305-306行目はレント額と限界レントの数値計算上の初期値を与えている．基準均衡においては数量規制制約が有効ではないとしているので，どちらもゼロを与える．

340行目でいったん基準均衡解を求めている．そのあと，344行目でパンの規制上限数量 M_{BRD}^{quota} を基準均衡におけるパンの輸入量 M_{BRD}^0 の90％になるように設定している．この値は基準均衡における輸入量より小さいから，かならず輸入数量規制制約（10.48）は有効になる．その上で，輸入数量規制を課された仮想均衡解を求めている．

ところで，この（小国）モデルを用いて輸入数量制限の導入の影響を分析すると，輸入数量制限が経済厚生（効用）の改善をもたらすという，一見直感に反する結果が得られる．しかし，このモデルでは政府消費量と投資需要量が内生変数であるということに注意しなければならない．輸入数量制限は，歪みを引き起こして経済全体の資源配分の効率性を低める一方，限界レントの生成とレント収入の家計への帰着を通して，政府と投資主体から家計へと所得移転を引き起こし，家計の効用水準を引き上げることになる．このモデルでは後者の効果が強く出るために，このような一見逆説的な結果が得られる．政府消費量と投資需要量を外生変数とし，政府と投資主体の予算制約を満たすように一括的に直接税と家計貯蓄が決定されるようにモデルを変更して，政府消費や投資需要が変動する効果を制御すれば，結果はわれわれの直感に合ったものとなる．この問題は，第7章で議論し，数値例を示したモデルの閉じ方の問題である．

---

[26] すでに述べたように，Positive Variable 命令で χ_i を定義しているので，限界レントに対する非負制約 $\chi_i \geq 0$ をあらためて課す必要はない．もちろん，この制約式の名前を定義して，明示的に制約式として導入しても同じ結果を得る．

10.6 規模の経済モデル

いままでのモデルは規模に関して収穫一定の生産関数のみを仮定してきた．これを規模に関して収穫逓増の生産関数にすることを考える．収穫逓増の生産技術のうちもっとも簡単なものは固定費用のあるものである．すなわち，国内生産 Z_j を作る段階で，これまでは中間投入財 $X_{i,j}$ と合成生産要素 Y_j だけを用いており，それらに対する費用のみを支払っていたが，それ以外にも固定費用 FC_j（外生変数）がかかるものとする．ただし，簡単化のために，この部門には1つの企業しかないものとする．すなわち，第6章のモデルにおける単位費用関数（6.5）は，

$$p_j^z = ay_j p_j^y + \sum_i ax_{i,j} p_i^q + \frac{FC_j}{Z_j} \qquad \forall j \tag{10.49}$$

と修正される．この固定費用 FC_j に対する支払を家計が受け取るとすると，直接税収関数（6.6），家計の貯蓄関数（6.11），および，家計の財需要関数（6.13）が以下のように修正を受ける．

$$T^d = \tau^d \left(\sum_h p_h^f FF_h + \sum_f FC_j \right) \tag{10.50}$$

$$S^p = ss^p \left(\sum_h p_h^f FF_h + \sum_j FC_j \right) \tag{10.51}$$

$$X_i^p = \frac{\alpha_i}{p_i^q} \left(\sum_h p_h^f FF_h + \sum_j FC_j - S^p - T^d \right) \qquad \forall i \tag{10.52}$$

前節と同様に表4.2の社会会計表を前提としてこのモデルの基準均衡解を求め，キャリブレーションを行うことを考える．まず，新しく導入した固定費用 FC_j が社会会計表（ないし産業連関表）のどこに含まれているのかを仮定し，その値を明らかにしなければならない．何らかの方法（たとえば先行研究の示唆）で，資本に対する支払のうち ν_j（ギリシャ文字のニュー，nu）の割合だけが固定的な支払であったと分かったとする．このとき，各生産部門において必要とされる固定費用は，キャリブレーションの段階において，社会会計表に表示されている各生産部門による資本に対する支払を $SAM_{CAP,j}$ として，

$$FC_j = \nu_j SAM_{CAP,j} \qquad \forall j$$

から算出できる．基準均衡における資本サービスに対する支払 $F_{CAP,j}^0$ は，この固定費用を差し引いた残りであるから，

$$F_{CAP,j}^0 = (1-\nu_j)SAM_{CAP,j} \qquad \forall j$$

から算出できる．国内生産量の基準均衡における値は，ゼロ利潤条件，

$$p_j^{z0}Z_j^0 = p_j^{y0}Y_j^0 + \sum_i p_i^{q0}X_{i,j}^0 + FC_j \qquad \forall j$$

を利用して算出できる[27]．キャリブレーションにおいては，直接税率 τ^d と家計の貯蓄性向 ss^p の推定式をそれぞれ（10.50）と（10.51）に基づいたものに変更すればよい．ここでも，独占モデルの場合と同様に生産要素賦存量 FF_h を求める際には注意を要する．数値計算モデルはリスト 10.5 （irscge.gms）に示したとおりである．

リスト 10.5：規模の経済のあるモデル（irscge.gms）（抜粋）[28]

```
…(省略)…
37  * Loading the initial values------------------------------------
38  Parameter   nu(i)        share of fixed costs in capital costs;
39  nu(i)=0.1;
40
41  Parameter   Y0(j)        composite factor
42              F0(h,j)      the h-th factor input by the j-th firm
43              FC(j)        the fixed costs in the j-th firm
…(省略)…
70  F0(h,j)     =(1-nu(j))*SAM(h,j)$(ord(h) eq 1)
71                +SAM(h,j)$(ord(h) ne 1);
72  FC(j)       =nu(j)*SAM("CAP",j);
73  Y0(j)       =sum(h,F0(h,j));
…(省略)…
81  Xp0(i)      =SAM(i,"HOH");
```

27) 独占の仮定を単純においた場合，平均価格より高い価格付けがなされ得るので，ゼロ利潤条件をここで用いるためには追加的な仮定が必要である．たとえば，潜在的参入者が非常に低い価格で参入してくる可能性があるために，平均価格以上の高い価格付けはできない，といったものである．

28) GAMS Model Library から入手できる入力ファイル irscge.gms には，リスト 6.1 に対応する入力ファイル stdcge.gms と同様，327 行目以降で輸入関税撤廃シミュレーションを行い，基準均衡解からの変化率と等価変分を計算するプログラムが追加されている．

```
 82 | FF(h)        =sum(j,F0(h,j));
…(省略)…
109 | Parameter    alpha(i)    share parameter in utility func.
…(省略)…
147 | ssp          =Sp0/(sum(h,FF(h))+sum(j,FC(j)));
148 | ssg          =Sg0/(Td0+sum(j,Tz0(j))+sum(j,Tm0(j)));
149 | taud         =Td0/(sum(h,FF(h))+sum(j,FC(j)));
…(省略)…
220 | *[domestic production]-----
…(省略)…
225 | eqpzs(j)..   pz(j)   =e= ay(j)*py(j)+sum(i,ax(i,j)*pq(i))
226 |                         +FC(j)/Z(j);
227 | *[government behavior]-----
228 | eqTd..       Td      =e= taud*(sum(h,pf(h)*FF(h))+sum(j,FC(j)));
…(省略)…
235 | *[savings]----------------
236 | eqSp..       Sp      =e= ssp*(sum(h,pf(h)*FF(h))+sum(j,FC(j)));
237 | eqSg..       Sg      =e= ssg*(Td+sum(j,Tz(j))+sum(j,Tm(j)));
238 | *[household consumption]---
239 | eqXp(i)..    Xp(i)   =e= alpha(i)*(sum(h,pf(h)*FF(h))
240 |                         +sum(j,FC(j))-Sp-Td)/pq(i);
…(省略)…
```

第11章

分析のデザインとその実際

　ある分析目的が与えられたとして，その分析のためにどのような応用一般均衡モデルを構築し，どのようにそれを動かしてシミュレーションを行い，どのようにそのシミュレーション結果を解釈していけばよいであろうか．ここでは，具体的な分析目的を設定し，実際のデータを用いながら，一連のモデル作成と分析過程を例示する．すなわち，与えられた分析目的に合致するように社会会計表の部門分割の設定を行う際の考え方や，モデル構造の選択，およびモデルが導き出した結果の解釈の視点を例示する．あわせて，当初予定していた部門分割やデータ，モデル構造を用いたときにうまくモデルが解けないとき，どのように問題を解決していくかを考える．さらにシナリオについても，それを用いてシミュレーションした結果の妥当性を再検討して，シナリオ自体の見直しが必要になる場合を示す．もちろん紙幅の制約がある以上，ここですべてを紹介することは困難であるし，モデル構造があまりに複雑になってしまってはシミュレーション手法自体を学ぶ読者の理解を妨げてしまうから，ある程度限定的なものにならざるを得ない．そうではあっても，ここでは「CGE モデラー」の思考様式の一端を可能な限り明らかにするように解説していきたい．そのため，完成したモデルやその分析結果を最初から示すことはせず，途中で何度かモデルや分析の見直しに関する議論を行う．すなわち，モデルや分析が最終的な完成形に至るまでの試行錯誤を見せながら進める．

　第 11.1 節では，実際の日本のデータを用いて，石炭・原油・天然ガス価格の上昇が日本経済に与える影響の分析を行う．そこでは，産業連関表と社会会計表の部門分割から始まり，設定された部門分割に見合う集計方法が示

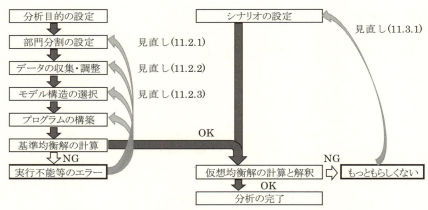

図 11.1：一連のモデル構築・分析手続きとその再検討の方法
注：括弧内の数字は該当する本章内の項番号．

される．ただし，ここで用いる産業連関表や社会会計表のデータをそのまま用いた第 11.1 節のモデルは，エラーになって動かない．このエラーの原因は 1 つではないし，また，その対処法も 1 種類だけではない．第 11.2 節では，社会会計表のある項目の消費が負値である場合を例として取り上げる．その場合，第 11.1 節で解説した分析のデザインやモデル構築上の各手続きのどこかに戻って修正を施す必要があり，その方法を論じる（図 11.1）．また，それらの問題を克服した後でも，プログラミング上の問題が残っている場合についても例示する．

つづく第 11.3.1 項では，あるシナリオの下でモデルを解いて仮想均衡解を求め，その解を解釈したときにもっともらしい結果を得ているかを吟味する．シミュレーション結果があらかじめ予想していたものと異なるとき，その原因が不適切なシナリオ設定にある場合がある．その際には，別のシナリオを考える必要があるから，この場合もまた，一連の手続きの中でシナリオを設定する段階に戻って考え直す必要がある．あるシナリオの下でもっともらしい解を得たとしても，仮定した係数などを動かしたとき，解が大きく動くようでは安心できない．そこで，第 11.3.2 項では，第 8.3 節で論じた感応度分析を実際に行って，現実的な文脈の中で，どのように分析結果の頑健性を論

じることができるかを例示する．最後の第11.4節は，モデルと分析の精緻化についてである．そこで取り上げるのは，第1に，エネルギー分析モデルとしての精緻化の問題であり，第2は生産要素市場の精緻化の方法である．

本章で言及するプログラム・ファイルは，政策研究大学院大学学術機関レポジトリにアップロードされている[1]．ところで，第10章までのサンプル・モデルはインターネット上でダウンロード可能であり，また，GAMSの試用版で解くことができる．しかしながら，本章で用いるモデルは第6章の「現実的な応用一般均衡モデル」を基礎にするものの，現実的な分析を行おうとするために部門分割が詳細になって，その分だけモデルの中の変数と方程式の数が多くなっている．このために，GAMSの試用版では解くことができなくなってしまっていることに注意してほしい．

11.1 分析のデザインを考える必要性

11.1.1 分析の目的と構築するモデルの検討

これまで本書では，数値例を使いながらモデル分析のテクニカルな点についてすべてを開示し，誰でも自分でモデルを作ることができるようになることを目指してきた．すなわち，第6章に示したサンプル・モデル（リスト6.1）を構築することを目的として，第4章でデータベースとなる社会会計表を作り，第5章で係数の推定方法を説明し，最終的に第6章でプログラムを作成した．そこでは，分析目的やそれに合わせたモデルのデザインは考えずに，モデルの構築だけに集中していた．

しかしながら，ある具体的な分析テーマが与えられたときに，その分析を開始する時点において検討すべき事項としては，それだけでは十分ではない．具体的には，分析の背景と目的に照らして，現実の外生的ショックをモデルの中でどのような変数の変化として反映させるべきか，そのショックの影響・効果をどのような視点から吟味するべきか，といったことを検討しなけ

---

1) 〈URL: http://id.nii.ac.jp/1295/00001278/〉参照．

ればならない．その上で，それらをモデル分析の中で実現するために，社会会計表の部門分割としてどのようなものが適切であるのか，モデルの中で描写されている経済活動（たとえば，経済主体の行動を描写する種々の関数や最適化問題の設定）はどのような種類のものであるべきか，といったことを決めていく．すなわち，モデルの構築だけでなく，分析内容全体をデザインしなければならない．

　分析内容をデザインする方法について説明するためには，実際のデータを使った具体的な分析例を用いる必要がある．すなわち，ある検討課題が与えられたものとして，それに対して実際のデータを用いてモデルを構築し，それをシミュレーションに用いて答えを与えることを考える．ここでは，「石炭・原油・天然ガス価格の上昇が日本経済に与える影響を分析する」というテーマが与えられたものとして，モデル構築から分析までを行うことを考えることにしよう[2]．

　日本の応用一般均衡モデルを構築しようとする限り，データとしては，総務省の産業連関表（あるいは，経済産業省によるその延長表）か，それを含めて構築されたGTAPデータベース（Hertel（1997））を用いることになるであろう．前者は言うまでもなく日本1国のみを描写したものであり，その分だけ部門分割は詳細である．たとえば，2005年表では108部門にまで詳細に分割されている．後者は，世界全体の貿易データと世界各国・地域の産業連関表まで統合されたものであるために，多国間の貿易問題や地球環境問題を経済分析するのに向いている．そうした分析目的のために，GTAPデータベースは部門分割があまり詳細ではない（57部門，GTAPデータベース・バージョン8の場合）し，世界貿易モデルを構築するためのデータセットであるために大きく複雑になっているという問題がある[3]．ここでは，石

---

[2] 類似する分析としては，江崎（1989）が石油価格低下（逆オイル・ショック）の影響について応用一般均衡モデルを用いて分析している．

[3] ただし，GTAPデータベースの部門分割数が少ないからといって，すべての点でかならず日本の産業連関表よりも粗い部門分割になっているとも限らない．GTAPデータベースでは農業に関して詳細な分割をしている一方で，日本の2005年108部門表では農業については耕種農業と畜産，および，農業サービスの3部門しか区別していない．

炭・原油・天然ガスの価格上昇が日本国内に与える影響のみを分析するものとし，日本単独のモデルを 2005 年産業連関表を用いて構築しよう．

部門分割としては，ショックが発生すると想定する（鉱業部門としての）石炭・原油・天然ガス部門を 1 つの独立した部門とすることは当然である．こうした上で，その他の部門をどのように集計すべきであろうか．そのためには，モデルを作って計算する前に，大づかみに石炭・原油・天然ガス価格上昇の影響がどのような形で現れるかについてあらかじめ検討しておくべきである．これらの価格の上昇は，最初にエネルギー多消費部門に大きな悪影響を与えるであろう．具体的にそれらがどの部門でどの程度の影響として現れるのかを知りたいと考えることは，分析上の自然な問題意識である．したがって，そうしたエネルギー多消費部門もまた独立なものとして取り上げるべきであろう．こうした部門は，108 部門表中の石炭・原油・天然ガス以外に，石油化学基礎製品，石油製品，石炭製品，電力，ガス・熱供給といった部門が中心になるであろう．さらにこれら以外にも，こうした部門から多くの製品を購入している化学，鉄鋼，輸送部門でも比較的エネルギー投入量が多い（表 11.1）．一方，農林水産業や上記以外のサービス業ではあまり大きくないであろう．したがって，

（１）　石炭・原油・天然ガス価格上昇の影響が大きな部門とそうでない部門の対比を明らかにできるように，しかし，

（２）　部門間の規模の違いがあまりに大きくなりすぎず，また，

（３）　部門数が多くなりすぎない程度に詳細に部門分割を決める

ことが望ましい．うまく部門分割を設定することでシミュレーション結果が分かりやすくなるだけでなく，現実味のある結果の解釈がしやすくなる．部門数が少なくてもシミュレーションはできるが，抽象的なモデルになりがちである．たとえば，典型的な 3 部門モデルとして「農業」，「工業」，「サービス業」という形にすると，上で触れたようなエネルギーの集約度合いによって部門ごとに影響が異なるという分析上の手がかりを使うことがむずかしく，現実的な文脈上で分析結果を議論しにくくなる．ここでは，表 11.1 に示すような 17 部門を考えることにしよう．

表 11.1：部門集計の設定

部門	略号	産業連関表（108部門）におけるコード番号	エネルギー投入比率 [%]*2
農業	AGR	001-005, 011	2.7
石炭・原油・天然ガス	OIL	008	8.1
その他鉱業	MIN	006-007	5.0
食品	FOD	009-010, 012	1.9
繊維・衣料	TXA	013-014, 032	2.5
木工・紙パルプ・印刷	WPP	015-019	3.1
石油・石炭製品	P_C	022, 028-029	85.3
化学	CHM	020-021, 023-027, 030-031	9.2
窯業	POT	033-036	5.9
鉄鋼・金属製品	STL	037-044	4.7
機械・その他製造業	MAN	045-048, 062-063	1.1
電子機器	EEQ	049-056	1.4
輸送機械	TEQ	057-061	1.2
電力	ELY	069	26.3
都市ガス	TWG	070	41.6
運輸	TRS	078-085	12.1
その他サービス	SRV	064-068, 071-077, 086-108	1.6
資本	CAP	142-144*1	
労働	LAB	140-141*1	
間接税	IDT	145-146*1	
関税	TRF	126-127	
家計	HOH	111-112	
政府	GOV	113-114	
投資	INV	115-117	
外国	EXT	122, 125	

注1：140番台のコードは111から始まる元の行コードから変更したもの．この理由については本文参照．
注2：産業連関表から計算したエネルギー財（OIL, P_C, ELY, TWG）の投入が総投入額に占める割合．

11.1.2 産業連関表の集計

　部門分割を決めた上で，108部門産業連関表を17部門に集計していく．第4章では部門の集計方法について具体的には論じなかったが，基本的な方法は，集計対象となった行（あるいは列）同士を足し合わせることである．不要，あるいは，重要ではない部門のデータを消去すると産業連関表の行和と列和のバランスが損なわれるから，そのような変更は原則として行わな

第11章 分析のデザインとその実際 241

	A	B	C	D	E	DF	DG	DH	DI	EB
1				(5年)産業連関表 取引基本表(生産者価格評価)						(単位:
2			001	002	003	108	109	111	112	133
3			耕種農業	畜産	農業サービス	分類不明	内生部門計	家計外消費支出(列)	民間消費支出	国内総生産(支出側)
4	001	耕　種　農　業	180939	303756	5980	0	5437370	57739	2458831	884563
5	002	畜　　　　　産	49944	330036	3271	0	2699018	0	207514	329388
6	003	農　業　サ　ー　ビ　ス	429233	129181	0	0	582546	0	285045	285045
111	108	分　類　不　明	103937	1050	27124	0	4630133	0	26326	-662114
112	109	内　生　部　門　計	2611127	2225177	295836	4604919	466140569	16802674	280873295	489071389
113	111	家　計　外　消　費　支　出	1816	0	10292	17726	16802674			
114	112	雇　用　者　所　得	433743	159785	314322	106763	258817524			
115	113	営　業　余　剰	2180586	408179	116214	-1241026	99584574			
116	114	資　本　減　耗　引　当	832607	211585	80768	435566	82293174			
117	115	資本減耗引当(社会資本等減耗分)					14351672			
118	116	間　接　税　(　除　関　税　)	362784	75462	50534	44690	37531113			
119	117	(　控　除　)　経　常　補　助　金	-42991	-51782	-375	-619	-3506668			
120	129	粗　付　加　価　値　部　門　計	3768545	803229	571755	-636900	505874063			
121	132	国　内　生　産　額	6379672	3028406	867591	3968019	972014632			
122	133	国　内　純　生　産　(　要　素　費　用　)	2614329	567964	430536	-1134263	358402098			
123	134	国　内　総　生　産　(　生　産　側　)	3766729	803229	561463	-654626	489071389			

図11.2：108部門産業連関表（ダウンロードしたファイルのスクリーンショット）
出典：総務省（2009）．紙幅の関係上，列F-DE，DK-EAと行7-110に該当する部分をワークシート上で非表示にしてある．

い[4]．表11.1の集計パタンに従えば，108部門産業連関表の部門コード001から005，および，011の全部で6つの行をすべて足し合わせて1行にして，新しい産業連関表の農業部門（AGR）を作成する．部門コード008については，そのまま単独で石炭・原油・天然ガス部門（OIL）とする．つぎに，部門コード006と007を足し合わせて，その他鉱業部門（MIN）とする．この種の作業を他のすべての行と列についても行う．

こうした作業を表計算ソフトウェア（たとえばExcel）上で行ってもよいが，元になる産業連関表のデータを一旦そのままGAMSに読み込んだ上で，上記と同じ手続きをプログラムとして記述して集計すると便利である．以下ではその方法について解説する．総務省統計局のWebサイトで公開されている108部門産業連関表のExcel形式ファイル（図11.2）を，あらかじめ，その取り扱いの便宜のために少しだけ改変しておく[5]．具体的には，ダウンロードして得た図11.2のワークシートのセル範囲A4:A123とC2:EB2にある部門コード（それぞれ001-134と001-133）を，それぞれ図11.3において，C5:C124とD4:EC4に移動する．表11.2に示した部門集計をモデル作

---

4) 第11.2.2項では，データの一部を消去（ゼロと）する場合について論じている．
5) 元になっている2005年表のExcel形式ファイルは，〈URL:http://www.e-stat.go.jp/SG1/estat/Xlsdl.do?sinfid=000002568523〉にある．

図 11.3：108 部門産業連関表（完成したワークシート「io2005」のスクリーンショット）
出典：総務省（2009）より筆者改変．紙幅の関係上，列 G-DF，DK-DV，DZ-EB と列 DN-DV，および，行 8-111 の部分をワークシート上で非表示にしてある．

成者自身が目で見て確認する便宜のために，図 11.3 のセル範囲 B5 以下と D3 から右の範囲それぞれに集計後の部門の略号を挿入しておく．（こうした確認は，しばしば集計の際の間違いを防いだり修正したりするために重要である．）なお，行項目のうち「家計外消費支出」から「（控除）経常補助金」までの項目に振られたコード番号については，元のコード番号（111-117）から新たに（140-146）と変更してある．（図 11.3 のセル C114：C120 がこれに該当する．）これは，同じコード番号（111-117）が異なる列項目（「家計外消費支出（列）」等）に割り振られており，後段で集計に用いる GAMS プログラムの中でコード番号の重複を避ける必要があったためである．この産業連関表をワークシート名「io2005」，ファイル名「io05a301.xls」として保存する（図 11.3）．

図 11.3 に示す Excel 形式ファイル（io05a301.xls）が用意できたとして，部門の集計を GAMS プログラムによって行う（リスト 11.1）．表 11.1 の産業連関表の部門コード（001-146）を集合 uo の要素として定義する（4 行目）[6]．つぎに，集計された新しい産業連関表・社会会計表の項目を集合 u の要素として（5-23 行目），また，その部分集合として部門・財のみを i（25-27 行目），生産要素のみを h と定義する（29 行目）．これらは，第 6 章で用いた手法と同じである．日本の産業連関表では，輸入とそれに付随する輸入関税のデータが負値で列項目に現れる（図 11.3 の列 DW-DY）．これを，

最終的に社会会計表内で行項目として正値で表すように変換する便宜のために（詳細については後述），これらの項目（コード番号125-127）のみを含む集合u0_importsを，やはりu0の部分集合として定義する（31-32行目）．

リスト11.1：産業連関表集計・社会会計表作成プログラム（io108-17.gms）

```
…(省略)…
    4  set   u0     original IO labels    /001*146/
    5        u      aggregated IO labels
    6               /AGR    agriculture incl. livestock feed,
    7                OIL    oil coal and natural gas,
    8                MIN    other mining,
    9                FOD    food beverage and tobacco
   10                TXA    textiles and apparel
   11                WPP    wood paper and printing
   12                P_C    petroleum and coal product,
   13                CHM    other chemical,
   14                POT    pottery,
   15                STL    steel and metal products,
   16                MAN    machinery and other manufacturing,
   17                EEQ    electric equipments,
   18                TEQ    transportation equipment,
   19                ELY    electricity,
   20                TWG    town gas,
   21                TRS    transportation and storage,
   22                SRV    other services
   23                CAP,LAB,IDT,TRF,HOH,GOV,INV,EXT/
   24
   25                i(u)   sectors
   26                       /AGR,OIL,MIN,FOD,TXA,WPP,P_C,CHM,POT,
   27                        STL,MAN,EEQ,TEQ,ELY,TWG,TRS,SRV/
   28
   29                h(u)   factors /CAP,LAB/
```

---

6) リスト11.1の1行目にある「001*146」は，001，002，003，…，146という連番を一括して定義するためのものである．詳しくは，付録第A.1.1項参照．ここでは，001-146までの産業連関表中のコード番号をひとつながりに定義しているが，表11.1で示されたそれらと比較すると分かるように，定義したもののうち一部については実際に使っていない．これは単にコード番号を定義するプログラムの簡単化のためにそうしているだけであり，使っていないものを定義しないようにして1行目を書き直してもよい．

```
30
31          u0_imports(u0)      entries related to imports and tariffs
32                              /125*127/;
33  set    u_agg(u0,u)          aggregation of the original IO table
34  /
35  (001*005,011).              AGR
36  008.                        OIL
37  (006*007).                  MIN
38  (009*010,012).              FOD
39  (013*014,032).              TXA
40  (015*019).                  WPP
41  (022,028*029).              P_C
42  (020*021,023*027,030*031).  CHM
43  (033*036).                  POT
44  (037*044).                  STL
45  (045*048,062*063).          MAN
46  (049*056).                  EEQ
47  (057*061).                  TEQ
48  069.                        ELY
49  070.                        TWG
50  (078*085).                  TRS
51  (064*068,071*077,086*108).  SRV
52  (142*144).                  CAP
53  (140*141).                  LAB
54  (145*146).                  IDT
55  (126*127).                  TRF
56  (111*112).                  HOH
57  (113*114).                  GOV
58  (115*117).                  INV
59  (122,125).                  EXT
60  /;
61
62  set    v_agg(u0,u)          aggregation of the original IO table
63  /
64  (001*005,011).              AGR
65  008.                        OIL
…(省略)…
88  (122,125).                  EXT
89  /;
90
91  alias(u0,v0),(u,v),(i,j);
92
93
94  $CALL GDXXRW.EXE io05a301.xls o=io2005 par=IO0 rng=io2005!C4:DY120
```

```
 95 
 96  Parameter   IO0(u0,v0)         original input-output table
 97              IO(u,v)            aggregated input-output table
 98              SAM(u,v)           social accounting matrix ;
 99  * Loading IO table
100  $gdxin io2005.gdx
101  $loaddc IO0
102  $gdxin
103 
104 
105  * Transposing imports and tariffs
106  IO0(u0_imports, v0)=-IO0(v0, u0_imports);
107  IO0(v0, u0_imports)=0;
108 
109  * Aggregating IO Table
110  IO(u,v)=sum(u_agg(u0,u),sum(v_agg(v0,v),IO0(u0,v0)));
111 
112  SAM(u,v)=IO(u,v);
113 
114  * Factor endowment
115  SAM("HOH",h)=sum(j,SAM(h,j));
116 
117  * Indirect taxes revenue
118  SAM("GOV","IDT")=sum(j,SAM("IDT",j));
119  SAM("GOV","TRF")=sum(j,SAM("TRF",j));
120 
121  * Direct tax
122  * Source:SNA,CY2005/H17
123  * 4.General government:
124  * Current taxes+Social contributions-Social benefits
125  SAM("GOV","HOH")=(41675.4+53216.5-56606.4)*1000;
126 
127  * Savings
128  SAM("INV","HOH")=sum(h,SAM("HOH",h))
129                  -sum(i,SAM(i,"HOH"))-SAM("GOV","HOH");
130  SAM("INV","GOV")=SAM("GOV","HOH")+sum(j,SAM("IDT",j)+SAM("TRF",j))
131                  -sum(i,SAM(i,"GOV"));
132  SAM("INV","EXT")=sum(i,SAM("EXT",i)-SAM(i,"EXT"));
133 
134  execute_unload "SAM2005.gdx" SAM;
```

部門集計手続きにおける重要な点は，表 11.1 に示したような部門間の対応関係をプログラムとして記述する方法である．ここでは 2 次元の添え字 u_agg(u0, u) を用いて u0 と u の間の対応関係を定義する（33-60 行目）．スラッシュ「/…/」内で，ピリオド「.」の左側に元の産業連関表に示されるコード番号を，その右側に新しい産業連関表・社会会計表の部門の略号を記述する．複数ある場合にはコンマ「,」で各要素を区切り，全体を括弧「(…)」で括る．行と列の両方について集計する必要があるから，これとまったく同じものを v_agg(u0, u) として同様に定義する（62-89 行目）．

与えられているファイルは Excel 形式のファイルであるから，これを GAMS で取り扱いやすいように GDX 形式のファイルに変換する[7]．これは，94 行目で Excel 形式のファイル「io05a301.xls」を開いてそのファイル内のワークシート「io2005」中の範囲 C4:DY120 にあるデータを読み込み，その内容を「io2005 (.gdx)」というファイル名の（拡張子 .lst の出力ファイルとは別のファイルである）GDX ファイルに出力するプログラムとして記述されている[8]．

こうして作成された GDX ファイルに格納されている元の産業連関表のデータを Parameter で定義した IO0(u0, v0) の値として読み込む（100-102 行目）．ただしこのままでは，上で言及したように，輸入や関連する関税データが負値で列項目（縦ベクトル）として現れたままになっているので，これらを正値の行項目（横ベクトル）として現れるように転置・符号の逆転を行う（図 11.4）．このために，106 行目で転置・符号の逆転を行った値を新たに産業連関表の該当箇所の横ベクトルの値として与え，一方で，107 行目では不要になった元の縦ベクトルのデータをゼロとして消去してしまう．

こうした準備を施した上で部門を集計する（110 行目）．u0 と u の対応関係を記述した u_agg と，v0 と v の対応関係を記述した v_agg について

---

7) GDX 形式ファイルについては，付録第 A.5 節，あるいは GAMS マニュアル参照．

8) ワークシートからのデータ読み込み範囲 C4:DY120 が，該当する産業連関表の行と列のラベルとデータの範囲と一致していることは図 11.3 に示すワークシートを見ることで確認できるであろう．なお，出力ファイル名の拡張子が「.gdx」である限りは省略してよく，入力する Excel ファイルとしては，XLS 形式以外にも XLSX 形式にも対応している．詳しくは，付録 A 参照．

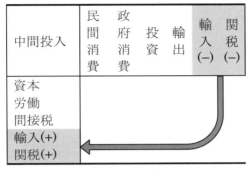

図11.4：産業連関表における輸入と関税データの
転置・符号逆転

sum 関数を用いて合計すればよい．もしこれまで考えてきた表11.1のような集計パタンを変更したい場合には，この計算式ではなく，33-89行目で行ったような対応関係の記述を変更することで柔軟に対応できる．

11.1.3 社会会計表の作成

産業連関表の集計が完成したから，第4章で説明したような方法にしたがえば，（コピー＆ペーストによって）GDXファイル内にある集計された産業連関表を再びExcelのワークシートに入れて社会会計表を完成させることもできる．しかしながら，ここではそのような二度手間は省いて，このGAMSプログラム中でそのまま社会会計表の作成まで終えてしまうことにする．

リスト11.1のプログラムをそのまま読み進めると，112行目でこれまでに集計した新しい産業連関表 IO(u, v) の値が社会会計表 SAM(u, v) の値として与えられていることが分かる．ただし，これによって社会会計表として必要なすべてのセルが埋まっているわけではなく，この時点では，たかだか第4章の表4.5.Aの状況を実現できたに過ぎない．これからは，第4章で紹介したような（Excel上の作業を想定した）社会会計表の作成作業と同様の作業を，GAMSのプログラムとして記述すればよい．社会会計表中でこれから値を計算する必要があるものは，家計の資本と労働所得 SAM("HOH", h)

(115 行目),政府の間接税と輸入関税収入 SAM("GOV","IDT") (118 行目),SAM("GOV","TRF") (119 行目),経常収支赤字 SAM("INV","EXT") (132 行目) のような行和と列和の均衡から直ちに得られる種類のものと,追加的な外部データが得られれば同様に推定できる直接税収 SAM("GOV","HOH"),家計と政府貯蓄 SAM("INV","HOH"),SAM("INV","GOV") である.前者については,社会会計表における該当する勘定項目の行和と列和の差額から計算して,表 4.5.B のような状態の社会会計表を直ちに得られるであろう.後者については,第 4 章で例示した方法を用いるものとし,家計から政府への直接税支払い額を外部データから得てこの値を与える (125 行目)[9].その上で,家計貯蓄 (128-129 行目) と政府貯蓄 (130-131 行目) を同様の行和と列和の差額から計算する.この状態は表 4.5.C に対応し,表 11.2 のような社会会計表が完成する.最後に,このデータ SAM(u, v) を,後ほど構築する応用一般均衡モデルで用いることができるように GDX ファイル (SAM2005.gdx) として出力する (134 行目)[10].

11.1.4 モデルの構築とエラーの発生

上記のような社会会計表が GDX 形式で得られれば,これを第 6 章で構築した応用一般均衡モデルに読み込むことでモデル構築が可能になる.第 6 章で示したプログラムの冒頭 (リスト 6.1) を,表 11.1 に示す 17 の産業部門に対応した添え字 u と i を定義するように変更する (stdcge11-1-4a.gms).第 6 章のプログラム (リスト 6.1) では,社会会計表を Table 指示子を使って行列形式で直接入力していた.ここではその代わりに Parameter 指示子を用いて SAM(u, v) を定義し,GDX 形式のファイル「SAM2005.gdx」を読み込んでこれを SAM(u, v) の値として使う.そこで,このデータ読み込みの手続き部分を以下のように書き換える.

---

[9] 内閣府経済社会総合研究所 (2012)『国民経済計算年報 平成 24 年版』より,2005 暦年における政府部門の直接税収(「所得・富等に課される経常税(受取)」)と社会保障給付・負担(「現物社会移転以外の社会給付(支払)」,「社会負担(受取)」)から計算.

[10] もちろん,このプログラムに続けて応用一般均衡モデルを記述することも可能である.

表 11.2：完成した社会会計表 [単位：10 億円]

	AGR	OIL	MIN	FOD	TXA	WPP	P_C	CHM	POT
AGR	3,192	0	0	6,805	40	413	1	166	1
OIL		0		0	0	39	10,110	65	55
MIN	1		3		0	12	−2	72	423
FOD	431			4,939	36	22	0	122	3
TXA	59	0	6	43	1,252	96	4	82	23
WPP	197	1	2	834	59	4,601	4	604	168
P_C	268	0	15	153	34	75	2,901	2,466	143
CHM	696	1	11	977	569	1,113	149	12,362	229
POT	21	0	0	134	2	80	7	213	575
STL	25	5	18	673	15	342	11	529	182
MAN	16	0	7	17	62	49	0	61	42
EEQ	3	0	0	0	0	10	0	3	0
TEQ	68		0						
ELY	111	8	26	353	74	448	149	842	182
TWG	2	0	0	71	8	10	2	52	26
TRS	709	6	270	1,136	128	750	514	944	466
SRV	1,453	32	160	5,019	910	3,081	675	8,043	1,494
CAP	5,321	22	110	4,939	277	2,617	545	4,274	1,142
LAB	1,533	35	203	4,972	1,222	4,734	362	6,381	1,697
IDT	442	12	52	3,430	163	633	4,413	918	305
TRF	156	1,219	86	1,035	496	128	149	307	28
EXT	2,226	12,325	1,730	4,491	3,895	1,954	2,630	4,778	504

	STL	MAN	EEQ	TEQ	ELY	TWG	TRS	SRV
AGR	0	67		0			2	1,451
OIL	220	0	1	4	2,332	975	0	8
MIN	1,630	11			0			503
FOD	0	1					9	6,118
TXA	41	105	131	104	3	10	88	1,526
WPP	160	394	494	133	87	16	394	11,494
P_C	692	49	49	108	943	124	5,206	2,470
CHM	432	1,415	1,925	2,489	8	8	150	10,611
POT	248	284	623	403	1	0	2	4,034
STL	20,654	4,726	3,379	3,997	24	4	89	9,149
MAN	54	6,729	394	585	2	0	12	5,015
EEQ	58	2,445	12,930	2,160	1	0	14	2,448
TEQ		4		24,605			738	2,603
ELY	1,019	336	506	430	561	61	683	5,398
TWG	116	20	50	78	13	43	23	1,051
TRS	1,216	913	846	887	363	136	5,920	17,333
SRV	5,448	7,328	9,803	6,825	4,175	656	13,148	128,681

CAP	4,527	3,823	3,019	2,525	4,232	404	6,667	151,786
LAB	7,344	8,970	8,264	6,899	1,915	454	15,596	205,040
IDT	1,268	798	640	785	1,125	3	2,004	17,031
TRF	220	279	529	131				9
EXT	4,002	5,504	10,158	2,674	1	0	3,667	7,169

	CAP	LAB	IDT	TRF	HOH	GOV	INV	EXT
AGR					3,794		929	67
OIL					0		−142	0
MIN					−15		36	31
FOD					27,515	328	240	260
TXA					4,925		177	565
WPP					685	2	479	399
P_C					5,888		−162	1,204
CHM					3,615	4	174	6,344
POT					256		58	748
STL					427	1	459	4,642
MAN					2,630	0	18,067	10,458
EEQ					8,119		9,508	16,042
TEQ					5,568		6,877	15,359
ELY					4,566			30
TWG					1,328			1
TRS					15,403	−75	878	5,669
SRV					212,972	90,782	78,292	11,948
HOH	196,229	275,620						
GOV			34,024	4,774	38,286			
INV					135,888	−13,958		−6,060

出典:総務省(2009),内閣府経済社会総合研究所(2012)より筆者作成.
注:値のない行については省略した.行と列項目の略号については表11.1参照.実際に作成し,後段で説明するプログラムで用いた社会会計表は100万円単位であるが,紙幅の関係上10億円単位に変更した.この変更によって,この表では丸めの問題で行和と列和が一致しない箇所がある.空白は元の表(100万円単位)でゼロを意味し,「0」と表示されているものは元の表で100万円以上の値があることを意味する.

```
    Parameter   SAM(u, v)      social accounting matrix;
    $GDXIN SAM2005.gdx
    $loaddc SAM
    $GDXIN
```

さて,上記のような変更を施してモデル(stdcge11-1-4a.gms)を動かしても,実行不能(infeasible)となって,正しい解が得られない.これは,リスト6.1では想定していなかった状況を描写しようとしていたからに他ならない.具体的にはどのような状況を想定していなかったのであろうか.こ

の手がかりの1つは，第5章の第5.5.2項にある．すなわち，このプログラムは内生変数の解としてすべてが厳密な正値のみを想定し，「.lo」を用いてすべての内生変数に厳密に正の下限を設定していた．この内生変数に課せられた厳密に正の下限が，つぎの場合に問題を起こす．

（1） 表11.2に見るように，中間投入を表す値の一部に空白（ゼロ）の値があったり，あるいは，負の値があったりする．前者（例えば「OIL」―「AGR」）は当然に投入がないことを表し，後者（例えば「MIN」―「P_C」）は，副産物が発生してそれを売却していることを反映している．これらは，期待される基準均衡解の中でゼロ，または，負値で現れるはずである．

（2） 表11.2に見るように，政府消費は大半の財についてゼロであったり，政府による運輸サービスの消費は負の値をとったりする．後者は，政府や公営企業による運輸付帯サービス（港湾・空港の管理等）の供給が負の消費として現れたものである．

（3） 投資についても，固定資本形成と在庫増減の和が用いられており，前者が常に非負である一方で，後者は負値を取り得る（すなわち，在庫の取り崩し）．

（4） 最後に，政府貯蓄についても，近年の大幅な財政赤字を反映して負値を示している．

モデル（stdcge11-1-4a.gms）に記述されたもののうち，これらに該当する以下の5つの変数の下限は取り除く必要がある．

```
    X.lo(i,j)=0.00001 ;
    ...
    Xp.lo(i)=0.00001 ;
    Xg.lo(i)=0.00001 ;
    Xv.lo(i)=0.00001 ;
    ...
    Sg.lo=0.00001 ;
```

輸入関税収入 T_i^m もいくつかのサービス部門についてはゼロであるが，下限をゼロに設定し直す必要はない．なぜなら，第6章のリスト6.1のプログラ

ム中 317-318 行目では，先々輸入関税撤廃のような政策をシミュレーションすることを想定して下限がすでにゼロに設定されているからである．

この修正されたモデル（stdcge11-1-4b.gms）を使って基準均衡を解こうとすると，しかしながら，以下のような実行エラーが発生してプログラムは動かない．

```
    ****Exec Error at line 264:rPower:FUNC DOMAIN:x**y, x<0
```

これは，付録 B の第 B.2 節で触れたいくつかのエラー原因のうちの 1 つに起因する．すなわち，出力ファイルの（このサンプル・プログラムでは）264 行目に示された部分で負値の根を計算しようとしていることが原因である．出力ファイルを見ると，264 行目には

```
    264  obj..      UU     =e= prod(i, Xp(i)**alpha(i));
```

という形で効用関数が記述されている．エラー・メッセージが意味するところは，（それが解であっても，あるいは，それに至る計算途中であっても）Xp(i) の値が負になっていることである．実際，表 11.2 に示した社会会計表の中で，家計消費（HOH）のうち，その他鉱業（MIN）の消費が負の値をとっている．（家計消費は一般には正の値をとることを期待されるが，家計が売却・リサイクル等によって不要品等を供給している場合には，負の値として現れる）．このために効用関数の計算が定義できない不正な計算となってしまう．また，負の消費が発生する以上，コブ=ダグラス型の効用関数を使い続けることもできない．そこで，データを変更するか，モデルを変更するかが必要になる．

11.2 データとモデルの再検討

実際にモデルを構築し解こうとすると，エラーで解けないことがしばしば起こる．前節で指摘したように，負の消費がある場合が一例である．その他に，ゼロで割ることを避けるために内生変数に課した正の下限（.lo）が，問題を起こすことがある．このようなときには，データとモデルの再検討を行わなければならない．本節では，まず，負の消費データに，どのように対応するかを詳しく検討する．

負の消費がある場合には，第2章以来ずっと採用してきたコブ＝ダグラス型の効用関数，

$$UU = \prod_i X_i^{p\alpha_i} \quad (2.\text{a})$$

をそのまま用いることはできない．負の消費という問題を解消する方法として，つぎの3つが考えられる．(1) 部門集計の変更によって社会会計表に負の値が現れないようにする方法と，(2) 問題となっている負の値を実際に消去（ゼロと）して社会会計表を再調整する方法，そして最後に，(3) 負の消費については外生変数として扱い，効用関数の中では陽表的に考慮しないようにモデルの側を変更する方法である．以下ではそれぞれについて詳述する．

11.2.1 部門集計の工夫で負の消費をなくす

現実味のあるモデルを使ってシミュレーションを行いたいならば，まずは，その現実を反映したデータから得られる情報を可能な限り生かすように読み取るように努めるべきである．しかしながら，現実から得られるデータは，ときにわれわれが期待するものとは異なる．理由はいくつかあるであろう．まず，統計データの計測誤差のようなデータの作生過程に起因するものがある．さらに，産業連関表のように種々のデータをとりまとめて全体的に整合性のある形にまとめられたデータは，統計データ作成者が元データを修正して作成するが，最終的にどのような経緯でそのような数値になったかを測りがたいことが発生し得る．また，データを統計表の中で表章する際に，経済モデルの中で通常表現する形とは違った形で表章する方法をとるかもしれない．上で言及した家計による「リサイクル活動」を，家計による「負の消費」と表章することがその一例である．そのように表章する代わりに，家計を消費者としての側面と生産者としての側面の2つに擬制的に分けてそれぞれ独立の勘定に計上することも可能であろう．統計データ作成者であればこれらの方法のいずれでも選択できるが，完成したデータを利用するわれわれモデル作成者の立場からは選択の余地はない．分析の目的にかなう形のモデルを作り，それを与えられた現実のデータにうまく当てはめて実用的なモデル分析を行うための，適切ないし妥当な方法を考えることがここでの問題で

ある.

　現実的な対応として2種類考えられる．いずれの場合も，「その他鉱業」部門自体の重要性があまり大きくないことが前提になるが，1つは，この部門を他の適当な部門に吸収させてしまって，17部門表として作成した産業連関表・社会会計表（表11.2）を16部門表に変更する方法である．実際，その他鉱業部門は生産量で見て17部門中で最も小さい．この部門自体に着目した分析やこの種のリサイクル活動そのものを描写するつもりがないならば，他の部門と合算してしまうことで，家計による「負の消費」というデータ表章上の問題を回避できる．

　具体的にどの部門と合算するべきかについては，さらにいくつかの選択肢がある．単純な簡単化のためという理由を採用するならば，たとえば，第1次産業の1つであると考えて農業部門に合算してしまうことが考えられる．あるいは，非農業部門の内の1つとしての性質を重視するならば，表11.1の産業区分では機械・その他製造業部門に統合することも考えられる．より詳細に，その他鉱業部門と特定の製造業との結びつきを考えて統合することも正当化されよう．実際，日本における鉱業部門の生産量の約半分が非金属鉱業のそれであり，その内容は，石灰石や粘土等が主要な生産物である[11]．そうしたことを考えると，表11.1の17部門の中では窯業（POT）に含めることもできるであろう．

　どのような形で部門の再集計を考えたとしても，具体的な手続はこれまでと同じである．プログラムに関して言えば，リスト11.1の8行目と26行目に現れる「その他鉱業」に対応する「MIN」を削除して16部門になるように修正する．あわせて，33-89行目で指定している新旧部門間の割り当てを変更して，部門コード006-007を「MIN」以外のどこかの適当な部門に割り当てればよい[12]．

---

11)　経済産業省（2006）「平成17年本邦鉱業の趨勢」，8月28日．
12)　このためのプログラム（io108-16.gms）は，先述のレポジトリにアップロードされている．

11.2.2　負の消費のデータを消去する

　もう1つの方法は，少なからず手荒な方法であるが，「負の消費」というモデルや理論の想定と合致しない「不都合な」データを落として（すなわち，ゼロにして）しまうという方法である．これは，家計による負の消費のデータを——それ自体は正しい手続きで作成されていることは承知の上でも——無視してしまうやり方である．もちろん，一定の手続を経て正しく作られたデータを無視する以上，それにはある種の「罪」とでも呼ぶべき問題が伴う．1つには，正確な，あるいは，正しい手続きで作られた情報を無視すること自体の「罪」であり，もう1つは，それを無視することで，社会会計表中でそれと整合的に作られた他のデータを歪めてしまうという「罪」である．したがって，そう簡単に採用できる方法ではないものの，その「罪」に較べて得られるものが大きい限りにおいては十分に正当化されるであろう．

　表 11.2 の社会会計表に示された家計によるその他鉱業製品の負の消費額（−150 億円）は，家計の消費総額の 0.005% にすぎない．（絶対値で）それより小さい支出費目は石炭・原油・天然ガス（0.2 億円）である．このような（製品ではなく原料である）石炭・原油・天然ガスの家計による直接的な利用は，たとえば，千葉県で自らの敷地内に自噴する天然ガスを煮炊きに利用する場合のようにきわめて特殊な例であろう．一方，その他鉱業に次いで大きい費目は，その 10 倍以上の大きさを示す窯業や鉄鋼・金属製品である．家計におけるその他鉱業製品の消費やリサイクル活動自体の描写が重要ということでなければ，このデータ自体がここで考えるようなマクロ・レベルの分析で重要な役割を演じる可能性は小さい．こう考えると，第1の意味での「罪」の問題は深刻ではないと判断できよう．他のデータから得られる情報を歪めてしまうという第2の「罪」は，社会会計表を再計算してみるまでその深刻さは分からないから，実際に社会会計表を再計算したあとで判断することとしよう．これらの問題に目をつぶるという現実的な方法をとることで，データの取り扱いや分析結果の解釈の際により慎重になる必要があるとしても，社会会計表中のたった1つの負値のために分析自体がまったく行えなくなるという別の不都合を克服することができる．完璧でなくとも，有用な分

析のためにとることができる1つの判断と言えるであろう[13]．

具体的なプログラムの中で，社会会計表における当該データを削除することを考えよう．プログラムの手順としては，第5.4節に示した一連の手続きに2つの手続を加える．すなわち，

（1） 集合の定義
（2） データ（社会会計表・弾力性）の入力
　（2-1）負の消費に関するデータの削除
　（2-2）社会会計表の再計算
（3） 社会会計表からの基準均衡解の値の読み取り
（4） 係数の推定（キャリブレーション）
（5） 内生変数と制約式・目的関数の定義と特定化
（6） 変数の初期化，下限の設定，基準財の設定
（7） モデルの名前を定義してモデルを解く
（8） モデルの解を再加工して，必要な指標を計算する

となる．

プログラム中の重要な点は，35-38行目で元の社会会計表（ただし，負の消費を含む）を定数SAM(u, v)としてGDXファイルから読み込み（リスト11.2），この社会会計表の値SAM(u, v)のうちで負になっているものSAM("MIN", "HOH")についてのみ，その値をゼロとするところ（41行目）にある．

リスト11.2：負の消費を消去して社会会計表を再調整するプログラムを含むモデル
　　　　　（stdcge11-2-2.gms）

```
…(省略)…
 5  set     u         SAM entry
```

---

[13] このほかに，産業連関表等のデータのうちで微小な値を省略してしまうことで，モデル構造は変えずにモデル中の変数の数を実質的に減らして，数値計算に要する時間を短くできるという利便性もある．たとえば，Thomas RutherfordによるGTAP8inGAMS〈URL：http://www.mpsge.org/GTAP8inGAMS.zip〉では，GTAPデータベースで定義される変数の値を，GAMSを用いて応用一般均衡モデルを作成する際に便利なように変換しており，その中で，微小な値は削除するようになっている．

```
 6              /AGR    agriculture incl. livestock feed,
 7              OIL     oil coal and natural gas,
 8              MIN     other mining,
…(省略)…
34  * Loading data ---------------------------------------------------
35  Parameter       SAM(u,v)        social accounting matrix;
36  $GDXIN SAM2005.gdx
37  $loaddc SAM
38  $GDXIN
39
40  * Eliminating the negative HOH consumption
41  SAM("MIN","HOH")=0;
42
43  * === to check the SAM imbalance
44  Parameter gap(u)     gap between the row-sum and the column-sum;
45  gap(u)=sum(v,SAM(u,v)-SAM(v,u));
46  Display gap;
47
48  * === Matrix Balancing ===
49  Variable
50          SAMx(u,v)       adjusted SAM values
51          SAMy            objective value;
52
53  Equation
54          ROWCOL(u)       row-sum and column-sum consisntency
55          objSAM          obj to be minimized;
56
57
58  ROWCOL(u)..  sum(v,SAMx(u,v)-SAMx(v,u)) =e= 0;
59  objSAM..   SAMy =e= sum((u,v)$SAM(u,v),sqr(SAMx(u,v)/SAM(u,v)-1));
60
61  * Constraints to keep the signs of values in the original SAM
62  SAMx.up(u,v)    =inf$(SAM(u,v) gt 0)
63                  +0$(SAM(u,v) le 0);
64  SAMx.lo(u,v)    =0$(SAM(u,v) ge 0)
65                  -inf$(SAM(u,v) lt 0);
66  * Initialization of variable
67  SAMx.l(u,v)     =SAM(u,v);
68
69  Model    SAMadj   /all/;
70  Solve SAMadj minimizing SAMy using NLP;
71
72  Parameter
73          dSAM(u,v)   deviation of the new SAM from the original[%]
```

```
74              sSAM(u,v)   deviation of the new SAM from the original [value];
75   dSAM(u,v)$SAM(u,v)=(SAMx.l(u,v)/SAM(u,v)-1)*100;
76   sSAM(u,v)=SAMx.l(u,v)-SAM(u,v);
77   Display dSAM,sSAM;
78
79   * Replacing the old/unbalanced SAM data with the balanced ones
80   SAM(u,v)=SAMx.l(u,v);
81
82   * === end of Matrix Balancing =========================
83
84
85   * Loading the initial values ------------------------------------
86   Parameter    Y0(j)      composite factor
87                F0(h,j)    the h-th factor input by the j-th firm
88                X0(i,j)    intermediate input
89                Z0(j)      output of the j-th good
     …(省略)…
432  execute_unload "dSAM2005.gdx" sSAM dSAM;
```

ただし，このままでは社会会計表の行和と列和が合致しない（44-46行目で確認している）．このため，社会会計表の調整が必要である．一般にはいろいろな方法があるものの，ここでは第4.4節で示したような一種の誤差最小化問題を解くことで調整することを考える．すなわち，

$$\min_{SAMx_{u,v}} SAMy = \sum_{u,v} \left(\frac{SAMx_{u,v}}{SAM_{u,v}} - 1 \right)^2 \tag{11.1}$$

subject to

$$\sum_{v}(SAMx_{u,v} - SAMx_{v,u}) = 0 \quad \forall u \tag{11.2}$$

$$SAMx_{u,v} \leq 0, \text{ if } SAM_{u,v} \leq 0 \quad \forall u,v \tag{11.3}$$

$$SAMx_{u,v} \geq 0, \text{ if } SAM_{u,v} \geq 0 \quad \forall u,v \tag{11.4}$$

を解く．ここで，$SAM_{u,v}$ は元の社会会計表の値（外生），$SAMx_{u,v}$ は新しい社会会計表の値（内生），$SAMy$ は最小化する目的関数の値である．言うまでもなく，(11.2) は行和と列和が合致することを求める制約式である（58行目）．(11.3) と (11.4) の2つの式は，元の社会会計表の値 $SAM_{u,v}$ の符号と新しいそれ $SAMx_{u,v}$ が同じになること——その方がもっともらしいであろうと先験的に考えて——を求める制約式である（62-65行目）[14]．なお，目的関数 (11.1) には，SAM(u, v) による除算が現れるから，社会会計

第11章 分析のデザインとその実際

	AGR	OIL	MIN	FOD	TXA	WPP	P_C	CHM	POT	STL	MAN	EEQ	TEQ	ELY	TWG	TRS	SRV	CAP	LAB	IDT	TRF	HOH	GOV	INV	EXT
AGR		0.00	0.00	0.00	0.00	0.00	0.00	0.00	0.00	0.00	0.00		0.00			0.00	0.00					0.00		0.00	0.00
OIL				0.00	0.00	0.00	0.00	0.00	0.00	0.00	0.00	0.00	0.00	0.00	0.00	0.00	0.00					0.00		0.00	0.00
MIN	0.00			0.00	0.00	0.00	-0.02	-0.10	-0.39	0.00		0.00				-0.12								-0.01	-0.01
FOD	0.00			0.00	0.00	0.00	0.00	0.00	0.00	0.00	0.00					0.00	0.00					0.00	0.00	0.00	0.00
TXA	0.00	0.00	0.00	0.00		0.00	0.00	0.00	0.00	0.00	0.00	0.00				0.00	0.00					0.00	0.00	0.00	0.00
WPP	0.00	0.00	0.00	0.00	0.00		0.00	0.00	0.00	0.00	0.00	0.00				0.00	0.00					0.00	0.00	0.00	0.00
P_C	0.00	0.00	0.00	0.00	0.00	0.00		0.00	0.00	0.00	0.00	0.00				0.00	0.00					0.00	0.00	0.00	0.00
CHM	0.00	0.00	0.00	0.00	0.00	0.00	0.00		0.00	0.00	0.00	0.00				0.00	0.00					0.00	0.00	0.00	0.01
POT	0.00	0.00	0.00	0.00	0.00	0.00	0.00	0.00		0.00	0.00	0.00				0.00	0.00					0.00	0.00	0.00	-0.01
STL	0.00	0.00	0.00	0.00	0.00	0.00	0.00	0.00	-0.01		-0.01	-0.01		0.00		0.00	-0.02					0.00	0.00	0.00	-0.01
MAN	0.00	0.00	0.00	0.00	0.00	0.00	0.00	0.00	0.00	0.00		0.00		0.00		0.00	0.00					0.00	0.00	-0.01	0.01
EEQ	0.00	0.00	0.00	0.00	0.00	0.00	0.00	0.00	0.00	0.00	0.00					0.00	0.00					0.00	0.00	-0.01	0.01
TEQ	0.00		0.00							0.00							0.00					0.00	0.00	0.00	0.01
ELY	0.00	0.00	0.01	0.00	0.00	0.00	0.00	0.00	0.00	0.00	0.00	0.00				0.00	0.00					0.00	0.00		0.00
TWG	0.00	0.00	0.00	0.00	0.00	0.00	0.00	0.00	0.00	0.00	0.00	0.00				0.00	0.00					0.00	0.00	0.00	0.00
TRS	0.00	0.00	0.07	0.00	0.00	0.00	0.00	0.00	0.00	0.00	0.00	0.00	0.00	0.00	0.00		0.00					0.00	0.00	0.00	0.01
SRV	0.00	0.00	0.04	0.00	0.00	0.00	0.00	0.00	0.00	0.01	0.00	0.01	0.00	0.00	0.00	0.00						0.00	0.00	0.00	0.01
CAP	0.00	0.00	0.03	0.00	0.00	0.00	0.00	0.00	0.00	0.01	0.00	0.00	0.00	0.00	0.00	0.00	0.00								
LAB	0.00	0.00	0.05	0.00	0.00	0.00	0.00	0.00	0.00	0.02	0.00	0.00	0.00	0.00	0.00	0.00	0.00								
IDT	0.00	0.00	0.01	0.00	0.00	0.00	0.00	0.00	0.00	0.00	0.00	0.00	0.00	0.00	0.00	0.00	0.00								
TRF	0.00	0.00	0.02	0.00	0.00	0.00	0.00	0.00	0.00	0.00	0.00	0.00				0.00									
HOH																		0.00	0.00						
GOV																				0.00	0.00	0.00			
INV																						0.00	0.00		-0.01
EXT	0.00	0.00	0.42	0.00	0.00		0.00	0.00	0.00	0.00	0.03	0.01	0.00	0.00	0.00	0.00	0.00				-0.01				

図 11.5：社会会計表の再調整の結果 ［調整前後の各セルの変化率，%］
出典：筆者による dSAM の値の計算結果を GAMS IDE 上で表示させたスクリーンショット．

表内のいくつかのセルはゼロであるためにゼロによる演算エラーが発生する．この問題を回避するために，59 行目のプログラムでは sum((u, v) **$SAM (u, v)**, …) というように $ 条件文を使ってその値がゼロ以外の場合のみについて和をとるようにしている[15]．67 行目では内生変数 SAMx(u, v) の初期値として SAM(u, v) の値を用い，69 行目でこの問題の名前を定義し，つづく 70 行目で最小化問題として解いている．

公刊されたデータに自らの仮定を加えて改変した以上，再調整後，社会会計表のどのセルにどれだけの変化，あるいは，しわ寄せが発生したか（すなわち先述の「第 2 の罪」の大きさ）を把握しておくべきであろう．ここでは，元の社会会計表中のデータからのずれを，変化率 dSAM(u, v) と変化額

---

14) これらの制約式は，陽表的に制約式として導入してもよいが，ここでは簡便に変数 SAMx(u, v) の定義域の上限値と下限値を「.up」と「.lo」で与えることで制約式の代わりとした．

15) 正式には「sum((u, v) **$(SAM(u, v) ne 0)**, …)」であるが「ゼロでない (ne 0)」という条件文のときにはこれを省略できる．

sSAM(u, v)でそれぞれ測っている（72-77行目）．これを最後の行でGDX形式のファイル（dSAM2005.gdx）に出力している（図11.5）．これを見る限り，大半のセルは目立ったずれを見せない．多少なりとも目立ったずれを見せるセルは，やはり，その他鉱業（MIN）の行と列に集中しているが，それでも0.5%にも満たない．

11.2.3 負の消費を外生変数に変更する

これまでの方法では，既存のモデルの枠組みに沿うようにデータ（社会会計表）を修正することで，分析のためのモデルを構築できるようにしてきた．ここではそれと反対に，データに関しては変更を施すことなく，そのデータの意味をくみ取りながらモデルの側を変更してこの問題に対応することを考える．具体的には，効用関数の中では，財iのうち正の値をとる消費財$i2$（ここでは「その他鉱業」財以外のすべての財）の消費量X_{i2}^pしか考慮せず，その一方で負の値をとる消費財$i3$（ここでは「その他鉱業」財）の消費量X_{i3}^pは基準均衡値X_{i3}^{p0}に固定する[16]．

$$\max_{X_{i2}^p} UU = \prod_{i2} X_{i2}^{p\alpha_{i2}} \tag{11.5}$$

subject to

$$\sum_{i2} p_{i2}^q X_{i2}^p = \sum_h p_h^f FF_h - T^d - S^p - \sum_{i3} p_{i3}^q X_{i3}^p \tag{11.6}$$

$$X_{i3}^p = X_{i3}^{p0} \quad \forall i3 \tag{11.7}$$

ただし，$\sum_i \alpha_i = 1$ではなく$\sum_{i2} \alpha_{i2} = 1$であることに注意する．この制約付き最適化問題を第2章と同様の方法で解くと，第$i2$財の需要関数，

$$X_{i2}^p = \frac{\alpha_{i2}}{p_{i2}^q} \Big(\sum_h p_h^f FF_h - T^d - S^p - \sum_{i3} p_{i3}^q X_{i3}^p \Big) \quad \forall i2 \tag{11.8}$$

と，第$i3$財のそれ（11.7）を得る．

このモデルをプログラムとして記述するとリスト11.3のようになる．これまでは財・部門の添え字としてiのみしか定義していなかったが，ここではあらたに家計消費において正の値をとる財と負の値をとる財の2種類に分けて考える．そのために，iの部分集合としてそれぞれをi2とi3を定

---

16) すなわち，$\{i\} = \{i2\} \cup \{i3\}$である．

義する（29-34 行目）．家計の効用関数の中に現れる財は i2 のみであるから，その支出割合係数 alpha の定義で用いられる添え字とキャリブレーションも修正される（113，131 行目）．正の消費量となるべきもの i2 について (11.8) と，負の消費量となるべきもの i3 について (11.7) は，それぞれ異なった家計の財消費関数の特定化を行うので，個別の制約式名を定義する（204-205 行目）．財消費関数 (11.8) については 245-247 行目で，同 (11.7) については 248 行目で記述されている．最後に，（あくまでもこれ自体は GAMS と非線形計画法のソルバーを用いた数値計算の便宜のために名目的に導入された目的関数ではあるが）効用関数も消費財 i2 のみについて考慮したものに修正する（276 行目）[17]．ただし，モデルを解いた後に，第 8.2.2 項で論じたようなヒックスの等価変分の計算を行うならば，その計算で用いられている効用関数についても，同様に i2 を用いるように修正を施す必要がある．

リスト 11.3：効用関数を修正したモデルの入力ファイル（stdcge11-2-3.gms）

```
…(省略)…
   4  set      u          SAM entry
   5                     /AGR     agriculture incl. livestock feed,
…(省略)…
  24              i(u)        sectors
  25                         /AGR, OIL, MIN, FOD, TXA, WPP, P_C,
  26                          CHM, POT, STL, MAN, EEQ, TEQ, ELY, TWG,
  27                          TRS, SRV/
  28
  29              i2(i)       sectors with non-negative HOH cons.
  30                         /AGR, OIL, FOD, TXA, WPP, P_C, CHM, POT,
  31                          STL, MAN, EEQ, TEQ, ELY, TWG, TRS, SRV/
  32
  33              i3(i)       sectors with negative HOH cons.
  34                         /MIN/
  35
  36              h(u)        factors /CAP, LAB/;
  37
  38  Alias(u,v),(i,j),(h,k),(i2,j2);
…(省略)…
```

---

[17] 名目的な目的関数を用いる理由については第 3.1.1 項参照．

```
113  Parameter       alpha(i2)       share parameter in utility func.
114                  beta(h,j)       share parameter in production func.
…(省略)…
131  alpha(i2)=Xp0(i2)/sum(j2,Xp0(j2));
132  beta(h,j)=F0(h,j)/sum(k,F0(k,j));
…(省略)…
190  Equation        eqpy(j)         composite factor agg. func.
…(省略)…
204                  eqXp(i2)        HOH demand function for positive cons.
205                  eqXp2(i3)       HOH demand function for negative cons.
…(省略)…
244  *[household consumption] --
245  eqXp(i2)..      Xp(i2)   =e= alpha(i2)*(sum(h,pf(h)*FF(h))-Sp-Td
246                                  -sum(i3,pq(i3)*Xp(i3)))
247                                  /pq(i2);
248  eqXp2(i3)..     Xp(i3)   =e= Xp0(i3);
…(省略)…
275  *[fictitious objective function]
276  obj..           UU       =e= prod(i2,Xp(i2)**alpha(i2));
…(省略)…
```

11.3 シミュレーション・シナリオの再検討と感応度分析

11.3.1 2つのシナリオ

　以上のようにモデルを修正することで基準均衡解を得ることができるようになる．ここから，石炭・原油・天然ガスの輸出入の国際価格の変化の影響をシミュレートすることにする．そのために2つのシナリオを考える．シナリオ1は，石炭・原油・天然ガス（OIL）の輸出入の国際価格が2倍になる場合である．シナリオ2は，石炭・原油・天然ガスだけでなく，石油・石炭製品（P_C）の国際価格も2倍になるものと仮定する．

［シナリオ1］
　基準均衡における国際価格がすべて1であったから，シナリオ1の状況は，以下の3行を追加することでシミュレートできる（stdcge11-3-1a.gms）．

```
       pWm("OIL")=2;
```

```
pWe("OIL")=2;
Solve stdcge maximizing UU using nlp;
```

シナリオ1の結果を見ると，石炭・原油・天然ガスの輸入が減少し，これを投入物とする石油・石炭製品（P_C），電力（ELY），都市ガス（TWG），運輸（TRS）が大きく生産を減少させる（図11.6）．生産を減少させるこれらエネルギー多消費部門から解放される生産要素を利用して，相対的にエネルギー集約度の低い電子機器（EEQ），輸送機械（TEQ）が生産を増加させる．（部門別のエネルギー集約度については表11.1参照．）輸入量の変化を確認すると，石油・石炭製品（P_C）の輸入が大きく増加している．原料としての石炭・原油・天然ガス（OIL）の輸入を減少させざるを得ないために，代替的にその製品（P_C）を輸入する対応をとることになるからである．しかしながら，現実の問題を考えると，最初に見た石炭・原油・天然ガスという原料（OIL）の価格上昇が国内においてその製品（P_C）価格上昇を招くのと同じように，原料価格上昇は，外国においても当然にそれらの製品価格上昇を引き起こしているはずである．すなわち，現在のシナリオ1では，輸入原料価格の高騰を（価格上昇しないと仮定されている）製品輸入の増加で補うという抜け穴を提供してしまっており，シナリオとして問題がある．

なお，石炭・原油・天然ガス部門の国内生産や輸出，電力や都市ガス部門

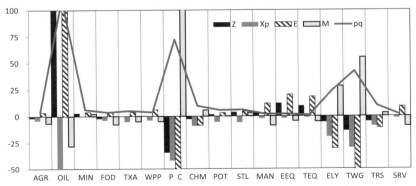

図11.6：シナリオ1：石炭・原油・天然ガスの国際価格が2倍になった影響
[単位：基準均衡からの変化率，%]
注：Z：国内生産，Xp：家計消費，E：輸出，M：輸入，pq：アーミントン合成財価格

の輸出入が変化率で見て非常に大きく変化しているように見える．しかしながら，これらは基準均衡においてそもそも少額であるから，とくに問題視する必要はないであろう．（ところで電力や都市ガスのような非貿易財の輸出入が発生していることが奇妙に見えるかもしれないが，実際上は非居住者（典型的には旅行者）による消費である.）

シナリオ1に上で指摘したような問題点があることが分かったので，シナリオ2を考える．すなわち，石炭・原油・天然ガス（OIL）だけでなく，石油・石炭製品（P_C）の国際価格もまた2倍になるものと仮定してシミュレーションしよう．なお，シナリオ1の結果は，（アーミントンの合成財価格P_i^qで見て）石炭・原油・天然ガス（OIL）の国内価格を110%上昇させる一方で，石油・石炭製品（P_C）の国内価格を72%上昇させるとしているので，原料価格上昇の大半が転嫁されるとみてよいであろう．そこで以下のようなショックを与えることにする．

[シナリオ2]

シナリオ1における石炭・原油・天然ガス（OIL）の国際価格の上昇に加えて，石油・石炭製品（P_C）の国際価格の上昇を示す2行を追加する（stdcge11-3-1b.gms）.

```
    pWm("OIL")=2;
    pWm("P_C")=2;
    pWe("OIL")=2;
    pWe("P_C")=2;
    Solve stdcge maximizing UU using nlp ;
```

追加的に石油・石炭製品（P_C）の国際価格の上昇も考慮すると，シナリオ1の結果と比較して，どの部門の国内生産についてもおおむね下振れする方向に変化する（図11.7）．すなわち，拡大すると予想される部門の拡大幅はより小さくなり，縮小すると予想される部門の縮小幅は，石油・石炭製品（P_C）以外はすべて，より大きくなる．シナリオ1では石炭・原油・天然ガス原料（OIL）の輸入が30%近く落ち込み，その一方で石油・石炭製品（P_C）の輸入が2倍以上に増加していたのに対し，シナリオの修正を施し

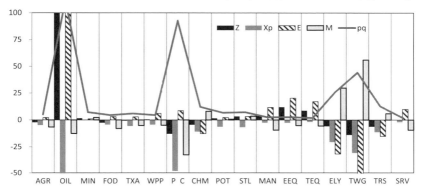

図 11.7：シナリオ2：石炭・原油・天然ガス，および，石油・石炭製品の国際価格が2倍になった影響 ［単位：基準均衡からの変化率，％］
注：Z：国内生産，Xp：家計消費，E：輸出，M：輸入，pq：アーミントン合成財価格

たシナリオ2では，原料（OIL）の輸入で13%程度，製品（P_C）の輸入で33%程度の減少と，直感に反するような結果は出なくなった．

11.3.2 感応度分析

一連のモデル構築とそれを用いたシミュレーション結果が得られたところで，この結果の頑健性を確認するために，第8.3節で論じたような感応度分析を行う．ここではシナリオ2を用いて，σ_i, $\psi_i=2$としていたアーミントンの弾力性が40%大きい場合（すなわち，σ_i, $\psi_i=2.8$）と，同じく小さい場合（すなわち，σ_i, $\psi_i=1.2$）を考えて，その弾力性以外はまったく同じモデルを解く．これによって，点推定値ではなく，異なる弾力性を仮定した際に起こり得る推定値のぶれ，すなわち区間推定値を得ることができる（図11.8）．この結果から，弾力性の幅が±40%でよいとするならば，ほとんどの部門について，推定された生産量の変化幅は，質的にも量的にもかなり頑健であることが分かる．すなわち，AGR, FOD, TXA, WPP, POT, ELY, TWG, SRV 部門については，アーミントンの弾力性の大小にほとんど影響を受けない．STL, MAN, EEQ, TEQ, TRS についても，推定される変化の幅が多少広がるがほぼ同様である．

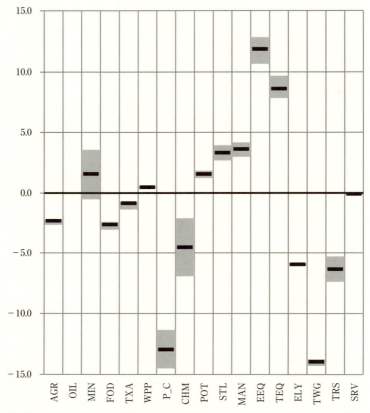

図 11.8：生産量の基準均衡からの変化率 [％] の点推定値（黒色）と区間推定値（灰色）

注：黒印は図 11.7 に示した標準ケースにおける点推定値．石炭・原油・天然ガス（OIL）部門の変化は大きすぎるためにこの図には示していないが，その点推定値は 273％，推定区間は 112％-555％ である．

　その一方，OIL，MIN，P_C，および，CHM といった部門については，推定された区間が幅広いことが分かる．なお，MIN については，弾力性が 40％ 小さい場合には標準ケース（σ, $\psi=2$）の場合と同様に生産量が増えることが予想されるが，弾力性が 40％ 大きいとした場合には生産量が減少することが予想される[18]．すなわち，シミュレーション結果が，量的に異なる

だけでなく，質的にも異なる可能性があることが分かる．もし，これらの点について，より信頼性の高い推定が必要な場合には，仮定されたアーミントンの弾力性の信頼性をよく吟味したり，自ら推定したりすることが必要になるであろう．

そうした問題点に加えて，この分析のテーマに照らして，石灰石や粘土の採鉱が大半を占めるその他鉱業（MIN）部門の浮き沈みが，問題として重要なのかという点も，この種の頑健性の議論の中であわせて考えるべきである．弾力性の仮定次第で質的に異なる結果が得られるということは，たしかに分析結果の頑健性を大きく損なう深刻な問題のように見えるかもしれない．しかしその深刻さは分析における文脈次第で異なってくる．たとえば，とくに注目していない部門でそうした問題が発見されたとしても，分析全体の信頼性を損なうものとは言えないであろう．自らが導き出した結果とその含意を，現実の文脈の中で評価するように心がけなければ，モデルや分析手法を本当に使いこなしたことにはならないであろう．

11.4 モデルと分析の精緻化の方向性

これまでの分析事例では，第6章の現実的な応用一般均衡モデルを，部門分割を詳細化する以外には，ほぼそのまま用いてきたものの，分析の目的によっては，それでは不十分なことが考えられる．第1に，本章ではエネルギーに関する分析を行っており，この種の分析ではしばしばエネルギー間の代替関係を考慮しなければならない．しかしながら，第6章のモデルで仮定されたようなレオンティエフ型の生産関数を仮定する限り，エネルギー間の代替は不可能であるということになってしまう．この点についてモデルを拡張するために，エネルギー間の代替を考慮するモデルを提示する．

第2に，要素市場に関する仮定についても検討する余地がある．何らかのショックが経済に与えられたとき，それに対応して生産要素が部門間を移動する．ただし，生産要素の種類によっては，直ちには部門間を移動できない

---

18) ただし，弾力性を30%だけしか大きくしない場合には，依然としてMINの生産量の変化は厳密に正である．

ものもある.たとえば,労働は比較的容易に移動できると考える一方で,資本の場合には,一度据え付けられたものは,短期的にはほかの部門に移動できないと考えることがある.第6章のモデルは,すべての生産要素が部門間を移動できるという長期的なモデルであったが,こうした粘着的な資本を仮定する短期的なモデルを考えることも必要になるであろう.労働市場についても,ケインズが考えたように,短期的には賃金率が(下方)硬直的であることが考えられる.そこで,こうした要素市場に関する代替的な仮定を用いた短期分析モデルも提示する.

11.4.1 エネルギー分析モデルとしての精緻化

以上の分析では,大括りに「石炭・原油・天然ガス」や「石油・石炭製品」の国際価格が上昇した場合の影響を分析していた.この種のエネルギー問題を考察する際には,しばしば,各種のエネルギー財を細分化して,それらエネルギー財間の詳細な代替関係を考慮することがある(たとえば,GTAP-E モデル(Burniaux and Truong (2002)).このためにエネルギー合成財を考え,その生産に種々のエネルギー財(1次,2次エネルギー財)が用いられて,相互にある程度代替可能であるとする.ここでもしばしば代替の弾力性一定(constant elasticity of substitution, CES)型の生産関数が用いられる.どのエネルギー財とどのエネルギー財が代替可能かその組み合わせについてはさまざまなパタンが考えられて,それに応じてモデル構造についていくつかのバリエーションを考えることができる(図11.9).

応用一般均衡モデルの中ではエネルギー合成財がどのような形で作られるかということだけでなく,エネルギー合成財がどのような形で使われるかということについても柔軟に仮定できる(図11.10).1つには,第6章で考えた生産技術と同様に,エネルギー合成財がレオンティエフ型の生産関数の一投入要素として現れ,したがって,固定係数型のエネルギー合成財需要関数によってその需要が決定される場合が考えられる.その他に,しばしばKLEM(capital, labor, energy, and materials)型生産関数と呼ばれる関数の中で考慮されているように,このエネルギー(合成財)と中間投入財,資本,労働との代替関係を考えることができる[19].生産におけるエネルギー消費と

第 11 章　分析のデザインとその実際　　269

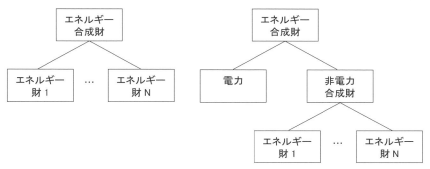

図 11.9：エネルギー合成財とエネルギー間の代替の組み合わせの例

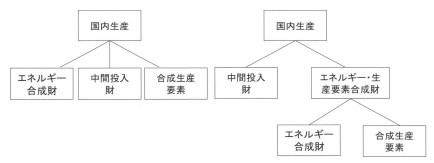

図 11.10：エネルギー合成財の利用のされ方の例

同様に，家計消費の中にもエネルギー消費は現れる．したがって，エネルギー財やそれから作られるエネルギー合成財が効用関数の中にどのように現れるかについても仮定する必要がある．

　もちろん，こうした種々のエネルギー財を詳細に区分しつつ，相互の代替性にまで検討を加えようとする限り，拡張・変更するべきはモデル構造のみ

19）　たとえば Lecca *et al.*（2011）は，エネルギー財が資本との間で直接に代替的である場合と，中間投入財との間でそうである場合の 2 種類の応用一般均衡モデルを作って，この種の仮定の重要性を吟味している．Okagawa and Ban（2008）では，資本，労働，エネルギー，および，原材料の間の代替関係をさまざまに組み合わせて計量経済学的に推定し，その違いが応用一般均衡分析のシミュレーション結果に対して与える影響を吟味している．

にとどまらず，モデル構築に用いたデータや部門集計にまで及び得る．なぜなら，第11.3節のシミュレーションで用いた2005年の108部門産業連関表では，「石炭・原油・天然ガス」といった3種類の主要な一次エネルギー財を統合した部門分類となってしまっており，これではエネルギー間の代替を描写できない．その場合には，これらを区別したより詳細な（産業連関表を作成する元になっている）投入表・産出表から社会会計表を構築することになる．あるいは，日本の産業連関表を用いる代わりに，これら3種類のエネルギーをはじめから区別している57部門からなるGTAPデータベースを用いるということも考えられる．

さらに，バイオ燃料のように，既存の産業連関表において独立のエネルギー財として考慮されていないものは，モデルを作る前にその構築の基礎となる産業連関表を拡張しなければならない．すなわち，別のデータ・ソースからその種の燃料の生産や消費に関する情報を得て，一定の仮定のもとで産業連関表の産業区分をさらに細分化してモデルに取り込む必要がある[20]．

エネルギーの生産と消費に関連深いものに，環境問題がある．たとえば，エネルギー問題のシミュレーション分析を行う際には，一連の経済活動が，環境に与える影響を考察することも分析目的の1つになり得る．たとえば，二酸化炭素，窒素酸化物や硫黄酸化物等の化石燃料の使用に伴う排出ガスの排出量やそれがもたらす社会的被害を金銭評価することができる．エネルギー以外にも，水の汚染や騒音，輸入にともなう動植物検疫上の問題といった種々の外部性が考えられる．これらの影響を測る指標は，第8.2.2項で厚生効果を測るためにヒックスの等価変分を計算したときと同じように，「モデルの外」で計算できる．たとえば，エネルギー消費量に対して技術的に規定される排出原単位（燃料1単位あたりの排出ガス量）を乗じれば，当該部門や経済全体での排出ガス等の量を計算できる．さらに，その排出ガス等が与える外部性を経済的に評価することも，同様に係数（排出ガス1単位あたりの社会的費用）を乗じることで計算できる．

---

20) たとえば，Tanaka *et al.*（2012）ではGTAPデータベースにバイオエタノールとバイオディーゼルの生産と消費を組み込み，これらの生産の増加が2000年代後半の穀物価格上昇に実需面から与えた影響を，応用一般均衡モデルを用いて分析している．

ところで,「モデルの外」ということの意味は,モデルの結果から導かれるこれらの変数(たとえば二酸化炭素排出量)が経済活動に影響を与えない(フィードバックがない)として計算するということである.(実際われわれは,長期的にその悪影響が懸念されるので二酸化炭素濃度を管理しようとしているが,現実には直ちには影響しないために排出が続いてしまうという問題に直面している.)これとは反対に,排出ガス等の影響を実質的に「モデルの外」においてしまうという考え方をせず,排出ガスによる,経済活動への直接的影響があると仮定することも可能である.その場合には,排出ガスの量を計算し,その排出量の変化が農業生産性を変化させたり,温暖化を引き起こして海面上昇をもたらし,その結果,土地という資本が減少したりするということを,モデルの中で方程式として導入する.家計にとって不効用をもたらすならば,効用関数の中にその種のガスの排出量を織り込んでモデルを構築することになる[21].排出量に応じた課税が行われる場合には,そこから得られる税収の処分についても描写しなければならない.こうした場合には,外部性に関する活動の影響を「モデルの外」だけで処理することはできず,モデルの中で陽表的に考慮しなければならない.

11.4.2　生産要素市場の精緻化

静学モデル分析においては,生産要素の部門間の移動が自由であるという点が「非現実的」であるとしばしば指摘される.しかしながら,この種の批判はときに誤解か不十分な理解に基づいている.なぜなら,どれぐらいの時間をかけて生産要素が移動するか,モデルを構築するときにその種の要素の部門間移動のしやすさについて,モデル作成者が自由に仮定することができるからである.さらには,こうしたモデル化に際しての選択の問題は動学分析にも当てはまる.静学モデルであるから直ちに不自然であるとか,動学モデルにすればそれで直ちに問題が解決するというものでもない.

---

[21]　ただし,不効用が発生するとしても通常財の消費から得られる部分効用 UU と,環境から得られる部分効用 UU^e が加法分離的である(たとえば,$UU+UU^e$ という家計の効用)とするならば,効用水準以外の内生変数に対して影響を及ぼさないから,この種のフィードバックをモデルの中で考慮する必要はない.

通常の静学分析では，同語反復的表現ではあるが，「資本や労働が完全に移動できるぐらいの長期的」な状況を考えている，といえる．しかし，これだけでは分析の目的に合わないこともあろう．そこで以下では，これとは異なる仮定をおく「短期モデル」を3種類例示することにする．

部門特殊的資本を考えるモデル

労働については依然として部門間を移動できるとしつつも，一度据え付けられた資本財は直ちには他の部門に移動させて使うことができないという——その意味において「短期的」な——状況を考える（資本だけでなく労働までも移動不可能とすると，合成生産要素について固定投入係数を仮定する限り，各部門の生産量がまったく変化しないというつまらないモデルになってしまうことに注意する）．第 j 部門で利用される第 h 生産要素の価格を（これまでの p_h^t ではなく）$p_{h,j}^t$ とし，基準均衡において第 j 部門で利用されている第 h 生産要素の量を $F_{h,j}^0$ と表記する[22]．

労働は従前のとおり部門間を移動可能として，(6.24)と同じ市場均衡条件，

$$\sum_j F_{LAB,j} = FF_{LAB} \left(= \sum_j F_{LAB,j}^0 \right) \tag{11.9}$$

を課せばよい．一方で，資本については，各部門 j について市場均衡式，

$$F_{CAP,j} = F_{CAP,j}^0 \quad \forall j \tag{11.10}$$

を課す．

要素価格 $p_{h,j}^t$ は各部門 j について定義されているので，労働が部門間を完全に移動可能である以上，他より少しでも高い賃金率を提示する部門があればそこに労働者が殺到する．しかし，裁定が成り立つはずであるから，均衡においてはそのような部門間の賃金率格差は存在しない．したがって任意の第 j 部門と第 i 部門の間の賃金率は均等化する．

$$p_{LAB,j}^t = p_{LAB,i}^t \quad \forall i,j \tag{11.11}$$

他方，資本は部門間を移動できないためにその価格 $p_{CAP,j}^t$ は部門間で異な

---

[22] この $F_{h,j}^0$ は，もちろん，社会会計表が $FF_h = \sum_j F_{h,j}^0$ を満たすように作成されているものとする．

って構わないから，このような裁定条件は必要ない．ただし，要素価格と初期賦存量を表す変数の記号が変更されたため，若干の修正が必要になる．すなわち，第6章で用いた要素需要関数（6.2）は，

$$F_{h,j} = \frac{\beta_{h,j}}{p_{h,j}^f} p_j^y Y_j \qquad \forall\, h, j \tag{11.12}$$

と変更される．家計の所得に関する記述が変更されるから，第6章で用いた直接税収関数（6.6），家計の貯蓄関数（6.11），同需要関数（6.13）がそれぞれ以下のように書き換えられる．

$$T^d = \tau^d \sum_{h,j} p_{h,j}^f F_{h,j} \tag{11.13}$$

$$S^p = ss^p \sum_{h,j} p_{h,j}^f F_{h,j} \tag{11.14}$$

$$X_i^p = \frac{\alpha_i}{p_i^q}\left(\sum_{h,j} p_{h,j}^f F_{h,j} - S^p - T^d\right) \qquad \forall\, i \tag{11.15}$$

なお，ある要素が部門間を移動不可能というここで紹介した仮定と，自由に移動可能という元の仮定の中間も考えられる．たとえば，農業に使われている資本（典型的には農地）は，その他の部門で使われている一般的な資本とは種類が異なる資本であると考える．すなわち，資本市場が分断（セグメント）されていて，それぞれに市場均衡条件と市場価格が描写されるという仮定も考えられよう[23]．

不完全雇用モデル

要素市場に関する新古典派的な仮定——移動可能で，調整が価格と数量の両方によって行われる——を置く以外に，ケインズ的な「短期」の仮定を置くことも可能である．この種の仮定を用いた応用一般均衡モデルの1つとして，「マクロ構造主義（macro structuralist）モデル」と呼ばれるグループのものがある[24]．すなわち，賃金率を（均衡水準よりも高い水準に）固定し，

---

[23] GTAPデータベースでは，こうした部門特殊的要素について特別に考慮している．具体的には，通常の資本以外に，農業部門のみによって利用される農地と，鉱業部門のみによって利用される天然資源を区別している．

[24] この種のモデルの分類を通じた応用一般均衡モデルの違いに関してはRobinson（1989）による説明が分かりやすい．マクロ構造主義モデルとしては，たとえば，Taylor（1990）に収録されているモデルが挙げられる．

それによって生じる労働市場の超過供給は，非自発的失業（不完全雇用）という数量調整によって吸収されるとする．このとき，労働市場の市場均衡条件が異なってくる．すなわち，要素市場均衡条件 (6.24) のうち労働に関するものについては（実質的に制約とはならないことが想定されて）脱落し，代わりに賃金率 p^f_{LAB} を定数 p^{fix} に固定する方程式をモデルに導入することが考えられる．

$$p^f_{LAB} = p^{fix} \qquad (11.16)$$

ただし，（陽表的に何らかの財価格に対する相対賃金率という形でこれを固定することをせずに，）この (11.16) のような形で（名目）賃金率水準だけを固定すると，モデルは価格に関するゼロ次同次性を失ってしまう．このとき，第2章で論じたように基準財としてどの財を採用するかを完全に自由に決めることはできなくなってしまう．言い換えれば，どの財を基準財として選択するかに依存して，シミュレーション結果が意図せぬところで量的にも質的にも変わってしまう可能性がある（Hosoe (2000)）．現実を正しく描写するためには，賃金率とどの財の価格との間の相対価格が固定されているかを注意深く観察して，この種の硬直性をモデルに導入するべきである．たとえば，賃金交渉の際に消費者物価指数 CPI が参考にされているというならば，陽表的にそのようにモデル化するべきである．このとき，賃金率水準を固定する (11.16) のような制約式ではなく，

$$\frac{p^f_{LAB}}{CPI} = p^{fix} \qquad (11.17)$$

$$CPI = \sum_i \alpha_i p_i^q \left(= \sum_i \frac{p_i^{q0} X_i^{p0}}{\sum_j p_j^{q0} X_j^{p0}} p_i^{q0} \right) \qquad (11.18)$$

という制約がモデルの中に導入されるべきであろう．ここでは消費者物価指数 CPI を考えたが，現実に関する観察結果次第で他の価格（指数）を用いればよい[25]．

---

25) α_i は効用関数 (2.a) の支出割合係数であるが，そのキャリブレーション過程 (5.1) から明らかなように，これは単純な支出シェアである．これを利用して，消費者物価指数 CPI を計算する際の重みとしてここで用いている．

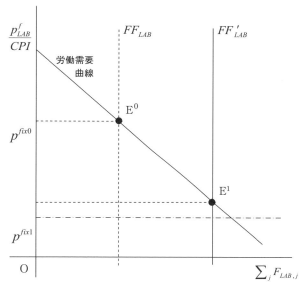
図 11.11：失業が発生する場合の労働賦存量と均衡との関係

完全雇用＝不完全雇用の状態遷移モデル

ただし，（好況でも不況でも）つねに失業が発生するという仮定も，また，強い仮定かもしれない．そこで，非自発的失業がある場合とそれがない場合の2つ状態間で遷移する可能性を考慮しよう．すなわち，ある状況では賃金率が均衡よりも高い水準に固定されて非自発的失業を生み出すケインズ的状況が発生し，別の場合では古典派的状況が発生するというものである．そのような場合には，(11.17) と (11.18) を相補条件の形で拡張することで2つの状態を包含して描写する．ある最低賃金率 p^{fix} と労働の賦存量 FF_{LAB} が設定されているとして，

$$\sum_j F_{LAB,j} - FF'_{LAB} \leq 0,\ \frac{p^f_{LAB}}{CPI} - p^{fix} \geq 0 ; \left(\sum_j F_{LAB,j} - FF'_{LAB}\right)\left(\frac{p^f_{LAB}}{CPI} - p^{fix}\right) = 0$$
(11.19)

と書ける．

このような複数の状態間の遷移が発生するモデルでは，キャリブレーショ

ンに際して注意が必要である．なぜなら，最低賃金率規制（上記の相補条件 (11.19) の第 2 式）が有効（$p_{LAB}^f/CPI - p^{fix} = 0$）か，それが無効（$p_{LAB}^f/CPI - p^{fix} > 0$）か，基準均衡においてどちらが成り立っていると仮定するかに依存してキャリブレーションの方法が変わるからである（図 11.11）．前者（ケインズ的状況，E^0）を基準均衡とするならば，社会会計表から計算される $FF_{LAB}(=\sum_j F_{LAB,j}^0)$ は，もはや真の労働の初期賦存量とは呼べず，雇用されている労働量 $\sum_j F_{LAB,j}^0$ に，失業しているいくらかの労働量を足し合わせた $\widetilde{FF}_{LAB}(\geq FF_{LAB})$ がそれに当たるはずである．このときには何らかの方法で $\widetilde{FF}_{LAB}$ を推定・仮定し，実質賃金率 p_{LAB}^f/CPI を最低賃金率 p^{fix0} に設定してモデルを構築して基準均衡を解けばよい．逆に，それが無効な状態（古典派的状況，E^1）を基準均衡とするならば，通常どおりにモデルをキャリブレートしつつ，最低賃金率を p^{fix1} という十分低い水準に設定することでこの制約を無効（$p_{LAB}^f/CPI - p^{fix} > 0$）になるようにした上で，基準均衡を解けばよい．そのあと，たとえば，この最低賃金率 p^{fix} を引き上げるシミュレーションをすることになろう．

第 12 章

逐次動学応用一般均衡モデル

　本章では，第 6 章で構築した静学的な小国の応用一般均衡モデルを拡張して逐次動学モデルを構築する方法を論じる．基本となっている「現実的な応用一般均衡モデル」の主要な構造を維持しつつも，これに，マクロの投資・資本蓄積，および，その投資を支える貯蓄のメカニズムを描写することでモデルの動学化を行う．多部門モデルであるから，マクロの貯蓄・投資が決定されたとして，その投資を多部門モデルの中の部門別投資に配分する方法も考える．動学構造を導入すると，初期の資本ストック量さえ与えられていれば，次期の資本ストック量を決めることができる．こうした異時点間の経済活動を描写する動学構造を背骨として，第 6 章の静学モデルで描写したものと同様の各時点内の均衡（一時的均衡）を時系列的につなぎ合わせることにより，動学モデル全体を構成する．

　静学モデルでは，（動学モデルでいう初期に該当する）一時点の均衡のみを描写していた．その枠組みの中では，何もショックを与えていない均衡を「基準均衡」，ショックを与えたものを「仮想均衡」と呼んだ．動学モデルでは，こうした均衡が t 期，$t+1$ 期，$t+2$ 期と時系列的にいくつも連続して現れる．その一続き（成長経路）を，それぞれ，「基準均衡成長経路」と「仮想均衡成長経路」と呼ぶことにしよう．以下では，一定率（人口成長率 pop）で相似拡大的に成長する基準均衡成長経路を生み出すモデルを構築し，その上で，シナリオとして考えた外生的ショックをモデルに与えることで仮想均衡成長経路を計算する方法を示す．これら 2 つの経路を比較することで，シナリオの中で考えた外生的ショックの影響を明らかにできるようになる．

　動学モデルでは時系列方向にモデルが拡張されるので，変数の数と種類が

多くなって分かりにくくなる．それについては，以下の2つの点に注意が必要である．

(1) この基準均衡成長経路上の各期における変数には肩に0をつけて表すことにしよう．またそのうち，とくにその初期（$t=0$）の値には00をつけて区別する．たとえば，第 j 部門の第 t 期における生産量 $Z_{j,t}$ については，その基準均衡成長経路の値は $Z_{j,t}^0$ であり，その初期の値は Z_j^{00} $(=Z_{j,0}^0)$ と表す．

(2) 動学モデルでは，フロー変数とストック変数という2種類の変数の違いに気をつける必要がある．フロー変数は，1期間（典型的には1年間）に生産や消費されたものの数量や金額を量るものである．それに対して，ストック変数は，各期首（または期末）における数量や金額の残高を量るものである．動学モデルでは，「資本」について，フロー変数である「資本サービス」と，文字どおりストック変数である「資本ストック」を別のものとして分けて考える．t 期首において第 j 部門に据え付けられた資本ストック $KK_{j,t}$ が，t 期中にその部門に，資本サービスを $F_{CAP,j,t}$ だけ提供する．期首に存在する1台のタクシーが，期中に（あとで用いる記号を使って）ror 回分の輸送サービスという資本サービスを提供することを想像すればよい．前者がストックで，後者がフローである．資本ストック $KK_{j,t}$ それ自体を直接生産に使うことはできないが，それが生み出す資本サービス $F_{CAP,j,t}$ が生産に用いられる．第6章の静学モデルでは後者しか用いていなかったために，それを単に「資本」と呼んでいたが，両者の間の混同を避けるために，ここでは「資本サービス」と呼ぶことにする．

この動学モデルにおいても，静学モデルと同様に，ある年（基準年）のデータのみを用いてモデルをキャリブレーションによって推定する．ところで，実際のデータから導き出される（基準均衡）成長経路が，モデル作成者が想定しようとする成長経路と整合するとは限らない．たとえば，たまたま不景気の年に産業連関表が作成されたとすると，非常に小さい投資量がそこに記録されているであろう．そうした小さい投資量がそれ以降ずっと続くと考えて基準均衡成長経路を計算すると，あまりありそうにない低い成長率を前提

としてシミュレーションを行うことになりかねない．そうした場合には，産業連関表に記録されたデータに調整を加える必要が出てくる．本章では，そうした調整によってモデル作成者が望むような基準均衡成長経路を生み出す方法もあわせて論じる．

第 12.1 節で，マクロの投資・資本蓄積，および，その投資を支える貯蓄について論じる．その上で，多部門モデルとして重要な，各部門の投資を決定する方法について論じる．これらの異時点間の経済活動を描写する動学構造（図 12.1）を介して，各時点内の均衡（一時的均衡）を時系列的につなぎ合わせる．つづく第 12.2 節では，こうした理論モデルが生み出す基準均衡成長経路を，モデル作成者の望むような基準均衡成長経路に合わせるためのデータ調整の方法を論じる．第 12.3 節では，日本のデータにキャリブレートされたモデルを用いて，シミュレーション例として輸入関税撤廃政策を考えた仮想均衡成長経路を描写し，モデルの振る舞いを示す．その後，シミュレーション・モデルの成長経路を特徴付けるいくつかの係数のうち，投資の部門間配分を決定する係数の役割について示し，とくに成長経路が振動する場合について考察する．第 12.4 節ではモデルの方程式体系を改めて示した上で，キャリブレーションの方法を中心に GAMS プログラムを詳説する．第 12.5 節では，それまでに仮定していた動学モデルの構造以外にも，いくつかの代替的なものが考えられることを示唆する．

12.1 モデル構造と動学化のための拡張

12.1.1 動学構造

静学モデルでは完全に外生であった労働サービス（LAB）と資本サービス（CAP）の利用可能量は，動学モデルでは毎期変化する（図 12.1）．まず，t 期の労働賦存量 $FF_{LAB,t}$（これはフロー変数と扱う）は外生的に与えられた人口成長率 pop で毎期増加する[1]．

$$FF_{LAB,t+1} = (1+pop)FF_{LAB,t} \quad \forall t \quad (12.1)$$

一方，タクシーと輸送サービスとの間の関係で例示したように，t 期にお

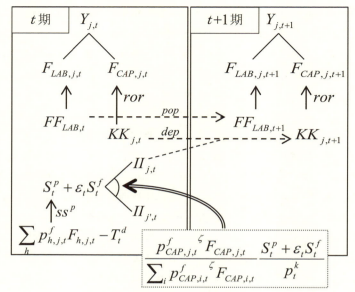

図 12.1：モデルの動学構造
出典：Hosoe（2014b）より筆者改変．

ける部門 j の資本サービスの $F_{CAP,j,t}$ は，t 期首に存在する部門 j に据え付けられた資本ストック $KK_{j,t}$ の一定割合 ror だけ毎期生み出されるとする[2]．

$$F_{CAP,j,t} = rorKK_{j,t} \quad \forall j, t \quad (12.2)$$

第 6 章の静学モデルでは，労働だけでなく，資本（サービス）もより高い価格で評価してくれる部門へと円滑に移動（し，その結果として部門間で要素価格が均等化）すると考えていた．しかし，ここでは資本ストックの動学的

---

1) 本来賦存量とはある期首（または期末）におけるストック量をさす言葉であるので，労働賦存量は当該期首に存在するストック量である．ここでは，その量は当該期中にすべてが使われてしまうとしているので，労働賦存量は，この期における労働サービスのフロー量と一致する．したがって，労働賦存量は，労働サービス量と同義語として扱う．このことによって，労働に関してはフロー量とストック量を区別せずに論じることができる．これとは対照的に，資本の場合は，投資量が介在するので，資本賦存量（ストック量）と資本サービス量（フロー量）を区別する必要がある．

2) 外生変数 ror については，第 12.2.2 項で詳しく説明する．

な調整過程を陽表的に描写する．すなわち，各部門 j の資本ストック $KK_{j,t}$ は，一度ある部門 j に据え付けられたらその部門から他の部門へと移動できないものとする．したがって，そのストックから生み出される資本サービス $F_{CAP,j,t}$ も部門間を移動できないものとする（putty-clay 型の資本）．さらに，タクシーの走行距離が増えるとやがて寿命が来るように，各部門の既存の資本ストック $KK_{j,t}$ は一定の減耗率 dep にしたがって減少する．その一方で，この第 j 部門への投資 $II_{j,t}$（以下，部門別投資財と呼び，これが第 j 部門への投資財の投下量，または，購入量を表すものとする）によって新たに資本ストックが増加する．こうした資本減耗と投資の結果，来期首の資本ストック $KK_{j,t+1}$ が決定される．

$$KK_{j,t+1} = (1-dep)KK_{j,t} + II_{j,t} \qquad \forall j,t \qquad (12.3)$$

第 j 部門の資本蓄積のために利用される部門別投資財 $II_{j,t}$ は，コブ=ダグラス（Cobb-Douglas）型の技術で種々の投資財 $X_{i,t}^v$ から生産されるとする．（これについては第 12.1.3 項で説明する）．

12.1.2 貯蓄先決的な逐次動学と部門間の投資配分

家計貯蓄 S_t^p は一定の貯蓄性向 ss^p で決定されるとする．

$$S_t^p = ss^p \left(\sum_{h,j} p_{h,j,t}^f F_{h,j,t} - T_t^d \right) \qquad \forall t \qquad (12.4)$$

なお，これは第 7.1 節で論じた 2 つの代表的なモデルの閉じ方のうち，貯蓄先決的な閉じ方を選択していることを意味する．ここで $p_{h,j,t}^f$ と $F_{h,j,t}$ は部門 j で用いられる生産要素 h（CAP,LAB）の価格と数量である．この家計貯蓄 S_t^p と（外貨建てで外生の）外国貯蓄 S_t^f を内貨建てに換算したものがこの経済で利用可能な総貯蓄になる．（後述するが，簡単化のために政府貯蓄はないものとする．）この総貯蓄をもとに部門別投資財 $II_{j,t}$ を購入し，(12.3) で示すように各部門の資本ストックの増加に結びつける．部門 j への部門別投資財 $II_{j,t}$ の配分は，各部門の期待資本サービス収益に応じて決まるものとしよう．

$$p_t^k II_{j,t} = \frac{\tilde{p}_{CAP,j,t+1}^f {}^\xi \widehat{F}_{CAP,j,t+1}}{\sum_i \tilde{p}_{CAP,i,t+1}^f {}^\xi \widehat{F}_{CAP,i,t+1}} (S_t^p + \varepsilon_t S_t^f) \qquad \forall j,t \qquad (12.5)$$

ここで，p_t^I と ε_t は今期 t の合成投資財価格（後述）と為替レートである．各部門 j の資本サービス収益は，来期 $t+1$ の期待資本サービス価格 $\hat{p}_{CAP,j,t+1}$ と期待資本サービス量 $\hat{F}_{CAP,j,t+1}$ で決まる．すなわち，当該部門における来期の期待資本サービス価格が高いほど，あるいは，期待資本サービス量が多いほど，来期に向けたその部門への投資量 $\Pi_{j,t}$ は大きくなる．このうち，パラメータ ζ (≥ 0) は期待資本サービス価格に対する一種のウェイトであり，これが大きいほど，部門間の資本サービス価格差がより敏感に投資配分に対して反映される．（$\zeta = 1$ のときは単純な金額シェアになる．）

ところで，この特定化 (12.5) を採用すると，資本サービス価格 $\hat{p}_{CAP,j,t+1}$ と資本サービス量 $\hat{F}_{CAP,j,t+1}$ がゼロでない限り，どの部門においてもつねに厳密に正の投資が行われることに注意する．これとは違って，他の部門よりも低い資本サービス価格 $\hat{p}_{CAP,j,t+1}$ しか見込めない場合には，その部門には投資しない（端点解）というモデル化も考えられる．後者の場合と比べると，本モデルで特定化しているように，つねにすべての部門で厳密に正の投資が行われる前者の場合には，部門間の資本サービス価格差の収束速度は遅くなる．この性質は一見短所ではあるが，しかし同時に長所でもある．なぜなら，この性質によって各部門の投資量が時系列的にあまり大きく変化しないことになるので，モデルの振る舞いは安定的になるからである．資本サービス価格のわずかな部門間での差が大きな投資財配分の偏りを生むといったような投資の過剰調整（オーバーシュート）が発生しにくくなるために，成長経路が振動（oscillate）しにくくなるであろう．さらには，パラメータ ζ を調整することでこの収束速度をほぼ自由に設定できる（このパラメータ ζ の役割と含意については，第 12.3.2 項で数値例を用いて解説する）．

逐次動学モデルとして来期の期待値 $\hat{p}_{CAP,j,t+1}$ と $\hat{F}_{CAP,j,t+1}$ を実際にモデル化する際には，何らかの期待形成を仮定することになる．ここでは，人口成長率 pop と同率で経済が相似拡大的に成長しつつ，また，今期起きたことが来期も起きる，という近視眼的期待形成（myopic expectation）を仮定して，これらを $p_{CAP,j,t}$ と $(1+pop)F_{CAP,j,t}$ という今期 t の値で置き換える．すなわち，

$$p_t^k \Pi_{j,t} = \frac{p_{CAP,j,t}^{f}{}^{\zeta}F_{CAP,j,t}}{\sum_i p_{CAP,i,t}^{f}{}^{\zeta}F_{CAP,i,t}}(S_t^p + \varepsilon_t S_t^f) \quad \forall j, t \quad (12.5')$$

となる投資財の部門間配分ルールを仮定する.

12.1.3 時点内の資源配分（一時的均衡）

資本蓄積の動学方程式(12.3)にしたがって前期（$t-1$ 期）の部門別投資財の投下量 $\Pi_{j,t-1}$ と資本ストック $KK_{j,t-1}$ から t 期首の資本ストック $KK_{j,t}$ が決まる. 加えて労働賦存量 $FF_{LAB,t}$ が与えられると，静学モデルである第 6 章の「現実的な応用一般均衡モデル」と同様の形で，その期の一時的均衡が決まる（図12.1）. すなわち，その期の要素投入量 $F_{h,j,t}$ と要素価格 $p_{h,j,t}^f$ が決まり，所得が決定される. さらに，合成生産要素 $Y_{j,t}$ の生産量も決まる. 国内生産 $Z_{j,t}$ が，種々の中間投入財 $X_{i,j,t}$ とこの合成生産要素 $Y_{j,t}$ からレオンティエフ（Leontief）型の生産技術で作られる（図12.2）. 国内生産 $Z_{j,t}$ は，変形の弾力性一定（constant elasticity of transformation, CET 型）の関数で輸出 $E_{j,t}$ と国内供給 $D_{j,t}$ へと供給先を振り分けられる. この国内財 $D_{j,t}$ は，輸入財 $M_{j,t}$ とともに代替の弾力性一定（constant elasticity of substitution, CES 型）の生産関数で Armington (1969) の合成財 $Q_{j,t}$ に集計される. これが，家計消費 $X_{j,t}^p$，政府消費 $X_{j,t}^g$，投資財需要 $X_{j,t}^v$，および，中間投入財 $X_{j,i,t}$ として利用される.

家計消費 $X_{j,t}^p$ は種々の財と合わせて合成消費財（あるいは t 期の瞬時的効用）CC_t の生産(12.6)のために，また，投資財 $X_{j,t}^v$ は，経済全体で利用される合成投資財 III_t の生産(12.7)のために使われる. なお，この合成投資財は，各部門 j の部門別投資 $\Pi_{j,t}$ のために用いられる. 合成消費財 CC_t と合成投資財 III_t のどちらの生産技術についても，ここではコブ=ダグラス型の生産関数を仮定する[3]．

$$CC_t = a \prod_i X_{i,t}^{p\,\alpha_i} \quad \forall t \quad (12.6)$$

$$III_t = \iota \prod_i X_{i,t}^{v\,\lambda_i} \quad \forall t \quad (12.7)$$

もとになった第 6 章の「現実的な応用一般均衡モデル」では，静学モデルゆ

3）合成投資財生産関数(12.7)の規模係数 ι は，ギリシャ文字のイオタ（iota）である．

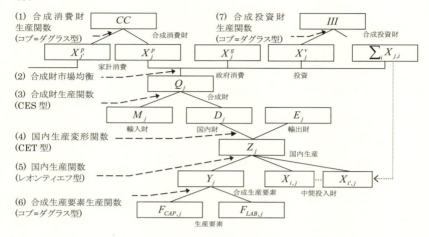

図 12.2：時点内のモデルの構造
出典：第 6 章の図 6.1 を拡張したもの．時間を表す添え字 t は簡略化のため表記していない．

えに投資財需要 $X^v_{i,t}$ が来期の資本蓄積へ貢献することを陽表的には考慮していなかった．しかし，そこで考えていた支出割合一定の投資財需要関数 (6.10) は，ここで仮定する合成投資財生産関数 (12.7) を制約として利潤最大化問題から導かれる投資財需要関数，

$$X^v_{i,t} = \frac{\lambda_i}{p^q_{i,t}}(S^p_t + \varepsilon_t S^f_t) \qquad \forall i, t \tag{12.8}$$

と（あとで述べるように，簡単化のためにこの動学モデルでは政府貯蓄を省略しているだけで）本質的に同じものになっている．なお，$p^q_{i,t}$ はアーミントンの合成財価格，λ_i は支出割合係数（$\sum_i \lambda_i = 1$）である．

動学モデルの各時点内での資源配分については，第 6 章の静学モデルの枠組みをほぼそのまま踏襲しているが，いくつかの点で簡略化する．静学モデルでは一定の支出割合で内生的に決定されていた政府消費 $X^g_{i,t}$ を，ここでは（一定率 pop で成長する）外生変数とする．また，政府貯蓄はないものとする．静学モデルでは一定の直接税率で決定されていた直接税 T^d_t は，ここでは財政収支を均衡させるだけ一括的に家計に課されるものとする．すなわち，

$$T_t^d = \sum_i p_{i,t}^q X_{i,t}^g - \sum_i (T_{i,t}^z + T_{i,t}^m) \quad \forall t \tag{12.9}$$

という直接税収の方程式を考える．

ところで，このモデルでは putty-clay 型の資本を考えるために，労働（LAB）という部門間を移動できる生産要素と，資本（CAP）という移動できない生産要素の2種類があるとした．一方で，要素サービス投入量を表す変数を両要素共通に $F_{h,j,t}$ とし，その部門別の価格を $p_{h,j,t}^f$ として定義する．資本（サービス）についてはすでに論じたように部門間を移動できないので，部門ごとに資本サービスの市場均衡条件(12.2)を課し，したがってそのシャドウ・プライスである資本サービス価格 $p_{CAP,j,t}^f$ は部門ごとに異なる．

労働については部門間を移動可能であるため，第 t 期の労働の賦存量を $FF_{LAB,t}$ として，

$$\sum_j F_{LAB,j,t} = FF_{LAB,t} \quad \forall t \tag{12.10}$$

という数量に関する市場均衡条件を，第6章と同様に経済全体について1つだけ課す．さらに，生産要素が部門間で移動可能である以上，任意の部門間 i, j でその価格（賃金率）は均等化する．そこで，価格均等化（あるいは裁定）条件，

$$p_{LAB,j,t}^f = p_{LAB,i,t}^f \quad \forall i,j,t \tag{12.11}$$

を課す．

12.2 社会会計表と想定経済成長率

12.2.1 初期資本ストックの推定

応用一般均衡モデルを構築するためのデータベースとして用いる社会会計表（social accounting matrix, SAM）には，各部門で利用されている資本サービス量が示されている．ここに示されている資本サービスの部門別投入量 $SAM_{CAP,j}$（あるいは $F_{CAP,j,t}^0$）を，資本サービスの市場均衡条件（12.2）に代入することで，各部門の初期の資本ストック量 $KK_{j,0}$ を推定できる．この資本ストック量と，同様に社会会計表に示されている投資量を用いて計算

すれば，この経済が達成するであろう成長経路を導き出すことができる．しかしながら，この成長率は，モデル作成者が比較基準として想定したい基準均衡成長経路（business-as-usual（BAU）path）と合致するとも限らない[4]．そこで，モデルをキャリブレーションによって推定する前に，社会会計表に示されている基準年（これが成長経路の初期時点 $t=0$ になる）の経済全体での総資本サービス投入量 FF_{CAP}^{00}（$=\sum_j F_{CAP,j}^{00}$）を前提として，想定したい成長率 pop を実現するような今期の投資水準を推定して，それに合うように社会会計表中のデータを修正する必要がある[5,6]．具体的な手続きを以下で順を追って説明する．

12.2.2　基準年の投資量の調整

初期時点の総資本サービス投入量 FF_{CAP}^{00} は，社会会計表のデータ $SAM_{u,v}$ から，

$$FF_{CAP}^{00} = \sum_j SAM_{CAP,j} \qquad (12.12)$$

と知ることができる．簡単化のために，基準年においてすべての部門 j で資本収益率が等しいとすると，資本収益率 ror は，ある部門 j の資本収益 $p_{CAP,j}^{f00} F_{CAP,j}^{00}$ を資本額 $p^{k0} KK_j^{00}$ で除したもの，

$$ror = \frac{p_{CAP,j}^{f00} F_{CAP,j}^{00}}{p^{k0} KK_j^{00}} = \frac{\sum_j p_{CAP,j}^{f00} F_{CAP,j}^{00}}{\sum_j p^{k0} KK_j^{00}} = \frac{FF_{CAP}^{00}}{\sum_j KK_j^{00}}$$

あるいは，経済全体の資本サービス収益を同じく全体の資本額で除したもの

---

4) 伴（2007）．
5) ここでは簡単化のために，一定の人口成長率 pop と等しい速度で相似拡大的に成長する経路を基準均衡成長経路としたが，それ以外の経路を基準均衡成長経路としてモデルを構築することもできる．ただしその場合には，基準均衡成長経路は相似拡大的に成長する経路ではなくなって予測が困難になる．このとき，長期間の成長経路の計算がむずかしくなったり，キャリブレーションとその結果が簡単ではなくなったりする等，いくつかの困難な点が発生するであろう．
6) これとは逆に，社会会計表に示された投資量をもとにして，望むような経済成長を実現するような資本サービス量を計算し，その社会会計表中のデータを調整することも考えられる．しかしながらこの方法をとると，第12.3.2項で示すように年ごとに大きく変化しやすい投資量を中心にしてデータを調整することになる．基準年としてどの年を選ぶかによって推定される資本量が大きく変わり，したがって，推定される成長率もまた大きく変わることになるため，実際上の問題が多いであろう．

（上式2番目の等号）と等しい[7]．この関係を用いて，与えられた資本減耗率 dep のもとで，想定する（assumed）成長率 pop を実現するための初期の想定投資量 III^{ASS} を，資本ストック $KK_{j,t}$ の蓄積方程式から，

$$III^{ASS} = \sum_j [KK_{j,1}^0 - (1-dep)KK_j^{00}]$$
$$= \sum_j [(1+pop)KK_j^{00} - (1-dep)KK_j^{00}]$$
$$= (pop+dep)\sum_j KK_j^{00}$$
$$= \frac{pop+dep}{ror} FF_{CAP}^{00} \tag{12.13}$$

と割り戻す．すなわち，pop，dep，ror の値を仮定することで III^{ASS} の値を推定できる．

一方，社会会計表に示されている投資量は，社会会計表の第 i 財の行と投資主体（INV）の列に示された値 $SAM_{i,INV}$ から，

$$III^{SAM} = \sum_i SAM_{i,INV} \tag{12.14}$$

と計算できる．上の計算過程から分かるように，これが(12.13)で導かれる想定投資量 III^{ASS} と一致することはまずない．実際，2005年産業連関表をもとに作成された社会会計表（表12.1）に示された投資総額 III^{SAM} は1,158,710億円であり，一方，想定投資量 III^{ASS} は，たとえば，$pop=0.02$，$dep=0.04$，$ror=0.05$ を想定すると，2,354,753億円となる．そこで，それらの比率，

$$adj = \frac{III^{ASS}}{III^{SAM}} \tag{12.15}$$

を用いて初期時点の投資財需要 X_i^{v00} を，

$$X_i^{v00} = adj \cdot SAM_{i,INV} \quad \forall i \tag{12.16}$$

と再計算する．

もちろん，社会会計表内の一部のデータについてこのような調整を行うと，社会会計表の各行和とそれに対応した列和とが，$(X_i^{v00} - SAM_{i,INV})$ の大き

---

[7] 3つ目の等号については，基準年における価格をすべて1になるように数量単位を調整できることと，初期における資本サービスの市場均衡式 $\sum_j F_{CAP,j}^{00} = FF_{CAP}^{00}$ を利用して導くことができる．

表12.1：日本の社会会計表（2005年） [単位：10億円]

	農業 (AGR)	軽工業 (LMN)	重工業 (HMN)	サービス (SRV)	資本 (CAP)	労働 (LAB)	生産税 (IDT)	関税 (TRF)	家計 (HOH)	政府 (GOV)	投資 (INV)	外国 (EXT)	合計
農業	1,643	7,561	238	1,409					3,563	0	920	62	15,396
軽工業	1,486	10,804	15,331	18,597					32,220	329	802	1,197	80,766
重工業	1,072	4,278	113,390	48,734					27,649	5	34,980	55,084	285,191
サービス	2,002	11,406	50,513	177,676					234,244	90,707	79,169	17,426	663,144
資本	5,083	7,043	21,059	163,045									196,229
労働	1,435	8,942	42,510	222,733									275,620
生産税	434	4,069	9,418	20,104									34,024
関税	149	2,867	1,749	9									4,774
家計					196,229	275,620							471,850
政府							34,024	4,774	52,243				91,042
投資									121,931	0		−6,060	115,871
外国	2,093	23,797	30,983	10,837									67,709
合計	15,396	80,766	285,191	663,144	196,229	275,620	34,024	4,774	471,850	91,042	115,871	67,709	

出典：総務省（2009）をもとに筆者作成．列ラベルの下に，各部門・経済主体の略号を示した．

さだけ一致しなくなってしまう（第4章参照）．そこで，(12.16)の調整によって生じたこの差額だけ，基準年の政府消費 X_i^{g00} を，

$$X_i^{g00} = SAM_{i,GOV} - (X_i^{v00} - SAM_{i,INV}) \quad \forall i \quad (12.17)$$

と調整することで投資部門の行和と列和を一致させる[8]．政府消費 X_i^{g00} を調整したので，この新しい政府消費を賄うだけの直接税収 T^{d00} を，

$$T^{d00} = \sum_i X_i^{g00} - \sum_i (T_i^{z00} + T_i^{m00}) \quad (12.18)$$

とさらに調整して政府部門の行和と列和を一致させる．最後に，これに影響を受ける民間貯蓄 S^{p00} を，

$$S^{p00} = \sum_h FF_h^{00} - (T^{d00} + \sum_i X_i^{p00}) \quad (12.19)$$

と調整する．社会会計表中のデータに対してこのような一連の調整を施した後で，モデルをキャリブレートする．このモデルのキャリブレーション手順に関しては，第4章の手順をほぼそのまま適用できる．（詳細については第12.4節参照．）

---

[8] （基準年の）基準均衡における価格はすべて1としているため，ここでは陽表的には表示していない（第5章参照）．上付き添え字「00」が付いたものは基準年における値を意味する．

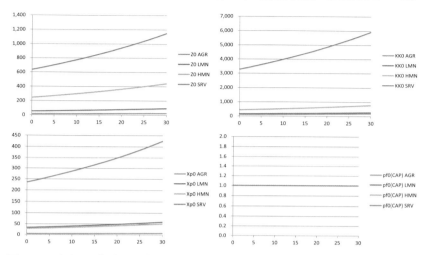

図12.3：生産量 $Z^0_{j,t}$（上段左），資本ストック $KK^0_{j,t}$（上段右），消費 $X^{p0}_{i,t}$（下段左），および，資本サービス価格 $p^{f0}_{CAP,j,t}$（下段右）の基準均衡成長経路

注：表12.1の社会会計表をもとに $ror=0.05$, $dep=0.04$, $pop=0.02$ として初期時点のデータを調整してキャリブレートしたモデルから計算．

12.2.3 基準均衡成長経路

　数量や金額に関する外生変数，すなわち，政府消費 $X^g_{i,t}$ や外国貯蓄（外貨建て）S^f_t は，一定の成長率 pop で成長するとする．小国にとっては外生的な価格変数である輸出財と輸入財の外貨建て国際価格 p^{We}_i と p^{Wm}_i と，生産税率 τ^z_i，輸入関税率 τ^m_i は通時的に一定とする[9]．第12.2.2項で論じた基準年の投資量の調整によって得られた資本ストックは人口成長率 pop で成長し，また，人口も外生的にこの率で成長するからすべての数量と金額の変数が相似拡大的に成長する．すなわち，基準均衡成長経路は，一定の成長率 pop にしたがって相似的に拡大する経路となる（図12.3）．

　この動学モデルにおける基準均衡成長経路は，静学モデルにおける（社会会計表に示されている）基準均衡に相当する．たとえば，静学モデルの構築

---

[9] もちろん，シミュレーションの中でこれらを変化させることは構わない．

時にそうしたように基準均衡の初期（$t=0$）における資本サービス価格 $p_{CAP,j,0}^{r0}$ を 1 に基準化すると，それから計算される来期以降の資本サービス価格もまた 1 になる[10]．何のショックも与えないでモデルを解いて得られた成長経路がこの相似拡大的な基準均衡成長経路から乖離している場合には，第 6 章で論じた静学モデルにおけるキャリブレーション結果の確認方法と同様に，モデルの方程式か，または，キャリブレーション過程のどちらかで何らかの間違いをしていることになる．

12.3 仮想均衡成長経路

12.3.1 輸入関税撤廃の影響

ひとたび前節までに構築したモデルを用いて基準均衡成長経路が正しく計算できれば，つづいて，さまざまなシミュレーションを行うことができる．静学モデルの場合と同様に，税率や国際価格，あるいは，生産性といった外生変数・係数を変化させたり，人口成長率のような成長経路を特徴付ける係数を変化させたりして，その影響を分析することができる．ここでは，表 12.1 の 4 部門社会会計表に基づいて構築したモデルを用いて輸入関税撤廃をシミュレートし，どのような仮想均衡成長経路を得ることができるかを例示する[11]．合わせて，部門別投資の配分係数 ζ の役割についても考える．

モデルの中では第 0 期から第 30 期までの 31 期間を逐次的に描写し，シナリオとして第 0 期とそれ以降において関税率がゼロになるとした．輸入関税撤廃によって輸出入は全般に増加する（図 12.4 上段）．4 部門のうち，第 0 期において保護の度合いが高かった農業（AGR）（関税率 7.1%）と軽工業（LMN）（同 12.0%）の生産が低下する（図 12.4 中段左）[12]．これらの生産は，

---

10) 価格を 1 以外の水準に基準化しても，計算の結果得られる基準均衡成長経路には本質的な違いは生まれない．ただし，資本サービス価格に付されているパラメータ ζ の影響度合いが異なって見える．

11) ただし，Armington (1969) の弾力性については 2 と仮定する．

12) 括弧内は表 12.1 に示された社会会計表から推定された輸入関税率である．

第 12 章 逐次動学応用一般均衡モデル 291

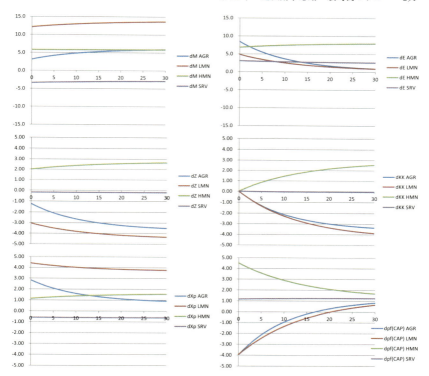

図 12.4：仮想均衡成長経路（輸入量 $M_{j,t}$（上段左），輸出量 $E_{j,t}$（上段右），生産量 $Z_{j,t}$（中段左），資本ストック $KK_{j,t}$（中段右），家計消費 $X^p_{j,t}$（下段左），資本サービス価格 $p^c_{CAP,j,t}$（下段右）の基準均衡成長経路からの乖離 [%]）
注：$ror = 0.05$，$dep = 0.04$，$pop = 0.02$，$\zeta = 1.00$ として，第 0 期から輸入関税撤廃．

ショックが発生した当初にはそれぞれ 1% と 3% 程度の減少で済んでいたが，時間が経つにつれて生産量の減少幅が 4% 前後にまで拡大する．これは資本が，これらの部門からほかの部門，とくに比較的保護の度合いが低かった重工業（HMN）（輸入関税率 5.6%）へと次第に移動していくからである（図 12.4 の中段右）．非貿易財部門を主体とするサービス部門（SRV）は輸入関税撤廃によって直接影響を受けるわけではないが，それでも，関税撤廃が貿易財部門の生産を全体としては増加させ，したがってそこへと資源が吸い寄せられるために，サービス部門は一般に生産が減少する傾向を見せる．貿易

財の価格が全体的に低下するために，それらに対する消費が増加する（図12.4下段左）．

短期的には，農業と軽工業部門への外国製品の流入と，それらの部門にすでに据え付けられていて，しかし，急速にはほかの部門へ移動できずに過剰となっている資本ストックのために，農業と軽工業部門の供給が過剰になる．この結果，これらの財の価格が低下して消費需要が伸びる．しかし，長期的には，これらの部門における資本の過剰が解消されるために，消費の伸びは鈍化する．その一方で，投資（資本ストックの新規導入）を引きつけて生産を拡大した重工業部門の価格が低下して，この部門の消費が伸びてくる．資本サービス価格で見ても，農業と軽工業といった縮小する部門では資本が過剰であるためにその価格はいったん大きく低下し，その一方で，生産を拡大したい重工業では資本が不足するために資本サービス価格は大きく上昇する（図12.4下段右）[13]．この部門間価格差を原動力として，いったん据え付けられて部門間を移動できない資本ストックでも，資本減耗や配分ルール(12.5′)に従う新規の投資を通じて実質的に部門間を移動することができる．移動が進むほど部門間の資本の過不足は解消されて，部門間の資本サービス価格差は収斂する．

12.3.2　部門別投資の配分係数 ζ に対する成長経路の感応度

部門別投資の配分ルール(12.5′)に用いられている係数 ζ は，資本サービス価格（の部門間の差）を投資配分においてどの程度重視するかを表している．これが大きいほど価格（差）重視の配分となり，何らかのショックによって資本サービス価格が部門間で乖離した場合には，部門別投資財の配分が（基準均衡成長経路ないし前期までの均衡に比べて）大きく変化し，それによって部門間の価格差がすばやく収斂する．ただし後述するように，係数 ζ が大きければ，各部門の資本サービス価格のごくわずかな上昇・低下に対応して非常に大きな投資の増加・減少が起きやすくなり（投資の過剰調整，オーバーシュート），成長経路が振動して，ひどいときにはその値が大きくなりす

---

[13]　なお，基準財価格としてアーミントン合成財の加重平均価格を1に固定している．詳しくは第12.4.1項参照．

第12章 逐次動学応用一般均衡モデル 293

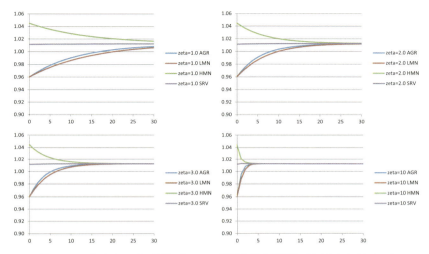

図 12.5：資本サービス価格 $p^f_{CAP, j, t}$ の仮想均衡成長経路 ［基準均衡成長経路 = 1］
注：それぞれ，ζ = 1.0, 2.0, 3.0, 10 として第 0 期に関税撤廃をシミュレートしたもの．

ぎて数値計算が困難になる可能性もある．一方，係数 ζ が小さければ慣性力が強く働いて前年並みの投資行動が生み出されやすくなり，部門間の資本サービス価格差はなかなか収斂しない．どちらが「よいモデル」であるかは，用いるデータや部門の集計度合い，モデル構造，あるいは，分析目的に依存するので一概には言えないが，ここでは，この係数の大小によってモデルが生み出す成長経路がどの程度違ったものになるかを例示する．

このために，ζ の値を 1.0, 2.0, 3.0, または，10 にして，第 12.3.1 項と同じ輸入関税撤廃をシミュレートする[14]．資本サービス価格 $p^f_{CAP, j, t}$（これは，基準均衡成長経路では，すべての部門と期間で 1 となる）の成長経路を見ると，ζ = 1.0 の場合には 30 期後にようやく価格差が収斂するが，ζ = 3.0 にすると 10 期程度で収斂する（図 12.5 下段左）．つぎに，第 j 部門への部門別投資の量 $II_{j, t}$ は，ζ = 1.0 であれば（基準均衡成長経路から乖離しているという点では確かに調整が行われているものの，）横軸からの乖離度合いが示す

[14] 何らショックを与えないときは全期間を通じてつねに $p^f_{CAP, j, t}$ = 1 となるため，ζ の値の大小によって基準均衡成長経路が異なることがないことに注意．

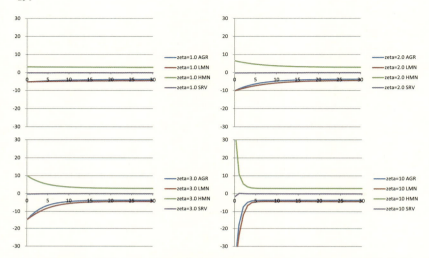

図 12.6：部門別投資量 $II_{j,t}$ の仮想均衡成長経路（基準均衡成長経路からの乖離率 [%]）
注：それぞれ，ζ= 1.0, 2.0, 3.0, 10 として第 0 期に関税撤廃をシミュレートしたもの．

基準均衡成長経路からの乖離率に大きな時系列的な変化はない（図 12.6 上段左）．一方，ζ＝3.0 では，10 期程度までは部門別投資量の基準均衡成長経路からの乖離率が年々縮小しているが，それから先は定常的に推移している[15]．しかし，20 期ないし 30 期先という長期を見ると，パラメータζの値にかかわらず，どの場合も同程度の基準均衡成長経路からの乖離を見せている．

係数ζの値にかかわらず長期的には同じような水準に収斂するとしても，早いタイミングで急速な資本の調整を行うか，時間をかけて緩やかに資本の調整を行うかによって，その社会的費用が異なる．これを等価変分で測った厚生効果の時系列的推移で見てみよう．急速な調整を行う（ζが大きい）場合には，短期的には，部門別投資配分の大きな変化に伴って厚生効果が一度小さくなり（しかし，それでも関税撤廃の効果はどの期においても正である），そのあと急速に厚生効果が増加していき，長期的には，より高い水準

---

[15] この変化は，図 12.5 で見た資本サービス価格 $p_{CAP,j,t}$ の収斂と，もちろん対応している．

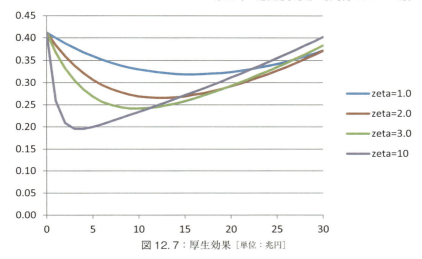

図 12.7：厚生効果 [単位：兆円]

を実現できるようになる（図 12.7）．

最後に，部門別投資の配分係数 ζ が大きすぎるために成長経路が発振してしまう場合を例示しておこう．図 12.5-12.6 で示したように，ζ が大きいほど部門別資本・投資量の調整は素早くなるが，その調整が行き過ぎる（オーバーシュートする）可能性もまた高くなる．これが逐次動学モデルの弱点のうちの1つである[16,17]．すなわち，t 期にある部門で資本が不足していたとして，これに対して多すぎる部門別投資財配分をしてしまうと，$t+1$ 期には一転して資本が過剰になってしまう．そうすると，今度は逆に，部門別投資財は非常に少なく配分される．これが $t+2$ 期に再び資本の不足を引き起こして……，というように，部門別投資財の配分が多すぎる年と少なすぎる年が交互に現れて成長経路が振動する．もちろん，こうした振動が短い期間

---

16) Ianchovichina and McDougall (2012), 武田 (2007).
17) もう1つの弱点は，将来ショックが発生すると予想されたとしても，それに備えてあらかじめ調整するような成長経路を描写できないことである．この点を克服するためには，前向き（Forward-looking タイプ）の動学化を行う必要がある．詳しくは，第 12.5 節参照．

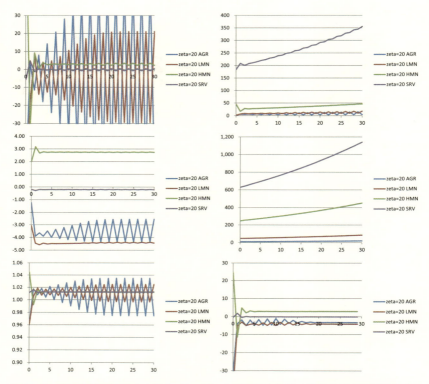

図12.8：成長経路が振動する場合（ζ＝20）の部門別投資量の基準均衡成長経路からの乖離率［%］（上段左），部門別投資量水準（上段右），生産量の基準均衡成長経路からの乖離率［%］（中段左），生産量水準（中段右），資本サービス価格［基準均衡成長経路＝1］（下段左），および，部門別投資量の基準均衡成長経路からの乖離率［%］の2期間移動平均（下段右）

で収束すれば成長経路を数値計算する上での問題は発生しないが，調整速度があまりに大きいときには変数の値が極端になって，数値計算が実行不能に陥ってしまうであろう．

　この数値例では，ζ＝20にまで大きくすると，成長経路が振動してしまう（図12.8）．ただしこの場合でも，部門別投資量を水準で見ると（図12.8の上段右），乖離率（図12.8の上段左）で見たものほど振動が目立つわけではないし，生産量の均衡経路からの乖離率（中段左）が振動する一方で，生産

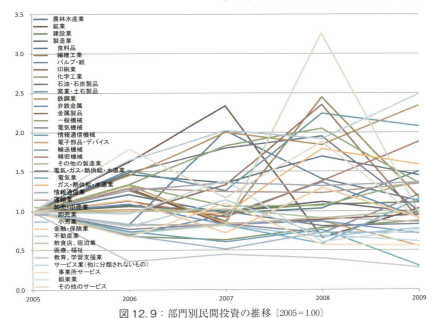

図 12.9：部門別民間投資の推移［2005 = 1.00］

出典：内閣府「民間企業投資・除却調査」より筆者作成．回答企業数が毎年変動するため，各部門の投資がそれらの合計に占める割合を計算し，その推移を示した．

量の水準に至っては，時系列的にはまったく滑らかなものに見える（図 12.8 の中段右）．ところで，配分係数をさらに大きくして $\xi = 50$ とすると $t = 0$, 1, 2, 3 期までは解くことができるが，それ以降の一時的均衡を得ることができなくなってしまう．こうした振動は，過剰調整が発生しやすい比較的規模の小さな部門（ここでは農業と軽工業）に現れやすい．

参考として，部門別の投資活動を実際のデータで見てみる．現実経済の中には，当然に，シミュレーションで考えるような単一のショックではなく複数のさまざまなショック（たとえば 2008 年 9 月のリーマン・ショック）が発生しているとはいえ，各部門の投資量はかなり顕著な変動を見せている（図 12.9）．こうした実際の観測値に照らしてみると，数値計算ができなくなるような場合はともかく，モデルから計算された図 12.8 のような部門別投資経路の時系列的振動を非現実的な計算結果であると考えたり，あるいは，

実証分析上の深刻な問題と見なしたりしなくてもよいかもしれない．振動によってシミュレーション結果が解釈しにくくなっているが（図12.8上段左），その振動も2期間移動平均をとって見たならば（図12.8下段右），振動のない場合（図12.6）と比べても基準均衡成長経路からの乖離方向や乖離度合いといった点についてはほとんど同じ結果を導いている．

12.4 逐次動学モデルの構築

12.4.1 モデルの方程式体系

入力ファイルを作成する前に，モデル内の変数と方程式体系をまとめて示しておく．第6章のモデルと比べて，このモデルは，上で論じたような形で政府等についてモデルが簡略化されている一方で，生産要素については，資本のような部門間を移動できない（immobile）要素 h_imm と労働のように移動できる（mobile）要素 h_mob の2種類に区分していることに注意する．また，基準財についてはアーミントンの合成財のバスケット（組み合わせたもの）であるとし，その価格（物価指数）$PRICE_t$ を1に固定している．もちろん，これ以外のものを基準財として選んだとしても本質的に違いは発生しない．

［添え字］
i, j：部門
h, k：生産要素
h_mob：移動可能生産要素（労働）
h_imm：移動不可能生産要素（資本）
t：時間（$t = 0, 1, 2, \cdots$）

［内生変数］
$Y_{j,t}$：合成生産要素（付加価値）
$F_{h,j,t}$：生産要素投入量
$X_{i,j,t}$：中間投入

$Z_{j,t}$：国内生産財

$X^p_{i,t}$：家計消費

$X^v_{i,t}$：投資財需要（合成投資財 III_t を作るための投入物であり，部門別投資 $II_{j,t}$ とは異なることに注意する）

$E_{i,t}$：輸出

$M_{i,t}$：輸入

$Q_{i,t}$：アーミントンの合成財

$D_{i,t}$：国内財

$FF_{h\_mob,t}$：生産要素賦存量（各期首においては所与）

$p^f_{h,j,t}$：生産要素価格

$p^y_{j,t}$：合成生産要素価格

$p^z_{j,t}$：国内生産財価格

$p^q_{i,t}$：アーミントンの合成財価格

$p^e_{i,t}$：輸出財価格（内貨建て）

$p^m_{i,t}$：輸入財価格（内貨建て）

$p^d_{i,t}$：国内財価格

p^k_t：合成投資財価格

ε_t：為替レート

S^p_t：民間貯蓄

T^d_t：直接税額

$T^z_{j,t}$：生産税額

$T^m_{i,t}$：輸入関税額

$KK_{j,t}$：資本ストック（各期首においては所与）

III_t：合成投資財

$II_{j,t}$：合成投資財の第 j 部門への投下量（部門別投資）

CC_t：合成消費財（あるいは瞬時的効用）

［外生変数］

pop：人口成長率

dep：資本減耗率

ror：資本収益率
ζ：投資の配分係数
$X_{i,t}^{g}$：政府消費
S_{t}^{f}：外国貯蓄（外貨建て）
τ_{i}^{z}：生産税率
τ_{i}^{m}：輸入関税率
$PRICE_{t}$：物価指数
$p_{i,t}^{We}$：輸出財国際価格
$p_{i,t}^{Wm}$：輸入財国際価格

［方程式］
［国内生産］

合成生産要素生産関数（コブ=ダグラス）
$$Y_{j,t} = b_j \prod_h F_{h,j,t}^{\beta_{h,j}} \quad \forall j,t \tag{12.20}$$

要素需要関数（コブ=ダグラス）
$$F_{h,j,t} = \frac{\beta_{h,j}}{p_{h,j,t}^{f}} p_{j,t}^{y} Y_{j,t} \quad \forall h,j,t \tag{12.21}$$

中間投入需要関数（レオンティエフ）
$$X_{i,j,t} = ax_{i,j} Z_{j,t} \quad \forall i,j,t \tag{12.22}$$

合成生産要素需要関数（レオンティエフ）
$$Y_{j,t} = ay_j Z_{j,t} \quad \forall j,t \tag{12.23}$$

国内生産財単位費用関数（レオンティエフ）
$$p_{j,t}^{z} = ay_j p_{j,t}^{y} + \sum_i ax_{i,j} p_{i,t}^{q} \quad \forall j,t \tag{12.24}$$

［政府行動］

一括直接税額
$$T_{t}^{d} = \sum_i p_{i,t}^{q} X_{i,t}^{g} - \sum_i (T_{i,t}^{z} + T_{i,t}^{m}) \quad \forall t \tag{12.25}$$

生産税額
$$T_{j,t}^{z} = \tau_{j}^{z} p_{j,t}^{z} Z_{j,t} \quad \forall j,t \tag{12.26}$$

輸入関税額
$$T_{i,t}^m = \tau_i^m p_{i,t}^m M_{i,t} \qquad \forall\, i,t \tag{12.27}$$

[投資行動]

投資財需要関数
$$X_{i,t}^v = \frac{\lambda_i}{p_{i,t}^q}(S_t^p + \varepsilon_t S_t^f) \qquad \forall\, i,t \tag{12.28}$$

[貯蓄]

民間貯蓄
$$S_t^p = ss^p\!\left(\sum_{h,j} p_{h,j,t}^f F_{h,j,t} - T_t^d\right) \qquad \forall\, t \tag{12.29}$$

[家計消費]（コブ＝ダグラス）
$$X_{i,t}^p = \frac{\alpha_i}{p_{i,t}^q}\!\left(\sum_{h,j} p_{h,j,t}^f F_{h,j,t} - S_t^p - T_t^d\right) \qquad \forall\, i,t \tag{12.30}$$

[輸出入財価格]
$$p_{i,t}^e = \varepsilon_t p_{i,t}^{We} \qquad \forall\, i,t \tag{12.31}$$
$$p_{i,t}^m = \varepsilon_t p_{i,t}^{Wm} \qquad \forall\, i,t \tag{12.32}$$

[経常収支制約]
$$\sum_i p_{i,t}^{We} E_{i,t} + S_t^f = \sum_i p_{i,t}^{Wm} M_{i,t} \qquad \forall\, t \tag{12.33}$$

[アーミントンの合成財]

アーミントンの合成財生産関数（CES）
$$Q_{i,t} = \gamma_i(\delta m_i M_{i,t}^{\eta_i} + \delta d_i D_{i,t}^{\eta_i})^{1/\eta_i} \qquad \forall\, i,t \tag{12.34}$$

輸入財需要関数（CES）
$$M_{i,t} = \left[\frac{\gamma_i^{\eta_i}\delta m_i p_{i,t}^q}{(1+\tau_i^m)\,p_{i,t}^m}\right]^{\frac{1}{1-\eta_i}} Q_{i,t} \qquad \forall\, i,t \tag{12.35}$$

国内財需要関数（CES）
$$D_{i,t} = \left[\frac{\gamma_i^{\eta_i}\delta d_i p_{i,t}^q}{p_{i,t}^d}\right]^{\frac{1}{1-\eta_i}} Q_{i,t} \qquad \forall\, i,t \tag{12.36}$$

［変形関数］

国内生産財変形関数（CET）
$$Z_{i,t} = \theta_i(\xi e_i E_{i,t}{}^{\phi_i} + \xi d_i D_{i,t}{}^{\phi_i})^{1/\phi_i} \qquad \forall\, i, t \tag{12.37}$$

輸出財供給関数（CET）
$$E_{i,t} = \left[\frac{\theta_i^{\phi_i}\xi e_i(1+\tau_i^z)p_{i,t}^z}{p_{i,t}^e}\right]^{\frac{1}{1-\phi_i}} Z_{i,t} \qquad \forall\, i, t \tag{12.38}$$

国内財供給関数（CET）
$$D_{i,t} = \left[\frac{\theta_i^{\phi_i}\xi d_i(1+\tau_i^z)p_{i,t}^z}{p_{i,t}^d}\right]^{\frac{1}{1-\phi_i}} Z_{i,t} \qquad \forall\, i, t \tag{12.39}$$

［市場均衡条件］

アーミントンの合成財市場
$$Q_{i,t} = X_{i,t}^p + X_{i,t}^g + X_{i,t}^v + \sum_j X_{i,j,t} \qquad \forall\, i, t \tag{12.40}$$

労働市場：数量均衡
$$\sum_j F_{h\_mob,j,t} = FF_{h\_mob,t} \qquad \forall\, h\_mob, t \tag{12.41}$$

労働市場：価格均等化
$$p^f_{h\_mob,j,t} = p^f_{h\_mob,i,t} \qquad \forall\, h\_mob, j, i, t \tag{12.42}$$

資本市場
$$F_{CAP,j,t} = rorKK_{j,t} \qquad \forall\, j, t \tag{12.43}$$

合成投資財市場均衡条件
$$\sum_j II_{j,t} = III_t \qquad \forall\, t \tag{12.44}$$

部門別投資水準
$$p_t^k II_{j,t} = \frac{p_{CAP,j,t}^{f}{}^{\zeta} F_{CAP,j,t}}{\sum_i p_{CAP,i,t}^{f}{}^{\zeta} F_{CAP,i,t}}(S_t^p + \varepsilon_t S_t^f) \qquad \forall\, j, t \tag{12.45}$$

合成消費財生産関数（コブ＝ダグラス）
$$CC_t = a\prod_i X_{i,t}^{p\,\alpha_i} \qquad \forall\, t \tag{12.46}$$

物価指数（基準財価格）
$$PRICE_t = \sum_j p_{j,t}^q \left(\frac{Q_{j,t}^0}{\sum_i Q_{i,t}^0}\right) \qquad \forall\, t \tag{12.47}$$

合成投資財生産関数（コブ=ダグラス）
$$III_t = \iota \prod_i X_{i,t}^{v\lambda_i} \quad \forall\, t \tag{12.48}$$

［動学方程式］

労働賦存量の推移
$$FF_{h\_mob,\,t+1} = (1+pop)FF_{h\_mob,\,t} \quad \forall\, h\_mob, t \tag{12.49}$$

資本ストック蓄積
$$KK_{j,\,t+1} = (1-dep)KK_{j,\,t} + II_{j,\,t} \quad \forall\, j, t \tag{12.50}$$

政府消費
$$X_{i,\,t+1}^{g} = (1+pop)X_{i,\,t}^{g} \quad \forall\, i, t \tag{12.51}$$

外国貯蓄
$$S_{t+1}^{f} = (1+pop)S_{t}^{f} \quad \forall\, t \tag{12.52}$$

初期条件
$$FF_{h\_mob,\,0} = FF_{h\_mob}^{00} \quad \forall\, h\_mob \tag{12.53}$$
$$KK_{j,\,0} = KK_{j}^{00} \quad \forall\, j \tag{12.54}$$

12.4.2　逐次動学モデルのプログラムの流れ

　上のモデル中の変数と方程式のリストを見ると，この動学モデルは第6章の静学モデルを基本にして，そこに現れるすべての変数と方程式について時間を表す添え字 t を付し，資本ストックや労働の賦存量，政府消費，外国貯蓄といった各期首において所与となる変数を毎期更新するための方程式を加えたものになっていることが分かる．ただし，単純に添え字 t を付して変数の次元を増やすと，モデルが急速に大きくなってしまう．2期モデルならば変数の数は静学モデルの約2倍，10期モデルなら10倍になってしまう．これは数値計算上の問題を発生させる可能性があり，また，GAMS を試用版のまま動かそうとすると，変数の数が多すぎてモデルを解くことができなくなるという問題も発生させる．

　そこで，逐次動学モデルとしての特性を生かして，まず初期（$t=0$）のみについてあたかも静学モデルを解いているかのように解く（一時的均衡）．そこで得られた解から次期（$t=1$）へ向けた投資量を計算して，次期首に所

与となる（外生）変数を計算する．その値を用いて，次期の一時的均衡を解くというように，逐次繰り返し計算をすることで，モデル作成者が望むだけの期間について計算することができる．最終的に，これらのすべての解を集めて，全期間にわたる成長経路を吟味することができる．具体的には，

(1) 外生変数 $FF_{h\_mob,0}$, $KK_{j,0}$, $X^g_{f,0}$, S^f_0 を所与として，$t=0$ 期の一時的均衡を解く．

(2) 一時的均衡で得られた値をもとに，部門別投資の配分ルール (12.5′) を用いて各部門の投資量 $II_{j,0}$ を決定する．また，ここで得られた一時的均衡解を外生変数（Parameter）の値として保存する．

(3) 外生変数の値を次期（$t=1$）のために更新する．すなわち，資本ストック $KK_{j,1}$ については，資本減耗 dep と（2）で得られた第 j 部門への部門別投資財の投下量 $II_{j,0}$ をもとに資本蓄積を (12.2) から計算し，その他の外生変数については，人口成長率 pop を乗じて相似拡大的に増加させていく．

(4) 更新された外生変数 $FF_{h\_mob,1}$, $KK_{j,1}$, $X^g_{f,1}$, S^f_1 をもとに，（1）に戻って $t=1$ 期の一時的均衡を解く．（以降繰り返し）

という手続きを踏む．以下では，プログラム（リスト 12.1）の内容に触れながら，これらがどのようにプログラムとして記述されているか，個別に説明を加える．

12.4.3 モデルの設定とデータの調整

表 12.1 に示したような 4 部門社会会計表がすでに用意されているものとして，逐次動学モデルのプログラムを作成した（リスト 12.1）．シナリオとして，第 0 期からすべての部門で輸入関税が撤廃されるものとした．

プログラムでは，部門や生産要素に関する添え字以外に，時間に関する添え字 t を Set 命令で定義する（ここでは，第 0 期から第 30 期までとしているが，期間の短縮と延長は自由である）（16 行目）．第 12.4.1 項で説明したように，このプログラムでは，より一般的に，労働のように部門間を移動可能な生産要素 h_mob と資本のように移動不可能なもの h_imm を，生産要素のすべてを表す集合 h の部分集合として定義し，労働 LAB と資本 CAP がそ

れぞれの集合に含まれる要素となっている（14-15行目）．

つぎに，成長経路を特徴付ける一連のパラメータ（ror, dep, pop, zeta）を定義してその値を仮定する（23-31行目）．社会会計表のデータをSAM(u, v)として入力する（36-59行目）．70-167行目では，変数を定義している．これらは目的によって3種類に分けられる．最初の2つは，本章の冒頭でまとめたものである．すなわち，第1は変数名の末尾に「00」がついたもので，基準年（第0期）の基準均衡値であり，静学モデルである「現実的な応用一般均衡モデル」を構築する際にそうであったように，社会会計表のデータを読み出し，利用するために使われる（169-185行目）．第2は変数名の末尾に「0」がついたもの（と国際価格pWe(i), pWm(i)，および，各種の間接税率tauz(i), taum(i)）で，基準均衡成長経路上の各期の変数値を表す．（この値は，少し後の217-253行目で設定される．）第3は各期における一時的均衡解を表すもので，変数名の末尾に（数字の）「1」がついており，仮想均衡成長経路上の各期の一時的均衡を解いて内生変数の解を得るたびにこれに保存していく（詳しくは後述するが，548-578行目）．

第12.2.1-12.2.2項で説明した基準年の資本ストック量の推定と，それに対応した基準年の投資量の調整は190-212行目で行われている．具体的には，(12.12)のように社会会計表に示されている資本サービス総投入量FF00("CAP")を所与とし，これと想定する人口成長率pop，資本減耗率dep，資本収益率rorに整合的な総投資量III_ASSを(12.13)のように求める（194行目）．これと，社会会計表に示されている総投資量III_SAMを(12.14)のように計算し（195行目），それらの比率adjを(12.15)のように計算する（196行目）．（これら2種類の総投資量が一致することはまずあり得ないから，）adjを用いて，(12.16)のように社会会計表に示された投資財需要量SAM(i, "INV")を修正してXv00(i)を計算する（199行目）．

単純にこの修正された値をもとにしてモデルをキャリブレートすると，当然，他の経済主体の行動や市場均衡式との間で整合性がとれなくなる．ここでは，こうした問題を投資量の修正によって生じた各財市場の超過需給分(Xv00(i)-SAM(i, "INV"))について，(12.17)のように基準年の政府消費Xg00(i)を再修正することで吸収して解決する（202行目）．政府消費量が

変化すれば，それに応じて政府の予算制約が変化するから，この変化分を(12.18)のように直接税額Td00の調整によって吸収する（205行目）．直接税額を調整すれば，それによって家計の予算制約も影響を受ける．そこで，(12.19)のように基準年の家計貯蓄Sp00を調整する（208行目）．

基準年における部門別の投資財の投下量II00(j)は投資の調整ルール(12.5′)を基準年に当てはめることで計算できる（211行目）．また（12.2）を用いて，社会会計表に示された資本サービスの投入量F00("CAP",j)の情報から，背後でその資本サービス量を生み出したはずの資本ストック量KK00(j)が計算できる（212行目）．基準均衡成長経路上では，価格は1のまま一定，数量や金額については基準年の値をもとにして一定の人口成長率popで相似拡大的に成長するから，経過年数(ord(t)-1)に応じて(1+pop)を乗じて計算する（217-253行目）[18]．

12.4.4 キャリブレーション

動学化によってモデルとそのプログラムが急速に複雑化したように見えるが，上で論じた投資量の調整とそれに伴う付随的な手続きができてしまえば，キャリブレーションの手続き自体はこれまでの静学モデルとほとんど同じである．ただ以下の2点について変更を加えるだけでよい．具体的には，家計消費について，合成消費財（あるいは瞬時的効用と呼んでもよい）CCの生産を考えるためにその生産関数(12.6)を導入した．その規模係数aをキャリブレートする必要がある（287行目）．（支出割合係数alpha(i)については静学モデルにおける効用関数中のそれと同じ[19]．）同様に，合成資本財IIIの生産関数（12.7）を導入したために，その規模係数iotaをキャリブレートする必要がある（296行目）．（支出割合係数lambda(i)については，や

---

[18] ord関数等のGAMSプログラムの基本的な点については第8章を，また，より詳細な点についてはGAMSマニュアル参照．

[19] 合成消費財CC_tの生産関数(12.6)は，静学モデルにおける効用関数に対応する．その静学モデルの中では，たとえaのような規模係数を導入したとしても，それは効用水準UUを数倍（あるいは数分の1）に変換するだけの係数であって，本質的に意味はなかった．一方ここでは，CC^{00}の値を$\sum_i X_i^{p00}$から推定している（180行目）ために，CC^{00}と$\prod_i X_i^{p00\alpha_i}$の大きさの差を調整する生産性の規模係数$a$が必要になる．

はり従前のとおり.)

　付言すれば，第6章の「現実的な応用一般均衡モデル」においては政府支出 X_i^g を決定する関数の支出割合係数 μ_i をキャリブレートする必要があった．一方，この動学モデルでは，簡単化のために政府支出が（一定の人口成長率 pop で成長する）外生変数となっており，そのような係数をキャリブレートする必要はなくなっている．

12.4.5　モデルを解く

　上に示したような一連の変数の定義と方程式を GAMS の文法に従ってプログラムとして記述する（319-485行目）．モデルの方程式(12.20)—(12.54)を記述する際には時間を表す添え字 t を用いていたが，リスト12.1に示すプログラム中の方程式や変数には付されていないことに注意する．これは，GAMS のプログラム上では，あくまでも各期の均衡（一時的均衡）を描写するモデルを構築し，このモデルを繰り返し解くようにしているからである．ただし，静学モデルの場合と同様に，この動学モデルも連立方程式体系であることには変わりなく，GAMS を用いてそのまま解くことはできない．そこで，（各期の）合成消費財の消費量 CC を最大化する形でモデルを解く[20]．一連の内生変数について，社会会計表中の基準年の基準均衡解の値を用いて内生変数を初期化（492-517行目）し，485行目で(12.47)のように定義された基準財価格 PRICE を「.fx」を用いて固定する（522行目）[21]．加えて，初期条件として，外生変数である労働の賦存量 $FF_{h\_mob,0}$ と資本ストックの賦存量 $KK_{j,0}$ を，同じく基準年の基準均衡解の値を用いて与える（525-526行目）．外生変数 $X_{i,0}^g$ と S_0^f の値も与える（528-529行目）[22]．これまでと同

---

[20]　静学モデルである「現実的な応用一般均衡モデル」では，$UU=\prod_i X_i^{p\alpha_i}$ という効用関数を名目的な目的関数として導入し，これを最大化する形でモデルを解いていた．ここでは，$CC_t=a\prod_i X_{i,t}^{p\alpha_i}$ という合成消費財生産関数がすでに導入されているので，合成消費財の量 CC を直接最大化することとした．

[21]　これ以外のものを基準財価格として固定してもよい．その場合でも計算される均衡解の相対価格や数量は何ら変わらない．

[22]　GAMS プログラムでは，これらの変数に初期の年次を表す添え字 0 は付されていないことに注意．これは，第12.4.2項で説明したように，あたかも静学モデルを解くかのように毎期独立してモデルを解くからである．

様にモデル名を定義してこれを解き（533-534行目），初期（$t=0$）の基準均衡解を得る．もしこの解が社会会計表に示された値と乖離するようならば，モデルの方程式の記述が誤っているか，キャリブレーションの手続きが誤っているかということになる．この種の確認が必要なことは，動学モデルであっても同様である．さらに，初期（$t=0$）の解が誤ったものであるならば，そこから始まる成長経路もまた誤ったものとなってしまう．ただし，初期（$t=0$）のみ正しい値が得られて，$t=1$期以降の解が期待される基準均衡成長経路と異なるならば，モデルの中の動学構造に関わる部分か，あるいは，つぎで説明するような各種の外生変数を設定・更新する部分に誤りがある可能性が高い．

以下では，534行目のSolve命令に対応した解が正しく得られたものとして説明を進める．つづく543行目で，シナリオとして関税撤廃を仮定している．545行目の「loop(t,…」からそれに対応する589行目の閉じ括弧「);」までが，第12.4.2項で説明した，すべての期間 $t=0, 1, 2, 3, \cdots$ に関する一連の一時的均衡解を求める繰り返し計算になっている．546行目のSolve命令によって，まず，初期 $t=0$ の時の一時的仮想均衡を計算する．その解は，Y.l(j)，F.l(h,j)，…とすべての変数について得られる．そして，これらの解（FF.l(h_mob)，KK.l(j)，II.l(j)）をもとにして次期首の資本ストック水準 KK(j) やその他の一定の速度で拡大する（期首の）外生変数 FF(h_mob)，Xg(i)，Sf の次期の値を「.fx」を使って新しいものに設定・更新する（585-588行目）．これで「loop(t,…);」の中の手続きが $t=0$ に関してすべて完了し，またもとに戻って，今度は $t=1$ について同様の一時的仮想均衡の計算と，次期のための外生変数の値の更新を行なって $t=2$ へと移る．この手続をすべての $t=0, 1, 2, 3, \cdots$ について完了すると597行目以降の処理（基準均衡解からの乖離率や，変数の成長率，経済厚生等の計算）に進むことになる．最後のところ（754行目）でexecute_unload命令を使って，モデルの中の内生変数，外生変数，添え字等，すべての要素について「result.gdx」というGDX（GAMS Data Exchange）形式のファイルに出力するようになっている（図12.10）[23]．（なお，プログラムの595行目，および，それ以降の処理は必須ではない．）

第 12 章　逐次動学応用一般均衡モデル　309

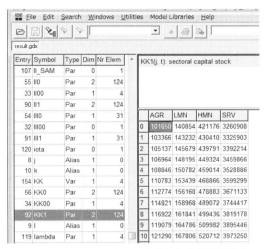

図 12.10：GDX ファイルに出力された部門別資本ストック $KK_{j,t}$ の仮想均衡成長経路解

　モデルの計算結果は，それぞれの一時的均衡を計算するたびに，その解をすべて，Y1(j,t)，F1(h,j,t) といった変数の値として設定することで保存している（548-578 行目）．これは，内生変数の値 Y.l(j)，F.l(h,j) 等が，Loop 中の命令によって新しい均衡を計算するたびにまた新しい値に書き換えられてしまって，過去の時点に関する計算結果はすべて失われてしまうため，別の変数の値として保存しておく必要があるためである．

　このような「loop(t,…);」を使った繰り返し計算方法をとらずに，第 12.4.1 項のモデル方程式リストに書いたとおりにすべての内生変数について時間の添え字 t をつけて記述し，全期間を一括して解くことも可能である．しかしながらその場合には，モデルの中の変数が多くなるので，試用版のままでは，少ない部門分割でごく短期間の成長経路しか解くことができない．ライセンスを購入してこのような試用版の制約がなくなったとしても，やは

23）　すべての値や記号を出力せずに，一部だけを出力することも可能である．GDX ファイルは GAMS IDE を使って開くことができる．このファイルの作成と利用方法については，付録第 A.5 節および，GAMS マニュアルを参照．

り，モデルが大きくなることで計算が困難になることも考えられる．

ところで，543行目でシナリオとして輸入関税撤廃を仮定しているが，もしこのような外生変数に対してなんらショックを与えなければ，それによって計算される（第0期の基準均衡解だけでなく，それに続くすべての期間に関する一時的均衡解を連ねた）基準均衡成長経路は，217-245行目で計算したような人口成長率 pop にしたがって相似拡大的に成長する基準均衡成長経路と一致するはずである．もし一致していなければ，上で基準年の基準均衡解について論じたように，モデルやその推定手法に何らかの誤りがあるものと考えるべきである．

リスト12.1：逐次動学モデルの入力ファイル（dyncge.gms）

```
…(省略)…
  8 | Set        u          SAM entry          /AGR,LMN,HMN,SRV,
  9 |                                          CAP,LAB,HOH,
 10 |                                          GOV,INV,EXT,
 11 |                                          IDT,TRF/
 12 |            i(u)       goods              /AGR,LMN,HMN,SRV/
 13 |            h(u)       factor             /CAP,LAB/
 14 |            h_mob(h)   mobile factor      /LAB/
 15 |            h_imm(h)   immobile factor    /CAP/
 16 |            t          time               /0*30/;
…(省略)…
 23 | Scalar     ror        rate of return of capital
 24 |            dep        depreciation rate
 25 |            pop        population growth rate
 26 |            zeta       elasticity parameter for investment allocation;
 27 |
 28 | ror        =0.05;
 29 | dep        =0.04;
 30 | pop        =0.02;
 31 | zeta       =1;
 32 |
 33 | * ================================================================
 34 | * SAM Data
 35 | * ================================================================
 36 | Table      SAM(u,v) Social accounting matrix for 2005 [bil. JPY]
 37 |            AGR             LMN             HMN             SRV
 38 | AGR        1643.017        7560.896        237.841         1409.202
```

第12章 逐次動学応用一般均衡モデル

```
 39 | LMN      1485.854        10803.527      15330.764      18597.270
 40 | HMN      1071.954         4277.721     113390.269      48734.424
…(省略)…
 56 | SRV    234243.865        90707.177      79169.426      17426.156
 57 | GOV     52243.041
 58 | INV    121930.608            0.000                     -6059.608
 59 | ;
…(省略)…
 67 | * ============================================================
 68 | * Loading the initial values --------------------------------
 69 | * ============================================================
 70 | Parameter
 71 | * Base year values
 72 |          Y00(j)          composite factor
 73 |          F00(h,j)        factor input
 74 |          X00(i,j)        intermediate input
…(省略)…
127 | * Exogenous variables
128 |          Xg0(i,t)        government consumption
129 |          Sf0(t)          foreign savings in US dollars
130 |          pWe(i)          export price in US dollars
…(省略)…
135 | * for result reporting
136 |
137 |          Y1(j,t)         composite factor
138 |          F1(h,j,t)       factor input
139 |          X1(i,j,t)       intermediate input
…(省略)…
165 |          epsilon1(t)     foreign exchange rate
166 |          pk1(t)          capital good price
167 |          PRICE1(t)       numeraire price;
168 |
169 | Td00     =SAM("GOV","HOH");
170 | Tz00(j)  =SAM("IDT",j);
171 | Tm00(j)  =SAM("TRF",j);
…(省略)…
180 | CC00     =sum(i,Xp00(i));
181 | FF00(h)  =SAM("HOH",h);
182 | E00(i)   =SAM(i,"EXT");
183 | D00(i)   =(1+tauz00(i))*Z00(i)-E00(i);
184 | Q00(i)   =(1+taum00(i))*M00(i)+D00(i);
185 | Sf00     =SAM("INV","EXT");
186 |
187 | * ============================================================
```

```
188  * Adjusting Investment in the SAM for the Assumed BAU Growth Path
189  *================================================================
190  Scalar   III_ASS    required investment for the assumed growth
191           III_SAM    observed investment in the SAM
192           adj        III_ASS vs.III_SAM [>1:more than actual];
193
194  III_ASS  =(pop+dep)/ror*FF00("CAP");
195  III_SAM  =sum(i,SAM(i,"INV"));
196  adj      =III_ASS/III_SAM;
197
198  * Adjusting investment level
199  Xv00(i)  =SAM(i,"INV")*adj;
200
201  * Reallocating the gap made by the inv.adjustment to gov. cons.
202  Xg00(i)  =SAM(i,"GOV")-(Xv00(i)-SAM(i,"INV"));
203
204  * Computing the direct tax revenue that balances the gov. budget
205  Td00     =sum(i,Xg00(i))-sum(i,Tz00(i)+Tm00(i));
206
207  * Computing the household sav.that balances the household budget
208  Sp00     =sum(h,FF00(h))-(sum(i,Xp00(i))+Td00);
209
210  III00    =sum(i,Xv00(i));
211  II00(j)  =(Sp00+Sf00)*F00("CAP",j)/sum(i,F00("CAP",i));
212  KK00(j)  =F00("CAP",j)/ror;
213
214  * ================================================================
215  * Computing the BAU path
216  * ================================================================
217  Y0(j,t)     =Y00(j)     *(1+pop)**(ord(t)-1);
218  F0(h,j,t)   =F00(h,j)   *(1+pop)**(ord(t)-1);
219  X0(i,j,t)   =X00(i,j)   *(1+pop)**(ord(t)-1);
…(省略)…
243  pk0(t)      =1;
244  epsilon0(t) =1;
245  PRICE0(t)   =1;
246
247  * Setting exogenous variables
248  Xg0(i,t)    =Xg00(i)    *(1+pop)**(ord(t)-1);
249  Sf0(t)      =Sf00       *(1+pop)**(ord(t)-1);
250  pWe(i)      =1;
251  pWm(i)      =1;
252  tauz(i)     =tauz00(i);
253  taum(i)     =taum00(i);
```

```
254
255   Display  Y0,F0,X0,Z0,Xp0,Xv0,E0,M0,Q0,D0,Sp0,
256            Td0,Tz0,Tm0,FF0,Sf0,tauz,taum;
257   * ================================================================
258   * Calibration ----------------------------------------------------
259   * ================================================================
```
…(省略)…
```
270   Parameter    alpha(i)     share par.in composite cons. func.
271                a            scale par.in composite cons. func.
272                beta(h,j)    share par.in production func.
```
…(省略)…
```
282                xie(i)       share par.in transformation func.
283                theta(i)     scale par.in transformation func.
284                ssp          propensity to save;
285
286   alpha(i)  =Xp00(i)/sum(j,Xp00(j));
287   a         =CC00/prod(j,Xp00(j)**alpha(j));
288
289   beta(h,j) =F00(h,j)/sum(k,F00(k,j));
290   b(j)      =Y00(j)/prod(h,F00(h,j)**beta(h,j));
291
292   ax(i,j)   =X00(i,j)/Z00(j);
293   ay(j)     =Y00(j)/Z00(j);
294
295   lambda(i) =Xv00(i)/sum(j,Xv00(j));
296   iota      =III00/prod(i,Xv00(i)**lambda(i));
```
…(省略)…
```
316   * ================================================================
317   * Defining model system ------------------------------------------
318   * ================================================================
319   Variable   Y(j)           composite factor
320              F(h,j)         factor input
321              X(i,j)         intermediate input
```
…(省略)…
```
351   Equation   eqpy(j)        composite factor agg. func.
352              eqF(h,j)       factor demand function
353              eqX(i,j)       intermediate demand function
```
…(省略)…
```
380   * ================================================================
381   * Model equations
382   * ================================================================
383   * [domestic production] -
384   * composite factor production func.              (Cobb-Douglas)
385   eqpy(j)..   Y(j) =e= b(j)*prod(h,F(h,j)**beta(h,j));
```

```
386
387   * factor demand function                                    (Cobb-Douglas)
388   eqF(h,j)..     F(h,j) =e= beta(h,j)*py(j)*Y(j)/pf(h,j);
```
…(省略)…
```
481   * felicity function
482   eqCC..         CC     =e= a*prod(i,Xp(i)**alpha(i));
483
484   * Price level [numeraire]
485   eqPRICE..      PRICE  =e= sum(j,pq(j)*Q00(j)/sum(i,Q00(i)));
486
487   * ----------------------------------------------------------------
488
489   * ================================================================
490   * Initializing variables ----------------------------------------
491   * ================================================================
492   Y.l(j)       =Y00(j);
493   F.l(h,j)     =F00(h,j);
494   X.l(i,j)     =X00(i,j);
```
…(省略)…
```
515   FF.l(h)      =FF00(h);
516   III.l        =III00;
517   II.l(j)      =II00(j);
518   * ----------------------------------------------------------------
519
520   * ----------------------------------------------------------------
521   * Numeraire
522   PRICE.fx=1;
523
524   * Initial factor endowments and exogenous variables
525   FF.fx(h_mob)=FF00(h_mob);
526   KK.fx(j)=KK00(j);
527
528   Xg.fx(i)     =Xg00(i);
529   Sf.fx        =Sf00;
530   * ================================================================
531   * Defining and solving the model --------------------------------
532   * ================================================================
533   Model dyncge /all/;
534   Solve dyncge maximizing CC using nlp;
```
…(省略)…
```
539   * ================================================================
540   * Simulation Runs: Abolition of Import Tariffs
541   * ================================================================
542   * Scenario:
```

```
543  taum(i)=taum00(i)*0;
544
545  loop(t,
546  Solve dyncge maximizing CC using nlp;
547
548  * storing results -------------------------
549
550  Y1(j, t)      =Y.l(j);
551  F1(h,j,t)     =F.l(h,j);
552  X1(i,j,t)     =X.l(i,j);
…(省略)…
578  pk1(t)        =pk.l;
579  epsilon1(t)   =epsilon.l;
580  PRICE1(t)     =PRICE.l;
581  * ----------------------------------------
582
583  * updating the state variables --------------
584
585  FF.fx(h_mob)=FF.l(h_mob)*(1+pop);
586  KK.fx(j)     =(1-dep)*KK.l(j)+II.l(j);
587  Xg.fx(i)     =Xg0(i,t+1);
588  Sf.fx        =Sf0(t+1);
589  );
590  * ----------------------------------------------------------------
591
592  * ================================================================
593  * Aftermath Computation
594  * ================================================================
595  * Display of changes ---------------------------------------------
596
597  Parameter
598  * changes
599          dY(j,t)       change of composite factor [%]
600          dF(h,j,t)     change of factor input [%]
601          dX(i,j,t)     change of intermediate input [%]
…(省略)…
754  execute_unload "result.gdx";
```

注：左の列は説明の便宜のために付した行番号である．実際のGAMSプログラムを作成する際には付してはならない．

12.5　異なる動学モデル

　ここでは，貯蓄先決的なモデルの閉じ方を前提として，また，投資財の部門間の分配に際しては何らかのシェアで割り振るという特定化を採用して，基本になった第6章の静学モデルをなるべく変更しない形で簡便に構築した．資本ストックについては，putty-clay 型の資本を考えて部門間の移動がないものとした．ただし，こうした仮定は，われわれに考えられる唯一のものではなく，他にさまざまな代替的な仮定が考えられる．たとえば，資本ストックに2種類あり，1つが部門間を移動不可能なもの，もう1つが移動可能なものと考える putty-semi-clay 型の資本を考える方法もある[24]．また，部門間を完全に移動可能な（putty-putty 型）資本を考えることもできる[25]．

　動学モデルの中では，次期にどのようなことが起こるかを予想した上で，今期の活動を決める．そこでは期待形成が重要になる．本章のモデルでは，近視眼的期待形成を仮定しているが，マクロ経済モデルでしばしば論じられるように，それ以外のいろいろな形の期待形成を仮定することができ，当然に得られる解は大なり小なり異なったものになる．また，来期だけでなくそれ以降すべての期間における経済状況が分かっている完全予見のモデルを考えることができる．典型的にはラムゼイ・タイプの動学モデルを多部門モデルに拡張したものを構築することができるであろう[26]．そうした Forward-looking タイプの動学モデルを用いると，来期以降に発生するショックに対して，ショックが発生するよりも前に，あらかじめ調整を開始するような成長経路を描写することができる．たとえば，炭素税を導入するにしても，それが今期突然に導入されることはない．何年かかけてその是非や導入規模を議論し，また，導入が決定した場合でも数年後から実施されるであろう．これに対して，本章で紹介するような逐次動学モデルでは，来期の予想をするに当たって，今期までに起こったこと（今期を含めて）のみを基にするもの

---

　24)　たとえば，LINKAGE モデル（van der Mensbrugghe (2005)）ではこのような仮定が採用されている．
　25)　たとえば GDyn モデル（Ianchovichina and McDougall (2012)）がある．
　26)　たとえば，伴（2007）による完全予見の動学モデル．

であって，Backward-looking（後ろ向き）タイプの動学モデルとも呼ばれる．こうしたBackward-lookingタイプのモデルでは，来期以降に起こるショックに事前に対応する状況を描写できない．

だからといってForward-lookingタイプの動学モデルがBackward-lookingタイプの動学モデルより常に優れているというわけではない．たとえば，Backward-lookingタイプのモデルは一時的均衡を各期について独立に描写すればよいために計算が簡単である一方で，Forward-lookingタイプのモデルは，長い将来まで一括して均衡経路を計算しなければならないために計算が非常に複雑になる．このとき，計算時間が単純に長くなるという問題だけでなく，そもそもモデルが複雑になりすぎて均衡解を得ることができない問題も発生し得る．技術進歩によってコンピュータの性能上昇が期待できるものの，それでも時系列方向にモデルを大規模化したい場合には，部門数を減らすなどしてモデルが描写する各期中の詳細さについては，しばしば，妥協せざるを得ないことになる．応用一般均衡モデルに限らず，どのようなモデル分析にもこの種のトレード・オフは常につきまとう．第11章で，分析目的に応じてどのような静学モデルを用いるべきかについて論じたことと同じことが，動学モデルについても言える．モデル作成者が大きな裁量を持つ一方で，それに応じた判断が求められる．

第13章

おわりに

　本書は，効率的な資源配分という今日的課題を念頭に置き，それを実現するための政策の策定や評価のために使われるモデルとして応用一般均衡モデルを取り上げたものである．類書と異なり，本書は，読者が実際に応用一般均衡モデルの入力ファイルを作り，入力ファイルや出力ファイルに示されたシミュレーション結果を読むことができるような技術を会得できるところに重点をおいている．第1章にも書いたように，本書を読了した学生にとって，応用一般均衡モデルは論文作成のための有用なツールになるであろう．また官庁の政策担当者や企業のコンサルタントは応用一般均衡モデルを作ることによって，当面する政策課題の解決策を得る手がかりを導きだすことができるであろう．

　本書は，2財2生産要素1家計からなるもっとも「簡単な応用一般均衡モデル」からはじまり，より現実的な問題に対応できる「現実的な応用一般均衡モデル」の開発へと進んだ．すなわち，中間投入，政府，投資と貯蓄，国際貿易を導入した．最後にさらなる拡張の方向として複数家計モデル，大国モデル，世界貿易モデル，不完全競争モデル，数量規制のあるモデルや，規模の経済のあるモデルを示した．

　2004年発行の初版にあるように，本書は，あくまで読者が独自に応用一般均衡モデルを作ることを目指している．したがって，どのようなデータを集めるべきかについても説明した．この説明を参考にすれば，実際の分析対象となる国ごとに統計システムが異なったとしても，およその見当はつくであろう．また，応用一般均衡モデルの基礎となる社会会計表の作り方，さらにそれに基づいてモデルの係数を導出する応用一般均衡モデル特有の方法で

あるキャリブレーションについても詳しく説明した．

そして，応用一般均衡モデルを実際の政策分析に用いるためには，コンピュータを使って数値解を導出しなければならない．本書ではそのソフトウェアとしてGAMSを使用した．モデルの解を得るためには入力ファイルを作成することができなければならない．そこでGAMSにおける入力ファイルの書き方，そして解の読み方についても詳細に説明した．そして，例題として用いた応用一般均衡モデルの入力ファイルを実際に提示してある．煩雑に見えるかもしれないが，読者は丹念に入力ファイルを読み，自らプログラムを書いていけば次第に習熟するであろう．さらには，付録においてGAMSの使い方の詳細をまとめてある．

本改訂版では，以上に述べた初版の内容に，新たに2つの章が加えられた．第11章は，分析のデザインと称するものである．第6章の「現実的な応用一般均衡モデル」においては，何を分析しようかというようなことは考えなかった．ただ，どのようにしてモデルを作り，解けばいいのかということに集中した．しかし，政策を立案し，それを評価する立場に立てば，まず，如何なる課題を解こうとするかが明確でなければならない．そうした分析目的を定めた上で，分析の方法・手順を考えなければならない．その過程は，分析の目的に合致した部門分割の設定から始まる．さらに，シミュレーションをしようとしたときにモデルが解けないことも出てくる．それにどう対処すべきか．第11章では，こうした問題を論じた．

第12章では，動学モデルの構築方法について述べた．応用一般均衡モデルには長所もあれば短所もある．その最大の長所は，1期分のデータに基づいてモデルを作るため，データの必要量が少なくて済むことである．このことは信頼できる時系列データの少ない途上国経済を分析するためには大いに便利である．その反面，短所としては1期分だけのデータに基づくため，基準年が「異常」な年であればモデルを解いて得られた分析結果の信憑性が落ちる．さらに，第6章の「現実的な応用一般均衡モデル」は，静学モデルある．そこには，投資と貯蓄といった動学的要素を取り込む際に無理があるので，モデルの動学化が要請される．第12章で，動学モデルを提示した動機である．ただし，初版で想定していたような，初めて応用一般均衡モデルを

作って使ってみようという読者にとっては，多少，経済学的にも，コンピュータのプログラミング技術的にも難易度が高くなっている．

さらに，これまでのモデルは，経済活動のうち，実物的側面しか取り扱ってこなかった．これは，モデルが物価水準を決定できない（基準財価格を固定しなければならない）ためである．この問題点を解決するためには，貨幣やその他の金融資産を明示的に取り入れた金融的応用一般均衡モデルが必要とされるであろう．しかし，そうした拡張を行った場合には，データの必要量が格段に増え，また，モデル構造が複雑になるために，モデルの作りやすさや使いやすさとそこから得られる知見の豊かさの比（コスト・パフォーマンス）からみて，いまだに有用なモデルが作られているとは言い難い．この意味で，今後の研究の余地が大きいといえよう．

このように限界はあるものの，現在でも応用一般均衡モデルの適用範囲は広い．すでに述べたように，財政問題における消費税や物品税の税率の変更，国際貿易交渉における関税率削減や数量規制の撤廃などはすぐにでも応用一般均衡モデルに組み込むことができ，その政策の効果を測ることができる．GTAP データベースのような国際産業連関データベースの整備により，世界貿易モデルの開発は容易になった．GATT/WTO 体制下での貿易交渉（ラウンド）は定期的に行われる．ラウンドごとに世界貿易モデルを作り，そのラウンドで期待される効果に関してモデルを用いて分析することは，この分野の研究者や政策担当者の間では，今やいい意味で当たり前の作業となった．近年数多く結ばれつつある経済連携協定（Economic Partnership Agreement, EPA）や TPP 交渉でも，政府関係者や研究者が必ずと言っていいほど応用一般均衡モデルを用いた計量的な分析を行っている．

貿易問題以外にも，地球温暖化問題を考えれば，対応策として，地球温暖化ガスの排出権の割り当てや排出削減の共同実施といった手法が検討されてきた．排出権を資本や労働といった生産要素として捉えてモデルに取り込むことで，この種の世界貿易モデルを環境分析モデルに拡張できる．このモデルにより，排出権の取引が国際間でどのように行われるのか，また，各国の生産や消費にどのような影響を与えるのかが分析されてきた．環境問題についても，逐次，国際交渉が行われているので，そのたびにシミュレーション

分析が行われるであろう．

　環境問題に関する国際会議で合意された大枠を国内で具体的にどのように実施すべきかという問題になってくると，もう少し詳しいモデルが必要であろう．とくに，炭酸ガスの主要な排出源である，エネルギー部門における燃料間の代替や，交通手段の間の代替といったものを考える必要がある．ここまで来れば，工学的分野にずいぶんと近づいてくることになる．

　これらの問題は全世界に共通の問題である．その一方で，途上国に特有な問題は貧困である．開発問題の焦点は，経済全体の成長をどのように達成し，かつ，その果実をどのように貧しい人々にも十分に分配するかという問題の2つである．数年おきに開発政策はこれら2つの焦点の間で揺らいできたけれども，近年の重心は貧困問題にある．世界銀行の後押しもあって途上国で大規模な家計調査が行われるようになり，このデータ整備を背景として，貧困問題に関しても応用一般均衡分析に基づく研究が出てきた．これまでも，労働者や家計の種類を居住地や性別等で細かく分類したり，所得階層についての分布を設定したりして，開発政策が彼/彼女ら——とくに貧しい集団への所得分配——に与える影響を分析する，いわゆるマイクロ・シミュレーション・モデルが存在した．最近では，これと結合した応用一般均衡モデルが構築され，途上国の家計レベルのミクロ的貧困問題とマクロ経済問題を結びつける分析が行われている．

　さて，本書を読了し，応用一般均衡モデルを理解し，さらに社会会計表，キャリブレーション，GAMSにおけるプログラミング技術を習得した読者は，これまでの経済学の素養と合わせれば，われわれが直面する経済問題に応じた応用一般均衡モデルを作ることができるであろう．あるいは，自分自身が作らなくとも，この種のモデルを用いた分析結果を，その強みと弱み，また，頑健性も考慮に入れて読み解くことができるようになるであろう．そうすることにより，こうした大規模モデルを（少なくとも学ぶ以前よりは）ブラック・ボックスと感じなくて済むようになる．こうしたモデルを現実の政策の策定や評価に，よりよく役立ててくれるようになることを希望するものである．

▌補論 1 ▐

家計の需要関数の導出

　第 2.2 節における家計の効用最大化問題に対応した最適化の一階条件の 1 つである本文 (2.c) は，つぎのように書き換えられる．

$$\alpha_i \frac{UU}{X_i} - \varphi\, p_i^x = 0 \qquad \forall\, i$$

いま 2 財について考えると，これら 2 つの方程式 ($i = BRD, MLK$) からラグランジュ乗数 φ を消去してつぎの方程式を得ることができる．

$$\frac{\alpha_{BRD}}{p_{BRD}^x}\frac{UU}{X_{BRD}} = \frac{\alpha_{MLK}}{p_{MLK}^x}\frac{UU}{X_{MLK}}$$

ここから効用水準 UU を消去すると，

$$p_{BRD}^x X_{BRD} = \frac{\alpha_{BRD}}{\alpha_{MLK}} p_{MLK}^x X_{MLK}$$

を得る．したがって，もう 1 つの一階条件である本文 (2.d) において，$p_{BRD}^x X_{BRD}$ を $\frac{\alpha_{BRD}}{\alpha_{MLK}} p_{MLK}^x X_{MLK}$ で置きかえることができて，本文 (2.d) は $i = MLK$ に関して，

$$\sum_h p_h^f FF_h = \left(1 + \frac{\alpha_{BRD}}{\alpha_{MLK}}\right) p_{MLK}^x X_{MLK}$$

となる．効用関数の係数は，$\sum_i \alpha_i = 1$ を満たすから，本文 (2.1) の表現を得る．同様のことは，$i = BRD$ についてもいえるし，同様の手続きで要素需要関数 (2.3) を導出することもできる．

▌補論 II ▌

完全競争の一般均衡解と社会的最適性

　第 2.5 節で述べたように，連立方程式体系 (2.1)—(2.6) を解くことにより，この経済の一般均衡解（どの財がどれだけ生産・消費され，それらの価格がどれだけになるか）を得ることができる．そこでは連立方程式体系を解いたが，一方，まったく同じ均衡解を異なった方法で得ることもできる．その方法は，つぎのような社会的厚生最大化問題として定式化するやりかたである[1]．

$$\underset{X_i, Z_j, F_{h,j}}{\text{maximize}} \quad UU = \prod_i X_i^{\alpha_i}$$

subject to

$$Z_j = b_j \prod_h F_{h,j}^{\beta_{h,j}} \quad \forall j$$

$$X_i = Z_i \quad \forall i$$

$$\sum_j F_{h,j} = FF_h \quad \forall h$$

それぞれの文字の定義は，これまでと同じである．この問題は，生産関数と，財および生産要素の数量に関する市場均衡条件を制約条件として，経済に唯一存在する家計の効用を社会的厚生とみなして，これを最大化する問題である[2]．

---

[1] ただし，第 10.1 節で提示したような複数の家計が存在するモデルの場合，この方法を単純に用いることはできず，社会的厚生関数を導入して問題を解くことになる．詳しくは Negishi (1960) 参照．

[2] この最大化問題の制約式は，等号であるよりも，一般的には不等号（左辺 ≦ 右辺）である．さらに，内生変数に関して非負条件を課すことを必要とする．この補論では，第 2 章で示した連立方程式体系で表されたモデルを導き出せればよいので，非負条件を付けずに，また，すべて等号を用いて説明する．

補論II 完全競争の一般均衡解と社会的最適性

　この社会的厚生最大化問題の解が第2章の一般均衡解と一致することは，家計や企業の最適化問題と同様に，上の社会的厚生最大化問題に対応したラグランジュ関数を定義して解けば確認できる．結論としては，どちらの方法で解いた場合もまったく同一の解を得ることができる．具体的には，上の社会的厚生最大化問題に対応するラグランジュ関数を，ラグランジュ乗数 δ_j, θ_i, ε_h を用いて（ただし，これらは本文中のさまざまな関数の係数や変数とは無関係である）つぎのように定義する．

$$L(X_i, Z_i, F_{h,j}, \delta_j, \theta_i, \varepsilon_h) \equiv \prod_i X_i^{\alpha_i} + \sum_j \delta_j (b_j \prod_h F_{h,j}^{\beta_{h,j}} - Z_j)$$
$$+ \sum_i \theta_i (Z_i - X_i)$$
$$+ \sum_h \varepsilon_h (FF_h - \sum_j F_{h,j})$$

このラグランジュ関数のすべての変数に関する一階条件はつぎのとおりである．

$$\frac{\partial L}{\partial X_i} = \alpha_i \frac{\prod_i X_i^{\alpha_i}}{X_i} - \theta_i = 0 \qquad \forall i \qquad \text{(II.1)}$$

$$\frac{\partial L}{\partial Z_i} = -\delta_i + \theta_i = 0 \qquad \forall i \qquad \text{(II.2)}$$

$$\frac{\partial L}{\partial F_{h,j}} = \delta_j \beta_{h,j} \frac{b_j \prod_h F_{h,j}^{\beta_{h,j}}}{F_{h,j}} - \varepsilon_h = 0 \qquad \forall h, j \qquad \text{(II.3)}$$

$$\frac{\partial L}{\partial \delta_j} = b_j \prod_h F_{h,j}^{\beta_{h,j}} - Z_j = 0 \qquad \forall j \qquad \text{(II.4)}$$

$$\frac{\partial L}{\partial \theta_i} = Z_i - X_i = 0 \qquad \forall i \qquad \text{(II.5)}$$

$$\frac{\partial L}{\partial \varepsilon_h} = FF_h - \sum_j F_{h,j} = 0 \qquad \forall h \qquad \text{(II.6)}$$

以上の (II.1)—(II.6) からなる方程式体系の中のラグランジュ乗数を，それぞれつぎのように読みかえる．

$$\theta_i = p_i^x \qquad \forall i$$
$$\delta_j = p_j^z \qquad \forall j$$
$$\varepsilon_h = p_h^f \qquad \forall h$$

この連立方程式体系は，第2章の「簡単な応用一般均衡モデル」(2.1)—

(2.6) と一致する．すなわち，(II.1) から，

$$X_i = \frac{\alpha_i}{p_i^x} \prod_i X_i^{\alpha_i}$$

を得る．また，この方程式の両辺を添え字 i について足し合わせると，$\sum_i \alpha_i = 1$ であるから，

$$\sum_i p_i^x X_i = \prod_i X_i^{\alpha_i}$$

を得る．これらから，

$$X_i = \frac{\alpha_i}{p_i^x} \sum_i p_i^x X_i$$

となる．さらに予算制約式 (2.b) から $\sum_i p_i^x X_i$ を $\sum_h p_h^f F F_h$ で置きかえることによって (2.1) を得る．

また，(II.3) から，

$$F_{h,j} = \frac{\beta_{h,j}}{p_h^f} p_j^z b_j \prod_h F_{h,j}^{\beta_{h,j}}$$

である．(II.4) を用いて，$b_j \prod_h F_{h,j}^{\beta_{h,j}}$ を Z_j に置きかえれば (2.3) を得る．

(証明終わり)

補論 III

家計の効用最大化問題とラグランジュ乗数

　第2.2節で説明した家計の効用最大化問題を，第3章では，実質的には家計の財需要関数 (2.1) だけからなる連立方程式体系を解く問題として提示した．しかし，これを第2.2節で提示したとおりの最大化問題として解くこともできる．すなわち，

$$\underset{X_i}{\text{maximize}}\ UU = \prod_i X_i^{\alpha_i} \tag{2.a}$$

subject to

$$\sum_i p_i^x X_i = \sum_h p_h^f FF_h \tag{2.b}$$

である．

　GAMS を用いて数値的に解くときに，入力ファイルであるリスト3.1のうち，変更を要する箇所は，31，36行目のみである．

```
    Equation          phi      marginal utility of income
      …(省略)…
    phi..         sum(i,px(i)*X(i)) =e= sum(h,pf(h)*FF(h));
```

これを解くと，SOLVE SUMMARY 中で，VAR ブロックの出力については以前と同じであるが，制約式に関する EQU ブロックの出力のみが以下のように変わる．

	LOWER	LEVEL	UPPER	MARGINAL
---- EQU phi	40.000	40.000	40.000	0.348
---- EQU obj	.	.	.	1.000

EQU ブロックの出力内容について本文中では触れなかったので，ここで説明する．このブロックで意味があるのは4種類の値のうち MARGINAL 値で

ある．ここに示された EQU phi の MARGINAL 値は，予算制約式（2.b）のラグランジュ乗数であり，これはとくに，所得の限界効用（所得が 1 単位増加したときに，この場合 0.348 単位だけ効用水準が上昇する）と解釈できる．なお，EQU obj の MARGINAL 値については，目的関数のラグランジュ乗数であるから，この乗数には意味がない．

　このように最大化問題として解いた場合には，制約式のラグランジュ乗数が計算されるので，制約式に与える名前をラグランジュ乗数の名前になるように決めておくと便利である．実際，31 行目でこの方程式名として phi を与える際に，それが「marginal utility of income」であるとメモ書きしている．

▌補論 IV▐

連立方程式体系を最適化問題に変換することの正当化

　結論から述べると，もし，もともとの連立方程式体系がただ 1 つの解を持つならば，本来の連立方程式体系を解いた場合でも，その連立方程式体系を制約条件とし，名目的な目的関数を持つ最適化問題を解いた場合でも，同じ解を得る．以下に，簡単な例でそれを示す．連立 1 次方程式体系,

$$\sum_i a_{i,j} X_j = b_j \qquad i, j = 1, 2$$

を考える．この直線の方程式は図 IV.1 の中の 2 本の直線として書ける．

　図 IV.1 では，交点 (X_1^*, X_2^*) がこの連立方程式体系の解である．この連立方程式を直接解く代わりに，最適化問題,

$$\underset{X_1, X_2}{\text{maximize}} \quad Y(X_1, X_2)$$

subject to

$$\sum_i a_{i,j} X_j = b_j \qquad \forall j$$

を解くことを考える．ただし，制約式として導入された連立方程式体系自体の解が一意であるとする[3]．この仮定のおかげで，図 IV.1 のように最適化問題の実行可能性集合は，2 直線の交点としてただ 1 つ存在する点 (X_1^*, X_2^*) だけになる．このとき，いかなる目的関数 $Y(\cdot)$（たとえば，図 IV.1 中の曲線群 v_1, v_2, v_3 あるいは，w_1, w_2, w_3）を設定しても，さらには，この最適化問題が最大化問題ではなく最小化問題であったとしても，その最適解は唯一実行可能な点 (X_1^*, X_2^*) に一致する．このような理由で，連立方程式

---

[3]　また言うまでもないことであるが，その目的関数自身が発散してしまうようなものであってはならない．実行可能性集合が 1 点でない場合は，モデルに複数均衡が存在することになるが，それについては第 3 章脚注 3 参照.

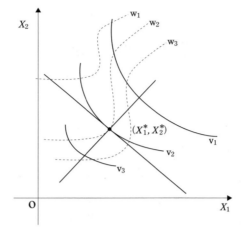

図 IV.1：連立方程式体系と目的関数

体系から最適化問題への問題の変換が正当化される．

補論 V

レオンティエフ型関数とその最適化

　レオンティエフ型関数を用いたときの需要関数の導出について，直感的な解説をする．利潤最大化問題の代わりに費用最小化問題を考える．また，生産関数も簡略化して，2つの中間投入財 ($i, j = BRD, MLK$) だけを考える．第 j 企業の費用 C_j 最小化問題は，

$$\underset{X_{i,j}}{\text{minimize}} \; C_j = \sum_i p_i^q X_{i,j} \tag{V.1}$$

subject to

$$\tilde{Z}_j = \min\left(\frac{X_{BRD,j}}{ax_{BRD,j}}, \frac{X_{MLK,j}}{ax_{MLK,j}}\right) \tag{V.2}$$

である[4]．

　この費用最小化問題においては，生産すべき量 $\tilde{Z}_j$ は外生変数である．この問題の解は図 V.1 によって直感的に分かる．目的関数 (V.1) は図上で右下がりの直線として表される．その際，牛乳を基準財として選んでその価格を1とおくと，目的関数である費用関数の値を図 V.1 の第2財軸切片から直接読みとることができる．費用を少なくするためには，この切片がなるべく低い位置に来るような投入を行えばよい．レオンティエフ型生産関数 (V.2) は，図上では直角に折れ曲がる等産出量曲線で表される．

　図 V.1 から，ある生産量 $\tilde{Z}_j$ だけ生産する場合，生産費用が最小になるのは点 Q である．このとき，

$$X_{BRD,j}^* = ax_{BRD,j} \tilde{Z}_j$$
$$X_{MLK,j}^* = ax_{MLK,j} \tilde{Z}_j$$

---

　4) 制約条件中の関数 min(・) については，第6章脚注6参照．

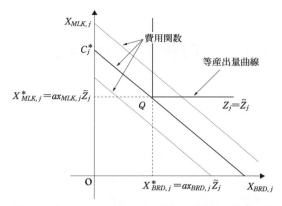

図 V.1：レオンティエフ関数の等産出量曲線と費用関数

となる．また，いかなる要素価格（これは費用関数の傾きに対応する）のもとでも点 Q が最適であることも図 V.1 から分かる．

付録A

より高度なGAMSの使い方

A.1 集合に関して

A.1.1 連番の集合

たとえば，$i=\{1,2,3,\cdots,10\}$という集合を定義するとき，
```
    Set    i    man    /1,2,3,4,5,6,7,8,9,10/;
```
としてもよいが，アスタリスク「*」を用いて，
```
    Set    i    man    /1*10/;
```
とすれば便利である．応用として，文字列の後にこうした連番がついた要素を持つ集合$j=\{\text{Firm1}, \text{Firm2}, \cdots, \text{Firm10}\}$も，
```
    Set    j    firm   /Firm1*Firm10/;
```
として定義できる．

A.1.2 同じ要素を持つ集合の定義

あらかじめ，$i=\{1,2,3,\cdots,10\}$を定義したうえで，同じ要素を持つ集合$j=\{1,2,3,\cdots,10\}$を定義するとき[1]，
```
    Set    j    man    /1,2,3,4,5,6,7,8,9,10/;
```
としてもよいが，
```
    Alias(i,j);
```
とすれば簡便である．

---

[1] 「man」はメモである．このあと第A.1.3項で示される「person」も同じくメモである．

簡便さのほかにAlias命令を用いる理由がもうひとつある．
```
    Set    i   man    /1, 2, 3, 4, 5, 6, 7, 8, 9, 10/ ;
    Alias(i, j) ;
```
とした場合には，「i」と「j」は同じ集合として扱うことができるので，たとえば，
```
    Parameter    x(i) ;
```
としたときに，「x(i)」と「x(j)」は同一のものとして入力ファイル中では扱われる．また，第5.4.5項で説明した，数式の添え字と和の記号（sum）中の添え字との重複を回避するためにも，Alias命令が必要である．

A.1.3　部分集合

すでに，$i=\{1, 2, 3, \cdots, 10\}$ を定義したうえで，その部分集合 $h=\{1, 2, 3\}$ を定義するには，
```
    Set    h(i)    person /1, 2, 3/ ;
```
とする．もちろん，「部分集合の部分集合」を定義することもできる．

A.2　定数に数式を用いて値を付与する

定数に具体的な数字を与えるときには，Scalar, Parameter, Table命令を用いてもよいが，Scalar, Parameter命令を使って定数の文字だけを定義し，あとで数式によって値を定義することも可能である[2]．すなわち，
```
    Parameter    x0(i) ;
    x0(i) = 2 ;
```
とすることができる．数値を与える際には，すでに定義と数値の付与が済んでいる定数や変数の値を使うこともできるし，それに演算を施すこともできる．この際，定数の添え字の数が2つ以上でも，Parameter命令を用いることに注意する．

モデルを一度解いた答え（たとえば，内生変数「y(i)」のLEVEL値）を用いて定数に値を与えたいならば，

---

2)　添え字がなければScalar命令を使うことができることは従前のとおりである．

表 A.1：条件文中での等号と不等号

数学的記述	条件文中の GAMS 文法
$x_i^0 \neq 0$	x0(i) ne 0 (または単に x0(i) だけでもよい)
$x_i^0 = 0$	x0(i) eq 0
$x_i^0 \geq 0$, $x_i^0 \leq 0$	x0(i) ge 0, x0(i) le 0
$x_i^0 > 0$, $x_i^0 < 0$	x0(i) gt 0, x0(i) lt 0

  x0(i) = y.l(i) ;

というように，内生変数の名前に「.l」を付けて用いる．（なお，このカギ括弧内は，ピリオドを打って，つぎに英字の「エル」である）

　定数を数式によって定義するときには，ゼロによる除算をしないように気をつける必要がある．たとえば，内生変数「x(i)」の，その基準均衡における値「x0(i)」からの変化率「dx(i)」を求めたいときに，単純に，

  dx0(i) = (x.l(i)/x0(i)-1)*100 ;

とすると，もし，「x0(i)」の中に1つでもゼロの要素が入っていたならば，ゼロによる除算が起こって不正計算エラーになる．そこで，「x0(i)」がゼロの場合を排除して「dx(i)」を定義したいときには，

  dx(i) = ((x.l(i)/x0(i)-1)*100)**$(x0(i) ne 0)** ;

とする．行末の「$(…)」は条件文である．すなわち，

  もし，「…」が成り立てば，その直前の項が有効になる，

  もし，「…」が成り立たなければ，その直前の項が無効になる．

その条件文の中では，等号や不等号を表 A.1 のように表す．

　ここで注意すべきことは，条件文が影響を与える範囲である．条件文が影響を与えるのは，$記号の直前の項のみであるので，上の例であれば，

  dx(i) = (x.l(i)/x0(i)-1)*100$(x0(i) ne 0) ;

としただけでは，「x0(i)」がゼロであっても直前の「*100」の部分だけしか排除されず，したがって，ゼロによる除算の問題は依然として解決されない．そこで，その計算を排除したい部分をすべて括弧でくくって「((x.l(i)/x0(i)-1)*100)$(…)」とする必要がある．この条件文は制約式においても用いることができるが，その場合には，条件文のなかで内生変数を用

いてはならない．

A.3 出力ファイルについて

A.3.1 変数や定数の表示

　モデルを解いた答え（内生変数の値）は，出力ファイル（たとえば本文リスト3.2のよう）に出力される．これでは小数点以下3桁までしか表示されない．また，定数（外生変数と係数）は，とくに指定しない限りその値は出力ファイルに表示されないので，その内容を確認することはできない．しかし，数式によって定数を定義・設定したとき，その値が本当に意図したものになっているかどうかを確認したいことがあるであろう．そこで，Option命令とDisplay命令を使う．小数点以下の表示桁数を指定したい場合には，Display命令の前（ならどこでもよい）に，「Option decimals = n;」とする．（「n」には，小数点以下の表示桁数を0から8までの整数で入れる．指定しなければ3桁を指定したことになる．）

　こうした準備をした上で，たとえば，補論IIIのモデルを解いた値を詳しく表示したいとしよう．消費量x(i)は変数の値（LEVEL）を表示させればよいので，Solve命令の後に，
　　　Display x.l ;
また，所得の限界効用phiはラグランジュ乗数の値（MARGINAL）であるから，
　　　Display phi.m ;
とする．効用関数の係数alpha(i)のときは，
　　　Display alpha ;
とする．注意すべきことは，変数や定数に添え字があっても，ここでは，その添え字は付けないことである．すなわち，
　　　Display x.l(i) ;
はエラーになる．

A.3.2 出力ファイルの表示抑制

出力ファイルにはさまざまな情報が入っている．その多く（とくにモデルが正常に動いているとき）は必要としない．こうした情報の出力を抑制することで，印刷量やハード・ディスクの占有量を抑えることができる．たとえば，入力ファイルの内容を再表示する行以降で，SOLVE SUMMARY の前の行までの間の部分を，出力ファイルに表示させないでおくことができる．ファイルの先頭（でなくてもよいが，少なくとも Solve 命令の前）に，

   $offsymxref offsymlist
   Option limcol = 0, limrow = 0 ;

とすればよい．

さらに，SOLVE SUMMARY の内容の表示・非表示も，

   Option solprint = on ;

または，

   Option solprint = off ;

という Option 命令で切り替えることができる．

A.3.3 大きな Table データの入力

Table 命令を用いてデータを入力するとき，その入力すべき行列の横幅が大きすぎるならば，この行列を分割して入力する必要がある．このような場合，つぎのように入力する．

```
Table  SAM(u,v)   Social Accounting Matrix
        CAP   LAB   HOH   INV
CAP
LAB
HOH    134   166
INV                 50
AGR          120
IND           50    50
SRV           80
+      AGR   IND   SRV
```

```
    CAP   24   70   40
    LAB   96   30   40
    HOH
    INV
    AGR
    IND
    SRV
    ;
```

重要なことは，分割されてできたつづきの行列の左上にはプラス「+」記号を付けなければならないことと，つづきの行列にも行や列の項目を指定しておかなければならないことである．なお，この例では，いくつかの行（たとえばつづきの行列部分の「HOH」以降の行）にはデータが入っていない．そのような場合には，その部分は省略してもよい．

A.4　表計算ソフトウェアとの連携[3]

モデルが大規模になるほど，出力される指標は多くなり，一度にシミュレーション結果のすべてを把握することはむつかしくなる．そこで，計算結果をグラフ化したり，再計算したりすることを考えれば，シミュレーション結果を表計算ソフトウェア（たとえば Excel）が直接読みとれる形で出力すれば便利である．ここでは，シミュレーション結果を通常の出力ファイルとは別に，表計算ソフトウェアが読みとれる（Comma-separated Value，CSV，拡張子 csv）ファイル形式で出力する方法を示す．例として，リスト 6.1 に示されるモデルを前提として，そこで用いられている「dXp(i)」，「dTd」，「F(h, j)」の解，および「beta(h, j)」を表 A.2 のような形で出力することを考える．そのために，リスト 6.1 の末尾にリスト A.1 を追加するものとする[4]．

---

3)　より詳しくは GAMS マニュアル第 15 章参照．
4)　リスト A.1 の内容は，GAMS Model Library から入手できる入力ファイル stdcge.gms の 382-411 行目にすでに織り込まれている．

付録 A　より高度な GAMS の使い方

表 A.2：出力例

dXp(i)		
BRD	1.96	
MLK	2.51	
dTd	0.05	
F(h, j)		
	BRD	MLK
CAP	20.43	29.57
LAB	15.33	24.67
beta(h, j)	BRD	MLK
CAP	0.57	0.55
LAB	0.43	0.45

　CSV ファイルを出力するためには，出力するファイル名や出力ファイル形式について初期設定を行う．その上で，具体的な出力内容や出力形式を指定する．以下では，リスト A.1 の内容に沿って説明していく．

リスト A.1：CSV ファイル出力プログラムの例

```
1  * ListA.1: an example of CSV file generation
2  File   listA1out /listA1.csv/;
3  Put    listA1out;
4  listA1out.pc=5;
5
6  * putting a note
7  Put "This is an example of usage of the Put command." //;
8
9  * putting dXp(i)
10 Put "dXp(i)" /;
11 Loop(i, Put i.tl dXp(i) /;);
```

```
12  Put //;
13
14
15  * putting dTd
16  Put "dTd" dTd /;
17  Put //;
18
19  * putting F(h, j)
20  Put "F(h, j)" /;
21  Put ""; Loop(j, Put j.tl); Put /;
22  Loop(h, Put h.tl; Loop(j, Put F.l(h, j);); Put /;);
23  Put //;
24
25  * putting beta(h, j)
26  Put "beta(h, j)" /;
27  Put ""; Loop(j, Put j.tl); Put /;
28  Loop(h, Put h.tl; Loop(j, Put beta(h, j);); Put /;);
29  Put //;
30
31  * end of CSV output
```

A.4.1 CSVファイル出力のための初期設定

　これまでと同様に，行番号は説明の便宜のために付けられたものであることに注意する．1行目はアスタリスクではじまっているのでメモである．2行目で出力する部分の「プログラム内部における名前」（以下「内部名」）と「実際の出力CSVファイルの名前」を定義している．（前者はプログラム内部での便宜のために定義される．複数の出力ファイルを切り替えながら出力するときの便利のために，このような機能が装備されている．）ここでは，以下の出力部分を「listA1out」とよび，実際の出力ファイルとしては，「listA1.csv」とすることにしている．3行目では，この「listA1out」に以下の内容を書き込み始めるということを宣言している．4行目は，CSV形式で書き込むためのオプションである．「内部名.pc = 5;」の部分がこれに当たる．詳しくはGAMSマニュアルを参照すればよいが，とりあえず使えればよいということであれば，リストA.1の2-4行目にある一連の命令において「内部名」と出力CSVファイル名は任意に設定できるが，それ以外はそのまま用いればよい．

A.4.2 出力内容の指定方法

（以上のように，「内部名」と出力ファイル名を指定したうえで，）何かの文字列を出力するためには（この 2-4 行目のような一連の命令の後で）Put 命令を用いる．単純な文字列であれば，ダブル（あるいはシングル）・クォーテーション・マーク「"」で括って書き込む．Put も命令であるからその末尾はセミコロン「;」で終わらなければならない．なお，この Put 命令中のスラッシュ「/」は改行を表す[5]．これらの出力は，その間にほかの命令が入らない場合は，1つの Put 命令で実行できる[6]．さらに，Put 命令で数値を表示させるときには，小数第何位までを表示させるか指定できる．

   Put 変数名：表示桁数上限：小数点以下表示桁数；

「表示桁数」には，数字のほか小数点（ピリオド）「.」やマイナス記号「-」なども含まれる．たとえば，外生変数「x」を全部で8桁，小数点以下第4位まで表示させる場合，

   Put x:8:4 ;

とすればよい．桁数の指定を省略した場合は，小数点第2位までが表示される．

以下では，「dXp(i)」，「dTd」，「F(h, j)」の解の LEVEL 値，および，「beta(h, j)」を，表計算ソフトウェア上で表 A.2 のように表示することを考える．

A.4.3 出力プログラムの解釈

表 A.2 の冒頭の 3 行を出力するためには，
（1）「dXp(i)」という文字列を出力して，改行する．
（2）「BRD」という行項目を出力して，「dXp("BRD")」の値を出力し，改行する．

---

[5] Put 命令による出力には1行に書き込める文字数に制約がある．これを越えると，出力されるファイルの行末にアスタリスク4つ「****」が挿入され，その行でのそれ以上の出力は実行されない．これを，たとえば9000字（桁）に変更するためには，「内部名.pw = 9000;」という命令を追加する．

[6] 1つの Parameter 命令で複数の定数を定義することができることと同様である．

(3)「MLK」という行項目を出力して,「dXp("MLK")」の値を出力し,改行する.

必要がある.(1)は必須ではないけれども,こうしておけば,たくさんの指標を1つのワークシートに出力した場合にも簡単に見分けがついて便利である.(2)と(3)はまったく同じ手順の繰り返しである.

上の(2)と(3)のように,添え字「i」を,「BRD」や「MLK」に順番に入れかえただけである場合には,Loop命令を使うのが便利である.Loop命令は,

　　　　　Loop(i, …);

という書式で用いる.これは,集合iに関して順番にその要素を入れかえながら「…」の部分を繰り返し実行していくという意味である.11行目では,Loop命令の中身は,それぞれ「i」について,集合の要素を出力し,それに対応した「dXp(i)」の値を出力することである.集合の要素を出力するには,添え字につづいて「.tl」を付す.すなわち,「i.tl」は「BRD」や「MLK」を表す.「dXp(i)」の値は,そのまま「dXp(i)」とすれば出力される.それぞれの集合の要素「i」について1回出力するごとに改行したいので,改行記号のスラッシュ「/」も書いておく.(逆に言えば,スラッシュ「/」を入れない限り作成される表はどんどん横長になっていく.) 集合「i」の要素すべてについて,Loop内の命令を実行すれば自動的につぎの行へと処理が移行する.12行目では,出力内容ごとに一定の行間隔を持たせるために,スラッシュ「/」を2つ書いて2回改行している.(何回改行するかは,読みやすさを考えて決めればよいので,2回である必要はない.)

「dTd」のように,スカラーの場合は簡単である.識別のために変数名「dTd」を出力してから,実際のその値を出力させればよい(16行目).

「F(h, j)」の解のように2つ以上の添え字を持つ行列形式の出力を考える.やはり表A.2のような出力を行うものとする.最初にこの表のように具体的な出力イメージを持っておけば比較的容易にプログラムを作ることができる.具体的な手順としては,つぎのようなものである.

(1) 識別のために変数名「F(h, j)」を出力して,改行する.

(2) 空白セルを1つ作り,集合「j」の要素を列項目として「BRD」を

出力し，おなじく列項目「MLK」を出力し，改行する．
（3）集合「h」の要素を行項目として「CAP」を出力し，「F("CAP", "BRD")」の LEVEL 値を出力し，「F("CAP", "MLK")」の LEVEL 解の値を出力し，改行する．
（4）（3）と同様に，集合「h」の要素を行項目として「LAB」を出力し，「F("LAB", "BRD")」の LEVEL 値を出力し，「F("LAB", "MLK")」の LEVEL 値を出力し，改行する．

これまでと同様に，（2）の中で列項目を繰り返し出力することや，（3）と（4）のそれぞれの中における「F(h, j)」の LEVEL 値の出力，そして，（3）と（4）も繰り返しになるから，これらの出力のときに Loop 命令を使えばよい．（1）はリスト A.1 の 20 行目に対応する．（2）は 21 行目に対応する．空白セルを作るということは，なにもないものを入力すればよいので，ただダブル・クォーテーション・マーク「"」を2つつづければよい．そして，添え字集合「j」の要素を順々に出力するために Loop 命令を使い，最後に改行する．

（3）と（4）は統一的に 22 行目のように表すことができる．これらは，集合「h」の要素名を入れ換えるだけでほかは共通であるからである．集合「h」の要素を順々に入れ換えた行を作るために「Loop(h, …」ではじめる．添え字「h」のそれぞれの要素（CAP, LAB）についてその名前を「Put h.tl;」を使って出力し，添え字「j」のすべての要素（BRD, MLK）について「F(h, j)」の解を出力するので，あらかじめ「Loop(j, …」としたうえで，「Put F.l(h, j) ;」とする．つぎの添え字「h」についての処理は，また行を改めてからはじめるので，最後に（すなわち，「Loop(h, …」に対応した閉じ括弧「…) ;」の直前で）改行する．この出力が集合「h」の要素すべてについて行われてから 23 行目に移行する．係数行列「beta(h, j)」についても同様の手順で出力することができる．

A.5 GDX 形式ファイルによる表計算ソフトウェアとの連携[7]

GAMS は CSV 形式のファイルに計算結果を出力する以外に，GDX

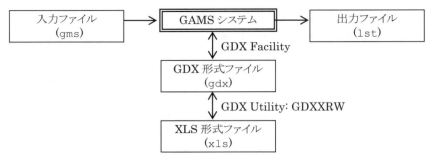

図 A.1：ファイル間のデータ交換

(GAMS Data eXchange) 形式のファイルに計算結果を出力したり，あるいはその逆に，GDX 形式のファイルからデータを読み込んだりすることができる．この GDX 形式のファイルを Excel 等の表計算ソフトウェアに直接読み込ませることはできないが，いくつかのツール（GDXXRW）や GAMS に組み込まれている機能（GDX Facility）を用いることで XLS（XLSX を含む）形式のファイルとの間で相互に変換することができる（図 A.1）．これによって，とくにデータ量や変数の数が多いときに，その取り扱いがとても便利になる．以下では，その方法について紹介する．

A.5.1　入力ファイルから XLS 形式ファイルにデータを出力する方法

（1）　入力ファイル中で記述されたすべての記号（添え字，定数，変数名）とそのデータを GDX ファイル（ここでは，output.gdx というファイル名としよう）に出力する場合には，入力ファイル stdcge.gms の末尾に，ただ 1 行，

```
execute_unload "output.gdx" ;
```

と追加すればよい．ここでは，output.gdx を出力ファイル名として用いたが，その代わりに，どのようなファイル名を用いてもよい．上の例のように，どの変数の値を GDX ファイルに出力するかを指定しないときには，す

7）　より詳しくは GAMS マニュアル参照．

付録 A　より高度な GAMS の使い方　345

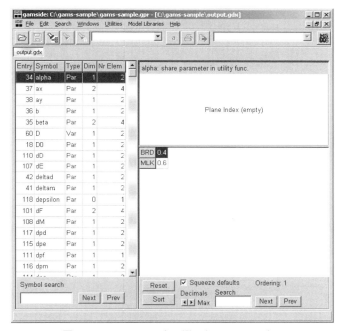

図 A.2：GAMS IDE 上で開いた GDX ファイル

べての変数の値が出力される．GDX ファイル中のデータは，GAMS IDE を用いて閲覧することができるし，また，通常の Windows の操作と同様に，出力された値をコピー&ペーストで Excel 等の表計算ソフトウェア上に持ってくることもできる（図 A.2）．

　もし，他の変数のデータは不要で，SAM(u, v) の値だけが必要であれば，

　　　execute_unload "output.gdx", **SAM** ;

とすればよい（図 A.3）．末尾に付された SAM の部分が，入力ファイル中で用いられている変数のうち，どの値を GDX ファイルに出力するのかを指定している．

　（2）　図 A.3 の社会会計表は，しかし，読みやすくない．そこで，行と列のラベルをマウスでドラッグ（左クリックしながらマウスを動かす）することで，行と列を並べ直す（図 A.4）．

図 A.3：GDX ファイル中の社会会計表

（3）最後に，GDXXRW ユーティリティーを使って GDX 形式のファイルを XLS 形式のファイルに出力（変換）する方法を紹介する．さきほどの社会会計表の値 SAM(u, v) が GDX ファイル (output.gdx) の中に入っていて，これを XLS 形式のファイル（ここでは sam.xls としよう）に出力することを考えよう．そのためには，さきほどのプログラム，

    execute_unload "output.gdx", SAM ;

のあとに，以下のプログラムを追加すればよい．

    execute "gdxxrw output.gdx output=sam.xls par=sam";

いつもどおりこのプログラムを動かしてみれば，新しいファイル sam.xls が生成されていて，そこに社会会計表のデータが入っていることが分かる（図 A.5）．

付録 A　より高度な GAMS の使い方　347

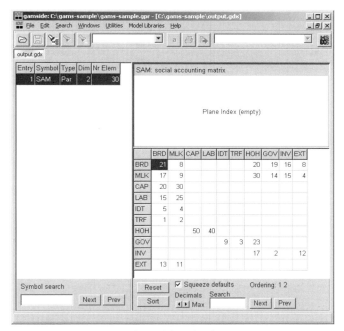

図 A.4：GAMS IDE 上で行列形式に並べ直された GDX ファイル中の社会会計表

A.5.2　XLS 形式ファイル中のデータを入力ファイルに読み込む方法

今度は逆に，XLS 形式のフィアル中にあるデータを，GDX 形式に一度変換し，それを GAMS の入力ファイルに読み込む方法を紹介する．

（1）社会会計表が，あらかじめエクセル形式のファイル「sam.xls」に記入されているとしよう．これを，まず，GDX 形式のファイルに変換する．ただし，ここでは，（応用一般均衡モデルとは）独立した別の入力ファイル（したがって，そのファイル名も違うものとする）を用意してこれを実行する．

```
execute "gdxxrw sam.xls output=sam.gdx par=sam rng=a1:k11
cdim=1 rdim=1";
```

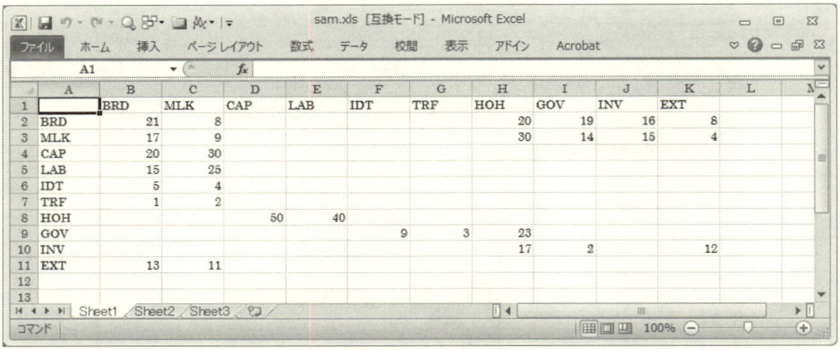

	A	B	C	D	E	F	G	H	I	J	K	L
1		BRD	MLK	CAP	LAB	IDT	TRF	HOH	GOV	INV	EXT	
2	BRD		21	8					20	19	16	8	
3	MLK	17		9					30	14	15	4	
4	CAP	20	30										
5	LAB	15	25										
6	IDT	5	4										
7	TRF	1	2										
8	HOH				50	40							
9	GOV						9	3	23				
10	INV								17	2		12	
11	EXT	13	11										

図 A.5：GDXXRW ユーティリティーによって変換された XLS ファイル中の社会会計表

このプログラム中の「output」，「par」，「rng」，「cdim」，「rdim」は，それぞれ，(新しく作成する GDX) 出力ファイル名，出力する変数名，XLS ファイル中でデータが記入されているセルの範囲，および，列と行ラベルの数である．

（2） 上のプロフラムを動かすことで得られた GDX 形式のファイル (sam.gdx) を，応用一般均衡モデルを構築する入力ファイルに読み込むことにする．リスト 6.1 の中で 12-36 行目に該当する部分を，以下の 4 行で置き換える．

```
Parameter  SAM(u, v) social accounting matrix ;
$gdxin sam.gdx
$loaddc SAM
$gdxin
```

このプログラム中の，「$gdxin sam.gdx」という部分が読み込むべき GDX 形式のファイルを指定する．「$loaddc」とそれにつづく変数名（ここでは，「SAM」）が GDX ファイル中から読み込まれる変数を指定する．（図 A.2 で見るように，1 つの GDX ファイルの中に複数の変数のデータを格納することができるため，どのデータを読み出すべきかを明示的に指定する必要がある．）最後に，「$gdxin」でこの読み込み手続きを終了する．

このようにして，表計算ソフトウェア上のデータを GDX ファイルに変

換・格納することができる．こうした方法の代わりに第 A.4 節で説明したような CSV 形式のファイルを介した方法も考えられる．変換すべきデータ・ファイルの形式や，データ量等に応じて適宜使い分けることができる．

|付録 B|

モデルが解けないときの対処方法

　第3章では，GAMS の使用方法と出力ファイルの読み方などについて述べた．そこでは，モデルが間違いなく GAMS によって解かれることを前提としていた．ところが，実際にモデルを入力ファイルに書き，これを GAMS を使って解いていくと，しばしば，何らかのエラーが発生して解を得られない状況に直面する．効率的にモデルを作成するためには，GAMS の出力ファイルに示されるエラー情報をしっかり理解して，入力ファイルのどこに誤りがあるのかを発見し，それに対処する技術を身につける必要がある．ここでは，その方法について説明する[8]．

　エラーの原因はいくつかある．その原因に応じて入力ファイルに対して適切な修正を施すためには，まずはエラーの原因を突きとめる必要がある．図 B.1 のチャートをたどればエラーの種類が判別できる．

　図 B.1 で分類されている6つのケースのうち，正しい解が得られたというケース6以外では入力ファイル中に何らかの問題があると考えられる．それぞれのケース1-5で示されたエラーの種類に対応した原因と対処法を考える．エラーの種類と原因はかならずしも一対一ではなく，表 B.1 のようにまとめられる．

B.1　ケース1：文法エラー

　入力ファイル中に文法的な誤りが存在するために文法エラーが生じる．こ

---

　8)　Gilbert and Tower (2013, Appendix B) でもデバッグに関するヒントを提供している．

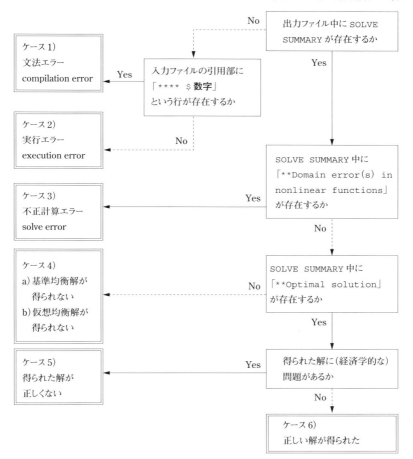

図 B.1：GAMS 実行後の状況判別

こでは，エラーの修正方法を解説するための例として，リスト 5.1 の一部を改変して意図的にいくつかの誤りを含めた入力ファイルを用意した．リスト B.1 は，その入力ファイルを解いて得られる出力ファイルの抜粋である．

文法エラーが発生すると，

（1） 出力ファイル冒頭に再度示される入力ファイルの引用部に「****」が挿入される．

352

リストB.1：文法エラーを含むプログラムの出力ファイル例（抜粋）

```
    56   Equation    eqX(i)      household demand function
    57               eqpz(i)     production function
    58               eqF(h, j)   factor demand function
    59               eqpx(i)     good market clearing condition
    60               eqpf(h)     factor market clearing condition
    61               eqZ(i)      pri    （1）エラー発生行
    62
    63               obj         utility function[fictitious]
    64   ;
    65
    66   eqX(i)..    X(i)      =e= alpha(i)*sum(h, pf(h)*FF(h))/px(i);
    67   eqpz(j)..   Z(j)      =e= b(j)*prod(h, F(h, j)**beta(h, j));
****       $409                       （2）エラー発生箇所とエラー番号
    68   eqF(h, j).. F(h, j) =e= beta(h,
    69   eqpx(i)..   X(i)      =e= Z(i);
    70   eqpf(h)..   sum(j, F(h, j)) =e= FF(h);
    71   eqZ(i)..    px(i)     =e= pz(i);
    72
    73   ob..        UU        =e= prod(i, X(i)**alpha(i));
****       $140
…(省略)…
    93   pf.fx("LAB")=1;
    94
    95   */Defining and solving the model------------------------------
    96   Model splcge /all/;
    97   Solve splcge maximizing UU using nlp;
****                           $257
    98   * -----------------------------------------------------------
    99   * end of model-----------------------------------------------
   100   * -----------------------------------------------------------
GAMS Rev    136 MS Windows                              2:56 Page 2
A Simple CGE Model in Ch. 5 (SE    （3）エラー番号とエラー・メッセージ
Error Messages
   140  Unknown symbol
   257  Solve statement not checked because of previous errors
   409  Unrecognizable item-skip to find a new statement
        looking for a ':' or a Key word to get started again
****   3 ERROR(S)   0 WARNING(S)
```

付録B　モデルが解けないときの対処方法　353

表 B.1：エラーの種類と原因の対応関係

ケース	原因 文法の誤り	不正計算	キャリブレーションとモデルの不整合		シミュレーションとモデルの不整合	GAMS の数値計算能力の限界
			キャリブレーションの誤り	制約式の誤記		
ケース 1) 文法エラー	✓					
ケース 2) 実行エラー		✓				
ケース 3) 不正計算エラー		✓				(✓)
ケース 4a) 基準均衡解が得られない			✓	✓		(✓)
ケース 4b) 仮想均衡解が得られない				✓	✓	✓
ケース 5) 得られた解が正しくない				✓	✓	✓

（2）このすぐ後につづけて「$ **数字**」という形で文法エラーの種類を示す番号（エラー番号）が示される．このエラー番号の場所にも意味があり，通常はそのすぐ上の箇所にエラーの発生原因がある．

（3）入力ファイル引用部が終わった直後に，各エラー番号とその内容が説明される．この説明を手がかりにエラーの発生原因を解明する．

リスト B.1 であれば，3つのエラーが示されている．67 行目のエラーは，実はその行自体には問題はなく，その直前の 66 行目の制約式の特定化の際に，その命令の終わりを表すセミコロン「;」を付け忘れていたために起こったものである．このため，67 行目の冒頭部分「eqpz(j)」が GAMS によって直前の 66 行目のつづきであると誤解されてしまい，「409 Unrecognizable item」となってしまったのである．73 行目のエラーは，63 行目で制約式名「obj」を定義しているにもかかわらず，73 行目では「ob」と誤記してしまっているために起きたエラーである．「ob」はどこにも定義さ

表 B.2：主な文法エラー

- 7 ' (' expected
  左括弧が足りない．
- 8 ') ' expected
  右括弧が足りない．
- 10 ' , ' expected
  コンマ「，」が欠落している．
- 37 ' =l= ' or ' =e= ' or ' =g= ' operator expected
  制約式の内容の定義式で，「=l=」もしくは，「=e=」,「=g=」がない．まったくこれらの記号が欠落している場合もあるし，「=e=」とすべきところを「=」としている場合もある．
- 66 The symbol shown has not been defined or assigned
    A wild shot: You may have spurious commas in the explanatory text of a declaration. Check symbol reference list.
  定義しただけで数値を付与していない定数を制約式の中で使用している．
- 99 Character is illegal in gams input-reset to blank
  入力ファイル中に不正な文字（全角文字，半角カナ文字など）が存在する．
- 120 Unknown identifier entered as set
  未定義の添え字を使用している．
- 125 Set is under control already
  制約式の中にある和算（sum），積算（prod）などの計算にあたって，数式や制約式に付された添え字を使っている．（本文第 5.4.5 項参照）
- 140 Unknown symbol
  未定義の文字を使用している．
- 141 Symbol neither initialized nor assigned
    A wild shot: You may have spurious commas in the explanatory text of a declaration. Check symbol reference list.
  定義しただけで数値を付与していない定数を，数式や Display 命令文中などで使用している．
- 148 Dimension different-The symbol is referenced with more/less indices as declared
  定数，内生変数，制約式の名前に付された添え字の数と制約式中の文字に付された添え字の数が一致していない．
  例）「Parameter ax(i,j);」と定義したにもかかわらず，「ax(i)=1;」している．
- 149 Uncontrolled set entered as constant
  制約式の名前に付されている添え字と，制約式の中で用いられている添え字が一致していない．
  例）eqpx(h)..   X(j)=e=Z(j);
  あるいは，数式の両辺の間で添え字の不整合がある．
  例）FF(h)=Z0(j);
- 171 Domain violation for set
  定数，内生変数，制約式の名前に付された添え字とは異なる種類の添え字を使用している．
  例）「Variable Z(j);」と定義したにもかかわらず，「eqpx(j)..X(j)=e=Z(h);」と用いている．

184	Domain list redefined
	すでに定義済みの文字を，以前とは異なる添え字を付して再び定義しようとした．
246	Objective variable is not a free variable
	目的関数の値の内生変数をVariable命令でなく，Positive Variable, Negative Variable命令で定義している．
257	Solve statement not checked because of previous errors
	この行以前に生じたエラーのためにSolve命令が実行できない．ただし，この行より前の文法エラーをすべて修正すれば，このエラーは自動的に消える．
408	Too many), } or]
	閉じ括弧が多すぎる．
409	Unrecognizable item-skip to find a new statement 　　looking for a ';' or a key word to get started again
	認識できない記述が見られる．多くの場合，これより前の行でセミコロン「;」が欠落しているために，複数の命令が1つの命令と混同されてこのエラーが生じる．

れていないから，不明な文字「140 Unknown symbol」としてGAMSに認識されてしまっている．

表B.2に，(筆者らの経験に照らして考えられる) 典型的なエラーの内容を示す．なお，表B.2の左端の数字は，エラー番号である．

しばしば (とくに，モデルを作り，初めて動かしたとき)，文法エラーがたくさん出ることがある．しかし，そのエラーの多くは，入力ファイルのはじめの部分でエラーが生じたために，それに関連して生じたものであることが多い．たとえば，必要な係数を定義し忘れていたならば，その係数を含む数式すべてにエラーが生じるのは当然のことである．根気よく，入力ファイルの最初のエラーから間違いを直していくと大幅にエラーの数が減るので，慌てずじっくりやるとよい．

B.2　ケース2：実行エラーとケース3：不正計算エラー

実行エラーも数式や制約式における不正な計算 (後述) によるエラーであって，不正計算エラーと実質的には何ら変わるものではない．実行エラーと不正計算エラーの違いは，そのエラー・メッセージの表示箇所の違いだけである．前者の場合，出力ファイル冒頭の入力ファイル引用部につづいて，

```
**** Exec Error at line 18 :  division by zero (0)
```

というエラー・メッセージが表示され，不正な計算 (この場合，入力ファイルの18行目にゼロによる除算) があったことが示される．後者の不正計算エラーの場合，出力ファイルの「SOLVE SUMMARY」に，

```
**** ERRORS/WARNINGS IN EQUATION eqX(BRD)
     1 error(s): rPower:FUNC DOMAIN: x**c, x<0
```

というように，エラーが生じた制約式の名前「eqX(BRD)」とその原因 (この場合は，不正な冪 (べき) 乗計算) が表示される．

エラーとなる不正な計算としてはつぎのものがある．
 (a)　ゼロによる除算
 (b)　対数関数の真数が負値
 (c)　不正な冪 (べき) 乗の計算 (たとえばルート内が負値)

（d） 指数計算などで計算中の値が大きくなりすぎた

定数（係数や外生変数）だけでなく，内生変数もこれらの不正計算の原因になり得る．その内生変数の値は，数値計算のさなかにあって刻々と変化するから，解になると期待される値の周辺以外においても，この種のエラーを回避することを考えておかなければならない．

こうしたエラーに対処するために考えられる方法を以下に4つ挙げる．

内生変数に上限・下限を設定する

第3.3.2項の（6）で述べた.up命令や.lo命令を用いて，内生変数に適度な上限，あるいは，下限を設定することで，不正な計算を引き起こしそうな値（たとえばゼロ）を内生変数の定義域から除外する．

内生変数に数値計算上の初期値を設定する

内生変数の数値計算上の初期値を.l命令で適切に設定することで，実行エラーや不正計算エラーを回避できる可能性がある．（前にも書いたとおり，ピリオドのつぎは数字の「1」ではなく，英字の「エル」である．）とくに本書で構築した応用一般均衡モデルの場合，少なくとも1つの均衡解は既知である．なぜなら，キャリブレーションによって，基準均衡解を再現するようにモデルの係数が推定されているからである．政策等を反映した何らかのショックを外生変数や係数に対して与えた場合でも，そこで実現される仮想均衡解は，もとの基準均衡解に「近い」可能性が高い．そこでしばしば，基準均衡解を数値計算上の初期値として.l命令を用いて与える．

制約式の再定式化

たとえば，リスト3.1の36行目の制約式は内生変数「px(i)」による除算を含む．もしこの除算が原因でエラーが生じていると考えられるならば，つぎのように，エラーの発生源因となる除算を用いない形に書き改めることで，このエラーを回避できる．

```
eqX(i)..    px(i)*X(i) =e= alpha(i)*sum(h,pf(h)*FF(h));
```

数値の桁数調整

　GAMS を用いて計算できる桁数には上限があり，これを超えるとエラーが生じる．もし，データとして投入する社会会計表「SAM(u, v)」の桁数が大きすぎるならば，それを入力した直後に（たとえば 1000 分の 1 にするならば），

　　　　　SAM(u, v) = SAM(u, v)/1000 ;

として社会会計表の表示単位を変更してこのエラーを回避する．

B.3　ケース 4a：基準均衡解が得られない場合

　基準均衡解が得られない原因はいくつかあるが，そのほとんどは，キャリブレーションの過程に誤りがあるか，あるいは，モデルを構成する制約式の記述に誤りがあるかである．ここでは，その誤りがある箇所の検出方法について示す．これ以外の原因としては，大規模すぎるモデルを解こうとして GAMS の数値計算能力の限界を越えてしまったことが考えられる．それについては第 B.6 節で問題の回避・解決方法を示す．

　応用一般均衡モデルでは，モデルの係数と外生変数の推定をキャリブレーションにより行うことを前提とする限り，基準均衡解がモデルを満足する 1 つの自明な解であることはすでに述べたとおりである．すなわち，キャリブレーションを行うということは，基準均衡解に合致するように，連立方程式体系として表されたモデル内の係数や外生変数を推定することであるからである．したがって，基準均衡解が得られないときは，キャリブレーションの過程に誤りがあるかどうかを確認し，もしそこに誤りがなければ，モデルとして解かれる連立方程式体系の記述に誤りがないかどうかを確認する．

　この種の誤りを検出するために有効な方法は，このモデルの内生変数の値を基準均衡解に固定したうえでモデルを解き，その（満足して当然である）解を満足しない制約式を発見するというものである[9]．具体的には，.fx 命

---

[9]　ただし，この検査に合格したからといって，モデルの連立方程式体系に誤りがないとは限らない．ここで紹介した方法ではその検出が困難なかたちで制約式の記述を誤る場合もあり得る．その場合については第 B.4 節で議論する．

令を用いて，（最大化・最小化の対象であるものを除いた）すべての内生変数を基準均衡解の値に固定する．リスト5.1のプログラムであれば，94行目と95行目の間に以下の6行を挿入したうえでこのモデルを解く．

```
X.fx(i)    = X0(i);
F.fx(h, j) = F0(h, j);
Z.fx(j)    = Z0(j);
px.fx(i)   = 1;
pz.fx(i)   = 1;
pf.fx(h)   = 1;
```

もしも，いずれかの制約式に，つぎのような「INFES」の表示があるならば，その制約式に含まれる係数や外生変数のキャリブレーションの過程か，その制約式の記述に誤りがあることが分かる[10]．

```
---- EQU eqX household demand function
          LOWER      LEVEL      UPPER    MARGINAL
   BRD      .       -0.6000       .        EPS      INFES
   MLK      .       -1.4000       .        EPS      INFES
```

「INFES」によって示唆された箇所を修正すれば，その他の部分にまだ顕在化していない誤り（後述）がない限り，少なくとも基準均衡解は得られるはずである．

B.4　ケース4b：仮想均衡解が得られない場合

基準均衡解は得られるにもかかわらず仮想均衡解が得られない場合，その原因として大きなものが2つ考えられる．第1は，前節の方法では検出できない制約式の誤記であり，第2は内生変数の定義域に関する誤りである．第1の制約式の誤記について鍵となる事柄は，「基準均衡において，通常，すべての価格が1になるように（数量の単位を）設定したうえでモデルの係数と外生変数を推定する」ということである．基準均衡においては演算の要素

---

[10]　94行目と95行目の間に挿入したのは，第5.5.2項で注意したのと同じ理由から，これらはSolve命令の直前に挿入する必要があるためである．

が1であることから，価格変数の乗除に関する誤記があっても，あるいは，価格変数をほかの価格変数と取り違えて誤記しても，基準均衡解を得ることができるが，仮想均衡解は得られないことがある．

たとえば，リスト6.1の235-236行目の制約式，

```
eqXp(i).. Xp(i) =e= alpha(i)*(sum(h,pf(h)*FF(h))-Sp-Td)
                /pq(i);
```

を誤って，

```
eqXp(i).. Xp(i) =e= alpha(i)*(sum(h, pf(h)*FF(h))-Sp-Td)
                *pq(i);
```

と記述したとしよう．内生変数「pq(i)」の基準均衡における値は1であるため，基準均衡解を得るに際して問題は顕在化しない．しかし，外生変数にショックを与えてシミュレーションを行えば，とたんに解けなくなることがある[11]．実際，この誤記により，この需要関数の性質は経済学的に見て非常に奇妙なものとなる．すなわち，財の価格が上昇したときにその財の需要量が増加してしまう．このとき，価格メカニズムを通して超過需要をゼロにすることは困難になる．

また別の例を挙げれば，上と同じ制約式，

```
eqXp(i).. Xp(i) =e= alpha(i)*(sum(h,pf(h)*FF(h))-Sp-Td)
                /pq(i);
```

を誤って，

```
eqXp(i).. Xp(i) =e= alpha(i)*(sum(h,pf(h)*FF(h))-Sp-Td)
                /py(i);
```

と記述したとしよう．内生変数の「pq(i)」，「py(i)」はともに基準均衡における値が1であるため，基準均衡においては.fx命令で固定したとしてもこのモデルは解くことができる．しかし，この場合もシミュレーションを行うととたんに解けなくなることがある．

仮想均衡解を得られない第2の原因は，内生変数の定義域に関する誤りである．すなわち，.fx, .lo, .up命令を用いて内生変数の定義域に対して

---

11) かならず解けなくなるとは限らない．とくに，外生変数に与えるショックが小さいときには，モデルが誤っているにもかかわらず解けることもあり得る．

施した上限・下限と，シミュレーションの内容が整合的でないという場合が考えられる．すなわち，内生変数の定義域に対して，.up 命令や .lo 命令を用いて上限・下限を設定したために，（それがなかったならば達成されていたであろう）仮想均衡解が定義域の外へと排除されてしまったことから仮想均衡解が得られない，あるいは，得られた解が経済学的に見て妥当でないという問題が生じる．たとえば，基準均衡を求める際には正の税率・税収を前提として税収額の定義域に対してゼロの下限を設定する一方で，この下限を取り払わずに仮想均衡において負の税率（補助金）をシミュレートしようとした場合に，この問題が生じる．

B.5 ケース5：得られた解が正しくない場合

SOLVE SUMMARY 中に「** Optimal Solution」と表示されて解が得られたにもかかわらず，その解が正しくない場合には，まずは，前節で議論したような制約式の誤記や，内生変数の定義域の誤りといった原因が考えられる．これに関しては，前節で説明したとおりであるから省略する．これらに関して吟味を行ってもなお得られた解が正しくない場合には，解くべきモデル自体が，経済学的，あるいは数学的に問題を含んでいることが原因として考えられる．その場合には，はじめからすべてについて検討し直すほかに方法はない．

B.6 GAMS の数値計算能力の限界

解くべき問題が経済学的・数学的にも正しいにもかかわらず，これまでに示した問題解決方法をすべて試みてもなお問題が解けない場合には，モデルそのものが大きすぎて GAMS の計算能力の限界を越えていると判断することになる．どんなソフトウェアであっても，万能なものはない．したがって，この問題を本質的に解決する手段はないが，問題を回避する手段がいくつか考えられるので，以下に4点示す．
（1） 外生変数に与えるショックを小さくする

外生変数を少しだけ変化させたときには仮想均衡解が得られるものの，外生変数を大きく変化させたときの仮想均衡解が得られないことがある．この場合は，外生変数を少しずつ変化させながら何度か繰り返しモデルを解くことで，求める仮想均衡解を得られる可能性がある．具体的方法についてはすでに第8.1節で述べたのでここでは省略する．
（2）　オプション・ファイルを利用する
　オプション・ファイルを利用するとGAMSの計算回数の上限などを調整できるため，これまで解けなかったモデルが解けるようになる場合がある．詳しくはGAMSマニュアルの付録第B.3.31項および当該ソルバー・マニュアルのオプションに関連する項目を参照すること．
（3）　ソルバーを変更する
　利用するソルバーを変更することでモデルが解ける場合もある．ソルバーを変更するためには，付録第C.2.1項で説明する方法で初期ソルバーを変更するか，入力ファイルのSolve命令の前に，

　　　　　Option 数学問題の種類=ソルバー名 ;

という行を挿入する．ここで，数学問題の種類を指定するものとしては，線形計画法であれば「LP」，非線形計画法であれば「NLP」などと指定する．本書では，非線形計画問題のためのソルバーCONOPTを利用することを前提としてきたが，その代わりにMINOS，あるいは，PATH NLPというソルバーも利用できるので，このソルバーを使えば問題を解くことができる可能性がある．
（4）　モデルの規模を縮小する
　以上の方法を試してもなおモデルが解けないならば，モデルの規模を縮小することを考えるべきである．すなわち，財や経済主体の数を絞ったり，動学モデルであればシミュレーション期間を短くしたりする．

付録 C

GAMS のインストールと GAMS IDE の利用

　Windows において GAMS を利用するためには，GAMS をインストールし，初期設定をする必要がある．ところで，GAMS IDE は数値計算ソフトウェアである GAMS 本体とは別のソフトウェアであるが，GAMS IDE をインストールすれば，GAMS も同時にインストールされるので，ここでは GAMS IDE のインストール手順を説明する．初期設定については第 C.2 節で述べる．第 C.3 節では GAMS IDE の使い方について簡単に説明する．

C.1　インストール方法

　GAMS IDE をインストールする方法は，一般的なソフトウェアのそれと同じである．すなわち，
 （1）　GAMS の Web サイト（www.gams.com）より，GAMS のシステムをダウンロードする（図 C.1）．利用する OS に応じていくつかのファイルがあるが，Windows を利用しているならば MS Windows 32bit 版（`windows_x86_32.exe`）（あるいは同 64 bit 版（`windows_x64_64.exe`））を選ぶ．（自分が利用している Windows が 32 bit 版か 64 bit 版かが分からない場合は，前者にしておけばどちらの場合でも動作する．）
 （2）　GAMS のインストーラが起動されるので，［Next〉］ボタンをクリックしてつぎに進む（図 C.2）．
 （3）　GAMS のインストール先を指定する画面が表示される（図 C.3）．
 　通常，画面に表示されるインストール先で問題はないので，そのまま

図 C.1：GAMS システムのダウンロード場所
〈URL : http://www.gams.com/download/〉
注：表示されているバージョン番号は，アップデートによって変更される．

（もし必要なら，［Browse］ボタンをクリックして，GAMS のインストール先を変更したあとで）［Next⟩］ボタンをクリックする[12]．

（4）「Ready to Install！」と画面に表示され，GAMS のファイルをハード・ディスクにコピーする準備ができたことが知らされたら，［Next⟩］ボタンをクリックする（図 C.4）．するとハード・ディスクへのファイル・コピー進捗状況が表示されるので，つぎの画面に進むまでしばらく待つ．

（5）ファイル・コピーの終了後，「Completing the GAMS Setup Wizard」という画面が現れる（図 C.5）．つづいて，GAMS のライセンスの設定を行う．すでに GAMS のライセンスを購入している場合は「Copy license file」または，「Copy license text from clipboard」を選択しておいて，［Finish］を押して完了させる．前者ではライセンス・ファイル（gamslice.txt）を読み込み，後者では（しばしばメールで送られて

---

[12] 図 C.3 で表示されているインストール先のフォルダ名の末尾の数字は GAMS のバージョンによって異なる．

付録 C　GAMS のインストールと GAMS IDE の利用　365

図 C.2：GAMS インストール画面（1）

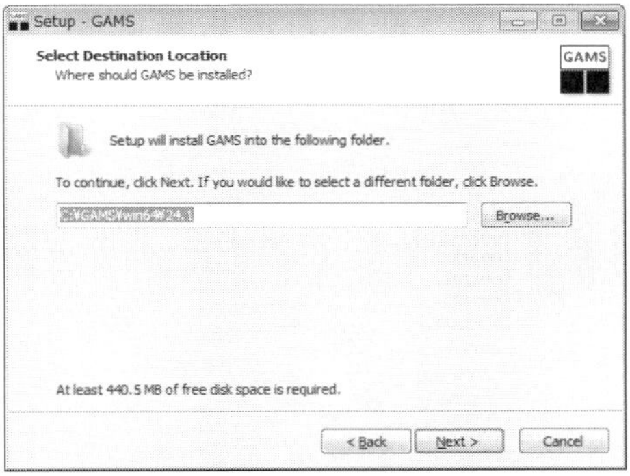

図 C.3：GAMS インストール画面（2）

くる）ライセンス情報をコピー＆ペーストして読み込むが，どちらでもよい．

　ライセンスを購入しておらず，扱うことができるモデルの大きさに制限のある試用版（デモ・バージョン）として利用する場合は，「No license, demo only」を選択して，[Finish] を押して完了させる．
つづいて初期設定を行う必要があるので，次節へ進む．

図 C.4：GAMS インストール画面（3）

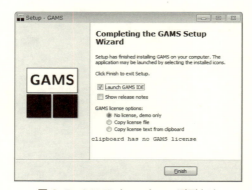

図 C.5：GAMS インストール画面（4）

C.2 初期設定

C.2.1 初期ソルバーの設定

　GAMS は入力ファイルに示された問題を解く際に，ソルバーとよばれる問題を解くためのシステムを呼び出す．ソルバーは問題の種類（たとえば，線形計画問題，非線形計画問題など）ごとに数種類ずつ用意されており，その中から解くべき問題の性質に合ったソルバーを指定することができる．ここでは，その初期設定を行う．

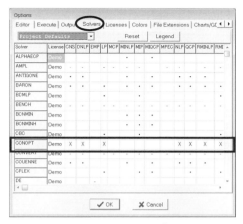

図 C.6：オプション設定画面

（1） GAMS IDE を起動する．
（2） メニュー・バーから「File」→「Options」を選択し，そこで表示されるダイアログ・ボックス（図 C.6）で「Solvers」タブをクリックする．
（3） Solvers タブ画面の左端に並ぶ行項目はソルバーの種類を示している．ソルバー名のすぐ右隣に位置する第2列目は，各ソルバーのライセンスの形態を表している．「Full」はそのソルバーのライセンスが購入されていてソルバーの持つ全機能を使用できる．「Demo」となっている場合はライセンス未取得であり，解くことのできるモデルの大きさに制限がある．（インターネットからダウンロードした試用版では，すべてのソルバーのライセンス形態は「Demo」となっている．）図 C.6 の第3列目以降については，画面上部に示される問題をそのソルバーが解くことができるかどうか，また，そのソルバーを用いて解くように設定されているかどうかを示している．「・」印がついているものは，そのソルバーを用いて問題を解くことができることを示し，そのマス目をクリックして，印を「X」に変えれば，その行のソルバーを上欄に示された問題を解くための初期ソルバーに指定したことになる．

ここでは，数理計画問題 NLP のソルバーとして CONOPT を用いてい

図 C.7：フォントの変更

るので，行は CONOPT，列は NLP のマス目をクリックし，「X」印を付ける．（代わりに MINOS を用いる場合には MINOS の行に「X」印を付ければよい．）その他の列についても必要に応じてマス目をクリックし，最後に [OK] ボタンをクリックして初期設定が完了する．

C.2.2　画面表示用フォントの変更

インストール時に自動的に設定される，GAMS IDE の内蔵エディタ（後述）の画面表示用フォントは文字の間隔が狭すぎて文字を判別しにくいかもしれない．そのような場合には表示フォントを変更すると，文字の視認性を高めることができる．フォントを変更するには，メニュー・バーから「File」→「Options」で現れる「Options」ダイアログ・ボックスの Editor タブを開く（図 C.7）．

一番上にある「Font」の [..] ボタンをクリックすると，ダイアログ・ボックス中にフォントの一覧が表示されるので，その中から画面が見やすいフォントの種類や大きさを選択・指定すればよい[13]．変更ができたら，画面下部の [OK] ボタンをクリックする．

C.3 GAMS IDE の使い方

　プログラムを記述した入力ファイルを作成・編集するには，エディタを使用する．通常のエディタならばどのようなものも使用可能であるが，ここではGAMSに付属しているGAMS IDEを利用した入力ファイルの作成方法を説明する．GAMS IDEとは，GAMSを操作するための一連の作業，すなわち入力・出力ファイルなどを編集・閲覧するためのエディタ機能（内蔵エディタとよぶ）と，GAMSを使って入力ファイルに示されたモデルを解く機能を持った統合環境ソフトウェアである．

　GAMS IDEでの作業はつぎの5段階の手順を経る．
（1）　GAMS IDE の起動
（2）　内蔵エディタの起動
（3）　入力ファイルの作成
（4）　GAMS の実行
（5）　出力ファイルの読みとり

　以下，順番にこれらの手順を説明する．

（1）　GAMS IDE の起動

　まず，GAMS IDEを起動する．起動するには，ほかのソフトウェア同様，「スタート」ボタンからGAMS IDEを選択する．GAMS IDEを終了するには，GAMS IDEのメニュー・バーから「File」→「Exit」を選択する．

（2）　内蔵エディタの起動

　つぎに，GAMS IDEに内蔵されているエディタを起動する[14]．新しく入力ファイルを作成する場合は，メニュー・バーから「File」→「New」を選択すると，内蔵エディタが起動されて，新規入力ファイルの編集画面となる．なお，以前に作成したファイルを開く場合には，メニュー・バーから

13）フォント名に日本語を含むフォント（明朝やゴシックなど）を指定した場合，フォント選択のダイアログ・ボックスでは正しく表示が行われるものの，図C.7の画面においてはフォント名の表示が文字化けする場合がある．ただし，GAMS IDE使用上とくに問題はない．

14）GAMS IDEを起動したときに，すでに内蔵エディタが開かれていることがある．これは，GAMS IDEが終了時に作業状態を記憶しているためである．

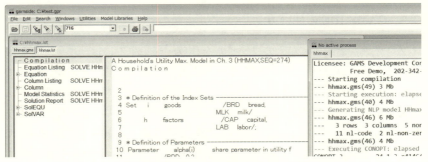

図 C.8：GAMS 実行直後の GAMS IDE

「File」→「Open」として目的のファイルを選択する．
（3） 入力ファイルの作成

内蔵エディタを用いてプログラムの入力を行う．（入力作業中に入力ファイル中の一部が自動的に色つきで表示される．これは入力ファイルを読みやすくするためであり，入力ファイルの中身そのものには関係ない．）入力したプログラムを保存するには，メニュー・バーから「File」→「Save as」を選択する．すると，ファイル名の指定を求めるダイアログ・ボックスが表示されるので，ファイル名を入力する．

（4） GAMS の実行

GAMS を実行するには，内蔵エディタ上で入力ファイル（たとえば hhmax.gms）が最前面に表示された状態（アクティブな状態）で，ツール・バーの「Run GAMS」アイコン をクリックするか，[F9] キーを押すか，または，メニュー・バーから「File」→「Run」を選択する．

（5） 出力ファイルの読みとり

（4）の手順で GAMS を実行すると，GAMS が入力ファイルを解釈してモデルを解く．その際，プロセス・ウィンドウが開いて計算経過が示される．計算が完了すると，入力ファイルの隣に出力ファイルが自動的に示される（図 C.8）．

内蔵エディタ上では，一度に複数のファイルを扱うことができる．このとき，エディタ上部のタブをクリックして表示・編集するファイルを切り替え

付録C　GAMSのインストールとGAMS IDEの利用　371

表C.1：GAMS IDE 内蔵エディタの操作

操作	アイコンによる操作	メニュー・バーでの操作	キーボードでの操作[15]
ファイル操作			
新規作成		「File」→「New」	Ctrl+N
開く	🗁	「File」→「Open」	Ctrl+O
閉じる		「File」→「Close」	
ファイルを上書き保存	💾	「File」→「Save」	Ctrl+S
名前を付けてファイルを保存		「File」→「Save as」	
印刷	🖨	「File」→「Print」	
編集			
切り取り		「Edit」→「Cut」	Ctrl+X
コピー		「Edit」→「Copy」	Ctrl+C
貼り付け		「Edit」→「Paste」	Ctrl+V
元に戻す		「Edit」→「Undo」	Ctrl+Z
繰り返し		「Edit」→「Redo」	Shift+Ctrl+Z
検索・置換			
(現在表示中のファイルから) 検索	🔍	「Search」→「Find」	Ctrl+F
複数のファイルから検索	🔍	「Search」→「Find in Files」	
置換		「Search」→「Replace」	Ctrl+R
再検索 (順方向)	🔍	「Search」→「Find Again」	F3
再検索 (逆方向)		「Search」→「Find Again Previous」	Shift+F3
(カーソルの左に位置する括弧と)対応する括弧にジャンプ	{a}	「Search」→「Match Parenthesis」	F8
GAMS・GAMS IDE 関連			
GAMS の実行	▶	「File」→「Run」	F9
GAMS IDE の終了		「File」→「Exit」	

ることができる．たとえば，図C.8では入力ファイル hhmax.gms とそれに対応した出力ファイル hhmax.lst の2つのファイルが操作可能になっている．もし，入力ファイル hhmax.gms を編集したければ，そのタブをクリックして切り替えればよい．プロセス・ウィンドウ (図C.8の右側) はとくに

---

15) 「Ctrl+N」とは，コントロール・キーを押しながら N キーを打つという意味である．

重要ではないので，計算が完了したあとは閉じてから作業を進めてよい．内蔵エディタの主要な操作方法を表 C.1 にまとめておく．

付録D

インターネットにおける情報源

　第1章で述べたように，本書ではGAMSを用いて数値計算をすることを前提としている．GAMSは市販のソフトウェアであるが，解くことができるモデルの大きさに制限の付いた試用版はGAMSのWebサイト，

　　　　　　　　　http://www.gams.com/download/

から無料でダウンロードできる．また，本書で構築されたモデルは表1.1にまとめたとおりであり，これらも，

　　　　　　　　http://www.gams.com/modlib/modlib.htm

からダウンロードできる[16]．ただし，第11章でとりあげたものは政策研究大学院大学学術機関レポジトリ，

　　　　　　　　　http://id.nii.ac.jp/1295/00001278/

からダウンロードできる．

　その他，GAMSのための各種の補助的ソフトウェアも，

　　　　　　　　http://www.gams.com/contrib/contrib.htm

から入手できる．

　本書では，GAMSの使い方について必要最小限のものしか示さなかった．本書を通読した上で不明な点があれば，GAMSマニュアルやソルバー・マニュアルをダウンロードして検索してみることである．

　　　　　　　　　http://www.gams.com/help/index.jsp

それでも不明な点があれば，メーリング・リストでの質疑が理解の手助けに

---

[16] 第1.6節で述べたように，このGAMS Model Libraryには本書で説明したモデルの入力ファイルのほか，これまでに構築されたGAMSのためのモデルが数多く収められているので，一度，閲覧することを勧める．

なるであろう．
　　　　　　　http://www.gams.com/maillist/index.htm
　GAMS に直接関係するもの以外で，応用一般均衡モデルを構築する際に有用なサイトについて，脚注等で示したものも含めてまとめておく．

ソフトウェア：
The Centre of Policy Studies and the IMPACT Project
　　　　　　　　http://www.copsmodels.com/
Prof. Thomas F. Rutherford's Web Page
　　　　　　　　http://www.mpsge.org/

データ・ベース：
GTAP Web ページ
　　　　　　　　　http://www.gtap.org/
総務省統計局
　　　　　　　　　http://www.stat.go.jp/
内閣府経済社会総合研究所
　　　　　　　　　http://www.esri.go.jp/

参考文献

英文文献

Armington, P. (1969) "A Theory of Demand for Products Distinguished by Place of Production," *IMF Staff Papers* 16(1) : 159-178.

Blanchard, O. J., and S. Fischer (1989) *Lectures on Macroeconomics*, MIT Press.

Burfisher, E. M. (2011) *Introduction to Computable General Equilibrium Models*, Cambridge.

Burniaux, J. M., and P. T. Truong (2002) "GTAP-E : An Energy-Environmental Version of the GTAP Model," GTAP Technical Paper No. 16, Center for Global Trade Analysis, Department of Agricultural Economics, Purdue University.

Dawkins, C., T. N. Srinivasan, and J. Whalley (2001) "Calibration," in : J. J. Heckman and E. Learmer (eds.), *Handbook of Econometrics*, Vol. 5, Ch. 58, Elsevier : 3653-3703.

Debreu, G. (1959) *Theory of Value*, Yale University Press.

de Melo, J. and D. Tarr (1992) *A General Equilibrium Analysis of U. S. Foreign Trade Policy*, MIT Press.

Dervis, K., J. de Melo, and S. Robinson (1982) *General Equilibrium Models for Development Policy*, Cambridge University Press.

Devarajan, S., J. D. Lewis, and S. Robinson (1990) "Policy Lessons from Two-Sector Models," *Journal of Policy Modeling* 12(4) : 625-657.

Dewatripont, M., and G. Michel (1987) "On Closure Rules, Homogeneity and Dynamics in Applied General Equilibrium Models," *Journal of Development Economics* 26(1) : 65-76.

Dixon, P. B., B. R. Parmenter, A. A. Powell, and P. J. Wilcoxen (1992) *Notes and Problems in Applied General Equilibrium Economics*, North-Holland.

GAMS Development Corporation (2015) *GAMS A User's Guide*.
⟨URL : http://www.gams.com/help/topic/userguides/GAMSUsersGuide.pdf⟩

Gilbert, J., Tower, E. (2013) *Introduction to Numerical Simulation for Trade Theory and Policy*, World Scientific.

Golan, A., G. Judge, and D. Miller (1996) *Maximum Entropy Econometrics : Robust Estimation with Limited Data*, Wiley.

Harris, J. R., and M. P. Todaro (1970) "Migration, Unemployment and Development : A Two-Sector Analysis," *American Economic Review* 60(1) : 126-142.

Harrison, G. W., R. Jones, L. J. Kimbell, and R. Wigle (1993) "How Robust Is Applied General Equilibrium Analysis?" *Journal of Policy Modeling* 15(1) : 99-115.

Hashimoto, H. (1998) "A Prototype Computable General Equilibrium Model of Trade between Two Countries," in : A. Reggiani (ed.) *Accessibility, Trade and Locational Behaviour*, Ashgate : 181-199.

Hertel, T. W. (1997) *Global Trade Analysis : Modeling and Applications*, Cambridge University Press.

Hertel, T. W., and M. E. Tsigas (1997) "Structure of GTAP," in : T. W. Hertel (ed.) *Global Trade Analysis*, Ch. 2, Cambridge University Press : 13-73.

Hertel, T. W., D. Hummels, M. Ivanic, M., and R. Keeney (2007) "How Confident Can We be of CGE-based Assessments of Free Trade Agreements?" *Economic Modelling* 24, 611-635.

Hertel, T. W., R. A. McDougall, G. B. Narayanan, and A. H. Aguiar (2012) "Chapter 14 : Behavioral Parameters, " In : G. B. Narayanan, A. H. Aguiar, and R. McDougall (Eds.) *Global Trade, Assistance, and Production : The GTAP 8 Data Base*, Center for Global Trade Analysis, Purdue University.

〈URL : https://www.gtap.agecon.purdue.edu/resources/download/7047.pdf〉

Hosoe, N. (1999) *Opening up the Black Box : Scrutinization of the Internal Structure of Computable General Equilibrium Models*, A Ph. D. dissertation, Graduate School of Economics, Osaka University.

Hosoe, N. (2000) "Dependency of Simulation Results on the Choice of Numeraire, " *Applied Economics Letters* 7(7) : 475-477.

Hosoe, N. (2014a) "Estimation Errors in Input-Output Tables and Prediction Errors in Computable General Equilibrium Analysis," *Economic Modelling* 42 : 277-286.

Hosoe, N. (2014b) "Japanese Manufacturing Facing Post-Fukushima Power Crisis : a Dynamic Computable General Equilibrium Analysis with Foreign Direct Investment," *Applied Economics* 46(17) : 2010-2020.

Hosoe, N., K. Gasawa, and H. Hashimoto (2010) *Textbook of Computable General Equilibrium Modelling : Programming and Simulations*, Palgrave Macmillan.

Ianchovichina, E., and R. McDougall (2012) "Theoretical Structure of Dynamic GTAP," in : E. Ianchovichina and T. Walmsley (eds.) *Dynamic Modeling and Applications for Global Economic Analysis*, Ch. 2., Cambridge University Press.

Johansen, L. (1960) *A Multi-Sectoral Study of Economic Growth*, North-Holland.

Jorgenson, D. W., and K. Y. Yun (1990) "Tax Policy and U. S. Economic Growth," in: L. Bergman, D. W. Jorgenson, and E. Zalai (eds.) *General Equilibrium Modeling and Economic Policy Analysis*, Blackwell: 58-110.

Lecca, P., K. Swales, and K. Turner (2011) "An Investigation of Issues Relating to Where Energy Should Enter the Production Function," *Economic Modelling* 28 (6): 2832-2841.

Liu, J., C. Arndt, and T. W. Hertel (2004) "Parameter Estimation and Measures of Fit in a Global, General Equilibrium Model," *Journal of Economic Integration* 19 (3): 626-649.

Mercenier, J. (1995) "Nonuniqueness of Solutions in Applied General Equilibrium Models with Scale Economies and Imperfect Competition," *Economic Theory* 6 (1): 161-177.

Miller, R. E., and P. D. Blair (2009) *Input*-output Analysis: Foundations and Extensions, 2nd Edition, Cambridge.

Nagurney, A., and A. Eydeland (1992) "A Splitting Equilibration Algorithm for the Computation of Large-Scale Constrained Matrix Problems: Theoretical Analysis and Applications," in: H. M. Amman, D. A. Belsley, and L. F. Pau (eds.) *Computational Economics and Econometrics*, Kluwer: 65-105.

Negishi, T. (1960) "Welfare Economics and Existence of an Equilibrium for a Competitive Economy," *Metroeconomica* 12: 92-97.

Nguyen, T. T., and J. Whalley (1989) "General Equilibrium Analysis of Black and White Markets: A Computational Approach," *Journal of Public Economics* 40 (3): 331-347.

Okagawa, A., and K. Ban (2008) "Estimation of Substitution Elasticities for CGE Models," Discussion Papers in Economics and Business 08-16, Graduate School of Economics, Osaka University.

Robinson, S. (1989) "Multisectoral Models," in: H. Chenery and T. N. Srinivasan (eds.) *Handbook of Development Economics* Vol. 2, Ch. 18, North-Holland: 885-947.

Scarf, H. E. (with T. Hansen) (1973) *The Computation of Economic Equilibria*, Yale University Press.

Shoven, J. B., and J. Whalley (1992) *Applying General Equilibrium*, Cambridge University Press.

Stern, R. M., J. Francis, and B. Schumacher (1976) *Price Elasticities in International Trade: An Annotated Bibliography*, Macmillan.

Tanaka, T., N. Hosoe, and H. Qiu (2012) *Risk Assessment of Food Supply : A Computable General Equilibrium Approach*, Cambridge Scholars Publishing.

Taylor, L. (ed.) (1990) *Socially Relevant Policy Analysis*, MIT Press.

van der Mensbrugghe, D. (2005) "LINKAGE Technical Reference Document Version 6.0," Development Prospects Group (DECPG), the World Bank.

Willenbockel, D. (1994) *Applied General Equilibrium Modelling : Imperfect Competition and European Integration*, Wiley.

邦文文献

江崎光男 (1989)「石油価格変化のマクロ・インパクト」, *Economic Studies Quarterly* 40 (2) : 135-151.

尾山大輔, 安田洋祐 (2013)『改訂版　経済学で出る数学：高校数学からきちんと攻める』, 日本評論社.

我澤賢之 (2001)『財・要素貿易における歪みの経済厚生への影響—応用一般均衡モデルを用いて—』, 大阪大学大学院経済学研究科, 博士学位論文.

黒田昌弘 (1989)『一般均衡の数量分析』, 岩波書店.

小長谷一之, 前川知史 (編) (2012)『経済効果入門：地域活性化・企画立案・政策評価のツール』, 日本評論社.

斎藤光雄 (1991)『国民経済計算』, 創文社.

武田史郎 (2007)「貿易政策を対象とした応用一般均衡分析」, RIETI Discussion Paper Series 07-J-010, 経済産業研究所.（2012 年 7 月 15 日取得）
〈URL : http://www.rieti.go.jp/jp/publications/dp/07j010.pdf〉

伴金美 (2007)「日本経済の多地域動学的応用一般均衡モデルの開発— Forward Looking の視点に基づく地域経済分析」, RIETI Discussion Paper Series 07-J-043, 経済産業研究所.（2012 年 7 月 15 日取得）
〈URL : http://www.rieti.go.jp/jp/publications/dp/07j043.pdf〉

ローマー, D. (2010)『上級マクロ経済学』, 日本評論社.

統計資料

International Monetary Fund, *International Financial Statistics*.

経済産業省 (2006)「平成 17 年本邦鉱業の趨勢」.
〈URL : http://www.meti.go.jp/statistics/tyo/honpouko/index.html〉

内閣府「民間企業投資・除却調査」.（2012 年 7 月 15 日取得）
〈URL : http://www.esri.cao.go.jp/jp/sna/data/data_list/jyokyaku/files/files_jyokyaku.html〉

内閣府経済社会総合研究所『国民経済計算年報』.

総務省(2009)「平成 17 年(2005 年)産業連関表」, 統計局.
〈URL : http://www.soumu.go.jp/toukei_toukatsu/data/io/005index.htm〉

中文文献
細江宣裕, 我澤賢之, 橋本日出男(2014)『可计算一般均衡模型导论：模型构建与政策模拟』, 东北财经大学出版社.

索引

ア行

アーミントン（Armington）の仮定　118，121，190
アロー＝デブリュー・モデル　108
一時的均衡　277，279，283，304，307
1次同次　108
後ろ向き（Backward-looking タイプ）の動学モデル　317
営業余剰　64
エディタ　34，369
エネルギー（財）　177，268
　——合成財　268
　——集約度　263
　——多消費部門　239，263
エラー　37，43，49，50，79，91，94，143，159，236，248，259，335，336，350
　——の発生原因　353，357
　——番号　49，353
　実行——（execution error）　252
　文法——（syntax error）　49，99，350，354

カ行

外国貯蓄　57，62，67，114，127，149，151，209，281，289
外生変数　33，41，42，74，90，137，138，145，157，204，209，225，231，260，289，304，308，336，361，362
開放経済　116，146，149
価格受容者（price taker）　18
価格弾力性　140，203，218，224
価格メカニズム　2，4，360
家計外消費支出　64，242
家計貯蓄　57，151，230，248，281，306
過剰決定　148

過剰調整（オーバーシュート）　282，292，295，297
寡占　218，224
仮想均衡　155，156，164，193，230，236，308，357，359，362
　——成長経路　277，290，305
加法分離的　271
為替レート　114，117，127，138，149，154，183，209，212，216，282
環境問題　9，238，270，321
頑健性（robustness）　170，177，265
関税　→輸入関税（率）
間接税（率）　52，55，56，64，76，77，82，83，138，225，226，248，305→生産税（率），輸入関税（率）
完全競争　10，18，27，32，110，218，324
完全雇用　25，275
完全代替　117，119
環太平洋戦略的経済連携協定　→TPP
感応度分析（sensitivity analysis）　71，170，176，265
　系統的——（systematic sensitivity analysis）　179
基準均衡　51，74，90，93，99，100，137，155，156，193，220，229，230，277，289，357，358
　——成長経路（business-as-usual（BAU）path）　277，278，286，289，294
基準財　7，27，84，94，128，150，154，167，169，183，212，256，274，298，307　→ニューメレア
期待形成　282
期待資本サービス価格　282
期待資本サービス収益　281
規模の経済　→収穫逓増
キャリブレーション（calibration）　73-75，

82, 84, 91, 170, 217, 220, 288, 358
供給関数　17, 28, 101, 124, 141, 204
供給曲線　28, 193, 196, 203, 204, 225
競争的輸入（competitive imports）　58
行列調整　69, 71
近視眼的期待形成（myopic expectation）　282, 316
区間推定　265
クロス・エントロピー法　70, 72
クーン=タッカー（Kuhn-Tucker）条件　20
経済厚生　1, 3, 8, 33, 148, 150, 161-163, 176, 230, 308　→厚生効果
経常収支　58, 67, 117, 150, 184, 209, 215, 248
計量経済学　6, 73, 140, 156, 170, 217, 268
ケインズ（的）　154, 268, 273, 276
桁数　336, 341, 358
限界価値生産力　102
限界生産性　195
限界費用　28, 29, 195, 218, 219, 222
限界レント　225
交易条件　188, 190
公共投資　→政府投資, 投資
厚生効果　294　→経済厚生
合成消費財　283, 306
合成投資財　283
合成輸出財　217
合成輸入財　216
効用関数　19, 32, 78, 103, 107, 115, 165, 182, 196, 200, 212, 252, 260, 269, 271, 306, 323
効用最大化（問題）　4, 19, 26, 32, 83, 323
効用水準　162, 163, 166, 184, 216, 323, 328
国際価格　117, 138, 203, 262, 289, 305
国際収支制約　116, 149, 183, 212
国内総生産（GDP）　69, 162, 164, 166, 167
　実質──　167-169
　名目──　167-169
国民経済計算　63, 69, 248
誤差最小化問題　70, 258

コブ=ダグラス（Cobb-Douglas）型　19, 23, 32, 46, 78, 79, 103, 108, 113, 119, 165, 194, 200, 253, 281, 283
ゴーマンの集計条件（Gorman's condition）　200
雇用者所得　64　→労働所得

サ 行

在庫　64, 71, 113, 146, 251
最終需要　52, 57, 148, 152, 168
裁定条件　273
最低賃金率　275
産業連関表（input-output tables）　6, 51, 55, 59, 63, 69, 72, 113, 151, 231, 236, 238, 240, 253, 270, 278, 287
三面等価　167
資源配分の効率性　1, 2, 168, 230
支出関数　163, 166
支出最小化問題　165
市場均衡条件　25, 82, 125, 127, 211, 216, 272, 274, 285, 324
失業　154, 162, 275
　自発的──　145
　非自発的──　274, 275
実行不能（infeasible）　250, 296
シナリオ　181, 192, 235, 262, 290
資本　4, 18, 21, 29, 32, 39, 53, 64, 81, 82, 102, 106, 190, 193, 220, 247, 268, 272, 273, 278, 316
　──減耗　281
　──減耗引当　64
　──サービス　53, 107, 232, 278, 305
　──所得　55, 247
　──所得税　26
　──ストック　154, 278, 304, 305, 316
　──流入　149
　外国への──所得の支払　56
　部門特殊的──　271
　putty-clay 型──　281, 285, 316
　putty-semi-clay 型──, putty-putty 型 ──　316

索 引　383

シミュレーション　150,155,161,170,178,
　　181,192,235,253,262,290,338,360
社会会計表（Social Accounting Matrix,
　　SAM）　13,51,52,59,69,74,76,84,89,
　　90,100,137,201,213,220,231,238,247,
　　285,288,345
　——の調整　70,151,258
社会的厚生　162,212,324
　——最大化問題　26,324
シャドウ・プライス　212,285　→ラグランジュ乗数
収穫一定　108,194,218,231
収穫逓増　231
集合　37,39,88,90,91,136,158,242,333
　——の要素　39,90,342
　部分——　89,242,260,304,334
出力ファイル　34,47,50,92,96,99,101,
　　157,161,319,336,344,350,369
需要関数　17,21,24,28,29,32,78-80,114,
　　116,121,139,193,195,204,205,323,
　　331,360
需要曲線　21,28,102,193-195,203,204,
　　225
瞬時的効用　283,306
条件文　216,259,335
小国の仮定　116,150,203
状態遷移モデル　275
消費可能性フロンティア　185
初期値　46,78,93,152,156,161,230,259,
　　357　→.1
所得移転　58,67,148,150,184,187,200,
　　212,230
所得の限界効用　50
所得効果　164
人口成長率　279,289,290,304,310
振動（oscillate）　282,292,295,298
信頼性　63,177,178,267　→頑健性
数値計算能力の限界　358,361
数量規制　225
ストック変数　278
セーフガード　225

静学的応用一般均衡モデル　18
静学モデル　113,146,149,153,277,278,
　　284,289,307
生産可能性フロンティア　185
生産税（率）　56,62,64,82,111,138,289
生産要素エージェント　54
成長経路　→仮想均衡——
　　　　　→基準均衡——
制度部門別所得支出勘定　69
政府　55,57,64,68,111,116,148
　——消費　64,107,111,153,288,289,305
　——貯蓄　57,115,251,281
　——投資　107　→投資
制約付き行列問題（constrained matrix
　　problem）　70
世界貿易モデル　207,209,216,238,321
ゼロ次同次　27,94,108,128,274
ゼロによる除算　94,335,356
ゼロ利潤条件　27,54,80-82,90,101,110,
　　137,222,232
線型支出体系（linear expenditure system,
　　LES）　200
選好の変化　193,196
想定経済成長率　285
総需要・総供給　168
相対価格　7,27,94,119,123,150,164,167,
　　185,274
相補条件　226,230,275
ソルバー　11,31,261,362,366

タ 行

大国モデル　203,207
代替関係　118,125,177,185,190,268
代替効果　164
代替の弾力性　118,119,139,171,172,177,
　　178,189,204,207,209,214,216,219,
　　224,268
　——一定　283　→CES型
代表的家計　18,200
多国間繊維協定　225
単位費用　111,205,231　→平均費用

短期モデル　268,272
端点解　20,282
逐次的行列調整法　71
逐次動学モデル　7,10,158,277,298,303,316
　　　──の弱点　295
中間投入（財）　56,107,125,139,197,251,268,283,331
中古品　113
超過供給　154,274
超過需要　5,27,360
超過利潤　28
長期的モデル　268
直接税　57,62,111,116,141,248,284,288,306
貯蓄　57,67,114,127,146,281
　　　──先決的な閉じ方（savings-driven closure）　147
賃金率　94,128,154
デフレーター　167,169
点推定　178,265
動学の調整過程　281
動学モデル　147,154,277,278,284,289
等価変分（Equivalent Variation）　164,166,176,228,232,261,270,294
等号　45,226,324,335
等産出量曲線　110,119,123,185,331
投資　55,57,62,68,114,145,251,281,304
　　　──エージェント　55,57,114
　　　──先決的な閉じ方（investment-driven closure）　147,151
投資貯蓄均衡条件　147
等投入量曲線　123,185,190
独占　218
トレード・オフ　2,317

ナ 行

内生変数　26,43,49,74,100,101,137,147,159,204,209,226,251,305,334,354,357,359
二酸化炭素　270

二重計算　162
2倍の法則（the rule of two）　218
ニューメレア（numèraire）7　→基準財
入力ファイル　34,47,85,319,369

ハ 行

パーシェ（Paasche）価格指数　164
バイオ燃料　270
波及効果　197
パレート基準　162
比較静学　6,151
非居住者による消費　264
非線形計画法（Non-linear Programming）　31,32,47
非線形相補計画（法，問題）　31,212
非貿易財　264,291
表計算ソフトウェア　11,161,241,338,341,344,349　→Excel, Comma-separated Value（CSV）
貧困問題　322
フィードバック　271
不完全雇用　273　→失業
不完全代替（imperfect substitution）　117,118,122
不完全変形（imperfect transformation）　122
副産物　22,251
複数均衡　33,329
不効用　271
物価指数　167,274,298　→基準財
不等号　45,226,324,335
負の消費　251,252,255,260
負の投資　71,113
部分均衡　28,162
部門分割　238,309
部門別投資（財）　281,283,291,297
　　　──の配分係数　290,292
フロー変数　278
平均費用　28,205　→単位費用
閉鎖経済　18,147
変形の弾力性　123,139,171,172,185,204,

索引 385

207, 209
——一定 283 →CET 型
変数の下限 45, 94
貿易収支勘定 67
貿易統計（表） 118, 151
補完的輸入（complementary imports） 58
補償変分（Compensating Variation） 164

マ 行

前向き（Forward-looking タイプ）の動学（モデル） 295, 316, 317
マークアップ 219, 222, 226
マクロ構造主義（macro structuralist）モデル 273
民間貯蓄 →家計貯蓄
民間投資 →投資
目的関数 4, 22, 36, 44, 70, 84, 103, 109, 256, 258, 329, 331, 355
　名目的な—— 33, 92, 166, 212
モデルの外 145, 270, 271
モデルの閉じ方（macro-closure） 145

ヤ 行

輸出（財） 58, 64, 106, 117, 122, 137, 171, 183, 190, 203, 209, 215, 222, 283
　——自主規制 225
　——補助金・税 55
輸入（財） 58, 64, 65, 107, 116, 171, 182, 190, 203, 209, 215, 226, 242, 283
　——関税（率） 56, 111, 121, 138, 140, 156, 185, 225, 242, 290
　——数量規制 225
余暇 18, 145
予算制約 19, 20, 83, 116, 183, 306, 326, 328
余剰 162
予約済み語（reserved words） 37

ラ 行

ライセンス 365, 366
ラグランジュ関数 20, 23, 325

ラグランジュ乗数（Lagrange multiplier） 20, 23, 103, 323, 325, 328, 336
ラグランジュ（Lagrange）未定乗数法 11, 20, 110
ラスパイレス（Laspyres）価格指数 164, 167
ラムゼイ・（タイプの動学）モデル 154, 316
リサイクル 252, 254 →中古品
利潤最大化問題 22, 26, 110, 119, 121, 125
レオンティエフ（Leontief）型 108, 138, 267, 268, 283, 331
レポジトリ（政策研究大学院大学学術機関レポジトリ） 237, 254, 373
労働 4, 18, 21, 29, 32, 52, 64, 81, 94, 102, 107, 154, 168, 190, 193, 220, 268, 272, 274, 279
　——移動 145, 195
　——所得 54, 247
　——所得税 26

ワ 行

歪対称性 212, 216
ワルラス法則 27, 94, 127, 212

記号／アルファベット

$Title 39, 85
$GDXIN 245, 250, 257, 348
$loaddc 257, 349
$offlisting 99
$onlisting 99
.（ピリオド） 49
.fx 45, 88, 94, 136, 169, 215, 307, 308, 314, 358, 360
.l 45, 87, 93, 135, 160, 336, 357 →初期値
.lo 36, 45, 49, 87, 94, 136, 251, 252, 259, 357, 360 →変数の下限
.m 336
.tl 342
.up 45, 49, 94, 257, 259, 357, 360

Alias　88, 91, 136, 333
card　158
cdim　348
CES（Constant Elasticity of Substitution）型　110, 119, 139, 177, 182, 204, 206, 216, 219
CET（Constant Elasticity of Transformation）型　123, 140, 183, 204, 206, 217
Comma-separated value（CSV）　338　→表計算ソフト，Excel
CONOPT　31, 32, 362, 368
Display　91, 99, 161, 166, 336
EPS　37, 49
EQU　49, 103, 161, 327
Equation　37, 44, 356
Excel　59, 161, 241, 246, 338, 344
execute　245, 346
execute_unload　308, 344
GAMS IDE　11, 12, 34, 309, 345, 369
GAMS Model Library　12, 85, 129, 156, 159, 166, 223, 228, 232, 338, 373
GDP　→国内総生産
GDX（GAMS Data eXchange）ファイル　246, 256, 308, 343
GDX Facility　344
GDXXRW　244, 346, 348
GDyn モデル　316
gms　34, 47　→入力ファイル
GTAP（Global Trade Analysis Project）　4, 10, 207, 374
────データベース　10, 140, 207, 217, 218, 238, 256, 270, 273
GTAP-E モデル　268
INF　49
infeasible　→実行不能
INFES　359　→実行不能
KLEM（capital, labor, energy and materials）型　268
LEVEL　49, 95, 100, 160, 166, 334, 336, 341, 343　→.l
limcol, limrow　337

LINKAGE モデル　316
Loop　158, 308, 342
LOWER　49, 95, 160　→.lo，変数の下限
lst　34, 47, 96, 344　→出力ファイル
MARGINAL　49, 103, 160, 328, 336　→.m，ラグランジュ乗数
MINOS　362, 368
Model　37, 46
NLP　37, 47, 362, 367
Option　336, 337, 362
Option（メニュー）　367
ord　158, 216, 232, 306
par　346, 349
Parameter　37, 41, 42, 90, 166, 246, 248, 304, 334, 348
PATH（環境変数）　35
PATH NLP　362
prod　45, 354
Put　341
RAS 調整法　71
rdim　348
rng　244, 348
Run GAMS　34, 96, 370
SALTER プロジェクト　217, 218
Scalar　37, 41, 42, 334
Set　37, 39, 88, 91, 136, 333, 354
solprint　337
Solve　37, 46, 100, 156, 157, 193, 308, 336, 355, 359, 362
SOLVE SUMMARY　49, 94, 99, 100, 157, 193, 327, 337, 356, 361
sum　45, 91, 247, 334, 354
Table　37, 41, 42, 89, 90, 137, 248, 334, 337
TPP（Trans-Pacific Strategic Economic Partnership Agreement；環太平洋戦略的経済連携協定）　2, 321
UPPER　49, 160　→.up
VAR　49, 95, 100, 161　→Variable
Variable　37, 43, 44, 161
　Negative────　37, 44, 355
　Positive────　37, 44, 228, 230

XLS, XLSX　242, 244, 246, 344　→表計算ソフト，Excel

テキストブック 応用一般均衡モデリング 第2版
プログラムからシミュレーションまで

2004年6月18日　初　版第1刷
2016年1月29日　第2版第1刷

［検印廃止］

著　者　細江宣裕・我澤賢之・橋本日出男

発行所　一般財団法人　東京大学出版会

代表者　古田元夫
153-0041 東京都目黒区駒場 4-5-29
電話 03-6407-1069　Fax 03-6407-1991
振替 00160-6-59964

印刷所　三美印刷株式会社
製本所　誠製本株式会社

Ⓒ 2016 Nobuhiro Hosoe, Kenji Gasawa and Hideo Hashimoto
ISBN 978-4-13-040272-9　Printed in Japan

[JCOPY] 〈(社)出版者著作権管理機構　委託出版物〉
本書の無断複写は著作権法上での例外を除き禁じられています．複写される場合は，そのつど事前に，(社)出版者著作権管理機構（電話 03-3513-6969，FAX 03-3513-6979，e-mail: info@jcopy.or.jp）の許諾を得てください．

奥野正寛編著	ミクロ経済学	A5判・368頁	3500円
青木昌彦・奥野正寛編著	経済システムの比較制度分析	A5判・352頁	3200円
細野 薫著	金融危機のミクロ経済分析	A5判・344頁	4800円
山重慎二著	家族と社会の経済分析——日本社会の変容と政策的対応	A5判・320頁	3800円
小西秀樹著	公共選択の経済分析	A5判・320頁	4500円
川越敏司著	実験経済学	A5判・288頁	3800円
今井・工藤・佐々木・清水著	サーチ理論——分権的取引の経済学	A5判・264頁	4200円
西村和雄・福田慎一編	非線形均衡動学——不決定性と複雑性	A5判・372頁	4800円
神谷和也・浦井 憲著	経済学のための数学入門	A5判・370頁	3400円
戸田裕之・山田 宏著	計量経済学の基礎——統計的手法の理論とプログラミング	A5判・496頁	4500円

ここに表示された価格は本体価格です．ご購入の際には消費税が加算されますのでご了承下さい．